西北政法大学哲学 国家级特色专业 资助成果
省级重点学科
省级特色学科

西方哲学原典导读

张 波 编著

中央编译出版社
Central Compilation & Translation Press

图书在版编目（CIP）数据

西方哲学原典导读/张波编著. —北京：
中央编译出版社，2014.9

ISBN 978 – 7 – 5117 – 2289 – 8

Ⅰ. ①西… Ⅱ. ①张… Ⅲ. ①西方哲学 – 著作 – 介绍
Ⅳ. ①B5

中国版本图书馆 CIP 数据核字（2014）第 199099 号

西方哲学原典导读

出 版 人：	刘明清
出版统筹：	董　巍
责任编辑：	冯　章
责任印制：	尹　珺
出版发行：	中央编译出版社
地　　址：	北京西城区车公庄大街乙5号鸿儒大厦B座（100044）
电　　话：	（010）52612345（总编室）　（010）52612351（编辑室）
	（010）52612316（发行部）　（010）52612317（网络销售）
	（010）52612346（馆配部）　（010）66509618（读者服务部）
传　　真：	（010）66515838
经　　销：	全国新华书店
印　　刷：	北京京华虎彩印刷有限公司
开　　本：	787 毫米 × 1092 毫米　1/16
字　　数：	301 千字
印　　张：	23.25
版　　次：	2014 年 9 月第 1 版第 1 次印刷
印　　次：	2015 年 3 月第 2 次印刷
定　　价：	80.00 元
网　　址：	www.cctphome.com　　邮　箱：cctp@ cctphome.com
新浪微博：	@中央编译出版社　　微　信：中央编译出版社（ID：cctphome）
淘宝店铺：	中央编译出版社直销店（http://shop108367160.taobao.com）

本社常年法律顾问：北京市吴栾赵阎律师事务所律师　闫军　梁勤
凡有印装质量问题，本社负责调换。电话：010 – 66509618

目 录

序 言 ……………………………………………………………… 1

前 言 ……………………………………………………………… 1

第一章 苏格拉底、柏拉图著作导读 …………………………… 1
第二章 亚里士多德著作导读 …………………………………… 27
第三章 奥古斯丁、托马斯·阿奎那著作导读 ………………… 37
　　第一节 奥古斯丁的《忏悔录》 ………………………… 37
　　第二节 托马斯·阿奎那的《神学大全》 ……………… 48
第四章 笛卡尔著作导读 ………………………………………… 65
第五章 洛克、休谟著作导读 …………………………………… 84
　　第一节 洛克的《人类理解论》 ………………………… 84
　　第二节 休谟的《人性论》 ……………………………… 99
第六章 卢梭、霍尔巴赫著作导读 ……………………………… 131
　　第一节 卢梭的《社会契约论》 ………………………… 131
　　第二节 霍尔巴赫的《自然的体系》 …………………… 148
第七章 康德著作导读 …………………………………………… 170
第八章 费希特、谢林著作导读 ………………………………… 220
　　第一节 费希特的《全部知识学基础》 ………………… 220
　　第二节 谢林的《先验唯心论体系》 …………………… 243
第九章 黑格尔著作导读 ………………………………………… 268

后 记 ……………………………………………………………… 336

序　言

深入原典文本　诠释思想本意

长期以来，哲学的大众化和普及化，固然呈现出一定的积极意义，超越了其阳春白雪的庙堂文化的贵族性，使哲学回归每个个体生命此在的生活世界，呈现出生机和活力。但几乎与此同时，哲学原本的形上精神和崇高使命也逐步被消解。特别是哲学的意识形态化、政治化的极端应用，使得人们更加远离了哲学的精神家园。尤其是现代人类趾高气扬地对待前人的思想文化，一味庸俗化地应用哲学的批判理性精神，简单化批评历史上的哲学家及其思想理论，教条化地给一切哲学家划派别、扣帽子（甚至打棍子）。惟其如此，博大而精深的哲学思想史，就被整体划一地变成了硬邦邦的"两大阵营、两个派别对立斗争的历史"。这样以来，不仅活生生的哲学思想的历史被消解了，而且哲学理论的逻辑也被遮蔽了。留下的仅仅是一些孤零零的命题，而且，多半是被当成批判和嘲笑的对象。

这种虚无主义的态度和方法，加上急功近利的实用主义价值理念，人为造成了思想不能承载之轻——时下所谓学会什么立场、观点和方法，并用之能包医百病，似乎是比较高级的学习哲学的境界。可笑的是，这种思维的懒惰在面对现实的困惑时，竟然反过头来还抱怨"哲学的贫困"。

只要我们超越急功近利的浮躁心态，冷静理性地深入历史上划时代的哲学家的原典文本，深入解读其思想真谛，寻觅其思维的逻辑，将会恍然大悟，原来贫困的不是哲学本身，而是我们理解和应用哲学的方式和态度。惟其如此，哲学基本原典的文本解读和意义诠释，对于当下的时代而言，具有弥足珍贵的意义。

序　言

一、祛媚超俗以彰显哲学思维的形上价值

马克思主义经典作家曾经说，任何真正的哲学，都是自己时代精神的精华，是文明的活的灵魂。哲学之所以能够成为时代精神的精华，成为文明的活的灵魂，并不在于其趋炎附势、一味地谄媚现实，恰恰在于其以智慧的方式批判现实，从而呈现其超越性的思想价值。由此决定了越是重视工具理性的时代，哲学思想的价值理性的意义就越重要。当下全球化的时代就是如此。

当今世界，又是一个工具理性高于一切的时代，一切皆被世俗化的商品拜物教和金钱拜物教所蚕食，人的思想智慧、人格尊严和道德精神等，均在强大的消费主义文化理念面前自惭形秽。尤其是科学技术的工具理性，使人的目的性进一步强化。微电子科学和通讯技术加强了人们即时性的密切交往，光的极限速度的交往工具，极大地缩短了人际间的时空距离，全球人类共处一个村庄；宇航技术使人类活动空间和认知的视域无限广袤，从而具有了宇宙性的视野；克隆技术、临境技术和纳米技术使得包括生命在内的一切物质，都可以被制造、复制和再现……现代科技的工具理性价值，使人类几乎无所不能、随心所欲彰显自我的目的，从而趾高气扬地追求和享受现代物质文明的成果。

然而，这种唯工具理性的思维，使人类在物质主义、感性快乐主义的现代世俗消费文化观念引领下，在一味地追求外在感觉的刺激享受的同时，迅速消解着传统思维和文化的形上崇高性。不仅内在心性的道德崇高感成为奢侈而变得虚渺，而且在神、自然和一切他者面前，人类早先尚有的一点谦恭敬畏意识的美德也荡然无存。剩下的只有无知的自大和狂妄，是被曲解和极端化利用了的启蒙理性的所谓主体意识。这种在上帝隐退后的感性唯我论的新话语霸权，目空一切地不断狂妄宣称：不仅"上帝死了"，而且"人死了"、"思想者死了"。因而一切不能回归到感性生活体验的所谓思想文化都被宣布为无意义。所以，要求人有敬畏意识，使人向善的"宗教终结了"；使人以智慧的思想形式不断超越的"哲学终结了"；以探索真理为己任的"科学终结了"；强调思想与利益密切相关的"意识

形态终结了";使人在崇高中追求愉悦的高雅"艺术终结了";人类在丰富多样的理性规则下不断进步的"历史也终结了"。在这种所谓现代文化的世俗主义视域中,剩下的惟有肉身的物欲快感。至此,文化的人化方向只剩下物质化、肉体化、感性化的单向度引导。文化的化人作用也仅仅向感性快乐方向的形下堕落。这种突出目的、重视手段的所谓价值论思维,必然造成学术凸显而思想淡出、价值至上而真理隐退、主观目的性膨胀而客观原则性消解、权利意识强化而义务责任解除等文化异化现象。

毋容置疑,虽然这种价值至上论的世俗化的工具理性思维,诉诸于利用和激发人的自然生理需要和感性快乐体验追求的本能,从而促进了现代器用文明的繁荣,但这并不能掩盖其把高雅超越性的道体文化推向堕落的罪过。从一定意义上来说,实用价值至上论的世俗文化思维,造成了文明与文化的离心离德。它使现代文化的外在刺激振聋发聩,而主体的内在体验则麻木不仁。因而使文化和思想失去了反复咀嚼,回味无穷的心理震撼性。在这种世俗化的文化理念引导下,无论是各种文化文本的创作还是文化受众的消费,都充分表现出不求深刻和久远,只求快乐和一时的所谓现实主义。作者是随便玩玩,受众照样不过是随便看看、听听、笑笑而已,压根无须思虑,更谈不上内省和反思。加之现代传媒诉诸于技术理性的多维冲击,使你连感官的感受也失去了反映的时空和机会,只是跟着机器的机械和电子运动而疯癫,根本没有个性体验和内在超越的诉求。

同时,这种世俗化的物质主义文化,使人这一理性的存在的理论理性的思的主体意识逐步隐退,而实践理性的行的自主性日益彰显;人文道德理性严重缺失,工具理性不断膨胀。这种试图超越客观真理,突出主观目的价值至上论思维,不可避免地造成真理和事实被消解,一切都变得无所谓的文化虚无主义。按照这种思维的逻辑,任何东西都沦为世俗的感性生活的奴婢,都可以被嬉戏调侃。因而,在知识论领域,认识的反映论和真理的符合论分别被主体的目的论交互主体的协商论所代替,所以,如何说都行的相对论必然盛行。既然政治无理性,自然可以被肆无忌惮地调侃;既然社会和伦理规则不是客观的,而是交互主体的商谈和共识,那么攻守同盟和党见的相互调侃就司空见惯;既然科学追求真理和发现客观规律的使命已寿终正寝，那么专家之间，以及社会大众对于专家的调侃就见怪不怪……这种调侃一切、玩世不恭的文化现象，本质上皆缘于错误地理解并极端地发挥了启蒙运动以来人本主义的思想，使其迅速滑向人类主观目的性膨胀的人类中心主义和价值至上的实用主义。

这种以人为目的本身的主体性思维的出发点，试图超越主客两分的思想方法，从而以主体的主观意向性统摄和驾驭客体世界及其规律，从而使真理屈从于价值，正义委身于强权，知识服务于利益。故此谄媚之风自然盛行，趋炎附势成为社会常态，巧言令色被谓之曰"有修养"或"成熟"。无视客观实在，仅从是否有利的价值原则出发捏造事实，为达到一己之私人为地制造事件，为实现小团体利益而掩盖事实真相从而扰乱视听，或别有用心之徒以讹传讹的煽情鼓动等等，枚不胜举的社会现实，特别是中国社会历史现实的个性传统的诸多成因中，价值至上论的主体思维传统是绝对不能脱离干系的。价值的有用凌驾于真理的事实之上，道德的"应该"遮蔽了实存的"是"，艺术的审美价值掩盖了科学的事实判断等等，都是人的利益需要和满足的价值至上论思维的结果。

在这个人类什么都不缺，惟缺大智慧的仁人君子人格的现时代，回归哲学原典的解读，恢复哲学不断追问意义和追求真理的本真使命，不仅可以祛媚，超越人类与生俱来的功利世故和肤浅，而且可以彰显哲学爱智慧的真正形上价值。

二、还原思想本意以回归哲学的爱智本位

其实，把哲学理解为世界观和方法论，也是现代性的工具理性思维的结果。岂不知哲学的原本旨趣和学科本位并非如此。只有通过原典解读和哲学思想史的融会贯通，才能真正觉悟哲学爱智慧之本性。

希腊智慧的集大成者亚里士多德，在批判继承柏拉图思想的基础上，对于古希腊广义的哲学——智慧之学，对于狭义哲学——形而上学，进行了系统、全面反思与总结。其广义的哲学为西方科学文化奠定了基础，其狭义的哲学奠定了西方思想的思维方式及其基本原则，从而明确了哲学的任务、性质和意义。他指出："因为我们正在寻求这门知识，我们必须研

究'智慧'〈索非亚〉是那一类原因与原理的知识。如果注意到我们对于'哲人'的诠释,这便可有较明白的答案。我们先假定:哲人知道一切可知的事物,虽于每一事物的细节未必全知道;谁能懂得众人所难知的事物我们也称他有智慧(感觉既人人所同有而易得,这就不算智慧);又,谁能更擅于并更真切地教授各门知识之原因,谁也就该是更富于智慧;为这门学术本身而探求的知识总是较之为其应用而探求的知识更近于智慧,高级学术也较之次级学术更近于智慧;哲人应该施为,不应被施为,他不应听从他人,智慧较少的人应该听从他。

这些就是我们关于智慧与哲人的诠释。这样,博学的特征必须属之具备最高级普遍知识的人;因为如有一物不明,就不能说是普遍。而最普遍的就是人类所最难知的;因为它们离感觉最远。最精确的学术是那些特重基本原理的学术;而所包涵原理愈少的学术又比那些包涵更多辅加原理的学术为更精确,例如算术与几何〈度量〉。研究原因的学术较之不问原因的学术更为有益;只有那些能识万物原因的人能教诲我们。知识与理解的追索,在最可知事物中,所可获得的也必最多(凡为求知而求知的人,自然选取最真实的也就是最可知的知识);原理与原因是最可知的;明白了原理与原因,其它一切由此可得明白,若其次级学术,这就不会搞明白的。凡能得知每一事物所必至的终极者,这些学术必然优于那些次级学术;这终极目的,个别而论就是一事物的'本善',一般而论就是全宇宙的'至善'。上述各项均当归于同一学术;这必是一门研究原理与原因的学术;所谓'善'亦即'终极',本为诸因之一。"①

亚里士多德首先提出,"求知是人类的本性"。尽管人与高级动物相同之处在于他们都具有感觉与记忆,但二者不同之处,动物仅凭借现象与记忆活着,人则能把感觉与记忆内化为经验并凭借技术与理智而生活。因而人求知的过程是:感觉→记忆→经验→判断→技术→知识。经验较之于技术知识,前者为个别事物的认识,不能教给人;后者则是事物普遍的原因,能教给人,不仅知其然而且知其所以然。所以真正的智慧"就是关于

---

① 亚里士多德:《形而上学·卷一·章二》。

序　言

某些原理与原因的知识"，而哲学就是对于这种智慧的追求。

哲学所爱的是大智慧，而非小技巧。出于伊雄语的古希腊"智慧"一词，其原本意义有三：一是一般的聪明与谨慎，二是敏于技艺，三是学问与智慧。惟其如此，人们后来就在学术方面分别了小巧与大智，并以此说明哲学爱大智的旨趣。最初以智人尊称毕达哥拉斯。后来智者学派的人滥用诡辩的机巧小慧，为人所鄙夷，便用"爱智者"——哲学家区别于"智者"——诡辩家，以哲学与诡辩术相区分。

哲学作为探求"普遍原理与原因"的大智慧，要求哲学家必须是博学之人，探求并教授给人们事物的"普遍原理与原因"。由此决定了哲学这门学术优于那些次级的学术，它比其他学术从事物中获得最多的东西，它不仅追求一事物的终极本善，而且追问全宇宙的终极至善。这门学术是为了求知而求知的"唯一的自由学术"，也是一门"神圣"的学术——因为神原被认作万物的原因与世间的第一原理，此学术或是神所独有、或是神能超乎人类所知独多。所以，哲学是于神最适合的一门学术，是一门神圣、纯粹的学术。

人们的哲学探索始于"对于自然万物的惊异"。在惊异与迷惑中，为了摆脱愚蠢无知，人们便开始了解释与探讨的尝试，最初的哲学探讨者就是"爱神话的人"，即"爱智慧的人"。所以，哲学并非追求一时一地的使用价值，而在于追问终极性的形上意义。所以，20世纪西方哲学大师罗素就说："提出普遍性问题就是哲学和科学的开始"[①]，这需要人们具有对于世界整体性把握的敬意之心，即黑格尔所说"什么地方普遍者被认为无所不包的存在，则哲学便从那里开始。"[②]

这种智慧的智慧和终极的意义，不是轻易能够被觉悟到的，往往需要具有崇高的境界和持之以恒的精神，甚至付出毕生的心神。古希腊最大的智者——苏格拉底为了实现这一崇高目的，即使临死，毅然义正言辞："只要一息尚存，我就永不停止哲学的实践，要继续教导、劝勉我所遇到

---

① 罗素：《西方的智慧》（上），北京，文艺出版社1997年版，第14页。
② 黑格尔：《哲学史讲演录》第一卷，北京，三联书店1956年版，第93页。

的每一个人","不管你们是不是释放我,我是绝不会改变我的行径的,虽万死而不变"。正因为苏格拉底爱智慧的精神,他活着的时候堪称希腊人民的伟大导师,死后,也成为人类哲学思想的活水源头。他教导人"首先要关心改善自己的心灵","金钱并不能带来美德",美德却不仅能带来金钱,还能带来其他一切的好事。

　　苏格拉底以形象的比喻,道出了哲学家的职能。他认为自己是神赐给希腊的一只牛虻,为了使它这匹硕大的、迂缓不灵的马,在自己的叮咬下精神焕发。"牛虻"之喻,应该同柏拉图的"洞穴"之喻一样有名。它形象地道出了哲学及哲学家的功能。哲学家就是社会与时代的牛虻,通常他不是保姆与律师。他承担着重要的社会批判角色,从而促进人类精神的向善与社会整体的进步。它也成为西方哲学的重要传统。对此可以在西方哲学史上,列出一长串哲学家的名字及其哲学著作的名字。而许多哲学家也常不为自己的时代所容,遭受着类似于苏格拉底的命运。

　　苏格拉底之死给人留下深刻的启示——思想之苦和智慧之艰与爱智者之崇高。惟其如此,西方历史上,人们通常将苏格拉底与耶稣相基督相提并论。然而,耶稣是一个宗教传说中的神秘、神圣的人物。他以自己的生命去替人类赎罪。苏格拉底则是一个确实的历史人物,为了完成神赋予自己的哲学使命——教导人向善、关心自己的心灵、爱真理,却被自由的希腊与自己的同胞判处死刑。他以自己的血肉之躯,遵守了一个公民义务应该遵守的法律,更维护了正义、自己的哲学信念、道德价值——这些比生命更可贵的东西,也反证了时代对于自己审判的不公正。他以自己的哲学实践、以自己的生命,证实了哲学的"神圣""崇高",也证实了批判性哲学家由于超越其时代"吃力不讨好"的悲剧性命运。苏格拉底最后的话:"我去死,你们去活,但是无人知道谁的前程更幸福,只有神才知道。"①其实,并不需要神,历史已证明了苏格拉底这一爱智者的伟大。

---

① 以上引自苏格拉底《申辩篇》。

序　言

三、返求自识以澄明思维意识的确然性

曾几何时，哲学这一关于智慧自身的学问，不仅自不量力，而且越俎代庖地要成为科学之科学，试图凌驾于一切科学之上。但其不知如此以来，不仅因蚕食科学的领地而造成哲学与科学的分道扬镳①，而且这种不务正业同时使得自身本真的任务——"思"被搁置。只有到了近代，这样一位一向被我们简单化批判的伟大哲学家——笛卡儿，才是哲学回归自我意识的精神家园。笛卡尔的"我思故我在"视作哲学的第一原理，提出通过普遍怀疑的方法，追求"我思"的确然性，得出的无可怀疑的加以接受的知识与原理。明确主张，哲学就是面向"思"的事情。对此黑格尔在哲学史讲演录中不止一次的大加赞扬：近代哲学思维的真正认识论转向，直接肇始于笛卡儿的主体自识哲学，他的著名命题："我思故我在"，在主体理性自识的层次上，把古希腊阿波罗神庙上的箴言"认识你自己"、中世纪费其诺（M. Ficino, 1433—1499）的"认识你自己"、中国古代老子的"识人者智，自识者明"、明代王阳明的"致良知"等的主体自识，升华到理性自觉的层面，并赋予其首要地位的意义，首开西方哲学主一客体分离和对立的认识论思维路径的先河。黑格尔认为，笛卡尔事实上是近代哲学的真正的创始人，因为近代哲学是以思维为原则的。黑格尔在《哲学史讲演录》高度赞赏笛卡儿这个人，对他的时代以及对近代的影响，我们绝不能以为已经得到了充分的发挥。他是一个彻底从头做起、带头重建哲学的基础的英雄人物，哲学在奔波了一千年之后，现在才回到这个基础上面。②

笛卡尔明确了哲学的任务就是澄明"我思"的确然性。"这条真理是这样确实，这样可靠，连怀疑派的任何一种最狂妄的假定都不能使它发生动摇"。他从普遍的抽象原则出发，将"我"作为一个纯粹的精神实体，是不依赖于物质性身体的具有自由意志的不死的心灵。然后他进一步由心

---

① 甚至造成科学与哲学的大分裂，黑格尔哲学就是典型的例证——本文作者注。
② 黑格尔：《哲学史讲演录》，卷四，第67页。

灵实体推论，怀疑的我是不完满的，但是我心中分明有一个无限完满的观念，它必然是存在的。这就是上帝。不完满的我显然不可能有一个完满的观念——上帝，因此只能是这一完满的存在将此观念放入我的心中。上帝具有我所能想到的一切完满性。凡在心灵中呈现的东西都是真的。既然一切天赋的观念都是上帝赋予的，而完满的上帝是不会欺骗我们的，那么现在我心中清楚明白的拥有"物质"的观念，因此它也是真实的存在。这样，笛卡尔经过一番演绎便确立了从理性原则出发的三个实体观念：心灵、上帝、物质。上帝是绝对的观念实体，而心灵与物质只是完满上帝赋予的相对实体观念。心灵实体，其根本属性是思想，是能动的、不占空间的、没有广延的；物质实体的根本属性是广延，它占有空间的、被动的、不能思想的。即是说，哲学就是形而上学——精神辩证法。

那么，究竟如何达到形而上学的可靠道路呢？近代主体性思维之路的集大成者——康德提出：哲学需要"模仿"数学和经验的自然科学的理路。其最基本的原则就是：不是"知识与对象一致，而是对象与知识一致"——必须充分发挥人在认识与知识中的逻辑在先的先天"立法"功能。"如果直观必须遵照对象的性状，那么，我就看不出人们怎样才能先天地对对象有所知晓；但如果对象（作为感官的客体）必须遵照我们的直观能力的性状，那么，我就可以清楚地想象这种可能性。但由于如果这些直观应当成为知识，我就不能停留在它们这里，而是必须把它们作为表象与某种作为对象的东西发生关系，并通过那些表象来规定这个对象，所以我要么可以假定，我用来做出这种规定的那些概念也遵照该对象，这样一来我就由于我能够先天地对它有所知晓的方式而重新陷入了同样的困境；要么我假定，对象或者——这是一回事——对象惟一在其中（作为被给予的对象）被认识的经验遵照这些概念，这样我就马上看到一条更为简易的出路，因为经验自身就是知性所要求的一种认识方式，知性的规则我必须早在对象被给予我之前、从而是先天地就在我里面作为前提，它在先天概念中得到表述，因而经验的所有对象都必然地遵照这些概念，而且必须与它们一致。"这一思维原则的转变，就是"哥白尼式的革命"。

序　言

这些哲学自身精神家园的深刻道理，只有深入解读重大哲学家的重要原典作品，才能真正领悟和体认。

四、贯通思想历史以发掘哲学思维的逻辑

对待哲学原典的文本回归和意义诠释，我们明确主张，论从史出，言之有据。但是也绝不限于就事论事，局限于原典本身，而应着力发现其历史逻辑联系。即用"超以象外，得其环中，持其匪强，来之无穷"[①]的态度和方法，发掘原典的历史逻辑、思想逻辑和认识逻辑，从而在思想的不断建构和解构中，追问哲学思维的形而上学意义。

事实上，尽管不同时代的哲学家们往往都以各自不同的方式在言说和叙事，但人类文明进步的历史逻辑则把他们看似色彩迥异贯穿起来，从而呈现出一定的思维逻辑。从一定意义上来说，哲学的形上意义就在于发现这一思维逻辑。

作为哲学门的学子，经过严谨的原典文本解读，发现思维逻辑的理论脉络，以批判理性的反思精神，检讨现实和理论的合理性，方能彰显其崇高的学科使命。

就西方哲学思想的历史逻辑而言，在外在他律性和内在自律性因素的共同作用下，不同时代的哲学原典，体现了其哲学思维方式的历史逻辑沿革的主要经历了下述阶段：古代形而上学的本体论（Ontology）思维、中世纪上帝一元论的神本思维、近代哲学的认识论（Epistemology）思维转向、现代西方哲学思维的语言学和生存论转向以及当代哲学的价值论思维诸阶段。

一是古代本体论向近代认识论思维的转化

古希腊前苏格拉底时期的哲学家，基本上都是自然哲学家，他们一开始就把思维的兴奋点集中在人以外的对象世界，并用宇宙构成论的分析思维方法，究根穷理的形而上学（Metaphysics）终极玄思的发问方式，探究

---

① 盛唐诗人司空图语。

宇宙万物的"始基"是什么,由此形成了自然理性的传统,奠定了古代形而上学的本体论(Ontology)思维的基础。

中世纪上帝一元论的神本思维。是欧洲中世纪的长夜,宗教哲学君临思想、科学和艺术的一切领域,由此形成了上帝一元论的神本思维。奥古斯丁坚定基督教哲学的立场主张,异教会不会有比追求和热爱智慧的基督教提供更好的一种哲学呢?他坚定地认为,研究哲学就是为了获得幸福,而上帝向人指向幸福之路,因而,只有遵循基督救世主所指引和给出的道路,人才能获得幸福。奥古斯丁认为至福——Beatitude 是一切哲学活动的目标,基督教的信仰和实践中我们可以发现一条达到至福的唯一的、最好的道路。基督教的普爱(Universal love)精神甚至主爱仇敌。基督教哲学认为信仰先于理性,原因在于如果没有信仰,理性就无力达到自己的目标——幸福。中世纪上帝一元论的神本思维,崇尚亚里士多德的演绎逻辑的三段式(Syllogism)。

近代西方哲学思维,实现了的认识论(Epistemology)转向。

自十六、十七世纪以降,欧洲人文主义、自然科学两场运动,轰轰烈烈地拉开了西方近代思维文化史的序幕。由此决定了西方近代生活世界的世界观和自然科学的世界观的分化。

伽利略成为近代哲学的科学理性精神的始作俑者,他用数学化、理想化的科学方法研究自然,主张"在这个世界中的对象不是单个地、不完全地、仿佛偶然地被我们获知的,而是通过一种理性的、连贯地统一的方法被我们认识的,随着对这种方法的不断运用,我们最终能彻底认识这里的一切对象的自在的本身。"[①] 从而成为近代伟大发现家之巅的人物。胡塞尔称伽利略"既是发现的(entdeckend)天才",也是"掩盖的(Verdeckend)天才";"他发现了数学的自然、方法的理念,他是无数物理学的发现和发现者的先驱。伽利略发现一直被称之为因果规律的东西,即'真正的'(被理想化和数学化了的)世界的'先天的形式','精确的规律性的

---

① 胡塞尔:《欧洲科学的危机与超验现象学》,张庆熊译,上海译文出版社1987年版,第26页。

序　言

规律'，按照这种形式和规律，在'自然'（被理想化了的自然）中所发现的一切事件都必定服从于精确的规律。所有这一切都既是发现又是掩盖，以致我们现在把它们当作不言自喻的真理。"①

近代西方知识论的思维模式，在哲学上是以经验论的兴起为标志的。经验论哲学又以对自然界的观察证明为基础。哥白尼、开普勒对天体现象的观察说明，伽利略、牛顿对宏观物体运动过程的观察和说明，都为经验论哲学的诞生和发展奠定了扎实的基础。当对于自然现象的观察结果进行说明，古代亚里士多德三段论的方法（工具）显得苍白无力时，弗兰西斯·培根第一个明确提出了必须有一套新工具的思想。经过研究思考，培根于1620年出版了《新工具论》，试图在获得自然知识的方法上以此取代亚里士多德的"工具论"。他的所谓"新工具"，只是对于归纳方法的重新重视。他主张在获得自然知识的过程中，要重视观察、分类等方法。这是经验论哲学兴起的一个重要开端。并且，培根还提出了人们在获得自然知识，运用观察、分类的归纳方法时应该力戒四种最容易犯的错误。他说，人们有屈从于"幽灵"的四种类型的心理弱点和倾向。第一种是"种族的幽灵"，因为我们是人，所以在认识过程中，难免想入非非或痴心妄想，特别是期望在自然现象中有比实际更好的秩序。第二种是"洞穴的幽灵"，这是每个人的个别怪癖，是无其数的。第三种是"市场幽灵"，起因于心灵为言词所眩惑的倾向，是一种在哲学里尤为猖獗的错误。第四种是"剧院的幽灵"，是由各种思想体系与学派所产生的错误。

对西方经验主义思维传统影响最大的是托马斯·霍布斯。他一方面属于经验主义的传统弟子，十分欣赏数学方法，从而使他与伽利略、笛卡尔发生联系。另一方面，通过与笛卡尔等的接触，使他重新认识了演绎方法在科学认识中的作用，从而对科学方法有了更正确的认识，这是培根所不能企及的。虽然霍布斯的最重要著作是政治性的《利维坦》，但是，这本著作中，霍布斯为经验主义哲学打下了扎实的基础。他用严格的机械术

---

① 胡塞尔：《欧洲科学的危机与超验现象学》，转引自倪梁康《自识与反思》，商务印书馆2002年版，第10页。

语，对人和人的心理叙述，以及对语言和认识论问题都作了经验论的阐述，他像伽利略和笛卡尔一样，认为我们所经验的任何东西，都起因于外部物体的机械运动，而视觉、声音和气味等等都不在客体之内而是我们所私有的。由此决定了霍布斯在求知的方法论问题上主张经验与理性相联系的合理方案。

近代哲学思维的真正认识论转向，直接肇始于笛卡儿。

在知识论问题上，笛卡尔进一步思考求知方法问题，于1637年出版了《方法论》，作为他研究的自然哲学三卷著作的前言。1641年出版了《沉思录》，1644年又出版了《哲学原理》，全面阐述了他关于求知方法的思想。他提出了求知过程必须遵守而且他自己已经如此做了的四条原则：

首先，在认识过程的前奏阶段，除了清晰而独立的理念，再不接受其他任何先验的东西。其次，必须把思维中要解决的问题按需要分解成不同部分。第三，思维进程必须遵循由简单到复杂的程序，哪里没有顺序，我们就必须假设一个。最后，为了保证思维的全面性，而不忽略任何东西，我们必须随时经常地详细核查。由此可见，笛卡尔哲学强调思维方法是毋庸置疑的。他从经验主义出发，走向理性主义，在归纳和演绎之间寻觅合适的关系。从而在总体上影响着唯理论和经验论两大阵营的欧洲哲学的发展。至于其本体论上的二元论则是与认识论的怀疑论分不开的。正如没有思想就没有痛苦一样，笛卡尔的怀疑论正是在他对认识方法深入思考的痛苦中产生的，由此引导了欧洲认识论求知探索的思路走向深入。

倪梁康先生曾经对笛卡儿的"我思故我在"（ego cogito ego sum）命题进行了形式解构，他认为，"由于拉丁语中的"cogito（思）和"sum"（在）既是动词原形，也在无需列出主语的情况下表达着第一人称单数的形态，因而"eso"（我）的前设可以被有意无意地巧妙隐去。但严格说来，这里的完整内容应当是，"我思"（ego cogito）和"我在"（ego sum）。如果已经设定思维的主体是我，那么再从思维活动得出思维主体便是同语反复……"[①] 因而"我思故我在"标识近代思维强调"我思"的确然性，

[①] 倪梁康：《自识与反思》，商务印书馆2002年版，第48页。

序　言

因而"思想是存在之家"。据此，笛卡儿就实现了近代思维的认识论（Epistemology）转向，从而超越了古代哲学的本体论（Ontology）思维，开创近代以来主客两分的认识论（Epistemology）思维模式和理性主义（Rationalism）的方法论（Methodology）传统。文德尔班评价说，意识的存在确然性是笛卡尔通过分析方法所获得的统一的和基本的真理。

继笛卡尔之后的斯宾若沙、莱布尼兹、维柯、直到大不列颠的经验主义的产生和发展，都是笛卡尔哲学对理性主义的复活和对经验的引导的结果。

二是康德哲学批判理性思维的精神丰碑

沿着笛卡儿"我思"的主体思维理路，康德进一步以批判理性的旗帜，把西方近代哲学认识论思维发展到极致。乃至于从近代启蒙运动到整个20世纪，在哲学的每个角落，都能听到康德思想的足音。

以往在康德思想的理论渊源上，人们往往只重视了休谟和卢梭思想对他的影响，这自然是正确的，如休谟怀疑论的方法，特别是休谟关于归纳逻辑的非难，对于康德批判理性的方法检讨主体能力，在问题意识的启发上，是至关重要的。休谟的人性论思想方法，直接影响了康德的道德哲学和政治哲学的认识论倾向，它不仅使康德超越了独断论的认识论，而且直接启迪了康德关于意识理性、道德理性和审美理性的价值多元思想方法（这得益于休谟关于事实与价值两分法的思想）。罗尔斯认为，"康德非同寻常地表现出了对休谟的深深敬重和喜爱"。康德思想中积极的、民主或是共和的思想的确是受到卢梭思想的的直接影响。卢梭的《爱弥儿》几乎使他热情的近乎疯狂，他高度赞卢梭的伟大，他认为，如果说牛顿了解释自然界的最高真理一位天才，那么，卢梭则是揭示社会真理的另一位伟人。

事实上，就康德哲学的思想方法的传统而言，他与近代西方哲学之父笛卡儿更有密切的学理姻缘，他把笛卡儿的"我思"的主体哲学思维，推向主体批判的"纯我哲学"，从而使西方哲学思维真正"从形而上学的铁掌里解放出来"。

序　言

康德把西方哲学的理性精神发展到一个新阶段——批判理性阶段。逻各斯的提出——赫拉克利特和巴门尼德奠定了西方理性精神的基础；柏拉图和亚里士多德的观念论体系使理性成为一个不断上升的系统；笛卡儿的怀疑精神使理性达到自我意识阶段；康德的批判使理性成为能动的自我超越的主体。一方面通过对于理论理性的批判确保科学的合法性，另一方面通过对于实践理性的批判确保自由的合法性。从而协调理性与自由的矛盾。其独特的手段，从而成其为方法论的里程碑是批判理性的精神。在康德那里，批判不仅是理性的能力和特质，而且以理性自身为对象。为此黑格尔曾概括："康德的哲学是启蒙运动的理论总结。"

康德的批判理性哲学对于启蒙运动的理论总结的主要功劳，首先表现在他首次实现了价值领域多元化的转向：纯粹理性批判——科学领域、实践理性批判——道德和宗教领域、判断力批判——艺术审美领域三大价值领域的多元价值转向。从而解决了主体哲学在认识、价值（实践和宗教）、审美领域的三个基本问题：

　　我能够知道什么？
　　我应该做什么？
　　我可以希望什么？

康德的第一批判——《纯粹理性批判》，首先主体批判的矛头指向理论理性本身，解决认识的主体前提资格问题，理清人类先天认识能力功能、条件、范围和界限，从而确定人类知识的可能范围，依此为真正的、作为科学的形而上学提供坚实可靠的基础。

康德所说的"有两样事物，我对它的思考越多，内心的敬畏意识就有增无减。"这实际是对于他前后批判时期对于自然及科学的崇尚和对于道德的归宿的全部学术生涯的自觉概括。"头上的灿烂星空"来自以他的第一部著作《天体的一般理论》为代表的前批判时期科学研究的主体自觉；"心中的道德法则"是对于自理论理性批判始，到实践理性批判落脚处的主体性思维的觉悟。

道德律令在康德那里是至高无上的，成为其理性批判的归宿。因此，

序　言

在其理论体系中，不可避免地要处理理性、自由与道德的关系。一方面，在康德哲学中，自由确实是一个作为主旋律的范畴，但是，康德的自由范畴严格区别于其他哲学的自由的含义和特点，他认为，自由是自律和自我批判的前提。即是说，理性只有是自由的，它才能够进行自律，才能进行自我批判。如果理性仅仅是自由的，而不进行自我批判和自律，那么它就会被绝对化。

另一方面，康德以道德至上论的立场，主张道德高于自由之上。尽管他一开始就意识到了自由与因果性的矛盾，但他不仅不回避和掩盖这一矛盾，而是诚实地承认它，并且在理性的自我批判中揭示这一矛盾的根源。然而无论如何，理性和自由都不能凌驾于道德之上，相反，道德律令是高于理性和自由的。

康德哲学及其方法的影响是永恒的，当代英美中，康德哲学的幽灵就十分明显的：一方面分析哲学的基本精神是从康德那里接受了把哲学视为严格的精神科学的观念。其二是接受了康德给思想领域划界的思想。（维特根斯坦的可说与不可说划界等）

福柯在康德写了《什么是启蒙》整整200年后写同名书，试图消解康德将启蒙理解为出路的思想，他认为不能消解这一问题，后现代就无从谈起。马克斯·韦伯关于现代性的经典规定，主要思想渊源是康德哲学。哈贝马斯说，我们是在康德黑格尔的精神氛围中成长的。

从某种意义上说，现代西方哲学的所有问题，都是康德哲学的延续，要么接着说，要么反着说，拟或对着说。

三是现代西方哲学思维对于意义的追问

现代西方哲学语言学和生存论的转向，使哲学思维的使命实现了由发现真理向追问意义的转化。

首先，尼采等人的意志哲学，作为第一个登上现代西方哲学舞台的流派，首先对笛卡儿以来的对理性主义传统进行了尖锐的批判和否定。"整个现代哲学在逐渐沉沦，如果这种哲学的残余没有引起嘲笑和怜悯，那么，也引起了怀疑和不快。哲学被降格为'知识论'，实际上它不过是一种胆怯的随大流和禁欲的教条：它还未跨门槛就痛苦地否决了自己进门的权利—这就是奄奄一息的哲学，它是终结，是痛苦，是让人怜悯之物。"①

尼采首先把矛头指向神本论的理性主义。他公然宣称："我是第一位非道德论者，因此，我是地道的破坏者。"② 他大胆宣告"上帝死了"，因而理性也终结了，因此我们要"重估一切价值，这是一场大战"③

尼采试图以非理性超越理性，全面消解传统哲学的"理性"、"知识"、"真理"、"主体"、"道德"、"人"等元话语。通过"感性"、"生命"、"价值与评价"、"永恒轮回"等，彰显"超人"的"权力意志"。尼采的"超人（der Übermensch）"的"权力意志（der Wille zur Macht）"对于人的尊严实现的帮助。

尼采认为，康德的"作为目的自身"的人的最高尊严的实现，仅仅诉诸于理性和良知是不够的，"超人（der Übermensch）"的"权力意志（der Wille zur Macht）"（正视人是在不断创造中实现自由超越的特殊生命体。确信自己"同这太阳、同这地球、同这雄鹰、同这条蛇一样"，"永恒地回归到同一个自身的生命"的高尚情操）力量可籍借鉴。

其次，实用主义要求以生活和实践取代传统理性主义哲学对物质和精神本质的探索。

美国的实用主义哲学大师皮尔士，首先批判了作为笛卡儿哲学的出发点的普遍怀疑思想，"我们不能从完全的怀疑开始"，"不能佯装对我们在内心并不怀疑的东西在哲学上加以怀疑"，普遍怀疑"完全是一种自我欺骗"④。在人的认识和行动中必须有一定的信念。

皮尔士认为，笛卡儿的理性主义哲学，忽视了主体际性和人的社会存在。

---

① 尼采：《超越善恶》第204节，W·考夫曼英译，纽约兰登书屋1989年版，第123页。
② 尼采：《权力意志》，商务印书馆1991年版，第100页。
③ 尼采：《权力意志》，商务印书馆1991年版，第86页。
④ 参见《皮尔士文集》，Idiana University Press. 第6卷第265段。

序　言

笛卡儿哲学以"我思"的自明性作为第一原理,把知识和观念的确定性及绝对性诉诸于个体意识,忽视了主体际性和人的社会存在。皮尔士明确反对笛卡儿认识论的直观性和绝对性。特别是反对笛卡儿认为的"凡我清楚地确信的任何东西就是真的"[①]的自我确认说,主张"共同体"的不断商讨。皮尔士继承了康德"实用的信念"及其与行动的后果的关系的思想,他把一切知识都归结为"实用的"信念,知识的问题被归结为确定信念,使之成为行动的工具。

再次,现当代现象学运动(特别是存在主义),要求哲学研究的视域和方法,转向非反思的生活世界或人的生存。

胡塞尔现象学自觉继承了笛卡儿哲学的理性传统,其基本问题仍然是主体性问题,他面对的"事情"仍是"意识之主体性"[②]。

不同的是胡塞尔开出了一条与近代哲学主流大相径庭的新途径,胡塞尔在"意向性"(intenationality)概念的基础上,最精辟地澄清了近代哲学在主体问题上的一系列含混,开出了一条与近代哲学主流大相径庭的新途径;同时,解决了被老笛卡儿主义忽视了的"历史性"和"生存性"问题,因此,胡塞尔现象学可以称为新笛卡儿主义,它是近代西方哲学的出路之一。

现象学面临的主要论题:"一切奇迹中的奇迹"是什么?海德格尔曾经将之概括为"意识之主体性"问题。因此,现象学首先要分析的是意识及其与世界的关系,这不同于主客关系。胡塞尔通过对"我思"即意识及其本性就是意象性的分析,正面了结了自"我思故我在"命题提出以来围绕着主体问题的一系列迷雾。现象学的主体概念区别于近代哲学主体概念的关键在于它克服了后者与客体的隔绝(如绝对精神意义上的主体)或外在关联(如灵魂实体意义上的主体)。

还有,罗素、弗雷格、维特根斯坦等分析哲学家,要求把哲学研究转化为对于语言的用法和意义分析的学问。

---

① 参见《皮尔士文集》,Idiana University Press. 第 5 卷第 265 段。
② 这是海德格尔在《哲学的终结与思的任务》中的表述方式。

序　言

分析哲学是一场哲学方法论变革的运动，它与自然科有着密切的关系，它拒斥形而上学。大多数分析哲学家都同时是某一科学领域的专家。他们通过对哲学命题进行语言逻辑分析，消解传统哲学的意义和方法。

与此同时，现代西方哲学思维的另一个重要特点就是重视新的哲学方法的探索。早在 19 世纪之末，胡塞尔（Edmud Husser）、摩尔（G. E. Moore）、皮尔士（C. S. Peirce）这三大现代西方哲学的开创者，就创立了三种新的哲学思维方法。胡塞尔的现象学方法是针对康德的，他要求解决知识的本质和形式问题，即知识如何建构，经验与理性到底有何作用；摩尔的语言分析方法则是针对黑格尔的，他要研究主观与客观有无差别，以及如何把握两者在本质上的差异问题；皮尔士的实用主义方法是针对笛卡尔的，他要解决经验主义与理性主义的对立问题。皮尔士反对笛卡尔关于"知识的起点是怀疑"的观点，他认为，知识不可能有一个绝对基础，知识的起点应是大家都能信任的经验和思考方式，常识与知识理性存在着本质上的一致性。

20 世纪上半叶，在上述三大哲学方法之后，又发展起三大新的哲学方法。罗素（Bertrand Russell）、维特根斯坦（Lubwig Wittgenstein）、奥斯汀（T. L. Austin）等发展了摩尔的语言分析方法，形成逻辑分析方法、逻辑语言的分析和语用分析的方法、语言行为条件的分析方法等；詹姆士（William James）、杜威（John Dewey）等发展了皮尔士的实用主义方法，形成重视主体经验的实证方法以及伦理学、教育哲学和逻辑方法的重建的方法；弗雷格（G. Frege）、梅洛·庞蒂（Merleau Ponty）、海德格尔（M. Heidegger）等发展了胡塞尔的现象学方法，形成"纯谓建构"、"身体知觉"、"存有体悟"等方法。

20 世纪后半叶，作为现代西方哲学重要代表人物的逻辑和分析哲学家奎因（W. V. Quine），提出了逻辑建构方法；德里达（J. Derrid）作为后期结构主义的代表人物则批评了逻辑建构方法，提出了解构的方法；作为法兰克福学派的新康德主义和新马克思主义思想家的哈贝马斯

序 言

(J. Habermas),提出了批判理论与沟通理论的方法。斯特劳斯(F. Strawson) 用自然语言的逻辑分析方法来描述世界存在的结构等等,都是现代西方哲学重视方法论的集中表现。

马克思主义哲学、中国哲学原典等,自然也有各自内在的逻辑进路,这些都需要我们在认真解读文本的基础上去寻觅和探索。

张周志

2014 年 8 月

前　言

《西方哲学原典导读》原本是适应哲学专业教学要求开设的一门专业基础必修课，《西方哲学原典导读》是在《西方哲学原著选读》课程的基础上，为了凸显本专业"原典教学"特色而形成的成果。它是在学生对于哲学专业的基础理论及相关的哲学史，有了一定程度的学习之后，为了进一步深化学生的哲学知识、拓宽学生的哲学视野、提高学生领悟哲学的能力、培养学生学习哲学的兴趣，使学生能够从原著中本真地学习与领悟西方哲学的精神，所形成的"原典"教学成果。

一、原典与方法

原典也可称为"元典"，从英文讲即是 canon，原指宗教性经典。从哲学专业来讲，那些著名哲学家的代表性著作可称之为经典性的"文本"（text）。就西方哲学而言，原典应该是原语言性的典范性文本。就学习哲学的中国人特别是哲学专业本科生而言，限于其阅读能力与水平原典阅读就首先是经过翻译的典范文本的阅读。作为"典范文本"曾在人类历史的文明与文化进程中发挥了重要作用。它们成为思想道路的"路标"，也成为人类文明道路的路标。在原典阅读中，文本的"每一个字"读者可能是认识的，但是文本的"句子、段落及文本整体的意义"却常常"读不懂"，不知其所云。特别是对于初入哲学门的人尤为如此，即使他们已经对于哲学史已有所阅读学习。哲学史是哲学的"常识性"学习，是哲学的发展史与问题史学习。它是撰写者基于自己的理念和方法对于哲学发展逻辑的梳理与解读，也表达了其对于哲学的理解，其全面性与客观性是相对的。因此，要真正进入哲学的殿堂，原典阅读对于从事哲学学习与研究者，面对原典、面向文本的再解读就必要且重要。真正哲学的原创性是困难的，但创造性的合乎逻辑的理解是可能的。

创造性的理解、诠释常意味着新路的思考，意味着文本意义重新生成。它是一种创造性的转换活动，伴随着此活动文本的意义呈现出新的"充盈"与"溢出"。它是一种跨越时空的理解与诠释，是读者与文本的"视域融合"，是读者与作者的对话与交流——其间围绕"问题"的提问、质疑、驳辩、解答的思想活动。由此，我们才可能比柏拉图更好地理解柏拉图，文本的意义才可能重新"开显""充盈"与"溢出"，作为哲学与哲学问题才不断得以"澄明"。导读首先是理解诠释的活动，其原则就是哲学解释学的基本原则。只有从这一原则出发，导读才具有自身的价值。

《西方哲学原典导读》作为原典教学的材料，其首要的原则是：以文本为基础，充分尊重文本，倾听文本、让文本说话。这就要求必须悬置哲学史书中的成见，从文本出发、解读文本，从而领悟哲学家的思想。其次，作为解读基础的文本应当真实、可靠。这就必须将多种译本进行参考与比照，注重版本及其对不同版本的考订，对于重要的哲学范畴必须参看相关译名的可靠解释。在文本选择、解读中，尽可能选读原始的第一手的资料，并能参照作者的原文原著。第三，运用哲学诠释学方法指导文本阅读，将此方法贯彻到原典教学之中。解读本身就是与文本对话，是意义的再生成过程。文本的意义是开放的，不是封闭的。解读是为了启发新思想、获得活的思想，而不是陷于教条与独断。第四，在原典解读中遵循"同情的理解"为先、"批判的否定"为后的原则。原典之所以作为原典，它作为思想的"典范"与思想的历史"存在"，自有其时代的高度与深度，甚至还因为它规范、塑造了人类思想及其文明的方式，在当代依然发挥着其效能。文本既是历史的也属于当代。解读原典必注重其"问题域"及其"逻辑的自洽性"，由此才会获得启发与教益。否则解读就失去了价值。

前　言

二、选材与导读

解读、导读的基础是原典的选辑。在中国大陆哲学经典文本的选读从全面性、系统性而言，是北京大学哲学系外国哲学史教研室翻译辑录的两个版本。一个出版于20世纪50—60年代，分别由三联书店和商务印书馆出版。它系统选辑了六卷本的选本，按年代先后分别是：古希腊罗马哲学，欧洲中世纪与文艺复兴时代哲学，十六—十八世纪西欧各国哲学，十八世纪法国哲学，十八世纪末—十九世纪初德国哲学，十九世纪俄国革命民主主义者的哲学。一为后来由商务印书馆出版于80年代的上、下两卷本的选本。后一个版本是前者的缩编本，其选辑的人物、著作、年代先后、时代起止基本相同，著作的数量较前者为少。

为适应哲学专业本科生学习的要求，一方面能够使本科生的学习与理解程度易于接受，另一方面必须在原来学习的基础上程度不同有所提高，原著阅读材料的选择，其难度及篇目宜于适中。本课程共选取若干本（或其中的篇、章、节）史料可靠的、具有相对完整性的、富有代表性的原著材料作为阅读与讲解的基础。其选取范围从古希腊始，止于德国古典哲学。其材料的选取参考北京大学哲学系外国哲学史教研室编译的"西方哲学原著选读"六卷本和上下两卷本（商务印书馆1982年5月第一版），并尽可能参考最新的可靠的原著译本。限于学时及本科生哲学提高的需要，现当代西方哲学的原著，不在本课程的选读与讲解之列。所选材料的"量"与"解读"适当加大，以供有能力的学生课外阅读、学习。

作为导读与解读其重点在于"导"与"解"。一方面是"引导"，引导学习者进入原著，因此对于著作宏富的经典作家必选取其经典的精粹文本，选其思想、方法集中性表述的篇章予以解读，以达到一叶知秋之功效；对于同时代、同一问题域探讨的思想家，具有代表性的开启性或总结性的思想家的经典著作为首先解读的对象；对于选读其章节的著作必先进行一个整体性介绍性解读；对于不同版本的译著，尽可能予以介绍评析，以使读者能进一步选读可靠的译本。同时，对于国内外相关研究的成果尽可能全面地列出，作为"参考资料"以供扩展与研究性阅读。一方面是"解读"，对于重要的概念、范畴的翻译，应予以比较，以消除中文所可能产生的歧义与误读；突出所选材料的问题、思想、方法，以避免原则性的误读；突出问题的历史渊源，以明辨解读的意义与路径，及其对于后来思考者的影响。如此，"导与解"才具有引导和启发性。

三、内容和体例

从古希腊到近代德国古典哲学的2500年，西方哲学原典浩如烟海。如何在原著的选读和讲解中避免与哲学史的雷同，真正能够通过原著的引导性阅读深化哲学的理解是颇为烦难的事。从大的时代来看，原著的选取与讲解不能违背大的时代划分；具体到小的方面，不同的时代选取哪些思想家的哪些著作予以解读？古希腊无疑是西方哲学也是西方文化与文明的发端，其精神渊源又可远追溯到神话的产生。但是神话仅仅是不定形的哲学的孕育与准备，前苏格拉底时期的诸多哲学家也仅留下的是极不完整的哲学文献的残篇，即使苏格拉底也没有留下自己的著作。因此前苏格拉底时代都可视为希腊哲学的萌芽时期，要真正理解古希腊的智慧必须将目光聚焦于两位巨擘柏拉图与亚里士多德，其文献是完整的，理论逻辑是明晰的。

就大的时代而言，有稳定繁荣的时代与相对而言纷乱过度的时代。古罗马时代就是一个纷乱奢靡的时代，其思想走向怀疑、批判，而不是建构与发展。而中世纪并非是一个完全黑暗的世纪，而是古希腊思想的否定性发展，它是古希腊文化与希伯来文化的一个有趣的结合与发展，它构成西方文化精神的一个重要方面。如果说古希腊重视了"存在"或"有"这一核心问题，中世纪则重视了"无"或"非存在"如何存在及其意义的问题。如果说古希腊为"科学"与"知识"昌明奠定了理论基础，中世纪的宗教哲学则为道德、价值、精神寻觅一个更高的终极的根基。文艺复兴是一个新旧交替的时代，尽管它需要巨人也产生了巨人，它只是预示着新时代的到来但还不是新的时代的建立与发展，仅仅抽象地否定了上帝而没有予以"扬弃"，从理论形态上就展现出纷乱与驳杂。

近代唯理论与经验论的相互消长，围绕着知识与信仰、必然与自由、主体与客体、灵与肉、经验与超验的矛盾，真正开始了理论的发展与建构，德国古典哲学则将理论系统化建构推向了一个高峰。因此，精选特定的时代、处于转化与建构时代的理论与思想家的著作，才真正能够领会西方哲学的精神与形态。

本书撰写所选取的人物著作的导读分四个部分：（1）生平与著作，包括简要生平、著作概况、著作版本情况介绍；（2）原著解读，突出其思想、问题、方法、原则。（3）参考资料。（4）问题思考。

第一章　苏格拉底、柏拉图著作导读

一、生平与著作

苏格拉底（公元前469—前399年），在西方思想史上是一位与孔子相似的、论而不作的思想家。他并没有著作留下来，但是其影响却十分巨大。他所开创的思想道路，标志着古希腊哲学的一次伟大转折。他的思想直接影响并造就了理性主义巨擘柏拉图。对他及其思想的理解，主要通过其弟子色诺芬（克塞诺封）的《回忆录》与《会饮》，以及柏拉图的早期对话、亚里士多德的相关论述得以解读。关于柏拉图早期对话的划分，说法也各不相同。休·H·本逊认为其早期对话有：《普罗泰戈拉篇》、《申辩篇》、《卡尔德米篇》、《克里托篇》、《欧绪德谟篇》、《欧绪弗洛篇》、《高尔吉亚篇》、《大西庇亚篇》、《小西庇亚篇》、《伊安篇》、《拉凯斯篇》、《吕西斯篇》、《美涅克塞努篇》、《国家篇》卷一。一般认为《申辩篇》、《克里托篇》、《斐多》三篇，对于理解苏格拉底最为重要。除此之外，还有喜剧作家阿里斯托芬的《云》与后来亚里士多德著作的相关评述。但是，克塞诺封的《回忆录》与柏拉图的著作——特别是中后期著作，给人们的是不同的苏格拉底的形象。到底哪一个更真实反映了历史上的苏格拉底，对此也说法不一。但是，人们一般认为通过色诺芬的著作和柏拉图的著作，以及拉尔修的著作相互参照的阅读，还是能够对于这位述而不作的思想家的思想，有明晰的认知。

柏拉图（公元前427年—前347年），是西方哲学史上第一位留下数量可观的、完整著作的哲学家，他通过传世的"对话"对于西方哲学理性主义的思想传统，奠定了基础、产生了巨大的影响。以至于有人断言：西方两千年哲学的发展，是柏拉图哲学的注解。他的"对话"，不仅是耐人寻味的哲学篇章，每一篇对话都是一个可供后人破解的迷，也是充满艺术情趣的戏剧，其中有生动的情节、栩栩如生的人物形象。后来者所撰写的"哲学对话"，都不能出其右。亚里士多德在对于其师的悼词中写道："岿岿盛德，莫之能名。光风霁月，涵育贞明。有诵其文，有瞻其行。乐此盛世，善以缮生。"柏拉图著作的真伪、写作顺序的考证及其版本，本身就是一门学问。对此，可参见王晓朝先生翻译的《柏拉图全集》的"中译者导言"，汪子嵩等著的《希腊哲学史》第二卷。对于柏拉图著作的真伪判定，现在大多数学者认为，他传世的三十六种对话，有二十六篇对话是真作，是我们现在可供研究其思想的第一手资料。他的十三封书信，大多数学者认为第七、第八封信是真作，它对于了解柏拉图的生平活动有重要意义。范明生先生借鉴西方研究成果，将柏拉图对话分为三个时期：第一，早期的属于"苏格拉底的对话"，包括《普罗泰戈拉篇》、《申辩篇》、《卡尔德米篇》、《克里托篇》、《欧绪弗洛篇》、《高尔吉亚篇》、《小西庇亚篇》、《伊安篇》、《拉凯斯篇》、《吕西斯篇》、《国家篇·卷一》。这些对话，主要论题和方法是苏格拉底的，主要显示的是苏格拉底的思想。第二，中期对话，包括《欧绪德谟篇》、《美涅克努斯篇》、《克拉底鲁篇》、《美诺篇》、《斐多篇》、《会饮篇》、《国家篇》（卷一除外）、《斐德罗篇》。它标志着柏拉图初步建立起自己的思想。第三，后期对话，包括《巴门尼德篇》、《泰阿泰德篇》、《智者篇》、《政治篇》、《费莱布篇》、《蒂迈欧篇》、《克里底亚篇》、《法篇》。它是柏拉图中期对话所建立的思想的修正、发展和更新。柏拉图的对话，从形式上，有人将它分为两种：报告式、戏剧式。柏拉图对话的中文翻译，从二十世纪二十年代吴献书的《理想国》，到二十一世纪王晓朝翻译的《柏拉图全集》的出版，其著作已经全部译出，不同的著作还有多种不同的译本，可供学习研究。

二、原著导读：《申辨篇》等五篇经典

在此选读的文本有三大部分，其一为"苏格拉底的对话"，它包括《申辩篇》、《克里托篇》；其二为"苏格拉底和柏拉图的对话"《斐多篇》；其三为"柏拉图的对话"，它包括《斐德罗篇》、《会饮篇》。其基本文本以王晓朝《柏拉图全集》（人民出版社2002年版）译本为基准，参阅其他相关译本。

（一）苏格拉底的"申辩"（参阅王晓朝译本《柏拉图全集》第一卷第1—32页）

《申辩篇》作为苏格拉底出庭为自己进行无罪辩护，更像是一篇苏格拉底撰写的"辩护词"或"演讲词"。或者，它像是参加法庭审理过程的柏拉图根据苏格拉底的辩护词底稿，记录整理而成的一篇演说词。它让人们清晰完整、生动形象、如临其境地看到：苏格拉底究竟是怎样一个人？它也记录了一个为雅典城邦的福祉而不懈努力的哲学家，如何具有反讽意味地受到以自由民主而著称的雅典的审判、处死，这样一个历史事件；它也使得后人惊奇：到底谁审判谁？到底谁才应该被审判？

1. 苏格拉底以"不敬神"和"败坏青年"两项罪名被人控告，《申辩篇》是柏拉图事后通过回忆，记述了苏格拉底在法庭上慷慨陈辞、为自己申辩的情形。这是公认的真实记述苏格拉底言行的篇章。在此之后，通过陪审员投票，多数票赞成处死苏格拉底。他自愿放弃了逃亡的机会，最终饮鸩自尽。就"申辩篇"的内容说，它大致可由三个部分构成：①申辩前的说明。申明讲真话是自己的申辩原则，申明自己的申辩不仅是对"现在的原告"也是针对"过去的原告"。因此，苏格拉底在七旬高龄的申辩，就具有人生的总结与辩白的性质。②申辩的过程。苏格拉底分别对两批人的指责予以驳斥，一派指责他"爱管闲事"、诡辩惑众、人品不好；另一派指责他"腐蚀青年人的心灵，相信他自己发明的神灵"。③法庭投票判决后的第一次陈述与第二次判决后的再陈述。第一次陈述，他认为结果并不出乎意料之外，认为自己不应该交罚款以赎自己的罪，反而国家应该出钱供养自己。如果要出钱赎罪，他开玩笑似地只出"30明那"。第二次陈

述，认为导致此判决结果的，是由于自己"缺乏厚颜无耻和懦弱"，"拒绝用讨你们喜欢的方式讲话"。还发表了对于死亡的高论，表现了视死如归的气概。最后的话是："我去死，你们去活，但是无人知道谁的前程更幸福，只有神才知道。"读整个申辩，仿佛不是苏格拉底接受审判，而是他在审判其他的人。历史也证明，该受审判的不是苏格拉底，而是美勒托、阿尼图斯、吕孔等人，并且最终受到审判。

  2. 申辩篇力求澄清一个问题：苏格拉底的智慧是怎样的？他是否妖言惑众、不敬神？他首先声称自己所具有的智慧，就是属于"人类的智慧"，而不是"超人的智慧"。由此，申明自己的智慧不属于神的智慧。更进一步，说明自己作为最智慧的人的名声，是怎样来的。德尔斐"神谕"说：苏格拉底是最智慧的，没有比他更智慧的了。而他认为自己并没有智慧，但是神却说他是最智慧的了。为了求证神谕的真意，先后拜访了具有极高智慧的政治家、具有极高智慧的名人、诗人以及智慧的工匠。这些人基本都有一个共同的特点：要么对不知之物以为知，要么因为有一技之长便自以为无所不知。与他们相比，苏格拉底"知之为知之，不知为不知"的态度，自知其无知，就是一种胜过其余人的智慧。在此求证神谕的过程中，他引起了许多人的憎恨，并得到了"炫耀智慧"的恶名。最后他强调，神谕的真正意思是：只有神才是最智慧的，人的智慧没有多大价值。神借苏格拉底的名字说明：像苏格拉底那样，意识到自己的智慧是微不足道的，就是人中间最智慧的。

  苏格拉底作为一个智者，作为一个能言善辩的大师，以自己滔滔的雄辩，从侧面驳斥了"不敬神"的罪名，显示了自己是何等"敬神"！为了求证神谕，竟奔走不懈。同时，也表现了一个智者的谦逊：表明自己比别人智慧之处，就在于"意识到自己的智慧与神相比，是微不足道的"。同时，告诫人们：无论是个人还是人类，应该自知其无知，不要以不知为知，也不要以少知便自以为无所不知。这不是真正的智慧，更不是一个真正的智者。

  3. 苏格拉底的申辩体现了苏格拉底作为一个智者——爱智者，他究竟是一个怎样的具有坚定信念与铮铮风骨的人。它体现了一个理性的富于

第一章 苏格拉底、柏拉图著作导读

批判精神的哲学家崇高的使命感,"只要一息尚存,我就永不停止哲学的实践,要继续教导、劝勉我所遇到的每一个人","不管你们是不是释放我,我是绝不会改变我的行径的,虽万死而不变"。同时,他也有力地驳斥了所谓的"败坏青年"的罪名。假如说"败坏"的话,那就不仅是败坏青年,而是老老少少的希腊公民。从此也可以看到,苏格拉底活着的时候堪称希腊人民的伟大导师。在死后,他通过自己的言行,也成为西方世界备受人尊崇的伟大精神导师。他教导人"首先要关心改善自己的心灵","金钱并不能带来美德",美德却不仅能带来金钱,还能带来其他一切的好事。

苏格拉底还以形象的比喻,道出了哲学家的职能。他认为自己是神赐给希腊的一只牛虻(马虻),为了使它这匹硕大的、迟缓不灵的马,在自己的叮咬下精神焕发。"牛虻"之喻,应该同柏拉图的"洞穴"之喻一样有名。它形象地道出了哲学及哲学家的功能。哲学家就是社会与时代的牛虻,通常他不是保姆与律师。他承担着重要的社会批判角色,从而促进人类精神的向善与社会整体的进步。它也成为西方哲学的重要传统。对此可以在西方哲学史上,列出一长串哲学家的名字及其哲学著作的名字。而许多哲学家也常不为自己的时代所容,遭受着类似于苏格拉底的命运。苏格拉底典型反映了一个真正批判性哲学家的命运。这也是苏格拉底之死给人的启示之一。在西方历史中,人们通常将他和耶稣相提并论。耶稣是一个宗教传说中的神秘、神圣的人物。他以自己的生命去替人类赎罪。苏格拉底则是一个确实的历史人物,为了完成神赋予自己的哲学使命——教导人向善、关心自己的心灵、爱真理,却被自由的希腊与自己的同胞判处死刑。他以自己的血肉之躯,遵守了一个公民义务应该遵守的法律,更维护了正义、自己的哲学信念、道德价值——这些比生命更可贵的东西,也反证了时代对于自己审判的不公正。他以自己的哲学实践、以自己的生命,证实了哲学的"神圣""崇高",也证实了批判性哲学家由于超越其时代"吃力不讨好"的悲剧性命运。苏格拉底最后的话:"我去死,你们去活,但是无人知道谁的前程更幸福,只有神才知道。"现代人读之,依然如雷声滚滚、震聋发聩。

（二）苏格拉底的"信守"（参阅王晓朝译本《柏拉图全集》第一卷第 33—50 页）

《克里托篇》是法庭申辩之后的继续。它反映了苏格拉底面对死亡坚定的选择与信守：选择法律不公正的判决，拒绝逃亡；恪守城邦的法律，活就要活得好、活得高尚、活得正当；与其苟且活着，还不如坦荡地去死。

1. 《克里托篇》是一篇典型的"对话"。它发生于克里托与苏格拉底之间。因为前去朝圣的大船就要回来了。就在法庭判苏格拉底有罪处死的前一天朝圣团大船出发了，一年一度的德利阿节到来了——为了纪念阿波罗神的诞生，雅典派往传说中阿波罗诞生地提洛岛前去献祭。在此月余期间，雅典城邦规定不能处决犯人。因此，苏格拉底判刑之后一直呆在监狱等待处决。克里托是雅典富翁，也是苏格拉底的挚友，他曾经多次表示愿出资帮助其免死。当他得知朝圣的大船今天就要回来时，便于当日拂晓买通了狱卒来到狱中对苏格拉底做最后的劝说，力主其逃往外邦，以摆脱死亡的厄运。但是，他与苏格拉底展开了激烈的辩论，双方各陈述自己的理由以说服对方。最终，克里托被说服；而苏格拉底则放弃了最后活命的希望。苏格拉底最后说："那么就让我们放弃逃跑吧，克里托，让我们顺其自然，因为神已经指明了道路。"

2. 《克里托篇》在遗世的柏拉图对话中应该属于小篇幅的对话。有两点值得思考，一是对话的性质，二是对话的背景。柏拉图的对话究竟是"文学"、"哲学"还是"历史"？应该说三者兼具，就如同司马迁《史记》中的"列传"。从《克里托篇》里，人们就可见一斑。苏格拉底之死及其死因，应该是历史事实。其人其死都绝不是柏拉图的虚构，相关史料都可相互佐证。但是，他如何面对死亡，如何在具有逃生的希望时却拒绝逃生，其心理微妙的活动却有赖于柏拉图的艺术创造。由此，苏格拉底在人们心目中的形象才如此高大完美、栩栩如生，从而能够集"节制、勇敢、淡泊、正义、美与善"诸美德、"言传与身教"于一身，也使传统的奥林匹斯诸神的德性与苏格拉底相比都黯然失色。关于此对话的背景，也就是苏格拉底面对死亡的背景，具有鲜明的反讽意味。雅典人为了纪念阿波罗神的诞生前去朝圣,由此苏格拉底暂免一死,朝圣归来便处死苏格拉底,也许是历史的巧合;但人们更愿意相信是柏拉图出于创作需要的安排。它一方面使这个悲剧人物更显得悲壮,它成为雅典城邦走向没落的祭品;一方面则具有突出的讽刺性:这个如此崇敬神明——光明之神阿波罗的城邦,在朝圣归来所做的事情就是处死自己神明般的哲人、城邦忠诚的维护者——苏格拉底。它到底是敬神还是不敬呢?假虔敬者杀死了真正的虔敬者。

3. 克里托是一个"重义重情""讲求实际"的有钱人;苏格拉底是一个"舍生取义""杀身成仁"为理想而生与死的殉道者。克里托看到苏格拉底在死期来临之际却酣然大睡,大感惊讶,力陈逃跑的理由:自己不愿重财而轻友、落人骂名,为苏格拉底这样的朋友可以倾家荡产、在所不惜;有一批朋友已为此做好钱财准备,不仅可以轻松收买狱卒官吏,而且足够苏格拉底日后开销;你的敌人要毁掉你,你不能顺其所愿、中他们的圈套;你必须对你的儿子负责,有抚养、教育使其成长的责任;作为朋友我们有能力挽救你却不伸手,感到痛苦与羞耻。苏格拉底拒绝逃跑的理由的基点是:"真正重要的事情不是活着,而是活得好"——活得高尚、活得正当。在他看来,克里托陈述的诸多理由是"公众的意见"——常人之见;另外不能"以恶报恶",这也是作恶,是与善背道而驰的。那么,如何才是"正当""公正"或"正当的行为"?遵守城邦的法律,是正当的行为;法律的原则是公正,任何的私人权力都不能挑战、破坏城邦既定的法律,否则就会失去公正、颠覆城邦。对于父母之邦及其法律坚定的"忠诚",是苏格拉底的信念。这也更凸显了他的高尚及其悲剧的命运。苏格拉底的这一信念,一方面成为西方社会法律面前人人平等、笃信法律正义的传统;另一方面,崇尚国家威权、国家至上的观点也饱受后人抨击。

4. 苏格拉底的政治法律观支持的理由是什么?他认为,人一出生便和城邦形成了一种"契约"关系,城邦通过法律给予你种种权利与保护,你必须遵守城邦法律同时规定你必须的义务,包括承担接受法律所具有的受惩罚的义务。一个人不能仅仅接受权利及其所具有的好处,而逃脱其应尽的责任与义务。他还认为,城邦比每个人更高贵,人人都是城邦的仆人。正像父与子的不平等、主人与奴隶的不平等一样,城邦作为总体也高于每个个人。如果你不能按照普遍的正义说服城邦、改变城邦的法律,那么违背其法律或判决就是大罪恶。他还认为,一个人特别是在成年之后可以具有选择城邦的权利,如果他没有选择离开雅典城邦而是默认了城邦及其法律统治,就必须服从城邦及其法律。苏格拉底说,既然他在这个城邦中生活了70年并生儿育女,说明对于城邦和法律都是满意的,因此就必须履行自己的承诺,维护法律而不是摧毁它,做一个守法履约的公民。

5.《克里托篇》的后半部分,是以苏格拉底自问自答的"独白"进行的。他不仅论辩了不逃跑的法律政治依据,而且反思了逃跑的危害。如果逃到政法修明的城邦,他会遇到所有爱国者怀疑的目光,证明雅典审判者的正确。因为曾经论证"善良、诚实、制度与法律"作为人类最可珍视的财宝的苏格拉底,践踏了制度与法律;如果逃到无法无天的城邦,人们会毫不留情地嘲笑那个勇敢的苏格拉底在古稀之年却如此贪生怕死,改容换装逃避法律的制裁。苏格拉底的逃跑,可能让朋友被放逐、剥夺公民权、没收财产;为了儿子却像一个无赖,失去善良与公正。因此,苏格拉底告诫自己,"公正"是最重要的,由此才会有"正当"的行为。处死苏格拉底是他们的"同胞"而不是"城邦"及其法律制度的过错。放弃逃跑,不要以恶报恶,不要践踏法律,不要伤害自己、朋友和国家。苏格拉底经过冷静审慎的理性思考,放弃逃跑;他说理性之"神"已经指明了道路。

(三)苏格拉底与柏拉图的"灵魂"(参阅王晓朝译本《柏拉图全集》第一卷第51—133页)

《斐多篇》是以苏格拉底忠实的学生斐多而得名的对话。斐多伴随苏格拉底走过了他生命的最后一刻。整篇对话是由他讲述给诸多热爱苏格拉底的朋友们的。灵魂问题、生与死、灵与肉是这篇著名对话围绕的核心问题。无论是雅斯贝尔斯让人惊奇的论断"哲学就是学习死亡",还是海德格尔的"向死而在",还是"死亡哲学"都可溯源到苏格拉底的斐多篇。"面对死亡"更是有死之人所要面对的问题。

1.《斐多篇》发生的背景是苏格拉底被处死的当天。斐多在"厄刻克拉底"这个外乡人的追问之下,叙述了他们如何在监狱门迟迟开启之后,见到苏格拉底。苏格拉底被除去了镣铐之后感到放松与快乐,尽管通知今天就要处决他。谈话之前,苏格拉底让克里托派人送走了他哭哭啼啼的妻子克珊西帕与小儿子。然后他像往常一样开始进行一整天的谈话。当漫长的谈话结束之后,临刑的时刻就要到了。苏格拉底洗了一个澡,显得精神焕发。对于克里托所提的如何埋葬自己的问题,他玩笑着说:只要把他拎起来就行,不要从手指缝中滑落。他没有像别的犯人一样,对狱卒发火,也没有借喝酒以拖延时间。当克里托的仆人与拿着毒酒的监刑官一道走进来时,他平静地接过独芹汁,开了一个玩笑,平静地毫无畏惧地一饮而尽。朋友们都哭泣起来,眼泪哗哗直流。为了让毒酒起作用,苏格拉底则在地上踱着步子,直到腿开始发沉便躺下来,脸被盖起来。在他死亡的最后一刻,他揭开盖头,向克里托嘱咐道:千万别忘了向医药神阿斯克勒庇俄斯献祭一只公鸡。医治肉体之痛神灵所发明的毒酒,杀死了医治精神之疾的苏格拉底。在苏格拉底看来,它使自己摆脱了肉体的束缚获得精神的自由。因此,还不该向医药神献祭么?

整篇对话像一切戏剧一样有一个序曲,厄刻克拉底关心的首要问题是:这位大师怎样面对死亡?他死亡的真实情形如何?他说了些什么、做了些什么?有哪些人和他在一起?对话的中心是一串围绕"灵魂与死亡"问题的讨论。参加的人有本地人和外乡人十多位,唯独柏拉图由于生病而没有到场。这是柏拉图欲盖弥彰一个小小的花招。

2. 关于灵魂是否不朽,是这篇对话的核心。苏格拉底最后的观点是:"灵魂是不朽的,因为它能领悟并分享真善美,而这些东西是永恒的。人能够认识神,因为人在神那里拥有某种与永恒和不死相似的东西。"这一看法及其论证为在场的人所接受。其基本的观点是:(1)灵魂与肉体是对立的,是可以结合也可以分离的。身体是不完善的、靠不住的,它充满了欲望。通过身体,并不能把我们引向真理与善。"身体用爱、欲望、恐惧,以及各种想象和大量的胡说"来充斥我们。身体自然生存的欲望,使我们放弃了对于真与善的探求。人世间的战争与纷争源于身体的欲望所导致的对于财富的追求,肉身便不仅具有偏弊性而且具有罪恶性。因此我们应当重视"灵魂"而轻视"肉身","如果我们要想获得关于某事物的纯粹知识，我们就必须摆脱肉体，由灵魂本身来对事物本身进行沉思"。（2）灵魂是不死的，灵魂只有彻底摆脱肉体的束缚，才能达到神圣的智慧世界。因此，重生轻死、害怕死亡都是不明智的。而真正的哲学家，为了自己的信念可以去生，也可以为了自己的信念去死。如果死亡意味着可以摆脱肉体束缚与罪恶、在另一个世界真正拥有智慧、知识、真理，死亡就是幸福的而不是悲哀痛苦的。（3）道德的最高标准：拥有达到智慧的知识。拥有智慧才拥有美德之善，无知则无德。建立在相对的情感"恐惧、快乐、痛苦"基础上的道德，"自制、诚实，还是勇敢"仅是一种对于罪恶的清洗，而只有智慧才能真正使德性得以"净化"。那些貌似具有德性的人很多，但是真正懂得德性并过着一种道德方式的生活的人就很少。而苏格拉底终生不断追求智慧，一息尚存就不停止对于智慧的探求，他"就是那些按照正确的方式过着一种哲学生活的人"，是按照自己的信念生活具有德性的人。

3. 在《斐多篇》中，柏拉图还提出了著名的认识论、知识论观点：学习就是灵魂的回忆。他的这一观点，是典型的"知识先天论"假说。柏拉图第一个提出并回答了"我们的知识、认识是如何可能的"，他是在绝对的必然的确定的共相层面追问知识的可能性的。他的证明思路是这样的：绝对共相的必然性的实体知识，并不能来自不确定的人后天的感性视听，它来自哪里呢？它只能来自灵魂进入肉体之先的存在，但是灵魂进入肉体之后暂时"遗忘"了所它曾经获得、拥有的绝对理念的知识，通过后天的感性视听逐渐"回忆"起了美、善、绝对相等诸理念的知识，通过"摹本"回想起了"原本"——即"型"或"相"。柏拉图"学习就是灵魂的回忆"知识先天论假说，以独特的方式将人类知识的获得、认识的产生，看成先天"型相"的存在与后天感性活动的唤醒相结合的活动过程。它是后来以感性认识与理性认识结合的思维方式，来解释认识与知识的产生的理论雏形。但是，他的解释模式的困境在于，灵魂是如何具有"型相"的知识的？灵魂既然具有理念的知识，灵魂是不死的轮回的，那么这些知识就会随着灵魂在后天不断循环吗？知识还会不断增进吗？因此，他的认识论学说便陷入了认识源头的神秘论与知识的循环论。

第一章 苏格拉底、柏拉图著作导读

柏拉图的认识论解释模式,有两个基本的前提性假设:"一个是我们的灵魂在我们出生前存在,另一个是你说的这个等级实体是存在的"。这两个假设支撑着他的解释模式,它们必须同时成立,其先天认识论学说才能成立,知识的获得才从根本上成为可能。关于理念世界的存在,绝对的美、善的实在存在,柏拉图认为此问题是不证自明的,柏拉图以我们在现实中"后天"的可以回忆到美善的知识、几何学的知识,来证明并确信"先天"理念共相的实在,即以后天来确信先天。关于灵魂的不死,柏拉图在《斐多篇》中的证明并不十分有力,根据一切生的东西都是生于死,即生死轮回的转换,灵魂随生命的产生,从逻辑上看必然是先有灵魂、灵魂存在,它才能生出。灵魂的生出不可能从无中生出,只能从有中产生。人的出生就是灵与肉的结合。二者如何结合,他没有回答。那么生命消亡,为何不是灵与肉的消亡,而只是肉体的消亡、灵魂却不死?他只是幽默地说,担心生命死后"灵魂会被大风吹散"是多余而幼稚的想法。在《斐德罗》篇中,柏拉图对于灵魂的永恒与不朽做了更多的思考,为自己的学说奠定了更为牢固的基础,认为:"现在我们已经看到由自身推动的东西是不朽的。我们可以毫不犹豫地肯定,这就是灵魂的本质和定义,也就是说,灵魂的本质就是自动。任何物体的运动如果来源于外部,那么这个事物是没有灵魂的;但若一个事物的运动来源于自身,那么这个物体是有生命的,或有灵魂的,'有灵魂的'这个词就包含着我们上面说过的意思。如果我们这个论断是正确的,也就是说'推动自己运动的东西'就是灵魂,那么我们必须从中推论:灵魂既没有出生也没有死亡。"灵魂在这里成为自己推动自己的第一的基本原则,成为阿拉克萨戈拉的"奴斯"。

4.《斐多篇》中还描述了苏格拉底的哲学转向,如何从自然哲学向人与社会的转化。苏格拉底将哲学从天上拉回人间,是一个形象的说法,斯多亚的帕奈乌斯与罗马时代的西塞罗对此都做过相关表述。其实智者派的诸多人如普罗泰戈拉,就已开始这一转变。准确地说,是苏格拉底彻底完成了这一转变。对于转变较为详细的论述在《斐多篇》中是以苏格拉底与克贝的对话展开的。它是从灵魂不朽问题引发的。这一问题最终是要使克贝在灵魂问题上,相信灵魂的不死与永恒。苏格拉底说,自己在年轻的时候对于"自然科学"抱有极大兴趣，希望探讨事物产生、持续灭亡的原因。当他按照那种自然的生成方式去考察天上和地上的现象时，自己感到不适合这种探讨方式，便抛弃了这一种方式。

当他后来听说阿拉克萨格拉的"奴斯"说，认为"心灵"是一切事物的原因，很高兴，认为这是正确的方式，心灵使万物有序，将事物做最合理的安排。由此我们就必须找将事物安排得更好的方式，寻找事物最优秀与最高的善。后来对于这种学说便失望了。心灵并不是阿拉克萨格拉安排事物的原则，而是引入了气、以太、水诸多稀奇古怪的东西，说明事物产生的原因。苏格拉底认为许多人混淆了"原因"和"条件"，将事物可能的条件作为事物的原因。真正的原因应该是支配一切事物原则的东西。只有内在的"心灵"与不朽的"灵魂"才真正成为原则的东西，只有通过它们才会有善恶的分辨，才会有确定的知识。"我们在各种场合下首先提出最健全的理论，然后把与这种理论相一致的任何东西，与原因相关也好，与其他事情相关的也好，都假定为正确，而与之不合的就视作不正确"。柏拉图要求首先确定理性的原则，然后才会对于是非善恶有所辨别，对于知识有所获得。而这两条原则就是其认识论的基本原则：灵魂不朽；作为实体的"型相"的存在。

5.《斐多篇》中关于天堂与地狱的神话，也表现了苏格拉底的宇宙观。我么们居住的大地是一个球形的星球，它位于天空的中央。天空的均匀性和大地本身的均衡使其处于稳定的均衡状态。我们的居住地只是它的一部分。大地之上还有许多类似的地区被人们居住。这些大地的凹陷处被人居住。上面的水气雾是高天之上以太的残渣。我们这个世界受到摧残剥蚀，没有一件东西堪称完美。在我们上方广大的天空，那才是真正的光明与大地，是一个真正洁净的世界。从上往下看，真正的世界——天球世界是一个具有各不相同颜色的球体。那里有人和动物居住。我们有水和大海，那里有气；我们有气，他们有以太。那里人的天气、生活、寿命都优于我们，是一个纯净美好的世界。

大地之上有一个穿越大地的洞穴，通往遥远的地下，人们称之为塔塔洛斯——地狱。所有河流流入其中、又从中流出。大地的动荡使其不断流出流进。众多大河有四条：环形的厄刻阿诺——大洋河；方向与流向相反流入地下的阿刻戎——冥河；处于二者之间的皮利福来格松——地下火河；与第三条相对的是第四条河，发源于斯提克斯，与火河流向相反并与冥湖相连，最终落入塔塔洛斯。人们称其考西图斯。

每个亡灵都会在守护神的引领下前往审判。一切有罪的亡灵根据罪行程度不同，要么接受洗涤，要么经受惩罚，最重者被掷入塔塔洛斯河永远不能重现人世。而那些过虔诚生活的人的亡灵，通过哲学洗除了自己的罪过，将被送往大地的上方世界，过无身体的美好生活。

苏格拉底关于"大地"以及我们整个"世界图景"的描述，与其说是其世界观，还不如说是其道德教化的延续。他所描绘的天堂地狱的神话、灵魂不死与轮回的信念、今生来世的描绘，首先使必死之人能够坦然面对死亡——给人一种不死与永生的幻想与安抚，以克服人生的有限性；更重要的，其理论直接服务于敦促人此生今世向善的美好愿望，鞭策人积极地过一种道德的生活、使世界变得更加美好。

（四）柏拉图的"爱与美"（参阅王晓朝译本《柏拉图全集》第二卷第134—204页）

《斐德罗篇》被人们认为是柏拉图最伟大的对话之一，是《会饮篇》的姊妹章。它到底是柏拉图的早期作品还是晚期作品具有争议。人们倾向于认为是晚期作品。它所要揭示的是那个伟大的主题：爱与美。尽管它没有《会饮篇》那样具有戏剧性、多彩性，显得汪洋恣肆、文采斐然，依然在思想上具有相关性与独特性。

1. 《斐德罗篇》从整篇结构看，属于两个人的谈话，中间不乏长篇大论演讲式的宣讲；从内容看是两个大的部分，第一部分是围绕"爱人与被爱"讨论的三篇演讲词，第二部分是讨论修辞学、辩证法，是对前面演讲词的分析评判，特别是对于智者派的妖言惑众、是非颠倒进行了分析批判。《斐德罗篇》记述了这样一个情景：苏格拉底偶尔出城散步，便碰上了也来城外散步的斐德罗。他刚从以修辞著称的吕西亚斯那里来，并携带了自以为美文的演讲稿。他告诉苏格拉底，吕西亚斯写的中心就是：一个美少年应该接受不爱他的人，而非爱他的人。对这篇费时几周写成的"奇文"，激起了苏格拉底探讨的欲望。他们沿着伊立河走，来到一棵高大的梧桐时下，这里树荫遮蔽、凉风习习、绿草茵茵。附近一棵贞椒花开，香气扑鼻。斐德罗便开始诵读那篇演讲词。斐德罗读完之后，对其大加赞赏。苏格拉底讥讽性地说：妙极了，都让人神魂颠倒了。他只是肯定了它作为修辞学的成功，对其内容所表现出的虚弱理智难以苟同。"实际上他给我留下了这样的印象，作者为了显示他的才能，同一件事情可以说两遍，用词不同但都同样成功。"他说，自己也可以做一篇与前者不同但是比它更好的文章。经过一番相互戏谑、调侃，苏格拉底蒙上了头开始了自己的演说，其主题依然是：一个非常狡猾的人对美少年说，亲近没有爱情的人而不是有爱情的人。苏格拉底演说完便要过河回家，在斐德罗的挽留下，苏格拉底自称自己的"灵异"出现了，认为自己刚才所做的文章，是在斐德罗逼迫之下说的，它亵渎了神灵，那是一种可怕愚蠢的理论。他必须再做一篇颂词。最后两个人通过对话与反思，讨论了真正的修辞学与虚假的修辞学诸问题。苏格拉底说："辩证法家会找一个正确类型的灵魂，把自己建立在知识基础上的话语种到灵魂中，这些话语既能为自己辩护，也能为种植他们的人辩护，他们不是华而不实的。而是可以开花结果的，可以在别的灵魂中生出许多话语来，生生不息，直至永远，也能使拥有这些话语的人享受到凡人所能享受到的最高幸福。"在对话的结尾处，苏格拉底说："让我们相信有智慧的人是富足的。至于财产，请让我们拥有一个有节制的人可以承受和携带的也就可以了。"之后，他们便踏上了回家的路。

  2.《斐德罗篇》关于吕西亚斯的演讲词，关于爱的理论是建立在"现实主义""功利主义"的蛊惑之上的，爱失去了激情、也失去了美好，就像人们在谈一桩交易、锱铢必较；其语言单调、贫乏、刻板，丝毫不具有感染力。他硬将"利益与情爱"扯在一起，让美少年选择利益而不是爱情。其文章开篇就说："这件事应当发生，而且对双方都有利。""我对你的要求不应当仅仅由于我对你没有爱情而遭到决绝。"没有爱情的结合本身就是肉欲的交欢，要么就是一种利益的交易。由此，还要强词夺理、进行狡辩，实在是莫大讽刺。吕西亚斯的根据主要有哪些呢？

第一章　苏格拉底、柏拉图著作导读

他认为：有爱之人一旦追到爱人便会反悔曾经的付出，有爱之人会计算从中得到多少好处，有爱之人会朝三暮四、移情别恋，有爱之人是病态的愚蠢的，有爱之人专注于爱人、对别的事情视而不见。所谓特别还需注意的是：有爱情的人会争吵、嫉妒，给双方带来痛苦和悲伤，阻断与朋友的交往，甚至使其一个朋友都没有；有爱之人在了解对方之前不会占有，爱欲消失之后是否还能成为朋友，实在难说；有爱之人对对方的言行一味赞扬，或由于担心冒犯，或由于情欲所致。总之"适当的做法不是把恩惠赐予那些要求最强烈的人，而是赐予那些对我们感恩图报的人——不仅是乞丐，而且是指那些值得我们关照的人；不是那些只贪图你的青春美色的人，而是那些在你老的时候仍旧能够和你共享安乐的人；不是那些达到目的就向外界夸耀的人，而是顾全体面、守口如瓶的人；不是那些贪图一时欢乐的人，而是那些愿意与你终身为友的人；不是那些以满足情欲就恩将仇报的人，而是那些在你年老色衰时仍旧对你忠心耿耿的人。"

吕西亚斯的一切说辞说的都不是真正的"爱"，真爱恰恰不会出现他说的一切。另外他混淆了友情与爱情，千般贬低爱情而抬高友情。他的说辞说明他根本不懂什么是爱情，只是一篇徒呈辩才、空洞无物的奇谈怪论罢了。所以，苏格拉底说，"就这篇文章的主题来说，你能想象有人会争辩说，没有爱情的人而不是有爱情的人应当得到宠爱，并且不赞扬一方的智慧而指责另一方的愚蠢吗？"因此讨论的论题完全是一个没有意义的伪命题，是一个愚蠢透顶的问题。"不爱的爱"是悖谬的，什么都不是。

3.《斐德罗篇》中苏格拉底第一次对于"爱情"的言说，是劝说美少年不要亲近有爱情的人。柏拉图在此并非刻意损毁爱情，而是谴责爱情中的邪恶。在古希腊直到罗马时期，"娈童"是一种普遍性的社会风气，它还不是当今的"同性恋"。苏格拉底对此是批判的，他在此就是劝说美少年要慎重选择，特别不要接受老男人的爱恋。所谓"有爱情的人爱娈童，就好像恶狼爱羔羊"。当一群人表明对美少年的爱恋，一个"狡猾者"——他到底是年少者还是年老者没有说明，从行文看应该是一个年少的爱恋者，他假装不爱美少年并开导道：

要谈爱与不爱、该爱谁不该爱谁，必须首先定义爱情：爱情是一种美好的欲望。有无爱情的原则有两条：一种追求天生的快乐欲望，它会导致奢欲、贪欲；一种追求至善的后天的判断力，它会导致节制。当前者控制了后者，当欲望指向竭力追求肉体之美时，便产生爱情。为了爱欲的实现，一方面爱者希望被爱的人、甚至想方设法竭力使他的智力心灵弱化、具有依赖性，以使其易于获得对方；为了爱欲的实现，另一方面爱者会爱一个身体弱不禁风而不是肌体强健的人，但这样的人生存处境的艰难可想而知；另外，为了爱欲的实现，爱者希望被爱的人没有父母、朋友、亲戚，或阻断与这些人的关系，以使其永享自私的快乐。

除了上述种种危害之外，爱者与美少年之间还会产生冲突，相互之间时间一长对这种关系还会产生腻烦心里。年龄相同者都会如此，如果美少年的爱者是个年龄相差较大的老者。他自私地获得感官的满足，而美少年则不得不面对其饱经风霜的老脸，还要忍受其猜疑与妒忌。当这个老家伙还心存爱意之时，其爱是有害的；一旦爱意消失，就会违背诺言、溜之大吉。因此，"宁可接受一个有理性但没有爱情的人，也一定不能接受一个没有理性只有爱情的人。"选择爱情时，一定要懂得："一个错误的选择就意味着向一个无信无义、乖戾的、妒忌的伤人的追求者屈服，向一个毁灭他的家产、伤害他的身体、尤其是毁灭它的灵性发展的人屈服，而这种灵性的发展在神与人的眼中肯定具有最高价值。"

4. 苏格拉底第二次的关于爱的言说，表面看来是对前面两次的否定。其实苏格拉底"爱的定义"中就暗含着肯定，他否定的是爱中的"邪恶"，或者为了爱所可能导致的"邪恶"。爱是一种"迷狂""癫狂"，如果以理性加以节制，就不会导致邪恶，而会导向美善和幸福。在此从"迷狂"分析入手，他首先将迷狂分为四类表现形式：其一，仿佛有神灵附身能够作出正确预言的女祭祀，在迷狂中她们拥有预言术、能够对于未来诸事做正确的预言；其二，那些作恶的人的后代遭到天遣，为了禳除灾祸、驱除天遣通过迷狂的巫术方式实现；其三，诗人的诗歌创作通过诗神缪斯附身，在迷狂的状态中充满激情地创作出优美的诗歌；其四，爱情并不是理智的产物，双方并不是由于利益而相互结合，爱是一种迷狂的审美沉醉。它是上苍给人的最高恩惠。

第一章　苏格拉底、柏拉图著作导读

苏格拉底分析完"迷狂"又转向"灵魂"的分析描述。灵魂是不朽的，由于其永恒的自我运动而不朽，其本质就是"自动"——自己推动而不由任何外在的存在推动。它既没有出生也没有死亡。他提出了灵魂运动的"马车之喻"——"驭手"驾着"飞马"拉的"马车"奔跑。人和神都是灵与肉兼具的"生灵"，人是"有朽的"有死的生灵，神是"不朽的"不死的生灵。原因在于仿佛神的马是两匹骏马，而人的马一匹为骏马、一匹为驽马。灵魂仿佛是有"羽翼"的，神凭借着美善的智慧之翼展翅高飞，或驾着良马拉的飞车向天外攀升；人的灵魂则很不幸，灵魂的羽翼可能被折断，或由于驽马与良马的相互争执、不齐心协力，常常很少攀升天外、随诸神畅游宇宙，他们仅仅瞥见美善存在的一角。天外之世界、高天之上的境界才是真正存在的居所，那里有关于正义、节制、美善本身。灵魂只有通过"理智"和"知识"这个驭手的驾驭才能到达那里，甚至神的灵魂也要靠它来驾驭或滋养。苏格拉底说："理智就是我们对自己的灵魂在前世与他们的神一道巡游时看到的那些事物的回忆，他们凭高俯视我们凡人认为真实存在的东西，抬头凝视那真正的存在。"

真正的哲人才能恢复灵魂的羽翼，通过回忆达到完善的理念，他表现出一种真正的迷狂。"如果一个人正确地运用回忆，不断地接近那完善的景象，他就可以变得完善，也只有他才是真正完善的。"真正的智慧不仅是美而且是善，是善与美统一的境界，在此境界中哲人达到完善。对于完善理念的回忆，并非人人都能做到。一般的人之所以难以达到，是由于灵魂沾染了尘世的不义、罪恶，不能够从下界的美回想到上界绝对的完美。少数的人——陷于迷狂的哲人，在迷狂的状态中才能引首高瞻达到美善统一的完善，但他们却被一般人视为疯癫。在所有的癫狂中，只有灵魂沉醉在完善理念观照的迷狂，才是最值得称道的癫狂。因为完善、完美的境界是灵魂最本真的存在，在此情境中灵魂既没有陷于充满欲望的肉体中，也没有沾染尘世的罪恶。完善、完美的境界就是柏拉图描绘的天国图景，痴迷与沉醉于"正义与美善的智慧"的回忆而不是"肉体淫欲"的享乐就是尘世迈向天国的阶梯，也是尘世可能获得幸福之爱的基础。

5. 《斐德罗篇》中苏格拉底的第二次发言真可谓汪洋恣肆、气象万千，堪比庄子的《逍遥游》。它的第二部分是对于前面三篇发言的反思与批判。我们为何要写作与演讲？我们怎样写作与演讲？那些像吕西亚斯的文人为了炫耀徒呈辩才而写作，那些政客们为了博得听众的掌声与崇拜而摇唇鼓舌的演讲，是可耻和邪恶的。二者如果结合在一起，则是双倍的可耻与邪恶。写文章、做演讲是一种用语言来影响人心的技艺，如果不是为了阐明真相、辨明真理，而是颠倒是非、混淆黑白，那就是一种可笑的技艺。

苏格拉底说，修辞学的垃圾是很多的，那些写作修辞的"手册"以骗人钱财为目的以智者自称的人制作的就是这样的垃圾，就如同今世的"作文之法"的书。但是对于智者并未一概否定，而是肯定了诸多如塞奥多洛、高尔基亚等人。他肯定一些形式与方法，一篇文章的基本构成：绪论——陈述（直接和间接的证据、引证和佐证）——正驳和反驳——可能性——总结。但是了解这些还远远不够，他必须研究事物的本性。"如果我们要对民众科学地讲话，就得准确地告诉他们我们要讨论的事物是不是真实的，它的真实本性是什么。"医学研究身体的本性，修辞学的根本是研究灵魂的本性。描述研究灵魂的本性，是修辞学的前提基础。灵魂是、怎样是单一的还是复合的？它通过什么方式对什么事物起作用？灵魂的类型及其受影响的方式怎样？等等。修辞的功能在于影响人的灵魂，一个成功的演说者"一方面识别听众的不同性格，另一方面按本性划分事物的种类，然后把个别事物纳入一个普遍的类型，从总体上加以把握，否则就不可能在人力所及的范围内取得成功。"

柏拉图还借苏格拉底之口，发表了一番关于死"文字"和活"话语"的高论。一篇并不传达真理、启人心智的文章是文字垃圾，真正的好文章是传播真理、给人智慧、启迪思想的活的话语。留下文字的人未必依此而不朽，简单相信成文的作品则头脑简单。真正的好文章是具有灵性的，是作者灵性的表现，是活的话语；聪明的读者不是简单记住死的文字，而是通过阅读与聆听的质疑、思考与对话。好的文字"是伴随着知识的谈话，写在学习者的灵魂上，能为自己辩护，知道对什么人应该说话，对什么人应该保持沉默"。真正的作者像一位认真耕种的农夫，不是为了消遣和自娱，而是会将知识、智慧、真理的种子播在文字的花园里，怡然自得地看着它抽枝发芽。

苏格拉底总结道，明晰探讨主题的真相，拥有洞察灵魂本性的能力，运用自己不同的风格，对于修辞或写作是如此重要。"只有那些为了阐明正义、荣耀、善良、为了教诲而写下来的作品"才是有价值的。那些从事这样写作的人，应该给他们一个高尚的名号——爱智者；而那些绞尽脑汁、修修补补制造文章的人，则不配享有这样的名号。这样的人是真正富足的，像神一样是圣洁的。

（五）柏拉图"爱的盛宴"（参阅王晓朝译本《柏拉图全集》第二卷第205—269页）

《会饮篇》是柏拉图最伟大的对话之一，也许其重要性仅次于《国家篇》（《理想国》）。这篇对话的伟大之处在于，凸显了人类最重要的主题：爱欲、情爱；还在于它在同一主题表现中思想的多面性、丰富性，如同一曲宏大的协奏曲将一个共同的主题推向高潮。其丰富奇特的想象，雄辩引人入胜的议论，生动鲜明的人物形象，曲折耐人寻味的故事情节，宏富广博的引证，集诗——史——哲于一体，在柏拉图的作品中堪称精粹。它所给予读者阅读的快乐，真如同享受一场爱与美思想的盛宴。

1.《会饮篇》所讲述的是一场发生于宴饮中的谈话，是一场发生于不同人物之间以情爱为主题的沙龙式的讨论会、辩论会。这些人堪称当时希腊社会的精英代表。这场宴会是阿伽松为了庆祝自己在希腊戏剧节获奖而举行的私人性庆祝宴会。阿波罗多洛是宴饮过程的转述者，但是他却并未参加宴饮活动，他转述的是宴会的亲历者阿里斯托得姆所描述的情形。

那天阿里斯托得姆在路上遇见了穿戴整齐的苏格拉底，前往阿伽松家赴宴，便邀他一道前往。阿里斯托得姆自知自己不请而往不免唐突，但这位苏格拉底的热烈崇拜者还是硬着头皮与他一道前往。路途中苏格拉底落在后面，阿里斯托得姆先到，并受到阿伽松的欢迎，被安排坐在医生厄律克西马库旁边。当仆人寻找苏格拉底，他正站在邻居的门廊下沉思。阿伽松接受阿里斯托得姆的劝告，在宴会开始时最终没有打扰苏格拉底。苏格拉底是在宴会还未过半时才露面的。他和阿伽松一番打趣之后，便和其他客人一道享用晚餐。

奠酒仪式和颂神曲之后，便该饮酒了。经鲍萨尼亚提议，建议今晚不再继续狂饮。这一提议得到喜剧家阿里斯托芬、厄律克西马库、阿伽松、斐德罗等人的一致同意。助兴的吹笛女也被打发走了。宴饮的其他三位客人也出场亮相了。接下来厄律克西马库提议，讨论问题作为今晚的消遣。讨论什么问题呢？他说，受斐德罗的启发，大家趁着美好的时光礼赞爱神吧。这一提议得到苏格拉底的积极响应。其他人也纷纷表示赞同。斐德罗便开始了这场讨论的第一个发言。它的论点是："爱是最古老的神，是诸神中最光荣的神，是人类一切善行和幸福的赐予者"。第二位发言人是鲍萨尼亚。他区分了天上与地上的爱神，认为应该追随天上的阿佛洛狄忒，允许人们为了美德而拥有爱情。第三位该是阿里斯托芬，由于他打嗝不止，便改为厄律克西马库了。他认为，"爱的威力是完整的，多方面的，强大的，甚至可以说无所不包的，但仅当爱，无论是天上的爱还是人间的爱，它的运作是公正的、节制的、以善为目的的时候，爱才能成为伟大的力量。"第四位便是止住了打嗝的阿里斯托芬。他认为，全体人类幸福的道路只有一条，实现爱情、找到自己的另一半、恢复我们被分割的本性，把爱给予我们情投意合的人。第五位，该阿伽松发言了。中间有一个小插曲，经过一个相互之间亦谐亦正的辩驳，他便开始发言。在他眼里，爱神是年轻、娇嫩、柔韧的，是正义、节制、勇敢的，它是富有创造力的创造神灵，是带来和平、美丽的神灵。"缺少爱就会陷入绝望，有了爱就会拥有幸福。"第六位也是最后一位是苏格拉底，他要传达爱的真理，讲述了所谓从一位曼提尼亚妇女狄奥提玛那里获得的爱的秘义。爱是一个精灵而不是神灵，爱就是爱绝对之美善。众人都为苏格拉底鼓掌，阿里斯托芬一人除外，想要就某些问题质疑提问。

阿尔基比亚德的突然出现，使得礼赞爱神结束了。烂醉的他要为阿伽松戴上花冠。当他发现苏格拉底也在场时，便要给这个世界上最奇特的脑袋扎几根绣带。后来受厄律克西马库的提议，要他赞美苏格拉底。他便开始了对这位像林神西勒诺斯一样的苏格拉底事迹的叙述与品格的赞美。他亦庄亦谐的赞美和醉酒之后的坦诚引发人们阵阵笑声。之后，一大群欢宴者闯了进来，开始了狂饮。厄律克西马库、斐德罗等人离去。阿里斯托得姆睡着了。一觉醒来，苏格拉底、阿伽松、阿里斯托芬还在轮番喝酒、相互争辩。争论的问题是：一个人可以写喜剧又能写悲剧。天快亮的时候，阿里斯托芬和阿伽松先后睡着了。苏格拉底安顿好他们，在阿里斯托得姆陪同下离开了。他在吕克昂洗了个澡，像平常那样过了一整天，到晚上才回家。

2.《会饮篇》像柏拉图的诸多对话一样，苏格拉底是主角，而柏拉图自己则似乎置身于对话之外。实则每一篇对话柏拉图都身处其中。其事实的"在场"与名义的"不在场"构成其对话的鲜明特征。本篇中那个让阿波罗多洛讲述宴饮过程的"朋友"就隐约透漏出柏拉图的身影。阿波罗多洛作为整个宴饮过程的"转述者"，阿里斯托得姆是整个宴饮过程的"亲历者"，朋友才是宴饮的"写作者"。柏拉图层层设置"迷障"，使对话呈现出谜一样的曲折与耐人寻味的特征。到底历史上是否发生过这样一场宴饮，真真假假、虚虚实实，让人去猜想、去解读。它引发了后代研究者不断解读的兴趣，进一步引发了关于柏拉图对话到底是真实"历史"还是艺术"虚构"的争论，以至于有人怀疑历史上到底是否有苏格拉底这样一个人——他是否是柏拉图笔下一个艺术形象？因为，正是柏拉图复活了苏格拉底，不是通过一篇对话，而是几乎所有对话，让人们看到集美德于一身这样一个爱智者的光辉形象。在宴饮中柏拉图更是借阿尔基比亚德的亲历与亲述，使苏格拉底坚定、节制、勇敢、友爱、纯粹、智慧诸多美德得以形象生动的展现。就是这样一个外表丑陋的苏格拉底，却对于纯粹的美与善的知识具有近乎癫狂的爱好与追求。丑陋的苏格拉底就像那个自称其无知的苏格拉底一样都是人的象征，人不断受情欲驱动捕捉着爱的精灵、不断求美求善。

宴饮是古代希腊城邦公民生活的一部分，它也成为当今人们生活的一部分。但是柏拉图笔下的宴饮的不同之处在于，它不仅是物质的更是精神的、不仅是肉体的更是灵魂的欢宴。它体现了人类生活的本质，即灵与肉、精神与物质的统一，精神灵魂的一面高于肉体物质的一面。在这场欢宴中，人类不断演绎着自己的历史、完善着自我的存在、追求着美与善、成就着永恒与不朽。这场欢宴的戏剧不仅是喜剧也是悲剧，被不同的人扮演着，被不同的人经历着，被不同的人转述着记忆着复述着。这就是人的历史与存在。因此，历史就是一场永不落幕的戏剧，所谓你方唱罢我登场，我们不同的人的身份不同，但都是历史的剧中人。我们在场又不在场，我们或沦为看客、或沉醉其中、或半醒半醉、或孤独的清醒。柏拉图宴饮的结尾耐人寻味之处在于，当欢宴进入高潮厄律克西马库、斐德罗等一些人选择离去，阿里斯托得姆昏然入睡。作为戏剧的"写作者"阿里斯托芬、戏剧的"扮演者"阿伽松、戏剧的"评论者"——批判者苏格拉底，依然沉浸在争辩中。最后戏剧的写作者、扮演者都沉醉入睡，批判者苏格拉底却依然清醒理智。历史的戏剧何其相似？在历史的紧要关头有人选择逃避，有人昏睡，有人依然坚持。柏拉图显然凸显了批判者的清醒与理智，所谓众人皆醉我独醒。但就是这样一个理智的清醒者，苏格拉底最终却被人们处死了。我们到底是要醒着还是醉着地生存与生活？还是留一半清醒、留一半醉？这就要看每个人的处境，也要看每个人的选择了。

3.《会饮篇》关于"情爱""爱欲""爱神"的华美乐章，是由一个个不同的音符、一篇篇各不相同的曲调组成的。斐德罗的发言奏响了爱的序曲。对于爱的主题，他是一个破题者。他指出，情爱、爱欲是人生的灯塔，正是她使人能够过一种美好高尚的生活。她意味着对邪恶的轻视、对善的效仿，无论城邦还是公民都不能没有她。它是最古老的神，也是最光荣的神。鲍萨尼亚和厄律克西马库，是将爱的主题进一步展开的讲演者。鲍萨尼亚不同意将"情爱""爱欲"一概加以赞美，而必须予以区分，即将"情爱"与"欲爱"、"爱与欲"加以区分。"情爱"是天上的爱神，"欲爱"是地上的爱神。在不同爱神的引导下，后者会导致荒淫、邪恶与肉体的享乐，他统治着下等人的情欲；前者则会导致阳刚、节制、纯情、智慧、良善，她是高尚的人所追求的神。我们从一个人所追求的表现的行为的指向中，才能区分爱的善恶——情爱是善、欲爱则是恶。鲍萨尼亚的演说是一种限制性的"回收"，厄律西马库斯的演说则是一种拓展性的"扩张"，二者一收一放使主题得以推动。厄律西马库斯将"爱欲"由斐德罗的人的德性的讨论，推向一切生命、甚至一切领域。他认为，爱欲的影响可以追溯至动物的生殖和植物的生长、以至于一切类型的存在物。爱是一种导致一切存在物和谐的力量，音乐、农艺、身心、四季交替、人与神都是由于爱造成的和谐。一切的爱只有在和谐中，才会得以体现。破坏和谐则就失去了爱。阿里斯托芬的发言，是一个爱的变奏。在他看来，人类从来也没有认识到爱的力量，前面的三位发言人的言论也被委婉地否定了。他以喜剧作家的身份颇具喜剧色彩地从人的本性出发提出了古老的人的类型：球形的男人、女人、阴阳人——男女合体人。人自身的命运是在与神抗争中形成的。人类的爱欲源于人自身追求原本的完整性，源于人本性的深处，它是人不可遏止的由于神的分割而遭到破坏的寻求元初的自我的力量。爱神绝对难以抗拒。人类的幸福只有一途，就是寻找实现爱情，在爱神指导下今生寻找自己适合的爱人，并给来世以希望。阿里斯托芬以自己独特而大胆的想象将爱欲置于人性自身、置于与天神宙斯的抗争中，真可谓石破天惊。就像华美乐章的一个变奏，将礼赞爱神的主题推向一个高潮。

4. 阿伽松一开口发言，便否定了爱神是最古老的神，肯定她是最年轻的最可爱最优秀的神。她拼命逃跑时间的复仇，自己就是一个青年。命运之神挑起了仇恨与争端，爱神的出现平息了诸神的纷争。爱神的"本质"就是年轻、娇嫩、柔韧。爱神与美相伴，与丑陋水火不容，与暴力无缘。因此爱神的"德性"不仅有正义、节制还有勇敢。爱神的"能力"则是创造，万物的生长、人间的技艺全都有赖于爱神创造的力量。爱神凭借自身的德性、运用自己的能力，给大地以和平，给人间以友谊，消除仇恨与纷争。"缺少爱就会陷入绝望，有了爱就会拥有幸福。爱的子女是欢乐、文雅、温柔、优美、希望和热情。"阿伽松大声礼赞爱神，他是天地间最美的装饰，是最高尚、最可亲的向导。阿伽松充满激情唱响了爱与美的乌托邦，仿佛万千洁白的信鸽飞向天空，美丽的哨音在天空回响。

《会饮篇》中柏拉图借苏格拉底之口，苏格拉底借曼提尼亚妇女狄奥提玛来宣讲"爱的秘仪"，要寻找"爱的真理"——爱的型相，将爱描述成一个不断上升攀登的阶梯。苏格拉底的论证是从阿加松的两个前提出发的："第一，爱总是对某事物的爱；第二，某人所爱的对象是他所缺乏的。"由此他批驳了"爱就是爱美丽"的观点，它仅仅是爱的初步，真正的爱就是对于美善本身的博大之爱，是对美善型相的不断渴求与追问。爱就像一个巨大的精灵，不断展翅高飞。它孕育着美也孕育着善，从而使人自身走向永恒和不朽。其一，爱不能沉醉在对于美丽个体的身体的欲望中，而应该将它推向高尚的谈话，应注重美本身的探求；其二，更进一步，真爱"应该学会把心灵美看得比形体美更为珍贵"。这样，通过心灵的对话就能够将美的探讨推向"思考法律和体制之美"的更广大领域，具有真正的美德。其三，再进一步，爱就是爱"美的知识"，"他会用双眼注视着美的汪洋大海，凝神观照，他会发现在这样的沉思中能产生最富有成果的心灵的对话，能产生最高的思想，能获得哲学上的丰收"。这样他就能够一步步发现"完美"，"从个别的美开始探求一般的美，他一定能找到登天之梯，一步步上升——也就是说，从一个美的形体到两个美的形体，从两个美的形体到所有美的形体，从形体之美到体制之美，从体制之美到知识之美，最后再从知识之美进到仅以美本身为对象的那种学问，最终明白什么是美。"只有这样，人才能够真正拥有美德，"人们才会加速拥有真正的美德，而不是那虚假的美德，使之加速的是美德本身，而不是与美德相似的东西。"拥有美德的生活才是值得过的生活。真正明白了美本身、具有真正的美德，就会看轻俗世个体美的物象，才能达到完善完美并成为神的朋友，才会达到不朽。

三、参考资料

《苏格拉底的最后日子——柏拉图对话集》，余灵灵译，三联书店上海分店1997年版。

［美］I. F. 斯东著：《苏格拉底的审判》，董乐山译，三联书店1998年版。

[美] 罗纳德·格罗斯著：《苏格拉底之道》，徐弢、李思凡译，北京大学出版社 2005 年版。

刘以焕著：《苏格拉底——布老虎传记文库》，辽海出版社 1998 年版。

[古希腊] 拉尔修：《明哲言行录（柏拉图及其以前）》，吉林人民出版社 2003 年版。

[英] 狄金森著：《希腊的生活观》，彭基相译，华东师范大学出版社 2006 年版。

[古希腊] 色诺芬：《会饮》，华夏出版社 2005 年版。

[古希腊] 色诺芬著：、吴永泉译《回忆苏格拉底》，商务印书馆 1984 年版。

[法] 古朗士著：《希腊罗马古代社会研究》，李玄伯译，中国政法大学出版社 2005 年版。

王晓朝译：《柏拉图全集》（四卷），人民出版社 2003 年版。

陈康译注：《巴门尼德斯篇》，商务印书馆 1982 年版。

[美] 泰勒：《柏拉图生平及其著作》，山东人民出版社 1991 年版。

[德] 黑格尔著：《哲学史讲演录》，贺麟、王太庆译，第二部第三章"柏拉图"，商务印书馆 1960 年版。

陈中梅著：《柏拉图诗学与艺术思想研究》，商务印书馆 1999 年版。

刘小枫等译：《柏拉图的〈会饮〉》，华夏出版社 2003 年版。

赵广明著：《理念与神——柏拉图的理念思想及其神学意义》，江苏人民出版社 2004 年版。

陆沉：对"相"或范畴的纯粹推演：柏拉图《巴门尼德篇》第二部分之研究 [J]. 哲学与文化月刊，台湾辅仁大学，1999，(6)。

陆沉：柏拉图哲学的核心术语 eidos 和 idea 之翻译与解释 [J]. 世界哲学，2002，(6)。

汪子嵩等著：《希腊哲学史》（2），人民出版社 1993 年版。

四、问题思考

1. 苏格拉底怎样实现了思想史上的深刻转变？

2．苏格拉底的辩证法与赫拉克里特的辩证法含义有何不同？

3．苏格拉底的道德价值论与孔子仁学的比较。

4．从社会历史的角度如何看苏格拉底之死的必然性？

5．苏格拉底的学说不同于柏拉图理念论的根本之处何在？

6．如何认识、评价柏拉图的"相论"（理念论）？

7．怎样看待评价柏拉图式的"爱"？

8．怎样评价柏拉图关于灵与肉关系的观点？

9．柏拉图思想的理性主义与非理性主义，应如何评价？

10．有人说：西方哲学两千多年的发展是柏拉图的注解。由此观点我们应该怎样评价他在哲学史上的崇高地位？

第二章　亚里士多德著作导读

一、生平与著作

亚里士多德（Aristotle，前384—前322），古希腊最重要的哲学家之一，也是整个哲学史上最伟大的哲学家之一。同时，他还是古代最伟大的科学家和教育家之一。人们称其为"古希腊哲学家中最博学的人物"，恩格斯则称其为"古代的黑格尔"。《形而上学》是亚里士多德最重要的哲学著作之一。正是在这部著作中，亚里士多德通过论述本体与本质、形式与质料、潜能与现实等范畴之间的关系，比较系统地阐述了他的"本体"学说，建立起西方哲学史上第一个形而上学体系，对后来的西方哲学的发展有着深刻的影响。

亚里士多德出生在希腊北方色雷斯的斯塔基拉。当时，色雷斯已经处于马其顿的统治之下。其父尼科马可是马其顿国王腓力普的御医。青年的亚里士多德曾在雅典的柏拉图学园就读，前后达20年之久。柏拉图去世后，亚里士多德离开学园到小亚细亚的爱索斯讲学，开始自己的独立的学术活动。公元前343年，亚里士多德应马其顿国王腓力普的邀请，去担任其子亚历山大的老师。公元前336年，腓力普被刺身亡，亚历山大继承王位，迅速平定希腊等地的叛乱，又挥师向东远征，先后征服小亚细亚、腓尼基、埃及、波斯和印度，建立起了跨欧、非、亚三洲的大帝国。公元前334年，亚里士多德回到雅典，建立起自己的学校，即吕克昂学园。据说，他常常在这里的林荫道上和学生一起散步，同时讨论学问，他的学派因此被称为"逍遥学派"。公元前323年，亚历山大大帝突然逝世，雅典人开始奋起反对马其顿的统治。由于和亚历山大的关系，亚里士多德被指控不敬神，于是不得不逃到优卑亚岛的卡尔西斯避难，次年在那里去世，享年63岁。

　　亚里士多德是一位"百科全书式的哲学家"，从事的学术研究涉及当时自然与人文社会学科知识的所有领域，包括形而上学、逻辑学、伦理学、修辞学、物理学、生物学、教育学、心理学、政治学、经济学、美学等诸多学科，其中最重要的著作有《形而上学》、《物理学》、《伦理学》、《政治学》、《工具论》等。亚里士多德的著作在公元前60年至前50年，由吕克昂学园的第11代继承人安德尼珂编订起来，从而得以流传于世。在编订亚里士多德的著作时，安德尼珂把研究自然界运动变化的著作编在一起，取名《物理学》，又把一些杂乱的讨论抽象问题的文章编在《物理学》之后，取名为《物理学以后诸篇》。"形而上学"的原意就是"在物理学之后"。此书传到中国后，曾被译作《玄学》，意在表明书的内容和中国魏晋时期的玄学有相似之处，都以超感性、非经验的东西为研究对象。《易经·系辞》有"形而上者谓之道，形而下者谓之器"的说法，意思是，在有形体的东西之上的，凭感官不能感知的东西叫做"道"，而有形体的、凭感官可感知的东西叫做"器"。据此，严复把"物理学之后"译为"形而上学"。因此，这里的"形而上学"也就是哲学本体论的意思，与黑格尔或马克思所说的作为辩证法对立面的形而上学是不一样的。

　　《形而上学》重点阐述了存在论、目的论的宇宙论哲学体系。亚里士多德首先围绕"存在"问题来展开自己的论述，其中最重要的问题就是给存在分层和分类。亚里士多德认为，事物被称为"存在"有四种意义：偶然的属性；必然的本质，即范畴，如实体，以及性质、数量关系、主动、被动、处所、时间等，这些都是任何一个事物身上的必然存在；确实性；潜在性。有些东西虽然还不是现实的存在，但却是潜在的存在。这里最重要的还是前两种存在的分别，特别是第二种存在内部的区分，其中主要是实体的存在和其他范畴存在的区分。由这里就引出了亚里士多德形而上学的核心，既作为存在学说之核心的实体学说，因为在他看来，实体是一切的中心。

二、原著导读:《形而上学》

(一) 亚里士多德的《形而上学》

《形而上学》不是一部由亚里士多德本人在有计划的情况下写成的系统著作,而是由后人将一些内容相近的文稿集中在一起编辑而成的,因而各卷之间甚至同一卷中的章节之间的联系比较松散,甚至还有不少重复和矛盾。

《形而上学》共有 14 卷:

对于《形而上学》一书的结构,古代的注释家已提出不同的解释,经近代德国学者的研究,大体认为:第 1、3、4、6 卷为第一组,第 7、8、9 卷为第二组,第 10、13、14 卷为第三组,它们构成《形而上学》基干;而剩下的第 2、5、11、12 卷则是插进去的。

第一组的 4 卷是总论,主要研究哲学的性质、对象和范围。其中第 1 卷是全书的序言,先讨论哲学的形成和性质,进而评介前人关于"本原"问题的看法。第 3 卷提出哲学应该研究的 10 多个问题,如个别与一般问题等。对这些问题的回答,是全书的基本内容。第 4、6 卷涉及哲学的对象和范围,将哲学分为第一哲学和第二哲学,第一哲学研究存在本身及其固有的属性,还研究表述存在的最一般的范畴以及各门学科都要遵循的一般公理,如矛盾律和排中律等。

第二组的 3 卷主要是关于"本体"(或实体)的学说。这是亚里士多德本体论思想的集中表述,是全书的中心内容,堪称核心卷。他认为,"存在"的中心范畴就是"本体",其他范畴是表述本体的。本体是与一切事物相关的"本原"。但在他对"本体"的进一步论述中,亚里士多德表现出他的动摇性:他有时认为"本体"是独立存在的个别事物,有时将"本体"视为普遍本质。亚里士多德还提出"形式与质料"学说和"潜能与现实"学说,它们和本体学说一起构成其哲学体系的三大理论。

第三组中的 13、14 卷是对柏拉图及其学派将数和理念看做是独立存在的实体的观点进行驳斥。第 10 卷是从一般理论出发,论述"一"与"多"

等最一般的数量范畴不是独立存在的实体,进而说明各种对立范畴与相反范畴之间的关系。

第2、5、11、12卷仍然是讨论哲学上的问题。第2卷像是另一篇哲学导言的残篇。第5卷列举和解释了30个哲学范畴,被称作"哲学辞典",可能是亚里士多德早期的论著。第11卷由两个完全不同的部分组成,前8节是3、4、6卷的内容摘要,像是讲授提纲,后5节是《物理学》书中的一些章节的摘要。第12卷,一般认为是亚里士多德较早写成的一篇独立的论文,后来加进去有关天文学等方面的几个片段。在这一卷,亚里士多德从运动的源泉出发,探讨可感觉实体和永恒不动实体的问题。他认为,永恒不动的、不可感觉的实体是万物运动的第一推动者,即纯粹的"隐得莱希",这就是"神"。这部分被看作是亚里士多德的神学。

(二)《形而上学》的核心学说

1. 本体学说

在西方哲学史上,"本体"是一个非常重要的概念,而将本体作为一个哲学概念,加以分析并进行论证的,亚里士多德是第一人。从古希腊哲学始祖泰勒士提出"本原"以后,无论是唯物论哲学家所讲的物质性元素,还是毕达哥拉斯学派所讲的"数",或爱尼亚学派巴门尼德所讲的"存在",一直到柏拉图所讲的"理念",实际上都是讲本体。但是,因为他们还没有把握住本体这个概念,还不能把本体与性质、数量、关系等其他范畴区分开来,常将它们混淆在一起,由此出现不少混乱。亚里士多德在《范畴篇》中首次把本体和其他范畴区分开来,并在《形而上学》中对本体进行更为深入的探讨,建立起西方哲学史上第一个比较系统的本体论,从而也在哲学史上确立起亚里士多德作为本体论哲学奠基人的历史地位。

本体学说是亚里士多德形而上学的核心。在《形而上学》的第7、8、9卷,亚里士多德对本体、形式和质料、潜能和现实进行深入探讨,从而使他在《范畴篇》中的本体思想得到进一步的发展。

在《范畴篇》中,亚里士多德曾经将本体和其他范畴——性质、数量、关系等区分开来，认为只有本体是主体，是其他一切属性（即其他九个范畴）的载体，其他范畴都是属于本体的，是本体的性质、本体的数量，所以本体是最后的主体（或基质）。亚里士多德还认为，其他范畴都不能离开本体而存在，但是本体却可以离开其他范畴而独立存在，这就是亚里士多德所谓的本体的"分离性"特征。当然，亚里士多德这里所说的本体可以和其他范畴分离，并不是说本体可以根本不具有任何性质、任何数量等等，可以根本没有任何属性，他的意思是本体可以不具有这种属性而具有那种属性。比如，"白"总是某种本体的颜色，它不能离开本体而独立存在；而本体如苏格拉底这个人，他可以是白的，也可以不是白的；他可以从原来的白变为后来的不白。属性可以发生这样那样的变化，而本体不变。本体是"变中的不变"。这是亚里士多德所说的本体具有分离性的意义。

本体既然是分离的，它就是可以一个一个独立存在的个体，是"这一个"；其他范畴都只能表示本体是"如此这样的"，只有本体才是"这一个"。所以，"个体性"是本体的另一个重要特征。亚里士多德根据本体的这些特征明确指出，具体的个别事物是"第一本体"，此外，具体的"属"和"种"也是本体，但它们是"第二本体"。比如，"苏格拉底"是第一本体，作为苏格拉底的属"人"和种"动物"就是第二本体。

在《形而上学》中，亚里士多德又重新提起《范畴篇》中提到的那几个特征来讨论本体问题，但得出和《范畴篇》完全不同的结论。在这里，亚里士多德认为，如果以《范畴篇》中提出的"最后的主体（基质）"作为本体的特征，那就不能说具体事物是最后的主体，因为具体事物是由质料和形式组成的，质料才是基质。按照亚里士多德的定义，将具体事物中的一切形式、一切规定性都剥掉，最后剩下的就是质料。比如，将一个具体事物的一切属性都去掉，它便只是一个占有空间的，即有长、宽、高的物体，再将长、宽、高去掉，它就成为一个空无所是的、没有任何规定性的质料。既然质料是什么规定性都没有的空洞抽象的东西，又怎么能说它是第一本体呢？所以，在《形而上学》中，亚里士多德更强调他在《范畴篇》中所说的本体的另外两个特征，即分离性和个体性。如果用这两个标准来衡量,则形式和具体事物(它是由形式和质料组合而成的)才能有这两种性质,所以,它们比质料更是本体。但如果我们在形式和具体事物之间进行比较,它们中的哪一个本体性更大呢?从表面上看,具体事物无疑具有分离性和个体性,但问题是,具体事物是由形式和质料组成的,它的分离性和个体性不是来自质料,而是来自形式。或者,用亚里士多德更严格的说法,质料只是潜能,只是有分离性和个体性的可能性,形式才具有现实性,是形式使质料的潜在的分离性和个体性成为现实。在亚里士多德看来,现实先于潜能,形式先于质料,当然也先于具体事物(因为具体事物中也包含潜能)。这样,第一本体的位置只能给予形式,而不能给予具体事物。这样《范畴篇》中的第一本体和第二本体的含义就发生变化,主次关系正好颠倒。

在《形而上学》中,亚里士多德明确提出,本体的主要意义就是本质,因而探讨本体主要就是探究事物的本质。他认为,我们要认识一个事物,不但要认识它是如此这般的东西,而且还要问它为什么是这样的东西,它之所以是这样的东西是由什么决定的?这就是本质问题。当然,在亚里士多德的关于本质的思想中,存在一个很大的偏见,他认为事物的本质只能是形式,而把质料完全排除在本质之外。

亚里士多德的本体学说,对后世哲学的影响深远。在17世纪的欧洲哲学中,关于本体的形而上学几乎达到鼎盛状态,几乎所有有影响的哲学家都讨论本体问题,如笛卡儿、斯宾诺莎、洛克、莱布尼茨、贝克莱、休谟等人,都承认或设定某种形式的本体(实体)。19世纪德国古典哲学的集大成者黑格尔非常推崇亚里士多德《形而上学》在论述诸范畴之间关系时所包含的辩证法思想。20世纪德国大哲学家海德格尔也对亚里士多德的形而上学思想进行深入的挖掘。可见,亚里士多德在《形而上学》所形成的哲学问题,一直是哲学探讨的核心问题。

2. 四因学说

"四因说"是亚里士多德的本体学说的进一步发挥。他认为,在他以前的哲学家在研究"本体是什么"的问题时,都是企图探求事物生灭变化的根本原因。他在总结前人思想的基础上提出了"四因说",认为事物生灭变化归根到底不外乎四个根本原因：质料因、形式因、运动因和目的因。一个事物的形成首先必须有一定的质料，例如铜像是用铜制成的，银碗是用银制成的，没有铜和银就造不成铜像和银碗，这就是质料因。但是，只有质料还造不成东西，一个事物之所以为一个事物，都有它和其他事物相区别的本质，否则世界万物就会混沌一团，没有界限，没有区别，也谈不上生灭变化，这就是形式因。事物的生灭变化，还需要一种力量作为促使它生灭变化的最初源泉，就好像制造品需要有制造者来制造它一样，这就是运动因。最后，任何一件事物，它之所以这样还必须有一定的目的，例如散步的目的在于健康，这就是目的因。

亚里士多德运用"四因说"对先前的希腊哲学进行考评，他指出先前的希腊哲学家都在寻求世界的本原和原因，但他们都未研究全部存在的全部的本质性原因，因而常常以偏概全，将部分原因、次要原因说成是全部原因、首要原因。如泰勒士所说的水，阿那克西美尼所说的气，赫拉克利特所说的火，恩培多克勒的元素，都是只用质料因来说明本原；恩培多克勒的爱与斗争、阿那克萨戈拉的努斯，则是从元素外寻求动力因；毕达哥拉斯将万物的原理归结为数，是将次要的数量属性夸大为本体；爱尼亚学派说的"存在"和"一"，是脱离现实的抽象的、空泛的规定；而柏拉图学派在可感的现实世界之外设立作为本质原因的"理念"不仅有把世界二重化的危险，而且存在诸多困难和矛盾。

3. 形式和质料学说

亚里士多德在提出"四因说"后，又进一步把形式因、运动因和目的因归结在一起总称为"形式"，因为在他看来，形式、动力、目的这三种原因常常合而为一。这样，形式和质料是结合在个体事物中的两个方面，只有两者的结合才能形成事物。例如，一尊铜像，是由铜的质料和像的形状结合而成的统一的整体。质料是形成世界万物最基本的东西，亚里士多德称之为"底层"或"基质"，金、木、水、火、砖、瓦、石等，都是这样的东西，世界万物就是由这些东西构成的。亚里士多德还指出，形式和质料的区别具有相对性，一个个别物体是形式或质料，是由它和其他事物的具体关系决定的。例如，对于土来说，砖是形式，但对于房屋来说它又是质料。

不过，尽管亚里士多德认为个别事物是形式和质料组合而成的统一整体，但形式和质料并不处于同等地位。在他看来，质料不具有独立性和个别性，它只是事物生灭变化所必须假定的东西。事物之所以形成不是决定于质料，而是决定于形式。形式是事物形成中起决定作用的原因，是事物的本质。

亚里士多德还进一步认为，有所谓脱离开任何质料的纯粹形式和所谓脱离开任何形式的纯粹质料。但他认为，纯粹质料只是一种逻辑假设，不是现实的存在，而纯粹的形式却是实际存在着的。人的理性灵魂，是这种形式，而"神"更是这种形式。神是感觉不到的永恒的本体，它是一切事物生灭变化的最高原因，一切形式的最高形式。因而，他宣称，以研究本体为主要对象的形而上学（第一哲学）实际上也是神学。

4. 潜能和现实学说

亚里士多德还在他的潜能和现实学说中进一步阐述形式与质料的关系。他把质料和形式说成是潜能和现实的关系，并用它来说明事物的运动变化。他认为质料是没有任何规定性的不确定的东西，它还不是现实，只是一种潜在的可能，只有当它与形式结合起来，形式给予它以一定的性质，它才成为现实。比如，砖瓦木石在未造成房屋以前，它们只有造成房屋的可能，只有在它们被造成房屋的时候，表现出房屋的形式后，它们才从造成房屋的可能性变为造成房屋的现实。在亚里士多德看来，自然界一切事物的运动就是质料形式化、质料和形式统一起来的过程，或者说是从潜能到现实的过程。

不过，在这里，亚里士多德把质料看作消极被动的东西，把形式看作积极能动的东西，认为在质料形式化的运动过程中，引起运动的原因不在质料自身而在形式之中。他把运动的完成称作"隐得来希"，"隐得来希"是运动的结果和目的。这个目的不仅在运动的最后，而且在运动的开始时就存在于事物之中，是推动事物向前运动的最初原因。事物向前运动的目的总是要使自己得到完善，这种逐步完善的结果最后必然要达到一个最大的完善。这个最大的完善，就是神。因此，神是整个世界的"隐得来希"，是推动整个世界运动的"第一推动者"。因而，在亚里士多德看来，整个世界运动的结果就是一个以神为最后目的的目的论等级体系。

三、参考资料

亚里士多德著：《亚里士多德全集》（十卷本），苗力田主编，中国人民大学出版社 1997 年版。

亚里士多德著：《形而上学》，吴寿彭译，商务印书馆 1959 年版。

亚里士多德著：《尼各马可伦理学》，廖申白译，商务印书馆 2003 年版。

亚里士多德著：《政治学》，吴寿彭译，商务印书馆 1965 年版。

罗念生译：《亚里士多德的修辞术》，三联书店 1991 年版。

王路著：《亚里士多德的逻辑学说》，中国社会科学出版社 2005 年第 2 版（修订版）。

王路著：《"是"与"真"——形而上学的基石》，人民出版社 2003 年版。

汪子嵩著：《亚里士多德关于本体的学说》，人民出版社 1983 年版。

[英] 罗斯著：《亚里士多德》，王路译，商务印书馆 1997 年版。

洪涛著：《逻各斯与空间——古代希腊政治哲学研究》，上海人民出版社 1998 年版。

靳希平著：《亚里士多德传》，河北人民出版社 1997 年版。

巴恩斯著：《亚里士多德》（英文版），三联书店 2006 年版。

[美] 大卫·福莱编：《从亚里士多德到奥古斯丁》，冯俊等译，中国人民大学出版社 2004 年版。

[波兰] 卢卡西维茨著：《亚里士多德的三段论》，李真等译，商务印书馆 2004 年版。

[英] H. D. F. 基托著：《希腊人》，徐卫翔、黄韬译，上海人民出版社 2006 年版。

四、问题思考

1. 亚里士多德的哲学观是怎样的？
2. 在亚里士多德看来，何谓"本体"？
3. 亚里士多德的"实体"意涵怎样？
4. 如何看待亚里士多德将逻辑学作为认识与知识的工具的思想？
5. 如何评价亚里士多德在古希腊智慧中杰出的总结性地位与划时代的影响？

第三章 奥古斯丁、托马斯·阿奎那著作导读

第一节 奥古斯丁的《忏悔录》

一、生平与著作

奥里留·奥古斯丁（Aurelius Augustin，354—430）生于罗马帝国北非努米亚省的塔加斯特镇（现在的阿尔及利亚）。作为联系欧洲古代与中世纪的哲学大师，奥古斯丁承接了古希腊古罗马的思想传统，开启了西方中世纪神学思想的源头，并深刻影响了西方近现代精神的发展。奥古斯丁系统梳理了各派基督教教父神学思想，并最终使教父学成为完备系统的理论学说体系，这为后世基督教思想的蓬勃发展打下了坚实基础。可以说，奥古斯丁的著作是无所不包的神学全书，他本人也是人类历史上最伟大、影响最深远的神学家。与他同时代和他之前的其他思想家不相同，对于奥古斯丁的生平我们所知格外翔实，这主要依赖于他以个人经历为基础写作的《忏悔录》一书。这本文笔优美、思想深刻的西方思想经典著作详细叙述了奥古斯丁的成长历程和思想轨迹，不但成为西方文学史上的名著，更成为不朽的神学著作。《忏悔录》由此成为奥古斯丁流传最广，最有代表性的作品。

奥古斯丁于公元354年出生在一个罗马平民家庭。在其幼年时由于种种原因而未能受洗。奥古斯丁的父亲是一位有异教背景的小官僚，而母亲是一位基督徒。奥古斯丁自幼聪颖，被当地人认为是前途远大的学生。父

母亲为了能让他获得良好教育，筹措了一年的经费，把17岁的奥古斯丁送到迦太基学习修辞术。奥古斯丁立志成为一名出众的演讲家。这时的奥古斯丁看来还是一位热衷于时髦活动的摩登青年。据《忏悔录》里的记载，他在迦太基的时候，整日寻花问柳不务正业，与一迦太基女子同居，并有私生子，还一度加入了与基督教相反的摩尼教。摩尼教来源于基督教和东方异教。该教与基督教不同，认为世界的本原有两个，善与恶分别来自不同的本原。世界是在善恶的争斗之中形成的。在当时的奥古斯丁看来，摩尼教比基督教更好说明了恶的起源的问题。后来奥古斯丁皈依基督教，并用基督教的思想更好地解决了这个问题。

奥古斯丁注定是要成为一名大思想家的。温馨的中产阶级生活并没有使他停止思考，相反，作为摩尼教徒的奥古斯丁更加深入地钻研了摩尼教教义。他开始对摩尼教中有关日夜潜行、星辰明晦等现象的解释产生疑问。奥古斯丁在九年信仰摩尼教的过程中一直彷徨不定。转机终于到来了。享有盛名的摩尼教教主福斯图斯的到来令奥古斯丁喜出望外，他希望借此机会当面向他讨教，澄清心中悬而未决的问题。然而福斯图斯的表现令他大失所望，他并没有解决奥古斯丁的问题，相反倒使奥古斯丁对摩尼教产生了深刻的怀疑。经过这件事，奥古斯丁抛弃了摩尼教，重新开始了新的探索。此后奥古斯丁认真研读了柏拉图派、新柏拉图派、怀疑派的著作，并将柏拉图著作与《圣经》参照阅读。后来奥古斯丁与其母迁居米兰。在这一时期，奥古斯丁最终皈依了基督教。按照《忏悔录》的记载，奥古斯丁皈依基督教是有一个艰苦的过程的。母亲、主教安布罗西乌斯、朋友阿利比乌斯、内布利提乌斯都对奥古斯丁的改宗有润物细无声的影响。

公元386年，奥古斯丁辞去教职，到米兰郊外的朋友别墅中冥思苦想哲学神学问题。有一天他在小花园中为自身沉重的罪孽而号啕大哭之际，突然听到一个孩子的声音，那声音反复唱着："拿着，读吧！拿着，读吧！"奥古斯丁立刻翻开《圣经》，最先看到的一章是"不可耽于酒食，不可溺于淫荡，不可趋于竞争嫉妒，应被服主耶稣基督，勿使纵恣于肉体的嗜欲。"奥古斯丁幡然悔悟，正式皈依了基督教。这就是著名的"花园悟道"。

此后的奥古斯丁过着淳朴简洁的隐居生活,全身心投入到发展和捍卫基督教的工作中去。他撰写了数量惊人的神学著作,比较有名的有《忏悔录》、《上帝之城》、《论自由意志》、《论三位一体》等,对基督教教义进行了理论化系统化的整理工作。他培养了大批教会人才,还进行了一系列反对异教的斗争活动,为后世教会树立了典范。奥古斯丁写了《大公教会之路与摩尼教之路》、《论创世论:驳摩尼教》等以创世论驳斥摩尼教的观点。在《善好的自然》中奥古斯丁指出上帝创造的自然是善好的,不是恶的。此外奥古斯丁多次注解《创世纪》,阐发基督教创世论的奥义。391年奥古斯丁来到希波,建立了一所修道院,并继续与摩尼教论战。但是,奥古斯丁没有过标准的修士的生活,而是和朋友们过着共同生活。这种生活兼有基督教隐修生活和希腊人、西塞罗的哲学生活的特征。在奥古斯丁的生活中,朋友一直是一个极其重要的生活部分。396年奥古斯丁受命为希波主教,一直当了35年主教,并始终和其他神职人员一起过着独身和贫穷的生活,是一个"神贫者"。希波是虔敬的多纳特派的据点,奥古斯丁与这个教派进行了长期的教会斗争。411年取得对多纳特派的胜利后,奥古斯丁开始将全部精力放在与贝拉纠派的教会斗争上。贝拉纠派还引用奥古斯丁早年的哲学著作《论自由意志》来支持自己的观点。于是,奥古斯丁写下了《自然与恩典:驳贝拉纠主义》来反击对手,写下了《论基督的恩典与原罪》澄清自己的原罪——恩典论,写下了《向瓦伦丁论恩典和自由意志》和《论纪律和恩典》等论文阐发自己的恩典救赎论。公元430年6月,北非的安达人围攻奥古斯丁所在的希波城。两个月的围攻结束后,七十六岁的神学大师奥古斯丁因病去世。

二、原著导读

(一)奥古斯丁的《忏悔录》

奥古斯丁是教父哲学的集大成者其著作可以称作神学的百科全书。在这些卷帙浩繁的著作中,《忏悔录》是典型的代表作。《忏悔录》的中译本是周士良翻译,由商务印书馆出版(1991年)。

"忏悔录"一词（confessions）被赋予了歌颂、赞扬、信靠的涵义。即便前九卷有对他过往罪孽的深刻忏悔，那也是为了突显在神的光照中认识自己，认识神与人的关系，从而最终皈依在神的慈爱与崇高中。在对罪孽的一步步反省中，沿着神所赐予的信仰之路，达到全身心赞美和侍奉主的至高目标。《忏悔录》成为文学史上的经典绝非偶然。奥古斯丁早年曾研习过修辞术和演讲术，并成为很有名望的演说家，这段经历为他以后的宣道和写作提供了极好的条件。《忏悔录》一书读来回旋萦绕，细腻情深，充满了上帝的恩典与自我祈祷的张力，其中有大量双关语、对偶、排比等修辞方法，表达甚美。"忏悔录"在拉丁文中作"承认"或"认罪"来解释，教会术语中转为"确认和信仰上帝"奥古斯丁作为虔诚的信徒，注重的是后一种意思。全书共十三卷，可分为两个部分。

第一部分是一至九卷，记述和剖析了自己前半生从童年到成年心理和思想的变化过程。第一部分可以以第五卷为界再分为两个部分。前一部分是一个逐级下降的过程。从偷摘果梨，学习修辞术演讲术，到放浪形骸，沉溺欲望，最终加入摩尼教，奥古斯丁的灵魂与上帝越来越远，最终信靠了与基督教相反的异教摩尼教。第五卷是一个转折。在这一卷中，奥古斯丁离开了迦太基的摩尼教团体，远赴罗马，寻求进一步发展摩尼教的机会。就在罗马，他结识了改变他信仰轨迹的安布罗西乌斯主教。在这里，历史事实与救赎合为一流。表面上看来只是一次偶然的相识，却成为主引导奥古斯丁走上信仰之路的暗夜明灯。从第六卷到第九卷，奥古斯丁逐渐抛弃了摩尼教，通过艰苦学习和思考，以及那次充满神秘色彩的花园悟道（第八卷），奥古斯丁最终皈依了基督教。第九卷记述他改宗以后与家人朋友质朴而深情的信仰生活。

在奥古斯丁在童年里是天生嫉妒的婴儿，淘气调皮的顽童，旷课逃学的学生，随着年龄的增大竟然成了寻花问柳的浪荡子，追求名利的教书匠。经过了一番生活起伏后，他爱上了哲学，对哲学的有关问题进行了探讨。诸如，善恶的成因问题，善恶和欲望有何关系。后来，他开始信奉摩尼教的善恶二元论。当探讨和研究新柏拉图主义的思想和基督教圣经的教义之后，改变了原来认为恶是某种实体的思想，而是把恶作为邪恶欲望的

第三章　奥古斯丁、托马斯·阿奎那著作导读

追求，是善的缺失。改变恶的根本方法，要有善的信念，确认上帝为至善。所以，他改信为基督教。

第二部分包括十至十三卷，主要是通过注释圣经，特别是《旧约圣经》里的"创世纪"，以内心的体验和思辨赞扬上帝，其思想内容和第一部分不相衔接，可成为独立的哲学论著。奥古斯丁在论证上帝创造世界时，以时间为突破口，提出来自己独特的时间观念。开卷论述时间和空间时，他承认时间和空间的存在，后来为了论证和肯定上帝在时间和空间之前的创造，也就是为《圣经》中"从无到有"的观点辩护，断言上帝的永恒存在，没有过去和将来，上帝是永恒的现在。因为，上帝是永恒的现在，把时间划分为过去、现在和将来是不符合上帝永恒存在要求的。所以，时间只有过去的现在、现在的现在、将来的现在。真正的时间是和人的"记忆、感觉、期望"联系在一起的。过去事物的现在是记忆，现在事物的现在是直接的感觉，将来事物的现在是期望，时间就在人的心灵之中，时间是精神的产物。

（二）《忏悔录》解读

1. 上帝的本性是善，是信仰的来源

奥古斯丁皈依基督教是在精神和理智上经历了长期思想斗争之后，才确立了对上帝的信仰。他在《忏悔录》比较详细地讲述了一个不安的灵魂最终转变为宗教的平静和心灵净化的情景。这部著作从始至终热情颂扬了上帝的善良和仁慈，从自己在生活的深切体验中，发生了信仰的根本转变，这是刻骨铭心的，非常有意义的。皈依对上帝的信仰，在信仰的引领下来看待一切。这部著作是广泛传阅的传记文学，现代的这类文学作品多见于小说当中，再没有其他基督教徒的著作如此影响了绝望中的人们，如此深广地对人们的心灵作出合乎宗教意义的洞悉。奥古斯丁从宗教的信仰理解中对罪恶与宽恕进行评判。当一个人为生命失去价值而恐惧，为害怕面对人类自私的本性而困扰，最终他通过十字架上的基督而克服了焦虑不安，使人们从消沉和沮丧处境中摆脱出来，回归到信仰的世界当中。

哲学虽然不能解决人的信仰问题，但它并不与信仰相对，相反，通过理性我们能够理解信仰，但这种理解必须以坚定信仰为条件。在接下来的内容中，奥古斯丁通过记述自己幼年与童年的罪孽经历，指出"婴儿的纯洁不过是肢体的稚弱，而不是本心的无辜"。奥古斯丁认为，没有一个人在任何一个生命时期可以清白无罪。尽管自身罪孽深重，奥古斯丁仍然满怀深情赞美上帝，认为"造我者本身原是美善，也是我的美善，我用我童年的一切优长来歌颂他（上帝）。我的犯罪是由于不从他那里，而独在他所造的事物中、在我本身和其他一切之中，追求快乐，追求超脱，追求真理，因此我便陷入于痛苦、耻辱和错谬之中。"从这一点可以隐约看到奥古斯丁对摩尼教的批判和自由意志论的先声。

人们的宗教信仰从心理上是这样产生的：它是由一系列的生活体验，人们把以后发生的事件用来重新解释前期的事件。同样，人们也可以根据以前的体验来判断后来的体验意义。人们判断在他们的体验中，什么是重要的无需遵守日常的时间序列。奥古斯丁的体验具有最终决定意义，而不是可有可无的东西。在《忏悔录》第八卷中，他生动地记述了体验改变了他的信仰。用基督教的观点来反思他早年放荡不羁的生活，如童年的不光彩举动，少年的偷梨行为，青年强烈的性欲沉湎于情妇并有一个私生子，这些都是见不得人的行为，而且使自己处于紧张不安的状态。只有上帝的慈爱与宽恕，才能拯救自己，上帝是绝对的，是不能怀疑的。

2. 罪责与拯救

人们在现实生活中，经常有这种犯罪感的体验，这当然是上帝的慈爱思想的对照下产生的，对自己的行为感到后悔，决心以后不再这样去做。但是时间久了，就淡忘了，该做啥照样做啥，又陷入犯罪感的循环之中，这说明这种体验哲学是不能最终解决问题的。奥古斯丁早期信奉摩尼教，以善恶二元论为基本教义，认为光明和黑夜是善和恶的本原，光明王国和黑夜王国是对立的，善人死后可获得幸福，恶人死后须坠入地狱。善和恶两种可能性都有，怎样摆脱摇摆不定的困境，而向善的方向发展呢？只有从心理和思想中彻底皈依上帝，建立基督教哲学才能解除犯罪感的问题。怎样建立基督教哲学，奥古斯丁继承柏拉图的有关思想以及新柏拉图主义。特别是柏拉图的"太阳"比喻学说,启发他提出了"光照说"。"光照说"把上帝比作真理之光,人的心灵比作眼睛,理性比作视觉。正如只有在光照下,眼睛才能有所见,心灵只有在上帝之光的照耀下才能有所认识。正如离开了光线的视觉只是一种潜在的能力,不受光照的理性不能进行认识活动。实际上,没有不受光照的理性,理性依其本性自然地趋向于光照。因此,一切有理性的人都或多或少地拥有真理,但只有那些信仰上帝的人,热爱上帝的人,才能自觉地、充分地接受真理,把真理集中起来,最后认识作为真理之源的上帝。奥古斯丁说:"谁认识真理,就是认识这光;谁认识这光,就能认识永恒者,惟有爱才能认识他。""光照说"既是对人类知识先决条件的哲学说明,又是人如何认识上帝的神学理论。他希望自己具有坚定信仰的力量,直到与基督彻底融为一体。他以迫不及待的心情捧读《圣经》,特别是保罗的著作。

作为哲学认识论的"光照说",还包括对人的认识能力过程的分析。奥古斯丁认为,人有感性和理性两种基本认识能力。感性搜集材料,理性则用规则将这些材料加以分门别类的整理。知识是感性和理性的结合。同时,"光照说"还包含后来的"天赋观念论"的因素。奥古斯丁认为,作为理性规则的真理具有对立于感性经验的来源,是上帝之光在心灵上压的痕迹。另一方面,心灵通过内感官和外感官接受了关于外部事物和自身的材料,来自真理之光的规则加诸感觉材料之上的过程就是认识。

3. 恶是善的缺失,是可能性的堕落

在没有皈依基督教以前,奥古斯丁的所作所为,没有感觉到犯罪感。在信仰上帝之后,基督教的哲学思想就成为自己评判是非的唯一标准,觉得自己的行为充满恶念,特别是回想少年偷梨的行为,使他念念不忘,这种犯罪感更加深重。奥古斯丁的精神探索应该说从 19 岁开始直到 33 岁开始信奉摩尼教。摩尼教来源于基督教和东方异教。该教与基督教不同,认为世界的本原有两个,善与恶分别来自不同的本原,世界是在善恶的争斗之中形成的。在当时的奥古斯丁看来,摩尼教比基督教更好说明了恶的起源的问题。后来奥古斯丁皈依基督教,并用基督教的思想更好地解决了这个问题。在学校里,奥古斯丁热情宣传摩尼教,一直当了九年的摩尼

徒。从学校里毕业后，奥古斯丁投身修辞学的工作，并且继续他的信仰旅程。在这十多年的时间里，他逐渐经历了从摩尼教到基督教信仰的转变。但是当他深入研究基督教哲学时，有很多问题不能解决，他又陷入到困境之中。

　　由于基督教信仰所要求的信念似乎和理性本身的内在特性有一定的矛盾和冲突，奥古斯丁在理解恶的起源和本质时经过了痛苦的、艰难的不断努力。在奥古斯丁看来，堕落之后具有自由意志的人更有可能选择作恶。偷梨之罪绝非奥古斯丁个人所有，乃直指亚当夏娃的原罪。上帝赋予了人类自由意志，自由意志使人类得以从自然中脱颖而出。正是因为人具有这种自由意志，才有可能走向堕落，这就是恶的起源，恶是一种善的匮乏，而不是善的反面。首先，他否定了摩尼教的二元论，这种二元论包含了上帝有限和恶是实体的思想。如果恶真实地存在着，那么上帝作为一切被创造物的原因，上帝自身肯定包含着恶，这不符合上帝的本性。其次，奥古斯丁阅读和研究了柏拉图的"至善"的思想，"至善"是一个超时空的东西，上帝和"至善"是一样的。因此，上帝应该被看做是永恒而不是无限的，上帝绝不是占有时间和空间的存在，上帝是全能、全善、全智的，那么，恶到底从哪里产生的仍然是一个悬而未决的问题。第三，创造者的上帝是绝对不存在恶的，可是被创造物就不能保证它们一直是完美无缺的，会出现偏离上帝的旨意。就连人是上帝创造的最高产物，也有堕落的时候。人的堕落出于自由意志的支配，不能把上帝看做堕落的原因。堕落是善的缺失，是丧失和缺乏，而不是真实存在的东西。它是被创造的体系中各个部分的失调，是不和谐的存在，对此上帝不负责任。上帝是超时空的，而被创造的事物又是在一定的时空之中，通过这种方法来排除事物当中出现恶的现象和上帝的关系，这种解释从理性和逻辑的角度都是存在矛盾的。

5. 时间与记忆

　　奥古斯丁的内心探索在他的信仰改变之后并没有结束而且还持续了很长时间。他要以哲学家的气质来论证信仰，而不能仅仅凭直觉信仰上帝。因为，上帝的信仰是人们在时间中建立起来的，而当我们认识了上

第三章 奥古斯丁、托马斯·阿奎那著作导读

帝时，时间又是上帝创造的，这不得不使他思考时间问题。《创世纪》说，上帝在第一天结束时创造了昼夜，在未有昼夜之前，就没有时间。在什么是时间问题上，他认为，关键是把握时间的方式决定了时间的本性，流逝的时间只能被知觉的运动所度量。他说："正是在我的心灵里，我度量时间"。在亚里士多德那里，时间是通过物体运动而加以衡量的，而奥古斯丁的内在时间观是通过人知觉到永恒上帝的瞬间影像而获得的。时间是被知觉的时间即持续的知觉，知觉虽然由外物引起，但知觉的持续却不取决于外物。外物消失以后关于它的知觉仍然能持续。奥古斯丁把知觉的持续称为"现在"。

"现在"不是时间的一部分，而是全部。因为，任何时间都可以度量，而过去的时间不复存在，将来的时间观并不是纯然心理或主体性的存在，但深刻体现了奥古斯丁的神人观，这也是所谓时间是灵魂的延伸的准确注脚。这一神学思想深刻影响了后世哲学家的时间观。他有一句名言："没有人问我，我还知道时间是什么，当有人问我的时候，我却茫然无知。"时间只有"现在"，并不就是现在的纯粹一瞬间，它还包括对过去的记忆和对将来的期望上。按照知觉的内容做出区分：关于过去事物的现在是指对过去事物的记忆，关于现在事物的现在是指当下事物的直观，关于将来的事物是指对将来事物的期望。这三类知觉分别与过去、现在和将来相对应，但它们都是现在知觉到的状态，都是现在的时间。

记忆不是在意志力量的驱使下进行的，而是自然而然进行的。因此，他可以回忆起他过去生活中的细节，也能把这些新鲜的影像结合起来，并思考将来不确定的可能性。"噢，我的上帝，记忆力的力量是多么伟大，真是太伟大了。"奥古斯丁得出结论说，记忆是如此深不可测。虽然记忆使他认识到了他应该认识的一切，然而他不理解他的自我的全部外延。心灵相对于包容他的不可限量的自身，显得太狭窄了。但是一个人如何进入他的内心呢？正如大多数人认识到的，无论什么被看做影像的东西都是通过感官进入心灵的。然而奥古斯丁现在甚至在黑暗中也能记起影像，并且这不是他最初感觉到的对象。记忆是一种认识原因、规律和数量的活动能力。因此认识是一种最基本的认识能力，它可以记忆起真理和错误的观

念。它也包括欲望、快乐、恐惧和忧虑的情感，这些都是搅扰心灵四种恒久的力量。他知道在记忆中认识到的东西只是他命名的东西。奥古斯丁认为回忆起上帝好像在记忆中搜寻暂时似乎是被遗忘了的东西，最后终于找到了，就是它（上帝）。

寻找记忆中的上帝对奥古斯丁来说就像寻找幸福一样，即便两者实际上并不一样。但是在寻找中，人们是在"寻找"某物，如果心灵是寻找的关键，那么，被寻找的东西一定是曾经认识而后被遗忘了。说上帝存在于记忆中，就是说上帝能够通过精神活动而被认识。如果上帝不能存在于记忆之中，那是不可思议的。爱上帝就像寻找幸福一样，灵魂经常被一些外在的东西所引诱，去追求它。这些东西虽然是上帝创造的，但不是上帝本身，认识上帝只有通过精神的活动才能认识，因为，上帝是无形的。奇怪的是，无论如何人们不总是爱上帝，至少不是有意识地去爱上帝，然而甚至当人们的心灵活动并没有寻找上帝时，上帝也必定以某种方式存在于记忆中，认识上帝是一种发现。

6. 皈依上帝

在最后一卷中，奥古斯丁淋漓尽致地表达了对上帝的感恩之情。这不但是忏悔的主题，也是《忏悔录》基本主题，confessiones 一词在教会文本中最准确的含义。他赞美道："万有是美好的，因为是你创造的，但你，万有的创造者，更是无比美好。假如亚当不堕落，那末从他怀中不会流出海洋的苦水，即怀着深度的好奇心，暴风雨般的傲气和不能自持的躁妄的人类。"奥古斯丁认为，当一个信徒看到万有的美好，那是因为上帝看见了它的美好。谁为了上帝而爱好、追求某事物，也就是在该事物里爱上帝。那些因为上帝的原因而使我们喜爱的，也必然得到上帝的喜爱。我们靠爱而同上帝，即至善相融合，爱是最高的德性，是所有其他德性的源泉。节制或克己发源于爱，爱上帝与爱尘世相对立。刚毅发源于爱，即靠爱来克服痛苦和受难；正直发源于爱，即敬奉上帝；智慧发源于爱，即正确选择的力量。爱上帝是真正爱自己和他人的基础。只有爱上帝才使所谓异教的德性变成上帝的德性；除非由这种爱所激发和推动，否则那不过是华丽的恶德而已。

对上帝的爱是神圣的恩惠在内心中所发挥的作用，这是在上帝的影响下产生于教会的圣礼中的一种神秘过程。信仰、希望和仁慈是道德转化的三个阶段，爱是最高的。"只要爱得正确，信仰和希望无疑也是正确的。""没有爱，信仰就无所作为；没有希望，就没有爱；没有爱，也就没有希望；没有信仰，爱和希望都不会有。"《忏悔录》以奥古斯丁的一段深情祈求为结尾："我们先前离弃了你，陷于罪戾，以后依恃你的'圣神'所启发的向善之心，才想自拔。你，唯一的、至善的天父，你有不息的仁恩，我们凭仗你的宠赐，做了一些善行，但不是永久的。我们希望功成行满后，能安息在你无极的圣善之中。你至美无以复加，你永安不能有极，因为你的本体即是你的安息。哪一人能使另一人理解这一点？哪一位天使能使别一位天使理解？哪一位天使能使世人理解？只能向你要求，向你追寻，向你叩门：惟有如此，才能获致，才能找到，才能为我洞开户牖。"

三、参考资料

奥古斯丁著：《忏悔录》，周士良译，商务印书馆 1991 年版。

周伟驰著：《记忆与光照——奥古斯丁神的哲学研究》，社会科学文献出版社 2001 年版。凯·汤姆森著：《奥古斯丁》，周伟驰译，中华书局 2002 年版。

Peter Brown, Augustine of Hippo: A Biography. London: Faber and Faber. 1990.

The Cambridge Companion to Augustine. Ed. by Eleonore Stump, Norman Kretzmann. London: Cambridge. 2001. Etienne Gilson, The Christian Philosophy of St. Augustine. New York: Random House. 1960.

Robert O'Connell, St. Augustine's Confessions: The Odyssey of Soul. Cambridge: Harvard University Press. 1969.

四、问题思考

1. 如何理解信仰与理性的关系上的"信仰寻求理解"的立场？
2. 为什么把恶的起源归咎为自由意志论？

3. 如何理解"原罪—恩典"的拉丁基督教神学的基本模式？

4. 奥古斯丁如何阐发"无中生有"创世论的？

5. 奥古斯丁怎样建立了上帝之爱与真理之光学说？

6. 为什么反对摩尼教等异端的教会斗争为西方教会树立了典范？

7. ［奥古斯］如何确立基督教文学、基督教哲学、基督教神学至高无上典范？

第二节　托马斯·阿奎那的《神学大全》

一、生平与著作

托马斯·阿奎那（Thomas Aquinas，约1224—1274），罗马天主教最重要的神学家和哲学家之一、公元1224年末或者1225年初生于意大利那不勒斯附近一个显赫的贵族之家，是家中第七个也是最小的儿子。托马斯·阿奎那5岁时被送到卡西诺山修道院接受了9年的启蒙教育，之后进入那不勒斯大学，期间与大学神学院内的多明我会修士相识。1244年他违背家人意愿加入多明我会，并起身前往巴黎。母亲为了改变他的主意，让托马斯·阿奎那在皇家军队中的两个哥哥把他捉住软禁起来。一年后经多明我会向皇帝和教皇的多次请求，矢志不渝的托马斯·阿兰那才被释放。1245年到达巴黎大学后，托马斯·阿奎那师从因亚里士多德学说而声名鹊起的大阿尔伯特。1248年大阿尔伯特奉派前往科隆时携托马斯·阿奎那同行。托马斯·阿奎那在科隆又学习4年后获得学士学位，并且在老师大阿尔伯特的推荐下回巴黎执教并准备神学硕士的学习。1252年托马斯·阿奎那开始了教学生涯，并从此介入了那个时代的一切思想冲突。1256年他被教皇破格钦定为硕士。1259年托马斯·阿奎那回到意大利的教皇身旁，他谢绝了教皇有关那不勒斯大主教的任命，专心教学并进行亚里士多德著作的注释工作和《神学大全》的著述。1265年至1269年托马斯·阿奎那于罗马完成了《神学大全》的"上部"和"中部（上）"的写作。这时随着中世纪十字军东征而引发的希腊文明、伊斯兰文明等文化之间的交流也结出了

第三章 奥古斯丁、托马斯·阿奎那著作导读

一个硕果,即1269年左右亚里士多德的著作全部被翻译成拉丁文。1269年初,托马斯·阿奎那被突然召回巴黎,当时有关亚里士多德的争论正如火如荼。他一方面拒斥教师中那些主张一种与基督教不相容的亚里士多德主义的阿威罗伊主义者,另一方面又与反对在神学中使用亚里士多德的奥古斯丁主义者论战。这些在他1271年完成于巴黎的《神学大全》"中部(下)"中都有所反映。1272年托马斯·阿奎那被召回意大利的那不勒斯,负责他所属的多明我会神学课程的重新调整工作。在那不勒斯大学他除了教学和应友人之请从事写作外,就是从事《神学大全》(下部)的写作。不过,1273年12月6日他的写作生涯突然停止。这天早晨主持弥撒期间他晚年时常出现的"神癫"再次发作,之后他便停止了写作和口授。当他的伙伴和好友敦促他完成《神学大全》时,他回答说:"我不再写了。在我获得了启示后,我所写的一切显得宛若稻草,没有价值,我现在只等待我生命终结的那一天。"1274年3月7日托马斯·阿奎那离开了尘世。现在人们通常所见的《神学大全》善本,是托马斯·阿奎那的挚友和秘书通过加上了一个取自托马斯·阿奎那《彼得·伦巴德"箴言四书"注疏》卷四而成的一个补遗而完成并定型的。

《神学大全》是让托马斯·阿奎那名垂千古的巨著。尽管当年作者本人在简短的序中只是谦逊地称之为供学生使用的基督教教义手册,但是实际上它既是对基督教神学的完善阐述,又是对基督教哲学的精当总汇。在《神学大全》的短序中,托马斯·阿奎那史无前例地呼吁人们关注他那个时代学习神圣教义的学生们所遭遇到的困难。他列举了造成这些困难的原因:庞杂无用的问题、文章和论述越来越多,不断地重复,教授又缺乏科学的结构和次序"造成学习者们头脑中产生厌倦和混乱"。针对这些问题,他接着表述了写作《神学大全》的目的:"为了避免这些和类似的缺陷,我们应该在上帝的帮助下,努力在论题所允许的范围内简洁明了地阐述神圣教义所包含的内容。"如果说奥古斯丁是教父哲学至高无上的权威,那么托马斯·阿奎那就是经院哲学无可争议的代表。他与奥古斯丁双峰并峙,成为整个基督教哲学史上耀眼的双子星座。他被罗马教廷授予了"天使博士"、"经院哲学之王"、"哲学导师"等诸多头衔,他的思想成为整个中

世纪经院哲学的最高权威。阿奎那毫无疑问是奥古斯丁之后最伟大的神学家。不但如此，阿奎那对于后世哲学的影响也是独一无二的。

二、原著导读

（一）阿奎那的《神学大全》

《神学大全》一书博大精深，篇幅宏大，全书以中世纪修道院的论辩方式写成，没有章节，由若干题目组成。每一题目下又分若干讲，最少的题目只有一讲，最多的有 16 讲。《神学大全》共分三个部分，第一部分有 119 个题目；第二部分分上下卷，上卷有 114 个题目，下卷有 189 个题目；第三部分未能写完，共有 90 个题目。后由阿奎那的学生们续写四个题目，共 99 讲。全书共有 512 个题目。

第一部分的主要核心是上帝问题，可以分为十个部分。

1. 第一题：在一切学问之中，神学的地位是最高的，统帅所有其他学科，它直接来自上帝的启示，是理性之上的上帝光照。哲学不过是用来使神学的义理发挥得更充分，论证更有说服力的工具而已。

2. 第二题：在这一题中，阿奎那提出了著名的 five ways，也即关于上帝存在的五种证明。这五种方法分别是运用事物的运动来证明（也即上帝是第一推动者），运用动力因证明，运用可能性与必然性证明，运用事物完善性的等级来证明，运用自然的目的性来证明。

3. 第三至第二十六题：在这一部分，阿奎那主要用先验证明的方法论证了上帝的本性。他排除了那些不合适的上帝本性，最终得出结论：上帝无形，其本质是真、善、美。上帝的本质与其存在相统一，完美无瑕。

4. 第二十七至第四十三题：阿奎那认为，所谓圣父、圣子、圣灵三位的位格各不相同，然而三位又共同有一个实体，因为三位是一个神。三位而一体。人凭借自己的理性是无法认识三位一体的，它超出人类的理性之外。

5. 第四十四至第四十七题：宇宙是由上帝创造的，在时间上有一个开端，而且本身也并不永恒。然而从哲学角度来看的话，世界有一个开端又无法得到证明。单就理论而言，宇宙是永恒的，上帝在永恒中创造世界。

6. 第四十八至四十九题：善与恶的问题。阿奎那反对善恶二元论，善是唯一的、根本的原因。恶是由于缺少善，自身并没有本质。世界上之所以存在恶，是因为上帝以此来衬托和显示世界的美好。

7. 第五十至第六十四题。在这一部分，阿奎那论述了天使与魔鬼的问题。天使是上帝创造的，他们没有肉体和形象，完全是纯粹精神实体。天使的灵魂是纯洁的，但与人一样也有自由意志，堕落的天使变成魔鬼。

8. 第六十五至第七十四题：上帝在七天之内创造宇宙万物，而这一部分就是论述上帝的创造物的。

9. 第七十五至第八十题：在人的结构问题上，阿奎那坚持人是上帝的创造物的观点，人由灵魂和肉体两部分组成，但这两部分只拥有一个实体，灵魂是人的肉体的形式，是使肉体成为肉体的东西。每个人都拥有不同的灵魂。只有肉体与灵魂结合在一起时，人们才能真正获得知识。

10. 第八十一至第一百一十九题：这一部分，阿奎那围绕人的问题展开论述，他援引亚里士多德的著作，提出感觉如果失去了肉体的合作，自身就不会活动。感觉经验正是获得知识的开端。感觉经验是个别的、模糊的，感觉经验必须转化成理性认识和普遍认识。

第二部分，阿奎那主要探讨了伦理道德问题。303个题目，涉及四个问题：

1. 伦理原则。人是上帝的产物，上帝赐予人类以自由意志，人要为自己的行为负责。人还具有理性，应该按照理性的本性寻找至高的幸福。上帝则是这至高幸福的终极标准，所以上帝就是人的最高目标。人所追求的幸福在精神世界中，只有依靠了上帝的伦理学，才能走进光明世界。

2. 习性的种类及德性。人的习性分为德性与恶习两种。而德性又分为本性德性和超本性德性两种。本性德性还可以分为理智德性和伦理德性。理智德性包括明智、机智、智慧、聪颖和学识等，伦理德性与《理想国》中所列举的城邦护卫者四样的德性是一样的，分别是明智、正义、勇敢和节制。而超本性德性是信、望、爱三种。

3. 法的概念与特性。法是"关心社会团体的人为了共同利益而颁布的理智命令"。理智就是上帝赋予人类的灵魂功能。阿奎那把亚里士多德的观点照搬过来，认为法具有两种特性：公布于众；保障人的正常生活，为公共事业谋福。

4. 法的种类。按照阿奎那的分类，法分为永恒法，自然法，神法和人法四种。永恒法是指导人类一切行为和万物一切运动的上帝智慧，它体现了上帝精妙的计划与法则，使整个宇宙有条不紊地运转。每个人依其本性都认识一点永恒法，但人们无法领悟整全的永恒法。

第三部分探讨耶稣基督与圣事的问题。主要涉及两个问题：

1. 第一至第五十九题：耶稣基督既具有人性，也具有神性，是神性与人性的完美同一体。耶稣基督是人与神之间的桥梁和中介，而基督教会就是耶稣基督在尘世的代理。人们要崇拜和信奉耶稣基督，就必须借助基督教会，并遵守基督教会的教义教规。

2. 第六十至第九十题：讨论基督教会的七项圣事。这七项圣事是基督徒必须要遵守的教规，分别是：洗礼，圣振，圣餐，忏悔，终传，婚配，神品。后三项圣事阿奎那并没有写完。

（二）《神学大全》导读

1. 哲学是神学的婢女

托马斯·阿奎那针对"哲学讨论了包括上帝本身在内的一切存在"、"似乎除了哲学我们不需要其他知识"的诘难，答辩说："除了人的理性所建立起来的哲学所能够提供的知识之外，为了拯救人类，上帝所启示的一种学问也是必须的。"首先，如果没有天启，人们就不会认识凭借他们的自发行为所一定趋向的那个超出了人的理性把握能力的超自然的归宿或者目的；而人为了驾驭自己的思想和意志而趋向这个归宿或者目的，就得首先知道这个归宿或者目的，所以必须借助上帝的启示让人知晓某些超出了人的理性的真理。其次，如果没有天启，即使是那些为理性所能够证明的有关上帝的真理也"只会在经过很长时间之后才被为数不多的人所知晓，而且夹杂着许多错误"。而人的拯救依赖于这种有关上帝的真理，所

第三章　奥古斯丁、托马斯·阿奎那著作导读

以为了使人的拯救来得更合适、更准确，必须用上帝启示来获得上帝的真理。当启示真理被接受的时候，人的头脑就进而开始解释它们，而且开始从它们得出结论。如此，结果产生了神学。

神学高于哲学和其他科学原因是：首先，它的确实性高于哲学和其他科学，因为哲学和其他科学的确实性来源于人的会犯错误的理性的自然之光，而神学的确实性来源于不会犯错误的上帝的光照，上帝之光是单纯的，没有任何杂质；其次，它的题材高于哲学和其他科学，哲学和其他科学只注意人的理性所能够把握的东西，是关注现实的生活问题，而神学所探究的则是超出人的理性的优美至上的东西，是彼岸的全善、全能全智的上帝；最后，它的目的高于哲学和其他科学，因为哲学和其他科学实践方面的目的在于引向一个更高的目的，而神学的目的就其实践方面而言则在于永恒的幸福，这种永恒的幸福正是一切实践科学作为最后目的而趋向的目的。神学是一门科学，因为它源于凭启示直接从上帝来的那些确定的原理。这门科学的对象或者主题是上帝，其他事只有与上帝相关时才在这门学科中论及。神学可能凭借哲学来发挥，但不是非要它不可，而是借它来把自己的义理讲得更清楚些，把它当作下级和婢女来使用。换言之，在神学中使用理性，不是为了证明信仰的真理，而是去捍卫、解释和发展天启的教义，信仰的真理是因上帝的权威而被接受的。

在此基础上，托马斯·阿奎那宣布了他对"大全"的划分：鉴于这门神圣科学的主要目标是提供上帝的知识，上帝不仅是作为自在的上帝，而且上帝是作为一切的起始，一切的归宿，特别是理性动物的归宿，我们应该首先论述上帝；其次，论述理性动物向上帝的前进；再次，论述基督，作为人的基督是人们借之趋向上帝的路。《神学大全》正是按照这三大主题分为上中下三部。

在教父著作中，信仰主义与理性主义的矛盾就已相当突出。后来经过神学家的努力，理性成为信仰的工具和臣民。奥古斯丁的神学成功地调和了这两者的关系。而后来的经院哲学家将神学当作至高无上的学问，哲学不过为神学的婢女提供了论证方法。13世纪，经院哲学的亚里士多德主义的兴起打破了这种哲学与神学的关系。由于亚里士多德的哲学体系恢弘博

大，神学的权威性和神学哲学的关系受到挑战。大阿尔伯特强调将哲学作为与神学不同的学科来研究，而阿奎那则吸收了他们的思想成果，指出神学与哲学的确是两门不同的学科，但神学是绝对高于哲学的学问。哲学与神学的认识方式不同，但他们拥有相同的认识对象，即上帝、创世纪、善与恶、救赎等。人人虽然都有理性，但是只有少部分人愿意并且能够通过漫长的学习和探索也即哲学的方式掌握一部分真理，而且由于人的不完善性，经常会出现各种错误与混乱。而神学的救赎对象则是全体人类。用哲学的方式显然不能达到这个目标。所以除了理性研究上帝的哲学之外，必须要有一门通过启示来信仰上帝的神圣学科，这就是神学。

2. 上帝的五大证明

阿奎那引用《出埃及记》第三章第十四节的经文："神对摩西说：'我是自有永有的。'"接下来阿奎那用了五种方法来证明上帝的存在。

第一种证明方法是依据事物的运动。在这个世界上，有许多事物在运动，这确定无疑。一个事物之所以能运动，是因为另外一个事物推了它，另外一个事物能运动，也是因为还有一个事物推了它。运动是将一个事物潜在的可能状态（如可能运动）变成现实（真的运动了），一个事物不可能在同一情况下既处于潜在状态，又处于现实状态。所以，任何事物绝不可能在同一条件下既是能动者，又是被动者。所谓运动的事物，必然要追溯到一个不为其他事物所推动的第一推动者，这就是上帝。

第二种证明方法是依据事物的动力因。没有任何事物能够成为其自身的动力因，因为每一个事物必定以一个比它更早的事物为动力因，而一个事物不可能比它自身更早。如果一个动力的序列没有开端，那么就不会有开始和终点。如果没有终极的动力，更无所谓原因结果。在一系列动力因中，没有最初者，就没有中间者和最后者。如果一直推算下去，这个动力因只能是上帝，否则我们将寻找不到最初的动力因。

第三种证明方法是运用可能性与必然性的关系。它包括两个步骤：第一步由可能性推导出必然的存在。第二步由事物的必然性推导出自因的必然存在。世界上的事物有些可能存在，有些可能不存在。如果这样的话，那么它们就不可能一直存在，而总有消失的一天。由此推出，一个事物可能存在或不存在，则其存在就一定有什么推动它存在，否则它就不会存在。如果我们的世界都是由这种可能性的事物来构成的话，那么我们现在将什么也不存在了。所以，必定有一些事物是一直存在着的，这个事物是自身就是必然的东西，不接受外在事物对它的必然性要求，其他事物的必然原因，这就是上帝。

第四种证明方法是依据事物完善性的等级。它也包括两个步骤：第一步证明有一个最完善的东西的存在。第二步证明这个最完善的东西是其他事物完善的原因。不同的事物在真善美的方面，其含量是不同的。我们说某事物不够美，或某事物很善，是依它们接近最高标准的不同程度而定的。我们说某事物很热，就是指它同最热的程度较接近。所以，一个最真善美的东西，也就是最高级别的存在。这种存在是万事万物存在的原因。这种存在就是上帝。

第五种证明方法是根据事物的目的性。我们看到很多自然物并没有知识，但却有目的地活动着，而且它们总是按照一定方式活动，并趋向于一定的方向。它们之所以通过这样或那样的方式达到目的绝非偶然，而是遵循着一个目的性。它们活动的目的性与齐一性证明它们的活动不是偶然的、随意的。显然一个无知的事物是不可能指导自己达到目标，必须要有一个有意识的、有理智的指导者来指导万事万物按照其目的性来活动，这就是上帝。

上帝是一切创造物的终极和根本的原因，上帝是至高的善，是最高实体，是存在与存在者的统一，存在与本质的统一。"上帝的本质就是它的存在。"阿奎那认为，上帝的完美是通过创造物来体现的。上帝与其创造物有相似性，这种相似性是神创造万物的基础，在此基础上我们才可以讨论上帝。不同的学科有不同的研究对象，所有的学科共同构成对神的整全的理解。恶不是事物的本性，而是缺乏善的状态。当一种存在物缺乏善时，尤其是缺乏那种对于其事物本身最重要的本质的善时，并且该事物无法实现其目的时，邪恶便发生了。由此看来，邪恶依靠善而存在，因为既然邪恶是善的缺乏，那么恶就必须需要一个善的事物来作为母体和来源。所以善与恶作为看似不同的两种创造物，其实只不过是一个创造物两种表现形式。在三位一体的创始问题上,正确的创造顺序应该是,圣父孕育了圣子,而圣灵是圣父圣子的延伸和继续。圣子是圣言与圣灵相结合的产物。上帝的意志以圣灵的形式延续下去。三位一体的创造过程,就是一切其他创造物产生的基础。所有创造物都根源于一个终极原因即上帝,创造物并不是指那些来源于上帝的存在,一个固定静止的存在,而是一个来自上帝的不断运动生成变化的过程。上帝创造万物与人类制造物品完全不同,上帝创造万物不依赖于任何原料和中介,万物与上帝的关系是直接的唯一的真实的,上帝是无中生有创造了世界,上帝与其创造物有本质的联系。事物之所以能被上帝创造,其根本原因在于圣父,其形式是圣子,而圣灵则体现了万物创造的秩序。所以造物与三位一体的创造过程具有相似性,在人的身上,这种相似性表现得最为完善。

3. 领悟上帝的存在

通过启示就可以领悟上帝的存在,那么少数人为何还要通过哲学来达到这个目标呢?阿奎那说:"恩典并不摧毁理性,它只是成全自然"。人的理性属于自然,自然与上帝的恩典是相辅相成的,这两者都是人的自然属性。利用哲学,我们可以证明信仰的前提条件,而且用哲学可以类比信仰。此外哲学还可以用来批驳和反对反信仰反基督的思想。阿奎那把哲学严格限制在神学的范围之内,看上去与早期经院哲学家相似,但与他们根本不同的是,阿奎那承认哲学是一门独立的学科,并且与神学在性质和任务功能上是不一样的。这与那种完全将哲学当作信仰工具的做法是不一样的。对于现代人而言,我们已经习惯于把哲学与神学割裂开来理解,将哲学看作用理性理解世界的学问,而将神学看作对超出我们理解之上的神灵的感悟与启示。领悟就是要从上帝创造了这一伟大现实出发,通过一系列的联想和想象,来理解上帝的存在,浩瀚的世界是谁创造的?美妙和谐的宇宙秩序是谁设计的?不论是活的东西,还是死的东西,它们的运行都有的一定的目的性是谁给予的?人是万物之灵,这个灵是谁赋予的?等等。通过这一系列问题的拷问,我们必须要悟出一定的道理来。如果这些问题的答案不归结在一个创世主上,是不能有一个最终答案的。在这一点上信仰和哲学并不矛盾,哲学成了理解和论

第三章 奥古斯丁、托马斯·阿奎那著作导读

证上帝存在的有力工具。

在领悟上帝的过程中,需要做一些基础性的工作:一是在道成肉身方面,针对有人认为此论神秘、不当的诘难,托马斯·阿奎那借助《圣经》、教会会议、教皇圣谕和教父哲学等论证上帝道成肉身属于上帝以最高的方式把自身沟通给其造物的最高的善的本质,而且为了有原罪的人类的复原上帝的"道"或者"话"成肉身是必然的。二是在圣事论方面,托马斯·阿奎那认为圣事对于人的得救而言是必需的,圣事的确立是用来表明人们的圣洁化的,如果人的心灵没有圣洁化,显然是不可能领悟上帝的存在。圣洁化是领悟上帝存在的重要一环,具体要解决三个要问题:(1)人们圣洁化的原因,那就是耶稣基督的受难,受难是领悟上帝的基础。(2)人们圣洁化的形式是神恩和德性。神恩和德性是促使人们面向光明和未来的环节。(3)人们圣洁化的终极目的,那就是永生。死对于每一个人都是非常畏惧和害怕的现象,如何解决这一问题,对于每一个人来说都不能回避。只有从肉体的生存中超脱出来,面向神灵的存在,才能解决这一问题。因此,圣事是不可见的神圣的事物的一种迹象,这种迹象又寓于可感的事物中。圣事既是对过去即基督受难的提示,又是基督的受难所带给我们的效验即神恩的指征,也是一种预兆,即将来荣耀的一种预表。至于永生,则是通过复活来实现的。正如借助圣事人摆脱原罪的死亡一样,借助复活人摆脱了惩罚的死亡。而在这方面耶稣基督使上帝和人们之间联系起来,人们的复活在耶稣基督那里已经开始,使耶稣基督复活的上帝的大能是人们复活、义人进入天堂享受永生的原因。

自亚里士多德时代以来,恐怕没有什么人像托马斯·阿奎那这样影响到世界的思想。在其有生之年他的权威就已经十分巨大,教皇、大学和多明我会修道院都渴望从他那里获得教益。他在哲学和神学上的影响在哲学史上都有充分的解说,并且以托马斯主义而闻名于世。在西方他被称为基督教的亚里士多德,这一点也足见他的重要性和影响之一斑。在他身上凝聚了当时世界哲学和神学的精华。也正是从这个角度,利奥十三在《永恒之父通谕》中把托马斯·阿奎那誉为楷模。

4. 灵魂与意志

阿奎那写到:"神学家考察的是与灵魂相关的人的本质,而不是与肉体相关的人的本质,当然也不排除对与灵魂有关的肉体的考察。因此,我们考察的首要目标将是灵魂。"每一种生命都拥有灵魂,而人的灵魂与其他生命不一样,他的灵魂是"有心智的灵魂"。因为人是一种有理性的特殊生命。没有灵魂,肉体将无法存在,肉体的所有部分所有活动都为灵魂给予的,我们可以看到,一个失去灵魂的死人,会慢慢腐烂消失。而另一方面灵魂也需要肉体的健康来作为完善其自身的重要基础。肉体的行为是通过健康的体魄来实现的,而灵魂的整全和完善是通过知识来获得的,两者在阿奎那那里得到完美的统一。在这一点上,阿奎那抛弃了柏拉图的观点而接受了亚里士多德的观点。人类的灵魂与肉体是完全整合一致的统一体,在人的行为中,灵魂与肉体是同时发挥作用的。只有拥有了肉体,我们才能借以感觉世界,然后再用灵魂去理解世界,如果没有肉体,灵魂就没有寄宿的地方。

托马斯·阿奎那遵循亚里士多德,对人的头脑和内心的运动作了最完美的描述和最敏锐的分析。就人类活动的原因而言,它既有内在的原因,也有外在的原因。内在的原因是灵魂的官能和习性。人的活动的外在原因是诱惑人们的恶魔,而上帝则通过他的律法指导我们,通过他的神恩推动我们要抑制和泯灭恶魔的驱使,使我们按照上帝旨意引领的方向发展。在对待每一个个体的灵魂上,阿威罗伊认为,所谓理智是人类所共同拥有的独一无二的能力,是单一不变的。因为人类既然能够从形形色色的不同事物之中概括出类的概念和定义来,那么人类也必然只拥有一种单一的理智。阿奎那反对这种不负责的言论,因为在他看来,如果我们认为所有人的理智都是同样的、单一的,那么作为一个个体而存在的人,就将因此而放弃一部分责任,而将属于他的责任推给别人。而且这个作为个体的人在来世中能否继续成为他自己将成问题。因为如果理智是单一的话,恐怕来世之后,人人联合起来就只成为一个人了。阿奎那指出,当我们得出所有人拥有一个单一的理智时,也即将这个整全的理智分配给了每一个人,使每个人都得到了一个单一的理智。无数个体共同拥有一个单一的力量并不

第三章 奥古斯丁、托马斯·阿奎那著作导读

可能。每个个人都拥有他自己的善与完美，他自己的理智活动，信仰的大道为每个人敞开，每个人的身份都不相同。每个人在来世仍旧能以其个人的身份存在。

上帝还知道人们随意做出的偶然事情，这些事情对我们来说是不确定的，因为它们出自当下的偶然原因，但这些事情对于上帝来说是确定的，他的判断力是超越时空和永恒的。意志是上帝的一部分。人的意志有时受外物的决定，而上帝的意志是完全自由的。我们总是愿意自己的快乐，上帝总是意欲自己的善，假使他有所意欲那他不可能不意欲，因为上帝的意志是不改变的。上帝必定知其所知但不必欲其所欲。无论上帝意欲什么，其意志永远是合理的。上帝的意志是绝对不会改变的，因为上帝的本性和知识是绝对不变的。至于恶，上帝既不愿意人们作恶，也不愿意人们不作恶，而是愿意容忍作恶，这意愿是善的。因为它是人类自由的基础。但是自由意志所做出的一切必须受神意的控制，必然事件和偶然事件都在上帝的预见之中。

5. 自然法

要厘清"自然"的含义，不能不回到古希腊，因为当代语言中自然的含义已发生了巨大的变化，治思想史者不可不察。自然一词有多种意义。人之所以区别于其他生物，在于人具有人之为人的本质，其本质属性就是理性。阿奎那说，人的自然本性可以从两个方面来理解，第一，理智和意志是人性的主要组成部分，因为正是由于它们，人才成为一类。从这种观点看，人的理智体验到的愉悦可称为自然的。在另一种意义上，人的本性可以被理解为不同于理性的东西，即理解为他与其他存在物共同拥有的东西，尤其是不受理性支配的东西。这样，与保存肉体有关的东西，如饮食与睡眠，以及与类的保存相关的东西，如性行为，就可以说会给人带来自然的愉悦。由此可见，人的本性不仅指人的身体的需要和生命的维持，而且也指理智和意志，即对真理和美德的追求。前者可称为肉体本性，后者可称为精神的本性。对真理的寻求，是沉思生活、哲学和科学的源泉，正是这一追求的理智生活提供了继续探究的第一原则。同样，对美德的寻求实际上是形成我们意欲的行动的最深刻的理由，

正是这一追求使我们朝向善，使我们在较小的善与较大的善之间作出抉择，因此它是道德的起源和原则。阿奎那说，自然倾向本身只是人行为的间接规则，还不是自然法本身。自然法是以规则形式对人的自然倾向的表述。托马斯·阿奎那的自然法，如学者们所公认的，实际上讨论的是人性，而这人性来自于永恒法，用他的术语说，自然法是理性被造物对永恒法的参与。永恒法是上帝的神圣理性、计划，解释为天命可谓恰当。阿奎那的自然法与永恒法对应的就是自性与天命的关系。如果没有永恒法关于趋向至善的规定，或者说，如果上帝在造人时没有赋予人理性，使其有能力趋向神，托马斯·阿奎那的神哲学思想就无从建立。有人说，不存在圣托马斯·阿奎那的政治学，在没有专门论述政治的著作的意义上，这样说是没有错的。施特劳斯指出，古代哲学家认为，人们除了在公民社会中并且通过公民社会，就不能达到本性的完美，因而公民社会优先于个人，首要的道德事实是义务而非权利的观点，就是由此种看法带来的。人们不可能不在断定自然权利的优先性的同时，强调个人在所有方面都先于公民社会：公民社会或主权者的一切权利都是由原本属于个人的权利派生出来的。我们知道，按照阿奎那的看法，社会是自然的，人天生就要过社会生活，而按照霍布斯的看法，社会是人为的，是为了保护自然权利通过契约建立起来的。所以在阿奎那看来，社会生活和自我保存是同等自然的，在霍布斯看来，社会生活是非自然的。而托马斯·阿奎那所说的自然法，则是理性所能认识到的永恒法，也即人凭借上帝所赋予的理性对上帝的神圣智慧的有限的了解，是对上帝关于人的自然/本性的规定的认识。按照托马斯·阿奎那所继承的灵魂观，对灵魂的认识，就是对人的本性的认识。

阿奎那的自然法与灵魂之间的对应关系，所涉及的认识上帝和过社会生活，正是阿奎那综合基督教神学与亚里士多德的伦理思想的结果。按照亚里士多德，人的灵魂有三种功能：营养、感觉和理智，前两种分别对应植物灵魂和动物灵魂的功能，唯有理智是人的灵魂所独有的。亚里士多德认为，善就在于实现自己的目的，人的善就在于实现人之为人，故而最高的生活是沉思的生活，也就是运用人的理智的生活，而作为基督教神学家的托马斯·阿奎那将自然法纳入永恒法的计划之中，人的灵魂在受造之时便已被烙上了认识上帝的目的，这既符合上帝的永恒法，也是人所认识到的自然法所颁布的命令，因为上帝乃是一切被造物的目的。

　　自然之所以给予人理性，就是为了让人运用它，那些不能发展和运用自己理性的人，就和动物没有区别，他们之沦为奴隶也是合乎自然的。亚里士多德说，有的人生来就具有理性，有的则生来就适合做奴隶，主人与奴隶关系之合法性正如灵魂之于身体，灵魂统治身体是正当的，但并不总是这样，也有些人的灵魂会为身体统治，后者就是堕落的，这样的人就未能实现人之为人的本质，可以说虽然他外表虽然与他人无异，但把他当作动物对待也是正当的。也就是说，按照亚里士多德的看法，自然并非赋予所有人以理性能力，比如野蛮人就因其不具备理性，故而是奴隶的天生材料。"所有的动物都有灵魂，而作为审慎的理智并不是所有动物都具有的，甚至并非所有人类都具有的。"人与人之间的不平等是符合自然的，或者说，是自然正当的。在回答奴役别人是否违反自然的问题时，他一再申述了这一观点。对于奴隶制，阿奎那也不认为是违反自然法的，但是却不是出于这样的理由，"财产所有权和奴隶制并非自然生成的，而是人类理性为了人类生活的利益之故而发明设计的。在这个意义上，自然法并未改变，只是增加而已。"之所以阿奎那不能继承亚里士多德的理由，因为上帝是按照自己的形象造人的，虽然阿奎那没有得出一切人被造得平等的结论，但是却不能说有些人有理智，有些人没有理智，因为这理智是从上帝的创造来的，自然法也是上帝烙印在人心之上的，所以他只能说因为恶习等等障碍，有些人的理智不能控制欲望和理性，虽然他在奴隶制对受奴役者有益这一点上跟亚里士多德是一致的，但是对于亚里士多德出于希腊人的优越感所说的话（并非所有人类都有理智）他却不能继承，因为《圣经》的权威要高于哲学家的说法。

　　6. 伦理和德性问题

　　美德问题是《神学大全》第二部分的主体。在讨论之前，托马斯先将人类的行为分为两类：一类是"人的行为"，另一类是"人性行为"。前一类行为是指人天生的自然行为，如吃喝睡觉，生长衰老等。这些行为能够满足人的需要，但不需要通过抉择和判断，不属于伦理学要考察的范围，也不涉及道德评判。而后一种行为是指人在理智的指导下，通过意志而抉择的行为。在这个时候，人可以决定做还是不做，以及做的具体方法，人是自己的主人。人性行为是具体的、有对象的，并具有伦理价值和道德意义，属于伦理学要探讨的范围。在各种人性行为中，人人愿意向善和追求善是最基本的人性行为。

在人性行为中，人类对一种行为或另一种行为的选择是有所侧重的。这种侧重是由惯性形成的，一个人的人性行为在经历过若干次的选择后会形成一个相对固定的模式。人性行为分为两类，好的符合伦理准则的行为是德性，坏的违反伦理准则的行为是恶习。德性又分为两种，一种是超本性德性，另一种是本性德性。所谓超本性德性是指"信、望、爱"三种神学品质，也即信仰上帝，希望上帝，敬爱上帝。通过这三种本性，人可以在回归上帝之路中尽可能发展自己，完善自己。这三种德性无法靠人的后天修养来获得，而是上帝直接赐予人类的。人类在一出生就具有了这三种德性，后天只是在不断挖掘和培育它们。人类需要有良好的后天习惯来发展这些德性，但必须建立在上帝赐予的先天禀赋的基础上才能够实现。阿奎那指出，只有踏实履行了这三种德性的人，才是完美无缺的人，才是完人和圣人，才是人类的楷模和榜样。

人的本性德性则又可以分为两类，一类是理智德性，另一类是伦理德性。前一类是指人用于完善理智能力的德性，在思想上它表现为智慧、聪颖和学识，在行为上它表现为明智和机智。而伦理德性则分为：明智，正义，勇敢和节制。这四种德性被称为四种基本德性。

（1）明智：是指行为的正直合理，在面对不同的环境、条件和对象能够做出适当的行为选择。明智的人能够明辨是非，分别善恶。"明智是实现善的生活的必要德性。"在四种德性中，明智是最重要的。明智既是伦理德性，也是理智德性。在这一点上，阿奎那直接继承了亚里士多德在《尼各马可伦理学》中的"中道"这一概念，所谓为人处事恰到好处，不偏不倚。

（2）正义：是"坚定而持久的意志，以维护每个人应有的权利"。正义的基础在于自由意志。一个正义的人不会因为外在的原因或内心的偏好而随意改变行为，正义的人也必定是百折不挠、坚强不屈的人。正义的对象是公共和私人财产，正义的人一心为公众事业谋福。正义与权利和义务有密切关系，在一个正义的城邦，每个公民都严格按照正义的要求行使权利和义务，并同时尊重他人的权利和义务。

（3）勇敢：是"人遵循理智的德性"。要注意，勇敢不是鲁莽的大胆，更不是懦弱的小心，勇敢是处在这两种极端情况之间的在理智指导下的德性。这一观点同样来自亚里士多德。阿奎那指出，勇敢有两种表现方式：战斗和坚持。战斗是为了克服苦难，而坚持是为了保护战斗成果。一方面，勇敢的人反对任何恶，包括死亡，另一方面，勇敢的人又会在正义的德性指导下，为了公众的最大福利而牺牲生命。

（4）节制：是由灵魂和肉体组成的统一体。人有理智，同样也有情欲。情欲可以作恶，也可以为善，不存在好坏的问题。情欲应该在理智的驾驭下才能够发挥其正面作用。缺乏理智的情欲是恶，无论是过还是不及。勇敢和节制是理智驾驭情欲的两种方式。人的情欲有两种最为强烈，即所谓"食色性也"。食欲是为了生存，性欲是为了繁殖和发展。这两种情欲最难以驾驭。节制就是适当合理地控制情欲，阿奎那进而指出，节制是人性行为的基本德性，禁欲是节制德性的典型体现。

人类的德性是使一个人的善行达到完善的一种习性。理性和激情是人的活动的两个内部的原理或者原因，因此每个人类的德性必定要使这两个原理中的一个原理臻于完善。如果它在人的活动中使思维的或者实践的理性有所完善，就是理智的德性；如果它使激情或者意欲部分有所完善，就是实践的德性。人因德性而完善了活动，由此走上幸福之路。但是人的幸福是双重的，一重是能够由其本性的原理而达到的那种幸福，另一重则是超越了人的本性的幸福，这种超自然的幸福只有通过神的大能和分有神性才能获得。因此人必须从上帝获得某些作为神圣动力的额外的原理，即神学的德性。

三、参考资料

安东尼·肯尼:《阿奎那》,黄勇译,中国社会科学出版社 1987 年版。

江作舟、靳凤山:《经院哲学的集大成者——阿奎那》,安徽人民出版社出版 2001 年版。

约翰·莫格利斯:《阿奎那》,刘中民译,中华书局 2002 年版。

傅乐安:《托马斯·阿奎那传》,河北人民出版社 1997 年版。

四、问题思考

1. 如何理解那托马斯·阿奎那信仰高于理解的认识论?
2. 托马斯·阿奎如何证明上帝的存在?
3. 为什么托马斯·阿奎那对恶采取宽容态度?
4. 上帝的意志是否和人的意志相一致?
5. 如何理解自然法是依据上帝的旨意建立的?
6. 如何理解幸福是永恒的?

第四章　笛卡尔著作导读

一、生平与著作

笛卡尔（1596—1650），是法国哲学家，近代哲学的奠基人。其墓志铭："笛卡尔，欧洲文艺复兴以来，第一个为人类争取并保证理性权利的人。"1637 年出版了第一部著作《谈谈方法》，即"谈谈正确运用自己的理性在各门科学间寻求真理的方法"，初次尝试系统阐明自己的新认识论和方法论思想原则，文笔亲切明快、自然明晰、特色鲜明，运用了大众化的法文而不是拉丁文，凸显了"谈"而不是"论"。它是《第一哲学沉思集》的预演。中文译本由王太庆先生译出，商务印书馆 2000 年出版。该书前有王太庆先生撰写颇具笛卡尔风格的《笛卡尔生平及其哲学》，书后有出自《第一哲学沉思集》的四个附录，对于易造成歧解的名词译者均作有译注。《第一哲学沉思集》是笛卡尔最重要的哲学著作，出版于 1641 年，先后有拉丁文本和法文本。法文第一版经笛卡尔校订出版。作者以"沉思"的方式系统表明了其新理念和新方法，较《谈谈方法》更为系统、深入、细致、逻辑严密。中文译本由庞景仁先生按法文第一版并参照第二版部分章节译出，其间经历了约 50 年的曲折，1986 年由商务印书馆出版。译者注出了诸多法文第二版以比较参照，并对部分概念予以注释。另有徐陶译本，由中国社会科学出版社 2009 年出版。1644 年拉丁文本《哲学原理》出版，它是笛卡尔系统化、总结性的著作。1647 年出版了笛卡尔校订的法文文本。它原本包括六个部分：知识原理、物理学原理、天、地、植物和动物、人，后两部分由于材料缺乏最终只写了前四部分。1958 年商务印书馆出版的关文运的中文译本《哲学原理》，是按英文节译本转译的，诸多物理学的补充材料未能译出。笛卡尔的最后一部著作《论灵魂的感情》（《论灵魂的激情》）出版于1649年，探讨心理学特别是身心关系问题，中文未有译本。笛卡尔的重要遗著，是早年的《指导心智的规则》和《论胎儿的形成》。前者有管震湖的中文译本，名为《探求真理的指导原则》，商务印书馆1991年出版。目前中国学术界未有笛卡尔全集出版，只有辑录前人翻译的一本名为《笛卡尔文集》的编辑本。其"代序"还可一读，作为辑录对于较全面理解笛卡尔的思想还有帮助。

二、原著导读：《第一哲学沉思集》

（一）笛卡尔的《第一哲学沉思集》

近代哲学真正的奠基人不是跌宕于官场的掌玺大臣培根，而是献身于哲学与科学的笛卡尔。笛卡尔哲学的哲学著作预演于《谈谈方法》，成型于《第一哲学沉思集》，总结于《哲学原理》。因此，要进入近代哲学之门，首先必读笛卡尔，首选著作无疑是《第一哲学沉思集》。它有一个副题"论上帝的存在和人的灵魂与肉体之间的实在区别"。其核心范畴与问题均已点出，即作者关心的是上帝和人的关系问题，人的灵与肉的关系问题，物质实体存在也暗含其中。《沉思集》的拉丁文第一版就包括一封致信、一个前言、六个《沉思》、六组《反驳》和六个《答辩》。（第七组《反驳》是后来收到的，和《答辩》一起以及笛卡尔给狄奈〔Dinet〕神父的一封信收在拉丁文第二版里。由于其无甚新意，中文译本未译出。）何为原初语境的辩证法？何谓思想的交锋？读完《沉思集》的反驳与答辩自会了悟。"笛卡尔的《答辩》是六个《沉思》的重要注解和补充，是笛卡尔哲学思想的非常宝贵的阐明，其中不少内容是六个《沉思》里没有谈到或一提而过的。这些《答辩》和六个《沉思》组成了一个不可分割的整体。至于各组《反驳》的作者们，有些是著名的哲学家，例如霍布斯、阿尔诺和伽森狄，他们都提出了很多有价值的问题，而且从他们的《反驳》里也可以看出他们的哲学态度，特别是第五组《反驳》（共约七万字）本身就是唯物主义者伽森狄给后人留下的主要哲学著作之一。"① 因此，开篇的六个沉思仅是开端。在此选读解读的是依庞景仁译本《第一哲学沉思集》的"六个沉思"部分（原文参见庞景仁译本第7—94页）。

在六个沉思之前，笛卡尔写了一篇"六个沉思的内容提要"，简明扼要介绍了六个沉思中所沉思的主要问题与相关论点。为何在第一沉思中要进行普遍的怀疑？其本意何在？在第二沉思中，为何一切都可怀疑但精神的存在——作为与物体性不同的智性存在却不容怀疑？灵魂与肉体、灵魂与物体的关系如何？灵魂为何不灭？第三个沉思，要解决的问题就是：上帝何以存在？究竟怎样看待上帝的观念？为何会有上帝的观念？第四个沉思，阐明了认识的"自明性"原则，为何会有错误与虚假？第五个沉思，主要解释了什么是物体性？第六个沉思，分别阐述了"理智活动"和"想象活动"，进一步阐述物质的东西存在的理由何在？人的灵与肉究竟如何不同？在斯宾诺莎看来，笛卡尔力求"排除一切成见；找出能够用来建立一切知识的基础；发现错误的原因；清楚而且明晰地理解一切事物。"②

（二）笛卡尔"六个沉思"的导读（参阅庞景仁译本《第一哲学沉思集》第7—94页）

第一个沉思：论可以引起怀疑的事物

1. 笛卡尔的怀疑是方法，其目的是为了重建理性的科学。因此它和古罗马的摧毁知识的怀疑论不同。"如果我想要在科学上建立起某种坚定可靠、经久不变的东西的话，我就非在我有生之日认真地把我历来信以为真的一切见解统统清除出去，再从根本上重新开始不可。"为了重建科学理性的根基，就必须拆掉旧的形而上学的基础，只要旧的基础、原则拆毁，传统理论的大厦就会随之倒塌。"拆掉基础就必然引起大厦的其余部分随之而倒塌，所以我首先将从我的全部旧见解所根据的那些原则下手。"所以，普遍的怀疑方法就是从作为基础的"原则"入手，使传统的理论大

---

① 《第一哲学沉思集》，庞景仁译，第430页。
② 斯宾诺莎：《笛卡尔哲学原理》，王荫庭、洪汉鼎译，商务印书馆1980年6月第1版，第43页。

厦倒塌，从而使新的原则确立并建立新的知识大厦。知识之树要结出果实，首先要确立根本。形而上学的原则就是根本。因此，"第一哲学的沉思"就是形而上学的沉思。"怀疑"就是批判性的清理与重建。笛卡尔作为近代哲学之父，其理论功绩也在于此。关于普遍怀疑的方法，笛卡尔在不同地方有不同比喻，如为了找到坚实的根基必须去掉浮土，将烂苹果去掉。

2. 笛卡尔的怀疑首先指向感官及其"感官经验"。因为"直到现在，凡是我当作最真实、最可靠而接受过来的东西，我都是从感官或通过感官得来的。"对于感官经验，笛卡尔的观点严格来说是"存疑"——不贸然作判断。因为感官经验真假混杂、模糊难辨，尽管"材料""形象"具有一定的"真实性"，但是并不具有认识原则与秩序的"自明性""确定性"。作者指出：相信感官与"疯子"相类；由于人有"醒"与"梦"，因此感官经验不可靠。所以，"物理学、天文学、医学、以及研究各种复合事物的其他一切科学都是可疑的、靠不住的；而算学、几何学，以及类似这样性质的其他科学，由于他们所对待的都不过是一些非常简单、非常一般的东西，不大考虑这些东西是否存在于自然界中，因而却都含有某种确定无疑的东西。"

3. 笛卡尔进一步思考，"我"如此这般的感受与判断是否出于全能的上帝的创造？是一种什么力量或存在使我陷于如此的荒诞？是命运之手如此捉弄我么？那么，我的错误是否也是出于上帝的安排？对此，他持否定态度，这和上帝的善良性不相容。究竟我们如此这般认识的状况该如何看？像那些旧见解，归之于不确定的神秘的"命运""宿命""偶然性"吗？对此，笛卡尔得出结论说："我不得不承认，凡是我早先信以为真的见解，没有一个是我现在不能怀疑的，这绝不是由于考虑不周或轻率的原故，而是由于强有力的、经过深思熟虑的理由。因此，假如我想要在科学上找到什么经久不变的、确然可信的东西的话，我今后就必须对这些思想不去下判断，跟我对一眼就看出是错误的东西一样，不对它们加以更多的信任。"

4. 笛卡尔指出，旧的习惯作为一种思维定势，人们稍不留意便会沉入其中。要真正走向真理之路，就必须对旧的习惯保持戒备、怀疑、存疑。旧的习惯、获取知识的方法与原则仿佛一个充满欺诈、无比狡猾的"妖怪"，只有坚持彻底怀疑的精神、运用彻底怀疑的方法，从而才能寻找一条可靠的"认识真理"之路。怀疑与批判也成为思维革新的前奏，思想史上的革命总是通过"怀疑与批判"拉开大幕。那么，如何驱散乌云使真理的天空晴朗呢？这是笛卡尔进一步沉思所要关注的问题。

第二个沉思：论人的精神本性以及精神比物体更容易认识

1. 第一个沉思充满了疑惑，并通过普遍怀疑否定了一切。那么认识、知识、真理的阿基米德点究竟在哪里呢？究竟什么是无可怀疑的呢？在第二沉思里，笛卡尔指出："有我""我在"是无可怀疑的。"我在"，就是知识、认识的阿基米德点。"我在"强调了我是"起作用"的。无论真假，都是我在起作用。"在对上面这些很好地加以思考，同时对一切事物仔细地加以检查之后，最后必须做出这样的结论，而且必须把它当成确定无疑的，即有我，我存在这个命题，每次当我说出它来，或者在我心里想到它的时候，这个命题必然是真的。"笛卡尔在此确立了知识与认识的"主体原则"。

2. 笛卡尔进一步思考，"我存在的我"到底是什么？我究竟是怎样一个发挥作用的存在？已经否认"我"不是感官、感觉、身体的存在，我的本质属性不是"物体性"存在。那么我的本质属性是什么？"现在我觉得思维是属于我的一个属性，只有它不能跟我分开。有我，我存在这是靠得住的；可是，多长时间？我思维多长时间，就存在多长时间；因为假如我停止思维，也许很可能我就同时停止了存在。我现在对不是必然真实的东西一概不承认；因此，严格来说我只是一个在思维的东西，也就是说，一个精神，一个理智，或者一个理性，这些名称的意义是我以前不知道的。"因此，"我思故我在"。（王太庆译为"我想，所以我是。"）① 将我看作感官、感觉、身体的存在，并由此去看物体，正是我以前的方式。笛卡尔进一步指出我是作为以思想、精神、理性发挥作用的存在，是理性的主体。

---

① 参见王太庆译：《谈谈方法》第27页注释1。

这就为其"灵""肉"分离埋下伏笔,也为其解决这一矛盾制造了困难。这一思考近承文艺复兴人本主义,远接苏格拉底"认识你自己"这一箴言,而与经院哲学"神本"相抵牾。

3. 笛卡尔还从反面思考了:"肉体""身体"是否是我的本质?"物体"到底意味着什么?他否定了我的本质是由肉体的各个部分组成的"身体";否定了我是类似于具有形状、空间、受动的"物体"。身体、物体其本质是"外在的""受动的",我作为人、人之为人的本质是"能动的"。这一能动性内在于我的心里。因此它只能是思维、精神、理性,因此"我想,所以我是。"是否"由于我不认识而假定不存在的那些东西,同我所认识的我并没有什么不同?"对此,笛卡尔认为由于不具有认识的明晰性而不做判断,也不愿去不真实地"想象与虚构"。其理由在于:"我确切地认识到,凡是我能用想象的办法来理解的东西,都不属于我对我自己的认识;认识到,如果要让精神把它的性质认识得十分清楚,那么我就需要让它不要继续用这种方式来领会,要改弦更张,另走别的路子。"对于"我是",不能通过想象与虚构,只能直观地、清晰地"领会"。因此,我只是一个思想的存在,并通过思想而存在着的存在。我是主体,思想是其本质,没有思想则主体之我消失。"我——思"二者具有同一性、不可分性。

4. 笛卡尔进一步思考,我是一个思维的存在,"思维的存在"是什么呢?思想之我通过哪些形式表现自己的存在呢?他说:"那就是说,一个在怀疑,在领会,在肯定,在否定,在愿意,在不愿意,也在想象,在感觉的东西。""因为事情本来是如此明显,是我在怀疑,在了解,在希望,以致在这里用不着增加什么来解释它。"但是,笛卡尔在此将"感觉""想象"也容纳进了思维。因此,笛卡尔的"思维",具有广义和狭义之分。广义的思维包括了一切思维的心理活动,狭义的思维则是形成自明的确定的概念的理智之思。他更强调、推崇的是后者,贬抑、否定感性之思。更近一步说,笛卡尔强调的是精神、意识、思维的"根本性""指向性""能动性",即后来胡塞尔的"意向性"。为何后来胡塞尔对笛卡尔赞赏尤嘉,原因也在此。因此,他说:"真正来说,我们只是通过在我们心里的理智功能，而不是通过想象，也不是通过感官来领会物体，而且我们不是由于看见了它，或者我们摸到了它才认识它，而只是由于我们用思维领会它，那么显然我认识了没有什么对我来说比我的精神更容易认识的东西了。"感性活动变幻不定，想象活动虚幻不真，只有理智活动才能认识一般、明晰可靠。也可解释为感性、想象只有通过理智活动才能成型，否则感性想象活动就是空的、盲的。

5. 笛卡尔通过普遍怀疑，将认识真理的道路引向"思维之我在"，又进一步将思维"由外在引向内在"。他以蜡为例，加以详尽阐明：真正说来对蜡、外物的认识不是通过感官媒介达到清楚明晰的认识，而是通过理智的"领会"、"判断"才有清楚明晰的认识。因此要"用精神去看"——用"心"去看，而不是用眼睛去看。感觉得到的只是"乱象"，理智、精神捕捉的是"本质"。要认识物的本性，只盯住物什么也得不到，其实质是要认清进行认识的精神的本性、方式。因此，笛卡尔的思维是"内求以现外"，将外在的物的认识、知识、常识都"还原""返本"于理性精神，对于一切知识、现象只有凭借精神才能实现。由此，笛卡尔成为现象学的创始者，也成为近代理性哲学的肇始者。黑格尔说，笛卡尔哲学主导西方哲学 300 年，此言不虚。

第三个沉思：论上帝及其存在

1. 笛卡尔在前两个沉思里，完成了"内求以现外"思维方式的转变，为认识论、知识论找到了第一原理，奠定了一个稳固的基石，从而使知识的大厦得以稳固建立。因此："这样一来，由于我仅仅和我自己打交道，仅仅考虑我的内部，我要试着一点点地进一步认识我自己，对我自己进一步亲热起来。我是一个在思维的东西，这就是说，我是一个在怀疑，在肯定，在否定，知道的很少，不知道的很多，在爱、在恨、在愿意、在不愿意、也在想象、在感觉的东西。因为，就像我刚才说过的那样，即使我所感觉和想象的东西也许绝不是在我以外、在它们自己以内的，然而我确实知道我称之为感觉和想象的这种思维方式，就其仅仅是思维方式来说，一定是存在和出现在我心里的。"

2. 我是一个内在的思维的存在，那么"自明性"就成为"真"的总原则:"凡是我们领会得十分清楚、十分分明的东西都是真实的"。"自明性"实现的准则又是什么呢?它就是"在我心里呈现的观念或思维"。所以,他说:"我在这些东西里边曾领会得清楚、明白的是什么呢?当然不是别的,无非是那些东西在我心里呈现的观念或思维。并且就是现在我还不否认这些观念是在我心里。"那么,"我"清楚明白的观念如何也是"他"的呢?对于"主体间性"这一问题笛卡尔没有回答,它由后来的康德、黑格尔、胡塞尔等人来探讨。笛卡尔要继续探讨的问题是:我为何会在一些最明显简单的问题上弄错?是出于上帝创造的我的本性?由此,笛卡尔提出:要思考是否有一个上帝?他是否是一个骗子?

3. 笛卡尔并没有立刻展开上帝的思考,而是继续思考"思维"或"观念"的"明确性"。笛卡尔认为:思维活动有三种,一为"观念"它造成事物的影像;一为"意志或情感",一为"判断";后二者是观念基础上的活动。前两种思维活动都是真实的基于精神的活动,它都可认之为真,判断则可能为假。如何避免呢?"而在判断里可能出现的重要的和最平常的错误在于我把在我心里的观念判断为和在我以外的一些东西一样或相似;因为,如果我把观念仅仅看成是我的思维的某些方式或方法,不想把它们牵涉到别的什么外界东西上去,它们当然就不会使我有弄错的机会。""观念"不应被看作简单的概念,而体现的是"思维的某些方式或方法",是源于内心的"范型"。因而判断不能将它和外物一一对应。观念从来源上"似乎"可分为三种,与我俱生的、来自外界的、由我自己做成的和捏造的。对于"观念"来自于外界,笛卡尔予以怀疑。"可是也许我可以相信所有这些观念都是属于我称之为外来的、来自我以外的这些观念,或者它们都是与我俱生的,或者它们都是由我做成的;因为我还没有清楚地发现它们的真正来源。"将观念归之于外在是笛卡尔所反对的,也是与其哲学基本原理在逻辑上相矛盾的。

4. 笛卡尔进一步通过思考"观念与对象是否一致"的问题,以反驳观念"来自于外"的外在自然的观点。观念与外在自然对象的一致,其理由有两点:"第一个理由是:我觉得这是自然告诉我的;第二个理由是:我自己体会到这些观念是不以我的意志为转移的,因为它们经常不由我自主而呈现给我"。笛卡尔反驳说，首先自然的倾向仅仅使我"相信"，但却并不使我通过理性"认识"。自然的"倾向"并不可靠，理性的"光明"才是判断真和假、选择善与恶的根本。其次，观念"不以我的意志为转移"，也不能说明它"来自于外界"。违反意志并不说明观念本于外。因此，笛卡尔说："也许是我心里有什么功能或能力，专门产生这些观念而并不借助于什么外在的东西，虽然我对这个功能和能力还一无所知"。在后文中，它又明确说道："不过必须知道，既然每个观念都是精神的作品，那么它的本性使它除了它从思维或精神所接受或拿过来的那种形式的实在性以外，自然不要求别的形式的实在性，而观念只是思维或精神的一个样态，也就是说，只是思维的一种方式或方法。"由此，笛卡尔反驳了观念"来自于外"的观点，实际肯定了形成观念是人心所具有的能力或功能。他还反驳了由外在感官经验得来的感性印象的不真实，理性才能真正产生事物的"真观念"。这里实际上已隐含着康德知识论"哥白尼革命"的萌芽。

5. 笛卡儿对于"观念"的沉思，将思维分为"外在的感官印象"与"内在的观念"，已经蕴含着洛克、休谟的"印象"与"观念"的思想，也可看到洛克关于事物"第一性的质"与"第二性的质"思想的影子。尽管洛克、休谟坚持的是经验论的思路，而笛卡尔坚持观念论的思路。笛卡尔坚信内在观念是比感官印象、感性经验更具有客观实在性的思维形式，"给我表象实体的那些观念，无疑地比仅仅给我表象样式或偶性的那些观念更多一点什么东西，并且本身包括（姑且这样说）更多的客观实在性，也就是说，通过表象而分享程度更大的存在或完满性。""一般"的实体观念比"特殊"的样式、偶性观念具有有更大的实在性、完满性，即观念具有程度不同的表象性、差异性、完满性。

6. 在思维活动中，感性印象不具有客观实在性，仅仅具有偶性、或然性，只有内在观念具有客观实在性、较大的完满性，笛卡尔进一步问到：观念具有客观实在性、较大的完满性的根据、原因何在呢？由此，他领会到必然有一个绝对的实在性与完满性的存在，此存在就是上帝，"我由之而体会到一个至高无上的、永恒的、无限的、不变的、全知的、全能的、他自己以外的一切事物的普遍创造者的上帝的那个观念，我说，无疑在他本身里比给我表象有限的实体的那些观念要有更多的客观实在性。"笛卡尔遵循的逻辑是：无中不能生有——这也是古希腊哲学知识论的核心，可远溯到巴门尼德，比较完满实在的存在的根据与原因只能是绝对的完满实在的存在。由此，他得出上帝存在的结论。黑格尔后来说，唯有上帝是绝对真理。人的认识就是要把握那个绝对，它既是一个知识层级也是一个理念，也是实在。笛卡尔坚信，上帝就是"第一观念"、观念的"原型"、绝对观念，此观念形式地包含有绝对完满性、绝对真实性。由此，笛卡尔试图摆脱了"唯我论"的困境，也为观念论寻找到最终的根据。由此笛卡尔也将知识的确定性由此岸推向彼岸、由经验推向超验。

7. 笛卡尔认为，存在于我心、被我心表象的观念，可分为几类：①我自己的观念；②上帝的观念；③物体性的无生命的观念；④天使、动物、像我一样的别人。除上帝之外的其他观念，皆出于我、通过我心之观念得以表象。上帝的观念能否来源于我呢？要弄清这一问题，首先必弄清上帝一词意涵："用上帝这个名称，我是指一个无限的、永恒的、常住不变的、不依存于别的东西的、至上明智的、无所不能的、以及我自己和其他一切东西（假如真有东西存在的话）由之而被创造和产生的实体说的。这些优点是这样巨大，这样卓越，以致我越认真考虑它们，就越不相信我对它们所具有的观念能够单独地来源于我。"我心中作为实体的观念，就来源于上帝，这就是其"天赋观念论"。其次，上帝的存在为何不来源于我呢？有限的实体——我、不能产生无限的实体——上帝，也不能真正理解、认识无限，只能通过有限"领会"无限完满的上帝观念。笛卡尔认为，自己非常清楚明白领会到这个无限完满的比别的观念含有更多实在性的存在体，因此上帝是存在的。第三，上帝的完满性"潜在"于我心，但是上帝的观念却表示绝对的现实与实在。我的认识的不断增长，就是上帝潜在的完满性的发挥。潜在性不能在现实性之先，这一观点与亚里士多德相反。并且，"虽然我的认识越来越增长，可是我仍然认为它不能是现实无限的，因为它永远不能达到一个不能再有所增加的那样高度的完满性。可是我把上帝是现实无限地领会到在他所具有的至高无上的完满性上再也

第四章 笛卡尔著作导读

不能有所增加这样一个高度。"

第四，我不是上帝，我只是上帝的造物，上帝不仅"创造"而且"保持"我的存在。父母生了我、创造了我但是却不保持我。还可问：作为父母的"我"其创造者为谁？原因的环环追问，必追到一个最后的原因——上帝。这是典型的托马斯·阿奎那式的论证。第五，上帝作为完满性表现之一就是：上帝的"统一性"——"单纯性"——"不可分性"。神——人"同构而异形"。因此，上帝就被人化、精神化、实体化，消除了神与人的异隔性。人就是上帝形象的摹本，上帝是按照自己的形象造人的。"只就上帝创造我这一点来说，非常可信的是，他是有些按照他的形象产生的我，对这个形象（里面包含有上帝的观念），我是用我领会我自己的那个功能去领会的，也就是说，当我对我自己进行反省的时候，我不仅认识到我是一个不完满、不完全、依存于别人的东西，这个东西不停地倾向、希望比我更好、更伟大的东西，而且我同时也认识到我所依存的那个别人，在他本身里边具有我所希求的、在我心里有其观念的一切伟大的东西，不是不确定地、仅仅潜在地，而是实际地、现实地、无限地具有这些东西，而这样一来，他就是上帝。"第六，上帝不是骗子，因为欺骗本身就是一种不完满性。在对上帝的沉思中，笛卡尔感到莫大的满足。"信仰告诉我们，来世的至高无上的全福就在于对上帝的这种深思之中，这样，我们从现在起就体验出，象这样的一个沉思，尽管它在完满程度上差得太远，却使我们感受到我们在此世所能感受的最大满足。"由此，笛卡尔完成了观念论的建构，并将上帝作为绝对观念，以实现自己理论的逻辑自洽性。它不是阿奎那信仰主义的翻版，而是为知识论张目。它也暗含了人的有限与无限、人的认识的有限与无限的矛盾。

第四个沉思：论真理和错误

1. 笛卡尔通过第二、第三个沉思，已经有效地确立了认识论知识论的两个前提：有限的精神——作为主体的人，与无限的精神——作为客体的上帝。有限的精神实体尽管要"依存"无限的精神实体而存在。神与人"同构而异形"也为认识的主客体统一奠定了基础，它显示了主客体的对立统一就是认识论所要面对的问题。由此，他就可以在知识论的道路上稳步前进以展开对于"真理和错误"问题的沉思:"因此我觉得我已经发现了一条道路,顺着这条道路就能从深思真实的上帝(在上帝里边包含着科学和智慧的全部宝藏)走到认识宇宙间的其他事物。"上帝作为无限的精神,为科学和智慧提供了保障,一方面为人提供了保障,也为宇宙间其他事物提供了保障——其他事物无非体现了上帝造物的智慧。认识与知识无非就是在万物和人中寻找那个作为绝对的"有"的上帝。因此,斯宾诺莎后来说:神即自然——思维和广延(人和物质是其表现)是其两个属性。

2. 我为何会犯错误呢?在笛卡尔看来,因为我不是上帝。错误是由于我的不完满的"缺陷",我分辨真和假的能力是有限的。那么,上帝就像一个拥有无限智慧的能工巧匠,其创造的作品为何确实有缺陷的呢?其一,上帝的意愿是想要最好的,但是事实是人作为其作品是有缺陷的。上帝造物的智慧超出了人的认识能力,因此人不应该妄测上帝的目的。世界——上帝的终极目的,人是不能认识的。其二,上帝作品的完满与否不能仅凭其部分的造物来评判,而应该从整体来评判。人仅是上帝创造物世界的一部分,从整体看世界体现了上帝的完满性。由此笛卡尔一方面与宗教信念相妥协,也为物体性的物质实体的存在开了方便之门。上帝(无限精神存在)——人(有限精神存在)——自然物(无精神的有限存在),成为笛卡尔的新三位一体。

3. 既然我的错误不能归罪于上帝,那么我的错误源于何因呢?"我发现这是由两个原因造成为,即由于我心里的认识能力和选择能力或由于我的自由意志,也就是说,由于我的理智,同时也由于我的意志。""理智"作为上帝赋予人的一种认识能力、功能,能够造成观念以表象事物,它是无所谓错误的并且是有限的。而"意志"却为了自由表现出无限制的选择与扩张。"我体验到,在我之内只有意志是大到我领会不到会有什么别的东西比它更大,比它更广的了。这使我认识到,我之所以带有上帝的形象和上帝的相似性的,主要是意志。"意志作为上帝赋予我的能力被不适当运用,使人类的有限理智与无限意志相冲突,使人的意志扩张走在了理智的前面,这是错误的根源之所在。"既然意志比理智大得多、广得多,而我却没有把意志加以同样的限制,反而把它扩展到我所理解不到的东西上去，意志对这些东西既然是无所谓的，于是我就很容易陷于迷惘，并且把恶的当成善的，或者把假的当成真的来选取了。这就使我弄错并且犯了罪。""因为，自然的光明告诉我们，理智的认识永远必须先于意志的决定。构成错误的形式就在于不正确地使用自由意志的这种缺陷上。"这不是上帝的过错，而是人为了自由不适当的运用所造成的结果罢了。

4. 因此，要避免错误的正确方式就是，限制你意志的自由倾向，运用好你的自由意志能力。"假如说上帝并没有给我自由让我对于在他没有在我的理智里放进一种清楚、明白的认识的某些事物上去下判断或者不去下判断，这也不是在上帝方面的一种不完满，而无疑地是在我方面的不完满，是我没有使用好这个自由，因为是我在我领会得不清楚和糊里糊涂的一些事物上鲁莽地下了判断。""每当我把我的意志限制在我的认识的范围之内，让它除了理智给它清楚、明白地提供出来的那些事物之外，不对任何事物下判断，这样我就不至于弄错；因为凡是我领会得清楚、明白的，都毫无疑问的是实在的、肯定的东西，从而它不能是从无中生出来的，而是必然有上帝作为它的作者。"意志的无限自由运用所导致的错误，也证明了上帝的完满和人的不完满。而人要追求完满性只能以理智的认识和知识为基础去实现。

第五个沉思　论物质性东西的本质；再论上帝及其存在。

1. 如果说笛卡尔第一沉思以怀疑论以"破"，则在随后的沉思中尽力去"立"。第五沉思要立的则是物质性的存在。"目前我要做的主要事情是试求从我这几天所陷入的全部怀疑中解脱出来，甩掉那些怀疑，看看关于物质性的东西是否我们一点确切的东西都认识不到。""在我检查我以外是否有这样的一些东西存在之前，我应该先考虑这些东西的观念（因为这些观念是在我的思维之中的），看看哪些是清楚的，哪些是模糊的。"作者要确立"物质"是否构成独立的实体存在，他依然遵循认识论思路，要检查是否有"物质性观念"清楚明白出现于心中。

2. 笛卡尔首先找到"物质性观念"是有量的广延或者说广延的量，它就在物质之中，也就是说物质都具有"立体"特征；其次通过量使物质具有大小、形状、位置和运动，还有规定运动的时间。由此我们清晰认识了"物质性"的诸多特点，它是清晰地出现于我心中的"有"，那么承载诸种性状的那个东西就不是"无"——它就是"物质""物体"。因此，笛卡尔说："目前我认为最重要的是，我觉得在我心里有某些东西的无数观念，虽然这些东西也许在我的思维之外没有什么存在性，可是不能就认为它们是纯粹的无；而且，虽然我可以想到它们或者不想到它们，它们并不是我凭空捏造的，而是有它们真实、不变的本性的。"笛卡尔无论对于"上帝"、"我"——"心灵"还是"物质"作为实在存在的证明，都不是基于经验抽象而确立，而是基于理性的清晰性认识、领会，再予以逻辑推论：我性→我在（是），上帝性→上帝在（是），物性→物在（是）。

3. 笛卡尔在其哲学推演中，有两条基本前提：其一，无不能作为有的根基；其二，精神或心灵清楚明白的领会。由此才会有真。就第一点而论，它是认识的、知识的、科学的道路，否则就是"神话"——上帝从无中创造世界就是最大的神话；就第二点而言，人究其本质是理性，获得知识的基础就是观念性清晰的领会。"我前面已经充分证明过，凡是我认识得清楚、分明的东西都是真的。虽然对这一点我没有加以证明，可是当我把它们领会得清楚、分明时，我不能不认为它们是真的，这是我的精神的本性使我这样做的。"人是一个具有无限自由意志的有限理智的存在，他比物质高、比上帝低，是一个介于"上帝和无"之间的存在。

4. 在接下来的沉思中，笛卡尔着力思考并阐明两个重要问题，一为"本质"和"存在"的关系问题，另一个则是"观念"和"本质"（本性）的问题。他认为："从我不能领会一个不带谷的山这一事实，不能得出世界上根本没有山，也根本没有谷这个结论，而只能得出山和谷，不管它们有也罢，没有也罢，彼此无论如何都是不可分的；相反，仅仅由于我不能把上帝领会成不带存在性，所以存在性和上帝是不可分的，所以上帝是存在的。不是因为我把事物想成怎么样事物就怎么样，并且把什么必然性强加给事物；而是反过来，是因为事物本身的必然性，即上帝的存在性，决定我的思维去这样领会它。"上帝、山与谷其本质或本性和存在是不可分割的，有本性则有其本性存在于其中的东西。事物的本性、必然性是事物的，而不是理性强加给事物的。理性是一种独特的"光"，观念是理性之光，仅仅照亮事物的本质、本性、必然性。

5. 上帝的观念就意指被精神清楚明白领会的"存在性之存在大全"。笛卡尔指出："这个观念并不是凭空捏造，只属于我的思维的东西，而是一个真实、不变的本性的形象。首先，因为除了上帝以外我不能领会有别的什么东西其存在是必然属于它的本质的；其次，因为我不能领会两个或许多跟他一样的上帝；而且既然肯定了现在有一个上帝存在，我看得清楚，他以前必然是完全永恒地存在过，将来也永恒地存在着；最后，因为我在上帝身上领会了其他无数的东西，从这些东西里我一点也不能减少，一点也不能改变。"那么这个"大全"的观念，就为他的科学认识做了坚强的后盾和最终的保证。它是永恒的必然性与存在性、至上的完满性，一切事物的必然可靠性都取决于它。否则，就不会有事物"真实可靠的知识"只会有"空泛的、靠不住的见解"。

6. 笛卡尔苦心孤诣论证上帝，最后总结到："一切知识的可靠性和真实性都取决于对于真实的上帝这个唯一的认识，因而在我认识上帝以前，我是不能完满知道其他任何事物的。而现在我既然认识了上帝，我就有办法取得关于无穷无尽的事物的完满知识，不仅取得上帝之内的那些东西的知识，同时也取得属于物体性质的那些东西的知识，因为物体性质可以用做几何学家们推证的对象。"具有绝对必然性的上帝之内的知识与相对的物的知识，正是科学所追求的对象。

第六个沉思　论物质性东西的存在；论人的灵魂和肉体之间的实在区别。

1. 笛卡尔的沉思，其核心的哲学观念心灵——上帝——物质交替思考，其间还夹杂着认识论细节问题的思考。这种思考方式既为人们的理解布下迷阵，也为人们的思考提供诸多启发。它和柏拉图的对话有异曲同工之妙。这种"思想实验"方式不同于后代哲学家，特别是德国古典哲学家的范畴推演。在第六沉思中其重点不在于物质性的外在描述，而在于物质的内在心理构成；其重点在于人的重新审视。

2. 几何学成为人们描述物体性的工具与方法，并由此得出有物质存在的结论。那么这种量的"构形"活动其内在的思维是如何运作的？笛卡尔指出，是通过内心的"想象功能"实现的。"因为当我仔细考虑什么是想象时，我看出它不过是认识功能对向它直接呈现的物体的某种运用，因而这个物体是存在的。""举例来说，当我想一个三角形时，我不仅领会到这是一个由三条线组成并且包含三条线的形状，而且除此之外，由于我的精神力量和精神内部的活动，我也把这三条线看成是出现在面前的，而这正是我所说的想象。"想象活动是一种有限的、构成具像的精神活动，它和抽象的纯粹智力活动的"领会"不同。因此，可以想象并构成一个三角形，对于千边形只可去领会。"因此，这种思维方式与纯粹理智之不同仅在于：在领会时，精神以某种方式转向其自身，并且考虑在其自身里的某一个观念；而在想象时，它转向物体，并且在物体上考虑某种符合精神本身形成的或者通过感官得来的观念。"因此，几何学是精神以一种有量的方式构成物体性、认识物体性的存在的活动。

3. 想象的另一种方式是通过"感官和记忆的媒介"来实现的，如对于物质性的颜色、声音、滋味等的想象就是如此实现的。感觉无疑通过感官来形成。由此必须对于感觉予以省察，由此才能对于"物质性"存在予以明证。作者的思路是："首先我要在我的记忆里回想一下我以前通过感官得来的东西有哪些是真的，我是根据哪些理由才相信的；其次，我要检查一下从那以后迫使我对这些东西发生疑问的理由：最后我要考虑一下我现在应该相信的东西。"作者通过对于我的"身体性"内在和"物体性"外在诸般感受的描述，发现"感觉观念"与"思维（理性）观念"不同。不同在何处呢？"我通过感官得来的那些观念，比起我沉思时所能虚构的任何观念来，或者比起我认为印在我的记忆里的任何观念来都要生动得多，明显得多，甚至都以其特有的方式表现得清楚得多，看来它们不能是从我心里产生的，所以它们必然是由一些别的什么东西在我心里引起的。"基于肉体感官的感觉所具有的观念并不是"真观念"，是靠不住的："在其他无数场合中，我都看出根据外部感官所下的判断是错误的。不仅外部感官，就连根据内部感官所下的判断也一样。"由此，人们还造成了一个错误认识：观念来自于外。

4. 即使感觉观念，也绝对不来自于外。凡是观念都不是自然造成的，尽管暂时人们还不能解开感觉观念原因之谜。"因为自然给了我很多在道理上使我弄不通的东西，我认为我不应该过于相信自然告诉我的事。而且，虽然我由感官得来的那些观念并不取决于我的意志，我却不认为因此就不应该断言那些观念是从不同于我的东西得出来的，因为也许在我这方面有什么功能（虽然一直到现在我还不认识它）是产生这些观念的原因。"至此，作者通过想象活动的反思肯定了物质性及其存在，否认了"观念"的外在性，实则阐明了认识活动的主体能动性。"我确实认识到我存在、同时除了我是一个在思维的东西之外，我又看不出有什么别的东西必然属于我的本性或属于我的本质，所以我确实有把握断言我的本质就在于我是一个在思维的东西，或者就在于我是一个实体，这个实体的全部本质或本性就是思维。"

5. 人作为灵与肉的存在，作为感性和理性的矛盾存在体。其矛盾关系该如何处理呢？笛卡尔坚持了理性主义的原则，人从本质而言是灵的理性存在，感性依存于理性。"我有一个肉体，我和它非常紧密地结合在一起；不过，因为一方面我对我自己有一个清楚、分明的观念，即我只是一个在思维的东西而没有广延，而另一方面，我对于肉体有一个分明的观念，即它只是一个有广延的东西而不能思维，所以肯定的是：这个我，也就是说我的灵魂，也就是说我之所以为我的那个东西，是完全、真正跟我的肉体有分别的，灵魂可以没有肉体而存在。""在我心里有某一种受动的感觉功能，也就是说，接受和认识可感知的东西的观念的功能；可是，如果在我心里或者在别人心里没有另一种能动的功能能够形成和产生这些观念，那么这种受动的功能对我来说就是无用的，我绝对使用不上它。"笛卡尔反复申明，上帝不会是一个骗子，人绝不是肉体的存在，人之灵可和上帝之灵沟通。上帝所造的"物质世界"——自然，也隐含着上帝之灵、上帝之道，由此物质自然也精神化了——它蕴藏着自身的秩序和规律。它不能通过肉体感官所感受，而只能通过心的观念所揭示，这正是人类所寻求的知识。

6. 由此，笛卡尔承认了"物体性的东西"的存在，它外在于人并具有自身的独立实在性、自在性。自然（包括人的肉体）的秩序、结构、规律才是其真实性的存在。"毫无疑问，凡是自然告诉我的都含有某种真实性。因为自然，一般来说，我指的不是别的，而是上帝本身，或者上帝在各造物里所建立的秩序和安排说的。至于我的个别自然（本性），我不是指别的东西，而是指上帝所给我的一切东西的总和说的。""我在这里对自然所采用的意义比我把上帝给我的一切东西的总体称之为自然的意义狭小；这是因为那种包罗万象的总体包括了很多只属于精神的东西。"很显然，笛卡尔的"自然"分为广义自然——包括人在内的一切造物，狭义自然——隐藏于自然背后的自然结构和规律，作为自然的精神。要求真知，就不能通过自然的肉体及其感知，而只能通过理性自然的精神；所要发现的不是自然物质的感性形象，而是自然的秩序、规律——这也可称之为"天赋的自然观念"。"用后一种方式去解释自然（本性）是和用前一种方式解释自然（本性）很不相同。因为后一种方式不是一种单纯的称号问题，它完全取决于我的思维"。"用另一种方式来解释自然（本性），我是指某种真正存在于那些东西里的东西，从而它并不是没有真实性的。"

7. 精神和肉体的差异是明显的：精神是单一的、不可分的，肉体和物质都是可分的；肉体、物质是被动的，精神是能动的。"就其性质来说，肉体永远是可分的，而精神完全是不可分的。因为事实上，当我考虑我的精神，也就是说，作为仅仅是一个在思维的东西的我自己的时候，我在精神里分不出什么部分来，我把我自己领会为一个单一、完整的东西""精神并不直接受到肉体各个部分的感染，它仅仅从大脑或者甚至大脑的一个最小的部分之一，即行使他们称之为'共同感官'这种功能的那一部分受到感染，每当那一部分以同样方式感受时，就使精神感觉到同一的东西，""物体的性质是这样的，即它的任何一个部分不能被其稍微隔开的部分推动，同样它也不能被那两个物体之间的任何一个部分推动，尽管这个离得较远的部分不动。"肉体是软弱的，精神是强大的。灵与肉结合的人是有限的——有缺陷的存在，这种缺陷通过精神是可以弥补的。这一切都出于上帝的能力和善心。通过六个沉思所确立的原则，笛卡尔认为自己就可克服虚假和错误，摆脱掉怀疑，寻求到真知。

三、参考资料

[英]索雷尔著：《笛卡尔》，李永毅译，译林出版社 2010 年版。

冯俊著：《开启理性之门：笛卡尔哲学研究》，中国人民大学出版社 2005 年版。

刘小枫、陈少明主编：《笛卡尔的精灵》，华夏出版社 2009 年版。

张宪译：《胡塞尔文集（第一卷）笛卡尔沉思与巴黎讲演》，人民出版社 2008 年版。

G. 哈特费尔德著：《笛卡尔与〈第一哲学的沉思〉》，尚新建译，广西师范大学出版社 2007 年版。

[荷兰]斯宾诺莎著：《笛卡尔哲学原理》，王荫庭、洪汉鼎译，商务印书馆 1980 年版。

[法]伽森狄著：《对笛卡尔沉思的诘难》，庞景仁译，商务印书馆 2011 年版。

周晓亮著：《笛卡儿》，云南出版集团公司，云南教育出版社 2009 年版。

刘自觉著：《近代西方哲学之父：笛卡尔》，安徽人民出版社 2001 年版。

四、问题思考

1. 论述笛卡尔的实体观。
2. 笛卡尔的怀疑方法与皮罗主义怀疑之比较。
3. 笛卡尔与奥古斯丁、托马斯·阿奎那的上帝观念之比较。
4. 西方近代哲学史中灵与肉（身与心）关系。

第五章 洛克、休谟著作导读

第一节 洛克的《人类理解论》

一、生平与著作

约翰·洛克（1632—1704），英国经验论哲学家、资产阶级自由主义思想家。其毕生代表作是《人类理解论》和《政府论》。傅任敢译有洛克的《教育漫话》（教育科学出版社 1999 年 9 月出版）。香港道风书社 2008 年出有王爱菊、周玄毅译的《洛克宗教著作选集》。

《人类理解论》约 30 万字、费时 17 年，是一部具有承先启后意义的经验论代表作。自 1690 年首次出版，到 1700 年已出版了 20 个版本。洛克解释这部著作的构思是为了"探讨人类知识的起源、确度和范围，以及信仰的、意见的和同意的各种根据的程度"。洛克对真理的执著、体系的严密、论证的细致，为近代经验基础上的认识论的确立奠定了坚实的基础，为英美的分析哲学奠定了不同于欧陆哲学的新方向。《人类理解论》中文本为关文运所译，分上下两册，商务印书馆 1959 年出版。

洛克的《政府论》一书是 17 世纪英国资产阶级同封建贵族斗争与妥协中产生的著名政治哲学和法哲学名著。该书不仅批判了拥护封建王权的君权神授论，同时也为资产阶级的社会民主制作了全面、系统的辩护。在书中，洛克清理了 17 世纪资产阶级革命期间各阶级、各阶层的政治思想并总结而使它们归于一种完善的资产阶级自由思想，为资产阶级的"自然法"、"契约论",为自由、平等和人权等观念作了有力的阐释和宣传。在这个意义上,洛克的《政府论》是一部成熟的有关资产阶级自由、平等和权利的宣言,是一部以"社会主权"思想为核心内容的辩护词。《政府论》是自由主义的奠基之作,是洛克多年政治生涯中理性思考的产物,是政治实践与哲学探寻的统一体。洛克在《政府论》中提出的许多观点,不但对后来的思想家影响极大,有的还成为近现代西方资本主义国家的立国原则。有人甚至把洛克的《政府论》称为资产阶级自由主义的《圣经》。《政府论》比较好的英文版本是:

1. John Locke, *two treatises of civil government*, J. M. Dent, London, 1955.

2. John Locke, The Second Treatise of Government (An Essay Concerning the True Oringinal, Extent and End of Civil Government), The Macmillan Co. New York, 1955.

中文版《政府论》是由商务印书馆分别由 1964 年出版和 1982 年出版,由叶启芳和瞿菊农翻译的《政府论》(下篇)和《政府论》(上篇)。该中文版的下篇附有译者的长篇序言,对读者十分有益。新译本有三个:刘晓根译本,北京出版社(2007 出版);杨思派译本,中国社会科学出版社(2009 出版);丰俊功译本,光明日报出版社(2009 出版)。这些都可对照参阅。

二、原著导读

(一) 洛克的《人类理解论》

洛克的《人类理解论》无疑堪称为经验主义的奠基之作,经验主义的基本原则被体系化、系统化予以阐明,其认识论、知识论被分门别类详加探讨。这一鸿篇巨著在正文之前有一篇献词,以求得刊行的支持与保障;还有一篇"赠读者"的感言,阐明了心灵理解官能的高贵,追求理解的快乐,尤言倾听自己心灵的声音、独立思考与判断的可贵,并指出考察人类自身理解能力对于追求真知的重要。他决心在此要"只当一个小工,来扫除地基,来清理知识之路上所堆的垃圾",其宗旨与笛卡尔基础假设不同但目标却一致。一般人受哲学史影响，认为他反对笛卡尔"天赋观念"，实在是一个误解，因为洛克集中于"人心"和"观念"问题。他的哲学是笛卡尔哲学的继承和发展。

全书正文共分四卷：第一卷作为"总论"一方面阐明自己的哲学纲要和方法，另一方面详尽驳斥了"天赋的思辨原则"和"天赋的实践原则"及其根据——"普遍同意"说。首先，作者力求探讨"我们底理解借什么方式可以得到我们所有的那些事物观念，我如果能立一些准则来衡量知识底确度，并且如果能解说：人们那些参差而且完全矛盾的各种信仰，都有什么根据"。而要查明这一切便要省察人的"理解能力"，这也可说明为何该书名为"人类理解论"的缘由，"要想来满足人心所爱进行的各种研究，则第一步应当是先观察自己底理解，考察自己底各种能力，看看它们是适合于什么事物的。""如果我们能发现出，理解底视线能达到多远，它底能力在什么范围以内可以达到确实性，并且在什么情形下它只能臆度，只能猜想——我们或者会安心于我们在现在境地内所能达到的事理"。这样我们便既不会企图便知一切而陷于狂妄，也不会怀疑一切而流于懒惰，从而获得与人类理解力一致的利益。"理解底正当用途，只在使我们按照物象适宜于我们才具的那些方式和比例，来研究它们只在使我们根据能了解它们的条件，来研究它们；倘或我们只能得到概然性，而且概然性已经可以来支配我们底利益，则我们便不当专横无度来要求解证，来追寻确实性了。"作者诚恳地告诫道："我们如果仔细视察了我们心灵底各种能力，并且估量了我们能由这些能力得到些什么，则我们便不会因为不能遍知一切，就来静坐不动，完全不肯用心于工作上；亦不会背道而驰，因为还有些东西未曾了解，就怀疑一切，并且放弃一切知识。""人们如果仔细考察了理解底才具，并且发现了知识底范围，找到了划分幽明事物的地平线，找到了划分可知与不可知的地平线，则他们或许会毫不迟疑地对于不可知的事物，甘心让步公然听其无知，并且在可知的事物方面，运用自己底思想和推论，以求较大的利益和满足。"

其次，人心理解的奥秘在于"观念"，作者以其"来表示幻想（phantasm）、意念（notion）、影像（species）、或心所能想到的任何东西"。"在

第五章　洛克、休谟著作导读

人心中是有这些观念的；而且人人不但意识到自己有这些观念，他们还可以借别人底言语和动作，推知别人亦有这些观念。"这些观念是自然地与生俱来地刻印在人的心中的吗？就如同柏拉图的"回忆说"所假定的那样，或如赫巴特勋爵所主张的那样？洛克在此继承并发挥了笛卡尔的"天赋能力"说，否定了"天赋观念"说，"我希望我在这部论文底下几部分可以给人指示出，人们只要运用自己底天赋能力，则不用天赋印象底帮助，就可以得到他们所有的一切知识；不用那一类的原始意念或原则，就可以达到知识底确实性。"他着力驳斥了"普遍的同意"作为观念天赋的证据，人在"开始"运用理性就知道诸观念也并非其"从来"在心中的证据，白痴从无诸观念，而儿童诸观念的建立也是一个从无到有的过程，更何况"天赋的实践原则"——道德的善恶原则、法律原则，从来就没有所谓的"普遍同意"的一致原则，而是随各国的风俗习惯、教育和交游逐渐形成，个人之间、国别之间其观念和原则常常各不相同。人们只是由于维护自己的个人利益和共同的社会利益才确立起了诸多实践的观念与原则。观念与语言——语词的意义、理性与抽象观念——推理能力密切相关联。"人如果不具有那些公理中所含的那些概括的观念，如果不知道代表观念的那些概括名词底意义，如果不能把名词所代表的观念在心中加以联络，则他便不能同意于那些公理；因为那些公理同其所含的名词和观念，亦同耗子观念和鼬鼠观念一样，都是待时间和观察才能使他熟悉的。""各种观念同名称是我们逐渐所得到的，它们底固有关系亦是我们逐渐所学得的。学习作用完成以后，我们如果看到，一个命题中所合的名词底意义，是我们所熟知的，而且其中所表示的各种观念符合与否，我们亦可以借着比较自己底观念观察出来：则我们一听这个命题，就能立刻同意于它"由此作者否定了"同一性"、"全体和部分"、"实体"、"礼拜"、"上帝"和"神明"诸观念的天赋性。观念及其原则是人心能动性所建立的，"有些观念是一直呈现于理解中的；有些真理，是在人心把观念组成命题以后立刻所得到的；还有些真理是借一串有秩序的观念、适当的比较和精细的演绎，才能被人发现，被人同意的"，"上帝所给人的才具和本领，虽然能发现、能接受、能保持各种真理，可是它们这些作用，是看我们应用它们的方式而定的。人类底各种意念所以有最大的区别，只是因为他们运用才具时的方式不同。"那些鼓吹并相信观念天赋说的人是惑人心智、惰人心志、使人盲从权威与教条，阻止了人类知识的探求与进步。如果要获得真知与进步，只能求于自己的"经验和观察"，"因此，我可以说，我们如果能在知识底源泉中来探求知识（就是要直接考究事物自身），并且在找寻时，只应用自己底思想，而不运用他人底思想，则我们或者可以在发现思辨的知识时，有较大的进步。"

《人类理解论》的第二卷也可称为"观念论大全"，探讨了观念的起源、分类、联结，并对不同类型的观念进行详尽的探讨分析。尽管称其披着经验主义的外衣，实质具有充分的理性主义鲜明特征。"经验"仅仅给思维提供材料，尽管一切知识最终导源于经验，但思维的对象是"观念"——它及其运用才产生知识。观念的来源是：感觉和反省，这两种活动是理解活动可能产生的前提条件，也是观念产生的来源和知识之源。感觉仅仅是通讯员，反省则是指挥员。前者是被动的外在的"感受"，后者是主动的内在的"知觉、思想、怀疑、信仰、推论、认识、意欲，以及人心的一切作用"。前者具有有"先发性"，后者是"后续性"活动。"外界的物象使理解得到各种可感性质的观念，这些观念就是那些物象在我们心中所产生的各种不同的知觉。至于心灵则供给理解以自己活动的观念。""人类智力底第一种能力，亦就在于使人心把这些印象都接受了。人类在发现各种东西时，便以接受印象为第一步，他后来自然所有的一切观念，亦是建立在这个基础上的。一切耸高的思想虽然高入云霄，直达天际，亦都是导源于此，立足于此的。人心虽然涉思玄妙，想入非非，可是尽其驰骋的能力，亦不能稍为超出感官或反省所供给它的那些思维底材料——观念——以外。"由此他进一步展开简单观念、复杂观念的基本区分和诸观念的详尽辨析。

《人类理解论》的第三卷可称为"语言分析说"。这一分析在近代哲学具有开创性贡献。他深刻地阐明分析了语言——言语对于人的理解、认识、知识的重要作用。他认为语言不仅是社会联系的工具与纽带，也是观念的载体、知识的载体和思想的媒介。他集中探讨的是，"第一点，在普通语言中，什么是名称所直接所表示的。第二点，一切名称（除了固有名称）既然都是概括性的，而且它所表示的不是特殊名称的此一事物或彼一事物，而是一类一列的事物，因此，我们其次就应该考察，它们所表示的这些种和类究竟是什么东西，并且它们是怎样形成的。"他认为一个字不仅仅是具有声音的符号，从功用上看，"人们所以要利用这些标记，一面为的是要把自己的思想记录下来，以帮助自己的记忆，一面为的是要把自己的观念表示出来，呈现于他人之前。字眼的原始的或直接的意义，就在于表示利用文字的那人心中的观念。""语言之所以具有表示作用，乃是由于人们随意赋予它们一种意义，乃是由于人们随便来把一个字当做观念的标记。"由此他对于名词与观念的关系展开了详尽考察与分析，并分析了语言的滥用及其纠正的方法。

《人类理解论》的第四卷是"知识论"部分，洛克明言：我们的知识只与观念相关。它"只是人心对任何观念的联络和契合，或矛盾和相违而生的一种知觉。"有此知觉则有知识，否则就只是"想象、猜度或信仰"。将知识与想象、信仰划分开，具有重要意义。从"契合"角度划分了四个层次：通过直观可见的"同一性或差异性"；通过观念间比较、推证的不同实体的"关系"；在同一实体中的"共存或必然联系"；与观念相契合的"实在的存在"而不是虚妄的存在。知识从等级而言，"直觉的知识"具有最高的确定性，具有观念的自明性、与实在的契合性；"解证的知识""证明的知识"，它通过观念中介来完成，是可靠的。它不仅包括数学的解证也包括"试验"或实验的知识；感觉的知识是一种"特殊的有限的"外物存在的知识，具有梦幻的特征因而不具有确实性、真实性。在知识的范围方面，洛克认为：人类的知识是有限的，而不是无限的："我们的知识不但因为我们的观念稀少而不完全，大受了限制，而且即在这个范围内，它亦不能遍行。"知识有限性的原因有三：缺乏观念，各观念间缺乏明显的联系；不能循序考察我们的观念。因此完全的自然实体的科学知识是可望却不可及，更没有关于神灵的知识，由于二者无限广大。但是洛克并不否认有伦理道德知识，只不过由于其观念复杂不容易得到证明罢了。人类知识虽然有限，但是通过观念建立的自然知识和道德知识都是实在的而不是虚妄的。由此出发，他进一步阐明分析了真理、判断、推理、知识的改进等问题，并重复了笛卡尔式的关于上帝存在的证明，最后将科学划分为物理学、实践之学——道德学、标记之学——观念论。

（二）《人类理解论》导读

在此选读关文运中译本《人类理解论》第三卷第九、十、十一章予以解读（第402——514页）。这一部分在洛克原来的写作计划中，是没有的。在研究过程中，洛克发现要将人类理解问题说清楚，必须对于语言文字问题予以研究阐明。由此可见这一问题在人类认识中的重要性。洛克的"文字分析"在近代独具特色，他比亚里士多德的《分析篇上》更详尽更自觉看到了文字——特别是名词在人类认识、知识中的重要功用，特别是名词同观念的密切关系。文字的缺陷、文字的滥用及其纠正尤具特色。

第九章：文字的缺陷

1. 文字的功用是用来记载和传达思想的，思想的对象是观念，因此也可说它是用来记载传达观念的。语言不仅是个人的，更是社会的。要传达思想给别人，则需要语言的精确——意义指示的精确。洛克说，传达有两种方式："通俗的用法，就是，我们可以在日常社会中用各种文字表示各种思想和观念，来同别人谈论日常生活"；"哲学的用法，就是要用它来传达事物的精确观念，并且用普遍的命题，来表示确定而分明的真理，以使别人在追求真理时，有所依着，有所满足。"前者只需普通的精确，后者需要极大的精确。这一语言的基本思想都是合理的。日常交流还可借助肢体语言，形诸文字需字斟句酌。

2. 在洛克看来，语言自身是有缺陷的。其缺陷在于意义含混——语言具有歧义性。这一现象培根曾称之为"市场假象"。造成假象的原因，洛克认为在于"声音和观念没有自然的联系"，有意义的观念是附加于声音符号的。由此哲学和日常交流文字都不能尽其功用，于是便产生词不达意。现代人们更认识到语法结构、语气、语境对于意义的影响，以及历史变迁语词意义也会变化。因此要准确运用和表达必经过艰苦的训练。语言的缺陷洛克概括为四种：语词表示观念的复杂；在自然中缺乏确定标准以校正；文字意义统一标准的不易知；文字意义和事物本质难精确同一。正是这些造成了意义的含混。当然洛克时代还不知汉语，特别是汉字起源的象形字，它主要针对的是表音文字，对于形音义合一的汉语有些说法并不适用。

3. 洛克将观念分为简单观念和复杂观念，前者无歧义而后者则多产生歧义。混杂的情状观念或名称是复杂观念——大部分道德观念就属于此，产生歧义的原因一是由于复杂，二是没有外界的普遍一致的标准，比如"谋害""渎神"。语言的"常度"——约定俗称的通常用法是否能帮助我们克服歧义？在洛克看来似乎也不能消除语义的不确定性。因为这个"通常标准"本身就是有争议的，比如谈到"光荣""感激"的用法就因人而异。语言作为有意义的观念表达，其意义的含混性固然与语言本身有关，但也和人们学习的途径相关。比如儿童学习语言对于简单观念可指示实相，而对于复杂观念则是从声音学说，对于意义并不明了，因而这些观念就只是一些空洞的声音，随着理解的增加和个人的观察、体悟，其意义自然就产生了个人化的意义。为何神法或人的法律——经文和法典不断有新的注释，就是歧义性的一个明证。因此"人们纵然有能力、有意向，来利用极清晰的语言来表示自己的思想，可在他们口中，那些混杂情状的名称亦是天然不确定的。"

4. 作为复杂观念的实体名词其意义又如何呢？实体名称是来对于事物归类命名的，它仅仅具有"名义本质"并无"实在本质"，其意义也是不确定的。人们往往误以为它就是实在本质，但它并不与实在的事物完全相契合。在洛克看来事物的实在真相是难尽知的。"人们以为事物都有实在的组织，它们的一切性质都是由此流出，并且汇聚于此。"实则不然，此其一。其二，事物的性质的简单观念用这个实体名称指示，并共存于实体，但事物的性质及其变化也是无穷的，由此也导致了其意义的不确定性。洛克的这一思想意义何在呢？他一方面认为实体观念仅仅具有指示性以使我们对于事物分门别类，一方面又认为建立在经验归纳基础上的归类及认识具有不完全性，从此看来其思想具有合理性。所以实体的确切意义是扩展的、变化的，但是显然洛克夸大了这一不确定性。但是洛克还是肯定了日常交流实体概念的实用性，只是要达到哲学及其推论的准确性是远远不够精确的。但是，人们后来发明"字典"、"词典"在一定程度上就消除了词语的不确定性，获得了统一性与普遍性。

5. 洛克从经验论出发，明确肯定"简单观念"——不论是简单的性质或情状，其意义的确定性、非歧义性。其理由在于：其一"是因为他们所表示的那些观念个个都是一个单独的知觉，因而它们比复杂的观念，不但较容易得到，而且亦较易于保存"，其二"因为它们并不参照于任何实体，只参照于它们所直接表示的那个知觉"。复杂观念则不如此，对于复杂观念"人们在谈论时，既然要处理普遍的命题，要在心中确立普遍的真理，并要考察由此所得的结果，因此，如果用起这一类意义不确定的名词来，一定会发生误解和争执。"洛克在此阐明的思想从一定意义上开启了现代"知觉现象学""身体现象学"的先河。

6. 作者为何要费心考察语言的缺陷？因为它和求知密切相关，是知识获取的工具："知识和文字有很密切的关系，而且我们如果不先考察好它们的力量和意义，则我们的知识方面所说的，万不能明白，不能切当。……知识虽以事物为依归，可是它又必得以文字为媒，因此，各种文字就似乎与我们的概括知识是不可分的。至少我们亦可以说，文字是介在理解和理解所要思维的真理之间"。如果我们知道文字的缺陷并加以提防和改进，"则世界上滔滔不绝的争论会停止了，而且知识之路，甚至于和平之路，将会比现在宽敞得多。"

第十章：文字的滥用

1. 运用文字传达思想要求清楚明白，但是滥用文字的情形却屡见不鲜。在洛克看来，滥用文字有七个方面可做辨明，第一，就是"全无观念的文字，或无明白观念的文字"。在此方面又分为两种，一种为文字所表现的观念由各哲学派别或宗教派别所发明运用，仔细考察可知其为"无意义的名词"，经院哲学家和玄学家乐于此道。他们或为猎奇、或为标异、或为掩饰。这和"奥康的剃刀"所提倡的"若无必要切勿增加实体"思想类同。现代学者常也有人乐于此道。另一种"因为他们学习名词在学习观念之前"，并不理解了悟文字所表观念的意义，由此而张冠李戴滥用文字，所标达的都是一些含糊而纷乱的意念。他们并不费力弄清楚文字的确切意义，谈论的都是自己并不真正知道的东西，便运用一些并不懂的名词概念，由此或人云亦云、或胡说八道。这种南郭先生在当代也不乏其人。

2. 文字滥用的第二方面：就是前后矛盾、首尾不一贯。洛克在这里指出了，人们在谈论中——特别是在辩论中，特别是运用的核心概念及其辩题中的前后不一致的情形，在逻辑中称为"偷换概念""转移命题"，"同一的文字（这些文字在谈论中往往是很重要的，往往是全部辩论的关键），有时会表示此一些简单观念的集合体，有时又会表示彼一些简单观念的集合体。这可以说是语言的彻底滥用。"这种做法或是由于愚钝，否则就是故意的欺骗。但有些人还视之为"机智和博学"。这种情形在古代或当代辩论中，或在一些学院派人的文章中，都屡见不鲜。它只会产生无共识的争吵，或者使是非混淆、黑白颠倒。

3. 文字滥用的第三个方面：故意误用文字使其混乱。一种为逍遥学派所乐为，将古字赋予新意、或创制新名词、或改变文字的常用意。另一种则是经院哲学的做法，洛克还特别表达了中世纪对于亚里士多德逻辑的滥用，并批评道："逻辑和辩论最能助进文字的滥用。"经院哲学培根称之为"不能生育的处女"。洛克批评道：经院学者编制的晦涩的文字网只能遮掩自己的愚陋，"他们所追求的，只是一种光荣和重视，只在让人知道自己有博大而普遍的知识。可这种知识，冒充则易，真求则难，因此，他们要应用不可理解的名词，希图博得他人的赞美，因为他们的文字愈不可了解，则人们愈会羡慕他们。"可是这种所谓的"学问"并非真知，且于世无益，并不能现实地造福于人。经院哲学就用这种玄虚的方式以维护个人和宗教的权威："因为他们觉得，要想维持他们所已达到的那种最高权威，则最容易的方法，就是要用艰涩的文字来收买匆忙而无智者的欢心，并且使聪明而懒散的人们从事于纠纷的争辩和无意义的名词，使他永远陷于无底的秘洞之中。"当代学院派的一些智者们，读洛克之语不知作何感想呢？！

4. 经院派的故弄玄虚，消灭了文字作为构建知识和传达思想的功能。对于这些人洛克称之为"博学的愚陋之人"。他们自命可启人心智，实则使人陷于迷惘、远离知识之途。这种烦琐论证、玄虚空洞的思辨、文字的卖弄，使法律和宗教、善和正义陷于迷途。宗教无非使人向善、过一种道德的生活，法律则在于建立秩序、维护公正、保障人的正当权益。如果适得其反则不应该饮鸩止渴。所以，洛克说："人们所以发明语言，既是为的促进知识，联络社会，则人们应该想想，我们是不是不应该应用语言，来遮蔽真理，来动摇人民的权利，来兴云作雾，来使道德和宗教成为无意义的。"对经院哲学的抨击，构成了近代启蒙思想家的共同主题。

5. 文字滥用的第四个方面：将文字当做事物自身——特别是实体名词。关于此问题，洛克在上一章中已有所论及，观念仅仅表示的是事物的"名义本质"而非"实在本质"。不过在这里洛克还申述了培根曾论及的"剧场假象"："人们如果把自己的思想限于任何一个系统，并且完全相信某种假设是完美无缺的，则他们最易陷于这种错误，因为他们既是这样，那么他们就会确信，那一个教派的一切名词都是合乎事物本质的，都是完全与事实的真相相符合的。"一切哲学学派——柏拉图、亚里士多德、伊壁鸠鲁的理论，是假设、是解释和理解的一种方式，其概念范畴不可对号入座。概念文字仅仅具有"指示性""指称性"："如果我们能如实地观察文字本身，如果只把它看作是观念的标记，而不是把它看作是事物本身，则世界的争执，一定比现在会减少了许多。"

6. 文字滥用的第五个方面：洛克称之为"用文字来表示其本不能表示的东西"。他继续着上面的话题，还是围绕实体的"名义本质"而非"实在本质"展开申述。实际强调的是，人们在语言运用中不要试图用文字表示我们不能表示的东西、或未尽知的所有性质，否则就误用了语言。指示自然物的实体的"实在本质"不可知，这一思想不仅影响了休谟，在康德"物自体"概念中也可看到其影响。洛克的认识论是一种经验基础上审慎的有限的认识论、知识论，他并不主张一种"神目观"的认识论。神目观的认识论恰恰将实体的"名义本质"等同于"实在本质"。洛克在此仅限于"自然物"的实体观念，二者不等同。但是，表示"混杂状况"的观念，二者就是等同的，即"名义本质"等同于"实在本质"。法律的诸概念表示的就是某种行为的本质，它不是自然的处于幽冥不显的本质，而是对于人在社会中某种行为本质的规定。道德观念亦是如此。那么，人们面对自然将"名义本质"等同于"实在本质"理由何在呢？一是出于目的论假设，宇宙仿佛有目的地被设计成有自己不变的本质，依此来形成一切特殊事物，以供人类运用实体观念区分事物的种类；一是人可以有神的法眼可窥透这一切本质。

7. 文字滥用的第六个方面：人们假设文字有明显确定的不同意义。人们出于想象，将文字和指称的意义必然的联系在一起。实则名词所指称的意义，是基于人的经验和认识的，名称仅仅是意义指称符号，是人的观念的一种定型与表达。如果没有或不明白意义，名称只是空洞的声音。洛克说："他们在谈论中应用各种名词时，既然以为他们已经由此把他们所谈的东西分明置于人前，而且他们既然以为别人的文字所表示的东西自然亦同他们用这些文字所表示的一样，因此，他们从来不肯费神来解释他们自己的意义，或明白地了解他人的意义。"洛克在此谈论主要是名词，实则其思想可通用于语言。也可看出，概念范畴意义的确定明晰，是思维严密准确表达的初步，由此才可有判断推理产生的真知。

8. 语言的目的、功用何在呢？洛克认为有三：思想观念的相互传达；简易、迅速的传达；将事物的知识传达。概括起来，实则是两个方面。在"实体观念"的表达中，阻碍语言功用的实现，洛克尽管有重复申述之嫌，但他较明确指出了五个方面：其一，有文字而内心无确切的观念；其二，内心有观念却无恰当的字词表达；其三，标记的文字所表观念的游移和转换；其四，文字所表观念的"私人性"而不具"公共性"；其五，文字所指实体的观念的空洞虚幻性。在"实体观念"的语言分析中，"总而言之，一个人如果只有名称而无观念，则他的文字是缺乏意义的，他所说的亦只是一些空洞的声音。一个人如果只有复杂观念，而无名称来表示他们，则他在表示时便不能自如，不能迅速，而且他必须采取迂回说法。一个人如果只是粗疏、分歧地应用各种文字，则他或不能为人所注意，或不能为人所了解。一个人用各种名称所表示的各种观念如果与常用的文字不一样，则它的语言便失去了常度，而且他所说的，亦只有妄语。一个人所有的实体观念如果与事物的实相不相符，则他在自己的理解中，便缺乏了真正知识的材料，所有的只是一些幻想。"

9. 对于"实体观念"语言的功用失效。洛克将复杂观念三分为：实体、情状、关系。那么，对于另两种复杂观念，语言的功用又如何呢？上述的第一、第二、第四，都适用于情状和关系观念，特别的一点在于名称误用于观念，产生张冠李戴的错位。同时再次申明，实体只有名义本质，而情状和关系观念"名义本质"等同于"符合于""实在本质"。

10. 文字滥用的第七个方面：洛克称之为"绮语"。出于华丽想象的辞藻、机巧的论辩术、修辞术，都是绮语的表现。在洛克看来，如果为一时之快，绮语作为装饰品无可厚非，他只能动人感情却能迷惑人的判断。"因此，在雄辩中和演说中，这些把戏虽是可奖赞的，可是我们的议论如果在指导人，教益人，则我们应免除了这些。因为在真理和知识方面，这些把戏委实可以说是语言本身的缺点，或应用这些语言的人的过错。"洛克还偏激地称修辞学是一种骗人的艺术，要人们小心提防以免受骗。

第十一章：前述各种缺点和滥用的改正方法

1. 从上面两章的阐述中，可看到文字的缺陷和文字滥用的各种可能的情形，如何改进就成为一个重要问题。洛克看到理想化的改进是困难的："要使人应用起文字来恒常具有同一意义，恒常表示确定而一律的观念，那就无异于想使人们具有同一的意念，而且使他们想说的都只是他们所明白地，清晰地观念到的。"但是，改进又是必须的，特别是哲学所必需的。由于语言的误用、滥用，会使人们对于语言的功用产生怀疑：它究竟是促进了人类的知识，还是阻碍了人类的知识？即是否如中国古语所言：人生识字糊涂始？语言的滥用尽管不至于损害了知识之源，但却堵塞了其传播之道。科学和知识的各部分充满了"含混而双关的名称、含混而无意义的辞语"，这些都使哪怕最精细的人在知识和道德方面难有进益，并产生无益的口角、争辩。那么从哪些方面改进呢？洛克提出了五个方面的建议。

2. 不要用无观念的文字——不要乱用无意义的文字和无观念的名称。文字——意义——观念，三者是一个理解与传达的统一体。运用文字需了悟其意义以表达观念。文字是有意义的，不是空洞的声音；观念是一个人内在的感知,要将观念表现出来就要选择能够表现观念的有意义的文字符号,而正确选择的前提是了悟文字的意义,要了悟文字的意义是一个需要学习的过程。所以,洛克说:"任何文字和任何观念之间,既然没有自然的联系,因此,人们纵然在心中没有观念来表示于文字中,而他们亦会根据习惯来学会,来诵读,来书写这一类文字。"因此,要消除文字的滥用,先学习文字,掌握其意义,这是根本。

3. 首先,对于"情状"观念,要有能清晰明白表达情状的文字。在洛克看来,复杂的情状观念是简单观念的集合体,我们必须创设与这一集合体相对应的声音符号。这一语词必须含摄其中一切的简单观念,才可视之为清楚明白。由此,必对所应含摄的一切简单观念予以分析,以达到普遍含摄而无遗漏。以"正义"为例,他说:"我并不是说,人在每一次用'正义'一词时,都应当永远记着,要详细地做着分析。我所说的乃是,人必须把那个名称的意义详加考察,必须在心中对那个名称的各部分都有了确定的观念,使自己在任何时候,都可以来从事分析。"其次,对于"实体"观念,文字的"有定"还不够,它必须是建立在实在的对于"物相"感知基础上的,必"契合"于实在的事物。总之,名称要有精确的或相对精确的意义。他还明确主张,哲学要有自己明确的范畴体系:"哲学家和辩论家如果想被别人明白地了解自己,他们亦应还有自己的文字才是。"

4. 文字要有"常度",运用要遵循"常度"。洛克曾阐述了语言"常度"形成的困难,并认为是语言自身的缺陷。但是,他还是主张应该形成语言的文字的"常度"——通常的意义、用法。他更强调在交流中遵循常度的重要。"必须尽力把自己的文字应用在平常人用这些文字所表示的那些观念上。""我们的思想必须依据于语言的常度,然后才能迅速地,明了地进入于他人的心中;因此,我们应当费一些心思来研究语言的常度,而在道德的名称方面,尤其当如此。"

5. 如果文字意义和用法发生变化,应当明确指示。由于知识或认识的进步,文字的意义常会发生变化:或造新字,或赋旧字以新意。在此都应当明确予以指示。有哪些指示途径呢?洛克认为有三条。第一条,可用同义字或实物来指明。所谓梨子的滋味的"甜"可通过"尝梨子"而知。第二条,下定义的方式。洛克强调,下定义的方式尤其可适用于道德学。它可以使道德"名词"明确无误、为人知晓。第三条,借助于观察和定义。观察注重的是特征标记——显著特征、可感的性质,列举由观察而来的简单观念,由此使名称契合于事物。如果由观察不能得到什么,及感官不能感受则不能说具有明确的观念,也不会有确切的名称,神灵概念就是如此。对于实体观念在下定义时,还可配以"图例""图示"。

6. 文字的意义要前后一致。文字——概念要在论说、表达时,意义保持一致。在洛克看来,"人类的思想是无限的,文字的供给是稀少的"。但是只要人类认识到上述种种并对自己的表达加以改进,知识和认识便会不断进步。

三、参考资料

拉斯莱特著:《洛克〈政府论〉导论》,冯克利译,三联书店 2007 年版。

詹姆斯·塔利著:《语境中的洛克》,李宏图、梅雪芹、石楠译,上海华东师范大学 2005 年版。

邹化政著:《〈人类理解论〉研究》,人民出版社 1987 年版。

霍伟岸著:《洛克权利理论研究》,法律出版社 2011 年版。

四、问题思考

1. 论述洛克与笛卡尔的"天赋观念"问题。
2. 洛克认识论中的"观念"问题。
3. 论洛克认识论中关于"语言的意义与缺陷"的思考。
4. 洛克《政府论》所引发的思考。

第五章 洛克、休谟著作导读

第二节 休谟的《人性论》

一、生平与著作

大卫·休谟（1711—1776年），是英国著名的经验论哲学家。休谟一生著述丰富、涉猎广泛，影响深远，不仅对于苏格兰常识学派托马斯·黎德、德国古典哲学开启者康德产生重要影响，而且成为现代实证主义、实用主义的重要理论之源。其主要哲学著作则是《人性论》和两个研究：《人类理解研究》和《道德原则研究》。《人性论》完成于1737年，1739年和1740年分三卷匿名出版。分别是：论知性、论情感、论道德。其生前没有再版，于1817年再版。中文有关文运先生译本《人性论》（上、下卷），1980年商务印书馆版本。其译本质量堪称上乘，译本后附有"附录"、"休谟生平和著作年表"及其关于休谟的"文献资料"。另一新中文译本为石碧球所译，中国社会科学出版社2009年出版，可参阅。《人类理解研究》是《人性论》第一卷"论知性"的简明改写本，出版于1748年。中文译本亦为关文运所译，商务印书馆1957年出版，书前附有休谟所作的"休谟自传"，对于了解休谟其志其行其德均有助益。由《人性论》第三卷"论道德"改写的《道德原则研究》，被休谟自评为在其著作中是"无双的"，于1751年出版。中文有曾小平译本，商务印书馆2001年出版，书前有一个较长的"译者导言"有助于读者理解该书，但译文的一些字句读来较为拗口。由《人性论》第二卷改写的《论情感》出版于1757年，目前无中文译本。休谟改写《人性论》的初衷，"休谟自传"很清楚做了申明：它从机器中一生出来就死了，且无声无臭。在作者看来不完全是意见不妥而是叙述不当、仓促付印的结果。

休谟著作的汉译本还有陈修斋、曹棉之所译，商务印书馆出的《自然宗教对话录》；徐晓宏所译，上海人民出版社出版的《宗教的自然史》；张若蘅所译商务印书馆出的《休谟政治论文选》。这些作为全面研究休谟者都可阅读。其他的选译本也可参考，中国社会科学出版社2006年出版肖聿所译的《休谟散文集》。

二、原著导读

（一）休谟的《人性论》

如果要问：如此深刻洞悉、考察了人的"精神本性"，从而为人类的知识奠基的思想家是谁？将"认识你自己"这一箴言如此富有成果予以精细分析的著作是哪个？休谟的《人性论》毫无疑问达到了其时代的经验论的巅峰。

《人性论》出自一个27岁的年轻人之手，但却成为思想史上不断被解读、影响深远的经典之作。休谟的《人性论》和洛克的《人类理解论》成为近代经验论的双璧，《人性论》合乎逻辑地继承并发展了洛克的思想，使基于经验的"观念论"得以系统深化与展开，并"终结"了近代的经验论——"终结"不是完结，其意味着近代经验论理论巅峰式的完成，并开启了英美以实证论为代表的"分析时代"的逻辑转换。它的基本主题正如其名称所指示：人性——人的科学，"一切科学对于人性总是或多或少地有些关系，任何学科不论似乎与人性离得多远，它们总是会通过这样或那样的途径回到人性。即使数学，自然哲学和自然宗教，也都是在某种程度上依靠于人的科学；因为这些科学是在人类的认识范围之内，并且是根据他的能力和官能而被判断的。如果人们彻底认识了人类知性的范围和能力，能够说明我们所运用的观念的性质，以及我们在作推理时的心理作用的性质，否则我们就无法断言，我们在这些科学中将会作出多么大的变化和改进。"① "关于人的科学是其他科学的唯一牢固的基础，而我们对这个科学本身所能给予的唯一牢固的基础，又必须建立在经验和观察之上。"② 《人性论》有一个副标题"在精神科学中采用实验推理方法的一个尝试"。休谟在此试图建立一个基于经验与观察基础的人的精神的分析模型。它既

---

① 休谟著：《人性论》，关文运译，商务印书馆1980年版，第6页。
② 休谟著：《人性论》，关文运译，商务印书馆1980年版，第8页。

第五章　洛克、休谟著作导读

有自己稳固的可观察的经验基础，又有自己普遍的原则、原理的凝结，还有精细的分析。休谟是"经验论"的哲学家，但是钟情于人类"理性法庭"，他试图探讨人类理性建立于经验的根基与原理。

《人性论》除"引论"之外的结构，是一个三三模式。知性论部分第四章是一个哲学史的对于"怀疑论"观点的批判，前三章构成其理论分析的基础。情感论部分的三章分别论述了"骄傲与谦卑"、"爱与恨"的主要情感方式，以及"意志和情感"的关系。道德论部分有一个"德恶总论"，其阐明了道德的起源，主干在于公德和私德的阐明。

《人性论》的第一卷"论知性"是建立精神分析模型的基础。它系统阐述了"心理主义"认知路向的观念论模式。它探讨了人类观念的起源，"观念"如何基于经验感知的外在"印象"并转化为人内省的"观念"；观念作为思想的对象如何通过"相似""接近""因果"三种形式得以连接并发生"关系"；推论的形成如何基于"因果观念"的形成，因果观念是如何基于"习惯联想"而不是理性，由因果联想如何产生由"观念"到"信念"的转变。在此，"因果问题"——也就是被称为"休谟问题"的因果必然性引发了哲学家持久的思考和讨论。印象——观念——联系——因果联系，成为"知性论"部分的关键词。一切知识论的问题都是通过因果推论的可能性予以建立。"时间"和"空间"观念也被详细予以讨论。

《人性论》的第二卷"论情感"，他依据其建立的精神分析模型"印象——观念"，将印象分为"原始的和次生的"两种："第一类印象包括全部感官印象和人体的一切苦乐感觉；第二类印象包括情感和类似情感的其他情绪"，是不同于但又类似于知性论中的"感觉印象和反省印象"的划分。人类精神活动、精神现象在一种情形中是"求知的"，在另一种情形中是"感受的"。身体的"苦乐感"——痛苦与愉快的感觉是人类另一种最原始的本能的感受和情感发生方式，具体的、次生的"情感和情绪"则是反省方式，它类似于观念。它不同于前一种认知的印象——观念的关系方式。研究这些基于原始感受方式的直接情感和间接情感的"对象和原因"，就成为情感论的主题："我只能概括地说，我把骄傲、谦卑、野心、虚荣、爱、恨、妒忌、怜悯、恶意、慷慨和它们的附属情感都包括在间接情感之下。而在直接情感之下，则包括了欲望、厌恶、悲伤、喜悦、希望、恐惧、绝望、安心。"

《人性论》的第三卷"道德学"也可称之为"德恶论"。与社会的安宁利害密切相关的道德学是休谟所最为关注的一个问题。知性论是"思辨的"理论，而道德论是关乎人类行为的"实践的"理论。前者是澄清"真伪的"，后者是关乎行为的"善恶的"。前者的命题是"是与不是"的予以判断的命题，后者是"应该与不应该"的道德诫令。这就是所谓的"事实"与"价值"不同的"休谟之叉"。休谟认为道德是基于情感而不是理性，它与"愉快和不快"的情感相连。"这里我们无需久待不决，而必然立刻可以断言，由德发生的印象是个人愉快的，而由恶发生的印象是个人不快的。每一刹那的经验必然都使我们相信这一点。任何情景都没有像一个高贵和慷慨的行为那样美好；而任何情景也没有像残忍奸恶的行为那样更令人厌恶的了。"因此道德发生于、奠基于并作为根本评判准则是"痛苦与快乐"的"道德感"。

道德有两种区分，一为人为设计的德性之善——正义，它是一种社会的公共的价值尺度，它是一种出于共同的福利和个人利益的权衡所确立的德性，它是非自然的出自于人类的"教育和协议"。"自私是建立正义的原始动机；而对于公益的同情是那种德所引起的道德赞许的来源。"人类之所以要确立公德的"正义"是出于利益和效用。另一种是与"公德"不同的构成个人的"性格"、体现于个人行为、自然的"私德"，它是一种引起人们愉快的基于人们共同情感的德性。划分二者不在于是否体现于"个人"身上，而在于对象——它指向社会则为公德——柔顺、慈善、博爱、慷慨、仁厚、温和、公道，指向个人则为私德——慎重、节制、节俭、勤奋、刻苦、谋略和机敏。前者是大德，后者是小德。"许多自然的德都有这种导致社会福利的倾向，这是无人能够怀疑的。柔顺、慈善、博爱、慷慨、仁厚、温和、公道，在所有道德品质中占着最大的比例，并且通常被称为社会的德，以标志出它们促进社会福利的倾向。""自然的德与正义的德惟一差别只在于这一点，就是：由前者所得来的福利，是由每一单独的行为发生的，并且是某种自然情感的对象；至于单独一个的正义行为，如果就其本身来考虑，则往往可以是违反公益的；只有人们在一个总的行为体系或制度中的协作才是有利的。""如果我们考察人们对大人物们通常所作的颂扬，我们就将发现，人们所归于他们的品质的大部分可以分为两类，一类是使他们在社会上履行职责的品质，一类是有助于自己、使他们促进自己利益的品质。人们不但称颂他们的慷慨和仁爱，也称赞他们的慎重、节制、节俭、勤奋、刻苦、谋略和机敏。"

（二）《人性论》导读

休谟的《人性论》由于其分析的精细，选读任何一个部分都难以窥一斑而知全豹。知性论是其哲学基础，道德论是其关注焦点，因此选读其《人性论》的"引论"和知性论第一章、道德论的第二章较为合宜。

1. 《人性论》（上）"引论"（参阅关文运译本第5—10页）

一般而论，哲学著作的引论、导言都会表达思想家的"哲学观"，即什么是那哲学，或在"那个哲学家"看来哲学是做什么的。休谟的"引论"也是如此。研读"引论"，如果能够同时研读他的《人类理解研究》的"各派哲学"，以及《人性论》的"论怀疑派哲学体系和其他哲学体系"，则对于休谟的哲学观有更明确的认识。

（1）西方哲学大都具有在"批判"之上建立体系的传统，休谟也不例外。他指出："一个具有判断力和学识的人很容易看到这样一个事实，即那些最为世人称道，而且自命为高高达到精确和深刻推理地步的各家体系，它们的基础也是很脆弱的。盲目接受的原理，由此而推出来的残缺的理论，各个部分之间的不相调和，整个体系的缺乏证据；这种情形在著名哲学家们的体系中到处可以遇到，而且为哲学本身带来了耻辱。"人们在哲学争辩中徒呈"辩才"而失却"理性"。摆脱无聊的争辩，建立"科学"的形而上学的道路在哪里呢？直入个别科学的"心脏""首都"——人性。因为，一切个别科学知识的获得都与它直接或间接相关联。数学、自然哲学（自然知识获得原则）、自然宗教，"都在某种程度依赖人的科学，因为这些科学是在人类的认识范围之内，并且是根据他的能力和官能而被判断的。""逻辑的唯一目的在于说明人类推理能力的原理和作用，以及人类观念的性质；道德学和批评学研究人类的鉴别力和情绪；政治学研究结合在社会里并且互相依存的人类。在逻辑、道德学、批评学和政治学这四门科学中，几乎包括尽了一切需要我们研究的种种重要事情，或者说一切可以促进或装饰人类心灵的种种重要事情。"

（2）在休谟看来，研究精神哲学——人性哲学分为两种途径：一种是具有行动意味旨在形成高尚人格的经验哲学；另一种则是理性的静思的追求抽象原则的哲学。而前一种哲学更受人欢迎。因为"这种哲学较容易进入日常生活中，它会铸成人心和情感；而且它由于论到鼓动人生的那些原动力，因而就改善了他们的行为，并并且使他们接近于它所描写的美德的模型。"① 这种常识的源于人类心灵经验的哲学既易被接受也不易出错。为何休谟成为苏格兰"常识学派"的创始者、实用主义的奠基人，原因就在此。这种哲学作为人性科学（Moral Philosophy）"是其他科学的唯一牢固的基础，而我们对这个科学本身所能给予的唯一牢固的基础，又必须建立在经验和观察之上。"并且它无论何等玄妙高深的原则都不能"超越经验"。在古今哲学史中，人类从自然的观察思考转向精神的观察思考有一个过程，由此更显后者研究的重要与光荣："心灵的本质既然和外界物体的本质同样是我们所不认识的，因此，若非借助于仔细和精确的实验，并观察心灵的不同的条件和情况所产生的那些特殊结果，那么对心灵的能力和性质，也一定同样不可能形成任何概念。"

（3）休谟将哲学认定为"人性科学"：人是有理性的动物，由此接受科学的养料，但理解的范围是狭窄的；人是社会的动物，但不能总有有趣的交游；人是喜欢自由活动的，但又必须从事某种职业和事务。因此，人性是多样的，生活也应丰富多彩，"混合的生活才是最适宜于人类的。"② 理性抽象的哲学和经验生动的哲学是相互补充的。休谟自己的哲学力求在两者之间达成一种"中庸"——既有精确的原则和推理，也有生活经验的情感和趣味。"借着这些著作的力量，德性会成了和蔼的，科学会成了可

---

① 休谟著：《人类理解研究》，关文运译，商务印书馆1957年版，第10页。
② 休谟著：《人类理解研究》，关文运译，商务印书馆1957年版，第11—12页。

意的,社交会成了启发人的,独处会成了有趣味的。"因此,他认为哲学家在自己全部的哲学思维中"仍然要做一个人"。这样的哲学有助于人类社会的利益:"一个哲学家的生活虽然会离开实际的事务,但是哲学的天才如果被一些人谨慎地培养起来,它就会广布于全社会,使各种艺术和行业都一样正确起来。"

(4) 有些人为何否认哲学是科学?为何反对"幽暗的深奥的哲学"?"他们说,哲学实在不是一种真正的科学;哲学之所以生起,或则是由于人类虚荣心无结果的努力,因为他们每爱钻研人类理解所绝不能接近的题目;否则就是由于普遍迷信所有的一种伎俩;那些迷信由于不能用公平的理由来防护自己,所以他们就摆出这些纠缠人的荆棘来,以掩护他们的弱点。"休谟认为,真正的哲学正是要破除"迷信"与"虚妄",研究人类理解的本性、能力、限度。之所以出现那种"玄妄"之学,乃是由于对于"人心""人性"的晦暗不明。对于人心的认知有真伪之别,人心赋有各种能力,人心是受一定的原则支配的,因此"我们纵然只能贡献出一副心里地图来,只能把人心的各种部分和能力描写出来,而不能再进一步,但是我们只要能走到这样远的地步,那至少也有几分使我们满意了。"① 如何做到这一点呢?"我们必须借审慎观察人生现象去搜集这门科学中的种种实验材料,而在世人的日常生活中,就着人类的交际、事务和娱乐去取得实验材料。当这类实验材料经过审慎地搜集和比较以后,我们就可以希望在它们这个基础上,建立一门和人类知识范围内任何其他的科学同样确实,而且更为有用的科学。"

2.《人性论》(上):"论观念、它们的起源、组合、抽象、联系等"(参阅关文运译本正文第1—38页)

(1) 第一节:论人类观念的起源。

首先,休谟开篇便指出,人类的知觉(perceptiones——感受、感知)可分为两种,印象和观念。"两者的差别在于:当它们刺激心灵,进入我们的思想或意识中时,它们的强烈程度和生动程度各不相同。进入心灵时

---

① 休谟著:《人类理解研究》,关文运译,商务印书馆1957年版,第16页。

最强最猛的那些知觉,我们可以称之为印象(impressions);在印象这个名词中间,我包括了所有初次出现于灵魂中的我们的一切感觉、情感和情绪。至于观念(idea)这个名词,我用来指我们的感觉、情感和情绪在思维和推理中的微弱的意象"。这是休谟基于经验论的理论基点,不能证明无需证明。

其次,又将知觉分为"简单的"与"复合的":"简单的知觉,亦即简单的印象和观念,不容再行区分或分析。复合知觉则与此相反,可以区分为许多部分。一种特殊的颜色、滋味和香味虽然都是结合于这个苹果中的性质,但我们很容易辨出它们是彼此并不相同的,至少是可以互相区别的。"

第三,知觉中的"印象"和"观念"是相互对应的,但并不都相互类似。只有简单印象——观念既对应又类似,而复合印象——观念之间,有观念无印象、有印象无观念都是可能的,特别是观念难以精确复现印象。"我们的全部简单观念在初出现时都是来自简单印象,这种简单印象和简单观念相应,而且为简单观念所精确地复现。"简单印象"先于"简单观念,印象是观念的原因,而不是相反。但是这个原则要加一个限制:"即正如我们的观念是印象的意象一样,我们也能够形成次生观念,作为原始观念的意象,这在我们当前对于观念所作的推理中就可以看到。但恰当地说,这个限制与其说是那个规则的一个例外,不如说是那个规则的一个说明。观念可以在新观念中产生自己的意象;但原始观念既经假设为由印象得来;所以我们的一切简单观念或是间接地或是直接地从它们相应的印象得来的这个说法仍然是正确的。"知觉分为印象与观念,观念源于印象,观念是可以通过想象繁殖自身,这就是休谟人性论的第一条原则。对于"先天观念""天赋观念"的否定,便有了更清晰的证明。休谟是从"认知心理学"的意义探讨知觉的生成,将"肉身——感官"和"心灵——观念"看做一个统一体,从而避开了"灵与肉"的如何统一的问题。人的"知""情"都是一个感受过程,至于原初的"印象"如何发生,休谟拒绝回答,认为它超出了人类能力的范围。他对于身外的物质实体、心灵实体、上帝的否定,都与此相一致。他开创了将人的"思想""知觉"作为

"纯粹的现象"研究的先河。

(2) 第二节：题目的划分。第三节：论记忆观念和想象观念。

在此休谟进一步讨论印象和观念。首先，将印象分为两种"感觉"和"反省"："一种是感觉（sensation）印象，一种是反省（reflection）印象。第一种是由我们所不知的原因开始产生于心中。第二种大部分是由我们的观念得来，它们的发生次序如下。一个印象最先刺激感官，使我们知觉种种冷、热、饥、渴、苦、乐。这个印象被心中留下一个复本，印象停止以后，复本仍然存在；我们把这个复本称为观念。"对此休谟后来做了更清晰阐明，印象和观念不仅有所谓"生动与否"、"先后不同"，而且有"内外之别"，印象是思想的借助于肉体感官的感受性，观念是心灵的反省的思想的感知性。思想的发生是一个"由外向内"的生成过程。作为内感知不仅仅可以是"知"的——认知的，而且可能是"情"的——欲望、情感、情绪。这一点也为其知性论和情感论奠定了基础。休谟的印象——观念模式，后来为心理学的"刺激——反应"模式所明确揭示，"刺激→感官→印象→心灵→观念"就是休谟的感知模式。

其次，观念的复现、映射有两种形式：通过记忆具有的观念和通过想象具有的观念。"有时在它重行出现时，它仍保持相当大的它在初次出现时的活泼程度，介于一个印象与一个观念之间；有时，印象完全失掉了那种活泼性，变成了一个纯粹的观念。以第一种方式复现我们印象的官能，称为记忆（memory），另一种则称为想象（imagination）。"在此，由记忆而产生的观念是复现、描述、保存的观念，它是与"时空"相连的观念；而由想象产生的观念并不受"时空"的限制，并不受原始印象的束缚，可以"自由移植和改变"原始观念，它更体现了思想的主动性、能动性、创造性。可以看到，休谟认知模式并不是"机械论"的"镜像模式"。他看到在观念的形成过程中，有镜像式的"记忆"，也有能动的"想象"。但是他对于思想的能动性的认知是不够的，观念——语词——意义，是人所创造的。如果没有语词——意义的创造，观念既不能定型也不能说出与传达。在这一点上，他远没有洛克杰出敏锐。

（3）第四节：论观念间的联系或联结。

首先，观念的联结才能形成清晰的认知、感知、知识及其原则。否则人们就会停留于单子式的偶然性，因此"简单观念如何形成复杂观念"、"观念之间的推移"就成为观念考察的进一步要解决的问题。"观念如果都是完全分散而不相联系，那就只有偶然的机会加以联结，各个简单观念之间如无某种结合的线索、某种能联结的性质，使一个观念自然地引起另一个观念，那么这些简单观念便不会有规律地联结成复合观念（而事实却通常是如此的）。"那么观念之间是按照什么原则联结的呢？休谟认为有三种：类似、时空接近、因果。

其次，上文说到观念是由心灵的"记忆"活动和"想象"活动在印象基础上形成。想象活动作为自由的思想活动，作为一种思维定势遵循什么原则？它是按照与作为对象的印象的"类似"和"时空接近"的方式，进行活动的。观念的想象并不是完全任意的。"在我们的思维过程中，在我们观念的经常的转变中，我们的想象很容易地从一个观念转到任何另一个和它类似的观念，而且单是这种性质就足以成为想象的充分的联系和联结的原则。同样明显的是，由于感官在变更它们的对象时必须作有规律的变更，根据对象的互相接近的次序加以接受，所以想象也必然因长期习惯之力获得同样的思想方法，并在想它的对象时依次经过空间和时间的各个部分。"因果联系更是形成概念间推移的最主要的想象原则，由此形成直接联系和间接联系。"血亲关系"就是依因果原则而形成远近亲疏的排序。

第三，休谟认为不仅"自然"的观念遵循因果连接、并构成其活动的基本原则，社会性的观念也按这一方式得以结合。"我们可以把这个理论推进一步说，不但当一个对象在另一个对象中产生一种运动或任何活动时，而且当它具有产生这种运动或活动的能力时，那两个对象也被因果关系联系起来。我们可以看到，这就是一切利益和义务关系的根源，而人类就是通过这种关系在社会中互相影响，并被置于统治和服从的关系中间。"社会中的权力和意志就是因，统治与被统治、利益和义务的形成就是果。由因果原则所形成的"吸引作用（attraction）"——影响、结合，不仅支配自然界而且支配精神界的社会。原因何在？休谟认为不可知，特别是

"终极原因"不可知。他试图归之于人性中的"原始性质"——在后来因果问题的详细讨论中归之于自然现象的"恒常会合"在人心里所形成的"习惯联想",最终由"观念"转变为"信念"——形成思维定势。

第四,想象活动按照一定原则——"相似、时空接近、因果"形成复合观念,休谟将其划分为三种:关系、样态、实体。

(4) 第五节:论关系。第六节:论样态和实体。

首先,作为复合观念的"关系"(relation)如何界定?休谟指出:"一个意义是指把两个观念在想象中联系起来、并按照前述方式使一个观念自然地引起另一个观念的那种性质而言;另一个意义是指我们在比较两个观念时所依据的那种特殊情况,即使是这两个观念只是任意在想象中结合着的。"第一种是人们按照哲学提供的原则进行思维;哲学的"关系"概念主要用于第二种意义,它是对于"关系观念"形成、类型的考察与反思。关系是面对"对象"或"存在物"而言被建立起来的,它是通过哪些内在的原则建立的?很显然休谟扩展深化了培根的"三表法"——同一表、差异表、程度表,由此提出了其中关系类型。它和上文观念形成的两种活动,即"记忆"和"想象"又是怎样的关系?可以看到,前两种主要是从"活动"的类型而言,更具抽象性;后者是从静态的具体的"类型"而言,是其细分。

其次,休谟认为七种关系是哲学关系的基础,构成对于前面理论的细分与支撑。它们分别是:类似(相似)关系(resemblance),同一关系(identity),空间和时间关系,数量(quantity)或数目(number),性质的差别程度,相反(contrariety)关系,因果关系。通过上述关系类型,对象在思想中得以描述、比较、推移、分割、组合。由此对象得以对象化,对象具有对象性——相似性、同一性、时空性、数量性、(程度)差异性、反对性、因果性。休谟哲学原则与康德的"人为自然立法"思想仅有一步之遥。他只是没有将人能动的立法精神予以高度强调,但主要原则已形式化地确立起来。

第三,休谟继承了贝克莱否定"实体"(substance)观念的实存性而承认"样态"观念的实存性,作为"物"就是感觉的集合、变动的集合。

既然实体是一个集合概念,就是指称"多"的"一"。这个"多"是否寓于"一"之中,休谟认为实体并不构成偶性的基础,它对于认识是不重要的。实体不能从感官感知而来,也不能从反省(情感、情绪)而来,只能从想象而来。"实体观念正如样态观念一样,只是一些简单观念的集合体,这些简单观念被想象结合了起来,被我们给予一个特殊的名称,借此我们便可以向自己或向他人提到那个集合体。但是这两个观念的差别在于:构成一个实体的一些特殊性质,通常被指为这些性质被假设为寓存其中的一种不可知的东西;即使没有这种虚构,这些性质至少也被假设为由于接近和因果两种关系而密切地和不可分离地联系起来的。这样做的结果就是:我们只要一发现任何一个新的简单性质与其他性质有相同的联系,我们就立刻把这种性质列入于其他性质之中,即使这个性质原来没有加入最初的那个实体概念之中。"这样休谟就把感觉论、现象论、知识论贯彻到底。

(5)第七节:论抽象观念。

休谟否定实体观念的实存性,由此走得更远,否定有抽象观念。如果说,否定物质实体还有一定意义,那么否定"一般观念"、"抽象观念"则使自己步入深渊;如果推至极致,哲学将步入不可说之神秘,不仅消除了事物的类,而且会消除了个体事物。因为观念必借助于语词,而语词中的名称一定都具有抽象性、一般性,具体名词都是相对的,比如"苏格拉底"这个人,比如"橡树"这种树。那么休谟是如何完成自己的论证的呢?

首先,他说:抽象观念的形成有两条途径,比如"人"这个观念"或者同时表象一切可能的身材和一切可能的性质,或者根本不表象任何特殊的身材和性质。由于为前一个命题进行辩护已被认为是荒谬的,因为这就涵摄着心灵具有无限的才能,所以一般的推论都拥护后一个命题;于是,我们的抽象观念就被假设为既不表象任何特殊程度的数量,也不表象任何特殊程度的质量。但是,这个推论是错误的,我想在这里加以说明。第一,我要证明,对于任何数量或质量的程度如果没有形成一个明确的概念,那就无法设想这个数量或质量;第二,我要指出,心灵的才能虽然不是无限的,可是我们能在同时对一切可能程度的数量和质量形成一个概念,这样形成的概念不管是怎样的不完全,至少可以达到一切思考和谈话的目的。"

其次,休谟的分析过分强调了观念由数量性而具有的清晰明确性,而弱化了观念的意义的指称性、用以表象的一般性。他认为观念仅仅是特殊的,因为自然事物是特殊的,观念作为印象的复本(副本)只能是特殊的不可能是一般的,因而抽象观念是不真实的。"心灵对于任何数量或质量的程度,如果没有形成一个明确的概念,那就无法对这个数量或质量形成任何概念。""凡出现于感官前面的对象,换句话说,即凡出现于心中的印象,总是在数量和质量的程度上是确定的。""哲学中有一个公认的原理,即自然界一切事物都是特殊的;要假设一个没有确切比例的边和角的三角形真正存在,那是十分谬误的。"因此,休谟肯定特殊观念,否定一般的抽象观念。这与休谟的感觉论是一致的,也与其认识论、知识论一致。

第三,在休谟看来,诸多看似"抽象观念"其实是特殊的,人们尽管超出特殊作为一般,只是出于习惯的运用罢了。"抽象观念本身就是特殊的,不论它们在表象作用上变得如何的一般。心中的意象只是一个特殊对象的意象,虽然在我们的推理中应用意象时好像它具有普遍性似的。""这样把观念应用得超出它们本性以外,乃是由于我们把观念的一切可能程度的数量和质量粗略地集合起来去适应人生的目的。"那个被称为"抽象观念"的观念只是"名词""名称",是在对象的相似关系基础上形成的"习惯称谓",而不可真正称之为观念。其作用在于"唤起"对于特殊的观察。"这个名词唤起了一个具体观念,连同某种习惯;这个习惯就会唤起我们可能需要的任何其他的个别观念。但是,由于在大多数情况下这个名词所指的全部观念不可能都产生出来,我们就以一种比较片面的考虑简化了这种工作,并且发现在我们的推理中这种简化并未引起许多的不便。""不管怎样,有一件事情是确定的,就是:当我们应用任何一般名词时,我们所形成的是个体的观念;就是,我们很少或绝不会把这些个体全部审察穷尽;而那些余留下来的观念,只是通过那种习惯而被表象的,只要当前有任何需要时,我们就可以借这种习惯唤起这些观念来。这就是我们抽象观念和一般名词的本性;我们就是以这个方式来说明前面所提出的那似非而是的说法，即某些观念在它们的本性方面是特殊的，而在它们的表象方面却是一般的。一个特殊观念附在一个一般名词上以后，就成为一般的了，这就是说，附在这样的一个名词上，这个名词由于一种习惯的联系，对其他许多的特殊观念都有一种关系。并且很容易把那些观念唤回想象中来。"休谟以自己显得"别扭"的方式，解释了"特殊"和"一般"的关系，弱化一般而肯定特殊。他并未完全否定一般观念的功用，其功用就在于唤回对于特殊的记忆。

第四，为了进一步证明自己的观点，休谟又提出了四个方面的论证，以证明观念的本性是特殊的，所谓的抽象观念，只是由于"习惯""有用"才使其在表象作用时成为一般的。比如大数"一千"是心灵借助十进制形成的观念；比如一些习惯可被"单个字"（符号）唤起；人们常用的名词并不总有完整明晰的观念，如政府、教会、谈判、征服；个体被名词所集合，使个体观念易进入想象并在需要时迅速呈现。因此，休谟在一定意义上又承认了抽象观念作为名词称谓的意义和作用。

第五，休谟是以感觉论经验主义为出发点，来构建自己的理论体系。他比贝克莱更为彻底、分析更为细致、逻辑更为严密。因此，最后他还对经院哲学中"理性的区别"作分析批判，认为一些问题纯属形而上学的妄谈。"实体"和"属性"的关系就是如此。休谟是注重属性关系，而否定实体，认为实体和属性关系无意义。"心灵决不会想到要区别一个形象和赋有形象的物体，因为两者在实际上既是不可区别，又是不相差异、不能分离的；心灵所以要作这种区别，乃是因为它发现，即使在这种简单状态中也可能包含许多不同的类似关系和其他一些的关系。"

3.《人性论》（下）："论正义与非义"（参阅关文运译本正文第517—615页）

（1）第一节：正义是自然的还是人为的。

首先，休谟的问题诚如题目所示：正义是自然的还是人为的？正义（justice）即公平、公正、正当，是西方哲学的传统问题。它肇始于毕达哥拉斯，真正具有伦理学、政治学、法学意义的正义概念则从苏格拉底、柏拉图开始。休谟的问题实质是：正义是基于自然的情感、理性的判断与推理、还是社会性人为的设计?"我们对于每一种德的感觉并不都是自然的;有些德之所以引起快乐和赞许,乃是由于应付人类的环境和需要所采用的人为措施或设计。我肯定正义就属于这一种"。因此,正义是一种社会性的人为的公共德性,它是不同于个人的基于同情或怜悯的私人德性。这是休谟旗帜鲜明的论点。

其次,人们设计正义的动机何在呢?休谟没有直接在此回答,而是先谈动机对于道德之善的重要。道德之善是从行为而得以表现,行为是道德的标志,而行为是受动机支配的。"我们的一切德行看来只是由于善良的动机才是有功的,并且只被认为是那些动机的标志。根据这个原则我就断言,使任何行为有功的那个原始的善良动机决不能是对于那种行为的德的尊重,而必然是其他某种自然的动机或原则。"原始的善良动机绝不是道德的原初动机,休谟认为另有更为"自然的动机或原则"。人不是由于善良动机而导致德性与善,也不能由于善而导致善,那么只能由于某种并非善的自然动机或原则才发明了德性之善。它就是人出于自然的"自私""自利""自保"。

第三,休谟便确立了一条确定无疑的道德原理:"人性中如果没有独立于道德感的某种产生善良行为的动机,任何行为都不能是善良的或在道德上是善的。"一般哲学史书中将休谟的伦理学称为"感性论",实际上他还是一个深刻的"动机论"。这与其心理的经验主义是相一致的。是否与其"总论"中的道德源于道德感——"苦乐感"相矛盾呢?休谟认为并不如此。道德感是一种内在的感受,它是基于人的自然而发生的感受,"趋乐避苦"是其基本原则。它仅仅是"道德感"还不是社会性"德性"之善。如追溯行为发生的内在原因必追溯至动机——道德原因。因此,出于道德动机的"自私""自利"是道德行为形成的出发点,利我基础上的利他——既利他也利我才是道德行为,才引起人们的快乐并得到人们的赞美。这应该是其思维逻辑,但休谟并没有如此推论,包括其下面的论证也有诸多矛盾和不明之处。可以看到,休谟的德性论主张,正是由于自然之私引发争端,为消除纷争才发明了德性之善。

第四,休谟提出,一个人的道德行为完全可能不是出于道德动机,而是出于相互的"义务感",并在实践中逐渐培养起善的动机。就是说,道德形成原初并非如此美好,而是为了克服人性的自私、狭隘、贪欲才不得不发明道德。遵守道德并非因其高尚,而是出于相互的道德义务。"一个人虽然可以单纯由于考虑到一种行为的道德义务而作出那种行为,可是这仍然以人性中某些独立的原则为前提,这些原则能够产生那种行为,并且它们的道德之美也使那种行为成为有功的。"为何"借债还钱"成为受尊重的被视为正当的道德通则?它不能是出于对诚实的尊重,而是出于相互之间无欺诈的动机。"因为要说一个善良的动机是使一种行为成为诚实的必要条件,而同时又说对于诚实的尊重是那种行为的动机,那显然是一种谬论。一种行为若非先是善良的,我们就永不能对它的德表示敬意。任何行为都只是因为它是发生于一个善良的动机,才能是善良的。因此,一个善良的动机必然先于对德行的尊重;善良的动机和对于德的尊重不可能是一回事。"德性规范的形成是具有主体之间的"互利性",由此才产生道德规范,互利性是因,道德规范是果。风习与教化才促成人们尊重德行。

第五,在有了如上论证之后,休谟要思考并解决社会性"正义"的动机何在?它完全是出于"对于自己的私利或名誉的关怀"么?否,它只能是非义和恶行的来源。它是出于对"公益的尊重心"么?休谟通过三点论证得出结论:"这个动机是太疏远了、太崇高了,难以影响一般的人们,并在那样违反私利的行为(正义和一般的诚实的行为往往是如此)中以任何力量发生作用。"那么它是出于人类情感中"博大的爱""纯粹的爱"么?但是"同情"并不是普遍的爱,两性之爱也不是普爱,性情差异的"爱好"也不能产生它。因此,"没有任何现象向我们指出,有那样一种不考虑到人们的优点和其他一切条件的对于人类的爱。""如果对公众的慈善或对人类利益的尊重不能是正义的原始动机,则对私人的慈善或对于有关的人的利益的尊重,就更不能成为这个动机了。"休谟在此的论证是矛盾的,他似乎否定了一切动机。但是从后面的论证来看,它是主张出于"自利"的动机的,但是又不局限于此,强调主体间的"互利性"才是道德真正的动机,是社会生活成为人们必然选择之后才产生不同于私德的公德。

第五章　洛克、休谟著作导读

第六，休谟的结论是："我们并没有遵守公道法则的任何真实的或普遍的动机，除了那种遵守的公道和功德自身以外；但是因为任何行为如不能起于某种独立的动机，就不能成为公道的或有功的，所以这里就有一种明显的诡辩和循环推理。因此，我们除非承认，自然确立了一种诡辩，并使诡辩成为必然的和不可避免的，那么我们就必须承认，正义和非义的感觉不是由自然得来的，而是人为地（虽然是必然地）由教育和人类的协议发生的。"休谟作出结论之后，又添加了一个"附论"（系论）。他强调，出于自然情感的道德感及其义务感，是人性的一个原始的强大的势力，甚至构成和社会正义的某种矛盾与冲突，形成道德评价的"自然的德""私德"标准。但是无论从基于情感的自然的德的"私德"，还是基于人为设计的社会的"公德"，都是"自然的"——必然具有的、具有明确规范的、共同遵守的，而不是"任意的""可有可无的"。"人类是善于发明的；在一种发明是显著的和绝对必要的时候，那么它也可以恰当地说是自然的，正如不经思想或反省的媒介而直接发生于原始的原则的任何事物一样。正义的规则虽然是人为的，但并不是任意的。"

（2）第二节：论正义与财产权的起源。

首先，休谟开篇便指出在此要思考的两个问题："一个问题是：关于正义规则在什么方式下被人为措施所确立的问题，另一个问题是：什么理由决定我们把遵守这些规则认为是道德的美，把忽视这些规则认为是道德的丑。这两个问题以后会显得是彼此个别的。"正义的确立不像自然的德性具有明确的动机（原因）——怜悯心或同情心，但它是否就是毫无原因可言？当然不是。那么原因何在呢？必须基于对"人性"及其"社会性"的认识。

其次，人是社会性的动物，只能是社会性的动物。"在栖息于地球上的一切动物之中，初看起来，最被自然所虐待的似乎是无过于人类，自然赋予人类以无数的欲望和需要，而对于缓和这些需要，却给了他以薄弱的手段。""不但人类所需要的维持生活的食物不易为人类所寻觅和接近，或者至少是要他花了劳动才能生产出来，而且人类还必须备有衣服和房屋，以免为风雨所侵袭；虽然单就他本身而论，他既然没有雄壮的肢体，也没有猛力,也没有其他自然的才能,可以在任何程度上适应那么多的需要。"人类是软弱的,个人生存能力和获取生存资料的手段是有限的。因此,人必须结成"群"以共同的力量补其不足,乃至优于其他动物。

第三,个人——生存力量的单薄、不同需要的满足、成功生存力量的不均衡,这些弱点都会被社会所补益。"借着协作,我们的能力提高了;借着分工,我们的才能增长了;借着互助,我们就较少遭到意外和偶然事件的袭击。社会就借这种附加的力量、能力和安全,才对人类成为有利的。"人类社会的诸多好处原初人们并不能自觉到。那么是什么原因使人类结成"群"?是自然的性欲使两性结合,最先结成"族群"并形成"习惯",使人们感受到结群生活的益处。休谟只能追溯于此了。至于结群而居的动物是如此之多,动物也有两性的结合,为何单单人类形成如此文明的社会形式及其法则?休谟只能抽象地从人性去从反面探讨了。

第四,妨碍人类结群而居的不利因素有哪些呢?概而言之,为了生存、生活,自私(自爱)是根深蒂固的,慷慨(爱他人)是有限度的,并且爱有差等。"因为每个人既然爱自己甚于爱其他任何一个人,而且在他对其他人的爱中间,对于自己的亲戚和相识又有最大的爱,所以就必然要产生各种情感的对立,因而也就产生了各种行为的对立;这对于新建立起来的结合不能不是有危险的。"人的自爱情结、爱有差等最突出体现在"利益""福利"上。"人类所有的福利共有三种:一是我们内心的满意;二是我们身体的外表的优点;三是对我们凭勤劳和幸运而获得的所有物的享用。""只有最后的一种,既可以被其他人的暴力所劫取,又可以经过转移而不至于遭受任何损失或变化;同时这种财富又没有足够的数量可以供给每个人的欲望和需要。因此,正如这些财物的增益是社会的主要有利条件一样,它们的占有的不稳定和它们的稀少却是主要的障碍所在。"

第五,既然"自爱""爱有差等"这种褊狭的感情显著体现于"福利""财富"上,为了结群而居人类便发明了补救、节制的方法来扬弃它,便产生了正义之德。"这种偏私和差别的感情,必然不但对我们在社会上的行为有一种影响,而且甚至对我们的恶和德的观念也有一种影响;以至于使我们认为显著地违反那样一种偏私程度(不论是把感情过分扩大或过分缩小），都是恶劣的和不道德的。""我们的自然的、未受教化的道德观念，不但不能给我们感情的偏私提供一种补救，反而投合于那种偏私，而给予它以一种附加的力量和影响。""只有通过社会全体成员所缔结的协议使那些外物的占有得到稳定，使每个人安享他凭幸运和勤劳所获得的财物。通过这种方法，每个人就知道什么是自己可以安全地占有的；而且情感的在其偏私的、矛盾的活动方面也就受到了约束。……我们戒取他人的所有物，不但不违背自己的利益或最亲近的朋友的利益，而且还只有借这样一个协议才能最好地照顾到这两方面的利益；因为我们只有通过这种方法才能维持社会，而社会对于他们的福利和存在也和对于我们自己的福利和存在一样，都是那样必要的。"

第六，协议（convention）——契约、合同不是许诺（promise），它是基于福利关切相互协商而达成的共同遵守的行为约定。休谟表达了三层意思，契约的本质与功用；契约基础之上正义与非义观念的形成；财产契约不是自然的物的关系，而是社会的人与人的关系的规定。"协议只是一般的共同利益感觉；这种感觉是社会全体成员互相表示出来的，并且诱导他们以某些规则来调整他们的行为。"同样，语言和作为金银的货币也是如此。"在人们缔结了获取他人所有物的协议、并且每个人都获得了所有物的稳定以后，这时立刻就发生了正义和非义的观念，也发生了财产权、权利和义务的观念。不先理解前者，就无法理解后者。""一个人的财产是与他有关系的某种物品。这种关系不是自然的，而是道德的，是建立在正义上面的。因此，我们如果不先充分地了解正义的本性，不先指出正义的起源在于人为的措施和设计，而就想象我们能有任何财产观念，那就很荒谬了。"

第七，毫无疑问，人类社会建立的首要条件即是：通过契约划定财产、稳定占有，以此约束人类的自爱、利己心及其贪欲。如果对此能够成功加以约束，社会就会得以稳定，共同利益就会得到保证。"只有这种为自己和最接近的亲友取得财物和所有物的贪欲是难以满足的，永久的、普通的、直接摧毁社会的。几乎没有任何一个人不被这种贪欲所激动；而且当这种贪欲的活动没有任何约束、并遵循它的原始的和最自然的冲动时，每个人都有害怕它的理由。"因此必须以理智的形式来制约此情感,使其向理性的有利于社会的方向发展。如何确定它就是稳定社会建立的首要条件。由于其"简易而明显",经验证明这一原则的建立和扩大,随之正义也愈益稳固扩大。而社会之前的"自然状态"或"黄金时代"只是哲学家的虚构,"自然状态就应当被认为是单纯的虚构,类似于诗人们所臆造的黄金时代;唯一的差别是,自然状态被描写为充满着战争、暴力和非义,而黄金时代则被描绘为最魅人的、最和平的状态。"对此,经验既不能证明也不能证伪。作者在这里既否定了霍布斯,也否定了洛克关于人类元初状态的假设。

第八,社会正义在什么条件下是不存在的、是不能产生的、是无用的?"把人类的慈善或自然的恩赐增加到足够的程度,你就可以把更高尚的德和更有价值的幸福而来代替正义,因而使正义归于无用。由于我们的所有物比起我们的需要来显得稀少,这才刺激起自私;为了限制这种自私,人类才被迫把自己和社会分开,把他们自己的和他人的财物加以区别。"由此作者反证了诗人"黄金时代"的虚构,也反证了社会正义并非一种返璞归真。因此,它只能是人类的设计与发明,是基于情感之上理智的约束。由此,便发现一个关于正义起源的真理:"正义只是起源于人的自私和有限的慷慨、以及自然为满足人类需要所准备的稀少的供应。"因此,正义并不建立在对于公益的尊重或慈善(仁爱),并不建立在理性及其观念的约束,并不是人类自然具有,而只能是基于"利益感"的"人为的措施和人类的协议"。"因此,这些规则是人为的,是以曲折和间接的方式达到它们的目的的,而且产生这些规则的那种利益,也不是人类的自然的、未经改造的情感原来所追求的那样一种利益。"休谟正义的探索既是人性的又是社会的,符合人们的日常体验或经验。他具有生存论意义现实主义地凸显了"利益"与"正义"的关系。

第九,正义为何成为一种不同于基于自然情感"私德"的公共德性?"为什么我们把德的观念附于正义,把恶的观念附于非义。"德恶评判的基本尺度是苦乐,德行是令人愉快、爱好的,恶行是令人痛苦、憎恶的。个人交往中的不义行为会给对方造成损害,令人不快;反之正义行为则令人愉快。为求私利的愉快使人关切、损害对方的利益使对方陷于痛苦。"己所不欲,勿施于人"的"恕道"原则初步确立。同情——即"人同此心,心同此感"的同情感使之得以扩展到利害并不相关的群体,使其成为善恶的道德尺度。"由此可见,自私是建立正义的原始动机;而对于公益的同情是那种德所引起的道德赞许的来源。"政治家人为措施的激励、父母的教导,逐渐使之成为一种风习良俗,正义便成为人们尊重、赞美的德性,正义行为成为一种人们追求的光荣。休谟将正义与利益、财产权密切关联,反映了近代资产者社会的鲜明特征,但是过于狭隘了,社会正义是与广义的"权利"关联的。

(3)第三节:论财产权的规则。第四节,论依据同意而进行的财产转移。第五节,论许诺的约束力。

首先,休谟指出,财产权是指"个人稳定占有",它应当是"排他性的",否则就会引起纷争。"必须找到某种方法,使我们借此可以划定某些特殊的财物应当归某个特殊的人所有,而其余人类则被排除于其占有和享用之外。"那么个人稳定占有财物,作为一般原则并且不能随个人好恶而改变,其理由何在呢?原因就在于人性的贪欲和自私,"建立社会和互助合作的这个计划所遭到的主要障碍就在于他们的天性中的贪欲和自私;为了补救这种缺点,他们缔结了稳定财物占有、互相约束、互相克制的协议。"人类还有一个特点习惯于"现前物"使用的便利,于是"让各人继续享有他现时所占有的东西"。休谟求助于人性、求助于习惯、求助于规则的有用性,都是不能令人信服的。生存权利是相关的,如果特殊个体的占有危害了其他个体的基本权利,那么占有的正当性都是值得怀疑的。

其次,休谟认为,要解决财产权问题,就要解决"占领、时效、添加和继承"问题。所谓占有就是"不但当我们直接接触任何东西时,我们可以说是占有了它,而且当我们对那种东西处于那样一种关系,以致有能力去使用它,并可以随着自己现前的意愿或利益来移动它、改变它或消灭它的时候,也可以说是占有了那个东西。"从最初的占领而言,是由于"劳动"对于对象发生了改变,所形成的一种关系;因为"财物"是通过劳动所得,是耗费了个人的体力与智力获得的。这一点体现了休谟的杰出之处。而"享用"并不产生财产权,最初的"发现""标记"也都不必然产生占有的资格。这里便有法学中财产权的原初获得问题,也有关于动产和不动产的关系问题。所占有的只能是通过劳动获得的财富,将占有应该限定在动产之中。占有权具有时效性,它与时间关联,因此它是一种"关系"而不是"实物":"财产权既然是被时间所产生的,所以它并不是对象中存在着的任何实在的东西,而是唯一可以受时间影响的情绪的产物"。由于物甲对于物乙的"依附",会产生一种由依附而来的权利,占有了乙也就占有了甲。财产的继承便有了"继承权",它是财产占有的一种自然转让的权利,是一种源于血缘关系的权利。

第三,在休谟看来,要实现财产的稳定占有,必意涵着对占有人意愿的尊重,这可以说是一个补充规则:"除了所有主同意将所有物和财产给予另外一个人之外,财物和财产永远应当是稳定的。这个规则不会有引起争斗和纷扰的恶果,因为这种割让是得到惟一当事人,即所有主的同意的。这个规则在按人调整财产方面可以达成许多良好的目的。"一个人不可能永远占有财物,也可能不一定要将财物让与具有血缘关系的个人继承,即使让其继承也有一个分配问题;还由于交换的需要,财产的转让和分割必遵循所有人的个人意愿。

第四,由于"许诺"产生协议,它是相互许诺的产物;由于"许诺"的协议而产生"义务",义务的遵守便产生了道德及其约束力;这一切不是自然的产物,而是以社会的需要和利益为基础的人类的发明。所以休谟首先强调"许诺在自然状态中是不可理解的,也不是在人类成立协议之前就存在的;一个不知道有社会的人永远不会与他人订约,纵然他们凭着直观能够觉察到对方的意图。"继而他从心理方面分析,认为许诺行为不是单纯的"决心""欲望""意愿",它似乎应当是一个遵守"义务"的意愿。但它和基于自然情感痛苦和快乐的道德善恶,无必然关联。"如果有任何一种心理活动属于它,它也不能自然地产生任何义务。由前述的推论,可以明白地看到这点。许诺创生了新的义务。一种新的义务以新的情绪的发生为其前提。可是意志永不产生新的情绪。因此,任何义务不能自然地发生于许诺,即使我们假设心灵竟然能够陷入意愿那种义务的荒谬情形。"如何化解这一矛盾，使许诺成为道德性的义务，确保其实行？

第五，那么是"义务感"，或者是心灵的一种"特殊机能"？对此休谟都予以否认。人们要"忠实"地恪守、不违背自己的许诺，只能是社会性的"需要"和"利益"使然——它是人类的创造发明。人性是自私的——有限度的慷慨，他不会无限施与和奉献，除非通过交互行为获得对等性利益。交互行为的"不同时性""不现前性"，便产生只获取而不回报的风险。为了克服这一风险，人们便通过许诺达成协议（形成契约）："许诺是人们的协议，协议创造出了新的动机来，因为经验教导我们，如果我们制定一些符号或标志，借以互相担保我们在任何特殊事情中的行为，那么人事的进行将会调整得对彼此都有利益。当这些标志制定以后，谁要应用这些标志，谁就立刻被他的利益所约束了、要实践他的约定，并且如果他拒绝履行他的许诺，他将永不能期望再得到别人的信托。""许诺所加于人的义务既然是为了社会的利益而作的一种发明，所以随着那种利益的要求，它就被纳入许多不同的形式，甚至陷于直接的互相矛盾，而也不肯忘掉它的目的。"因此，社会使人相互需要，利益最初约束了人的交互行为，其表现形式就是通过协商、进行许诺、形成契约。道德感和利益结合，为了维护利益培养起的道德感成为新的约束力。

第六，首先，将许诺归于"意志"是荒谬的，意志必须被"语言""标志"表示出来；语词必是意志的完全表示，不容其相反的表示。其表示是基于其利益的权衡及其约定。其次，僧侣的荒诞说教，更是不足为凭。因为人重视今生的利益胜于来世的祸害。总之，许诺不是自然义务而是现实的社会义务。

（4）第六节：关于正义和非正义的一些进一步的考虑。

第一，休谟说："稳定财物占有的法则，根据同意转移所有物的法则，履行许诺的法则。人类社会的和平与安全完全依靠于那三条法则的严格遵守，而且在这些法则遭到忽视的地方，人们也不可能建立良好的交往关系。社会是人类的幸福所绝对必需的；而这些法则对于维持社会也是同样必需的。"在对上述观点分述之后，为强化论证并使人确信：正义是一种人为的社会的德，而非自然之德。首先，他又一次鲜明驳斥了"意志论"

的正义观，因为只是由于"权利和财产权"才产生了正义问题，随着正义法则的确立才使财产权作为权利得以规范确立。财产权则不是由于"对象性质"而发生，其权利的确立不是"对物的"而是相对于"他人"而确立。"这种关系是成立于对象与有理智、有理性的存在者的关系。""财产权是成立于某种内在的关系，也就是说成立于对象的外在关系对心灵和行为所加的某种影响。"我——你——物（可欲对象）三者关系的确立才有了权利和财产权。正义诸德性并非由对象属性引起的快感，而是相对于"他者"遵循法则"占有""享有"的快感。其次，休谟认为，正义及其法则的确立：主观为私人，客观为人人。它是社会的人为的德性。"正义法则乃是在一种较为间接而人为的方式下由自然原则发生的。利己心才是正义法则的真正根源；而一个人的利己心和其他人的利己心既是自然地相反的，所以这些各自的计较利害的情感就不得不调整得符合于某种行为体系。因此，这个包含着各个人利益的体系，对公众自然是有利的；虽然原来的发明人并不是为了这个目的。"

第二，休谟主张，道德的善恶可以有程度的差别——特别是个人的私德，但是正义作为社会之公德，却界限分明，正义——非义却善恶分明，因为它与权利——特别是财产权直接相连，按照法则"我的""你的"权利泾渭分明。"这个权利是在一刹那之间发生而又在一刹那之间消灭的；并且，一个人或是借着占领，或是借着所有主的同意，对任何对象完全取得全部财产权，并借他自己的同意而失掉其财产权；这里并没有在其他性质和关系中所观察到的那种不可觉察的程度区别。""义务和财产权是完全依靠正义和非义的，并且随其所有的变化而变化的。在正义是完整的地方，财产权也是完整的；在正义是不完整的地方，财产权也必然是不完整的。反过来说，如果财产权不允许有那种程度差别，这种差别必然也和正义是不相容的。"因此休谟否认"半权利""半义务"的想象，生活中财产纠纷的相互妥协并不能否认正义原则的正当性。基于自然情感的道德动机，去处理社会事务，必然破坏正义、天下大乱。"人们如果对于社会法律可以采取自由行动，一如他们在其他一切事情方面那样，那么他们在大多数的场合下将遵循适应情况的特殊判断，并且会考虑到各人的品格和条件，一如其考虑到问题的一般性质一样。但是我们很容易看到，这样就会在人类社会中产生无限纷扰，而且人类的贪心和偏私如果不受某种一般的、不变的原则所约束，就会立刻使世界混乱起来。"总而言之，利益和正义之德成为正义的基础："正义和非义的这种区别有两个不同的基础，即利益和道德；利益所以成为这个基础，是因为人们看到，如果不以某些规则约束自己，就不可能在社会中生活；道德所以成为这个基础，则是因为当人们一旦看出这种利益以后，他们一看到有助于社会的安宁的那些行动，就感到快乐，一看到有害于社会的安宁的那些行动，就感到不快。使最初的利益成立的，乃是人类的自愿的协议和人为措施；因此，在这个范围内来说，那些正义法则应当被认为是人为的。当那个利益一旦建立起来、并被人公认之后，则对于这些规则的遵守自然地并自动地发生了一种道德感。当然，这种道德感还被一种新的人为措施所增强，政治家们的公开教导，父母的私人教育，都有助于使我们在对他人的财产严格约束自己行为的时候，发生一种荣誉感和义务感。"

（5）第七节：论政府的起源。第八节：论忠顺的起源。第九节：论忠顺的限度。第十节：论忠顺的对象。

第一，休谟新的问题是："人类既然那样真诚地依恋自己的利益，他们的利益又是那样有赖于正义的遵守，而且这个利益又是那样确实而为大家所公认的：那么人们就会问，社会中为什么竟然还能发生纷乱，而且人性中有什么原则是那样地有力，以至克服了那样强的一种情感，并且是那样地猛烈，以至蒙蔽了那样清楚的一种认识呢？"这几部分可看作休谟的"政府论"：他要探讨国家政治组织的合理性、合法性。为何要有"国家政府"之类的政治组织呢？休谟将其归之为"人性的弱点"：作为个人总是倾向于从自然情感和想象出发——舍远求近、不求长远、自私自利。这使人经常性地选择放纵自己、而不是用正义的法则"自我约束"。这一倾向作为个人、"常人"是难以自我克服的。"对于这个自然的缺点，我也许会很抱憾，我也许力图要尽一切可能去摆脱它。我也许求助于研究和反省，求助于朋友的指教，求助于经常的思索和不断重复的决心。但是当我经验到这些办法都是无效的时候，我也许乐意接受其他任何方策，以便约束自己,防止这个弱点。"

第二,发明何种方式克服这一缺陷呢?常人既然难以做到,那么只有求助于人中豪杰这些"精英人物",包括民政长官、国王及其大臣等。"这些人对于国内最大部分的人既然是没有私亲关系的,所以对于任何非义的行为,都没有任何利益可图,或者只有辽远的利益;他们既然满足于他们的现状和他们的社会任务,所以对于每一次执行正义都有一种直接利益,而执行正义对于维持社会是那样必需的。这就是政府和社会的起源。"这些精英人物是否有常人人性的褊狭,其程度又如何,休谟是不管的。这些"超人""不但在自己的行为方面乐于遵守那些规则,并且还要强制他人同样地遵守法度,并在全社会中执行公道的命令。如果必需的话,他们还可以使其他一些人对于执行正义发生较为直接的利害关系,而创设若干文武官员,来协助他们的统治。"

第三,休谟认为,政府是为正义而创造发明的。政府就"应当是"正义裁决者、强制执行者、监护者。"由于正义的执行和判断这两个优点,人们对彼此之间的和自己的弱点和情感都得到了一种防止的保障,并且在长官的荫庇之下开始安稳地尝到了社会和互助的滋味。不过政府还进一步扩展它的有益影响;政府还不满足于保护人们实行他们所缔结的互利的协议,而且还往往促使他们订立那些协议,并强使他们同心合意地促进某种公共目的,借以求得他们自己的利益。"一言蔽之,政治社会、政府、执政者使公共利益得以维护与保证,使正义得以实现,但是仅仅是"应当是",而不是"现实的是"。

第四,政治组织是人类社会一定阶段的产物,还是从来如此的必须。休谟认为,它是一定历史阶段的产物,它(近代政治组织)只是随着物质财富及其享乐充分发展才被人所发明。"我不但不像某些哲学家们那样,认为人类离了政府就完全不能组织社会,而且我还主张,政府的最初萌芽不是由同一个社会中的人们的争端而发生,而是由几个不同的社会中的人们的争端而发生的。"也就是说,种族、民族为了利益所引起的纷争、战争促成了政治组织的产生。休谟认为,是战争直接促使政治组织的产生,它带来了统一协调、财富分配的纠纷诸问题;战争产生了最初的威权,使

第五章　洛克、休谟著作导读

人们懂得组织起来、服从权威的好处；人们通常认为"家长制"产生威权，并引发"君主制"国家的产生，是理由不足的。

第五，在休谟看来，先有正义及其三个法则，之后才有政府组织的产生。他批判了"许诺论"的观点，也就是停留于"契约论"的简单化做法。"这些人说，一切人生来都是自由和平等的：政府和权势只能借同意建立起来；人类既然同意建立政府，因而就给他们加上自然法所没有规定的一种新的义务。因此，人们之所以必须服从其执政长官，只是因为他们许诺了这种服从；如果他们不曾明白地或默认地表示愿意保持忠顺，那么忠顺永远不会成为他们道德义务的一部分。但是这个结论如果推得太远，包括了一切时代和一切情况下的政府，那么它就是完全错误的了。"因为，人们建立政府组织，只是由于保护自己群体中每个个体的公共的个体利益、克服个人的任性私为、建立公正的秩序，因而才会有对于政府的"忠顺义务"，而不单是由于"许诺"了忠顺。这种观点是舍本而逐末。

第六，休谟还理清了自然正义和政治正义的关系，它有着共同的基础、根源——私人利益；它们二者又是各不相同的，一个在于日常生活私人之间履行许诺，另一个在于私人和社会共同体之间服从政府。它们共同保证了人们的利益和秩序。"当我们在这一方面一旦明白以后，发现了自然的和政治的正义都起源于人类的协议，我们就将立刻看到，要把这一种还原到那一种，并且在自然法方面，而不在利益和人类协议方面，给我们的政治义务找寻一个较为强固的基础，那是怎样地无益的；因为这些自然法则本身也是建立在同一基础上面的。"追求和保护个体的私利是人们愿意约束自我的任性、遵循合于正义的法则的根源、基础。"我们的政治义务的目的虽然是在于执行我们自然的义务，可是这个发明的第一动机，以及履行这两种义务的最初动机，都只是私利。同时，服从政府和履行许诺既然各有不同的利益，所以我们也必须承认，它们有个别的义务。服从民政长官是维持社会秩序和协调的必要条件。履行许诺是在人生日常事务中发生互相信托和信赖的必需条件。两方面的目的和手段都是完全个别的；两者也没有彼此从属的关系。""尊重财产对自然社会固然是必要的；而服从对于政治社会或政府也是同样必要的。前一种社会对人类的生存固属必要,而后一种社会对人类的福利和幸福也是同样必要的。简单地说,履行许诺固然是有利的,服从政府也是同样是有利的:前一种利益如果是普遍的,后一种利益也是如此;前一种利益如果是明显的和公认的,后一种利益也是如此。"

第七,道德与法是相辅相成的,它们构成具有区别、相互支撑的约束力。法律所禁止的为道德所谴责,反之亦然;遵循法律是为道德之善,违犯法律是为道德之恶。"我们谴责一切叛逆和背信行为,因为我们认为,人类交往的自由和范围完全依靠于对许诺的忠实。我们也谴责一切不忠于执政长官的行为,因为我们看到,如果没有了对于政府的服从,则在稳定财物占有、根据同意转移财物和履行许诺方面,便都不可能执行正义。这里既然有两种利益,完全各别,所以它们就必然产生同样是各别而互相独立的两种道德义务。"休谟还表达了这样的思想,在大的文明社会中公共义务和私人义务是绝对必要的,后者依赖于前者:"在一切大的文明社会中,政府依然是必要的;而且许诺如果只有它本身的约束力,而没有政府的另外一种强制力,则许诺在那一类社会中将只有很小的效果。这就划分了我们公共义务和私人义务的界限,并且表明,私人义务依靠于公共义务的程度,超过公共义务依靠于私人义务的程度。"

第八,休谟到底是一个契约论者,还是反契约论者?他不反契约论,只是主张契约背后有更根本的"基础"——私利,简单讲契约论还不够。但从正义原则的"形成和实现"来看,他又是一个契约论者。因为公共义务和私人义务的建立,必定是通过"许诺"才得以可能。因此,执政者才会掩盖这一事实,有意无意只享有"威权"而回避"义务":"我们发现,执政长官们不但不把他们的权威及其臣民的服从义务归源于许诺或原始契约这样一个基础,他们反而尽量对人民,尤其是对一般的民众,掩饰这种权威和义务是由那个根源发生的。"英国的历史现实也是"君主立宪制""议会制",在公共事务中并没有真正实现"人民主权"。政府及官员没有形式化地被人民选举产生取得人民的同意,人们的权利也没有得到政府的承诺。在公法和私法领域,政府拥有被"默认"的威权对人民施以处罚或惩罚。因此,现实地看"忠顺"于政府只是出于人民的暧昧或传统习惯,而不是去除暗昧之后的同意。"因为一个人既不能作一种自己所不知道的许诺，也不能被这种许诺的强制力和约束力所约束的。""那些以许诺或原始契约看作对于政府的忠顺的起源的政治学作家们所企图建立的一条原则，是完全正确而合理的，虽然他们力求建立那条原则时所根据的推理是谬误的、诡辩的。"休谟事实上是对于政府及其权利合法性提出质疑与批判。

第九，根据契约论原则，权利和义务必须对等，否则就是不公平、不正义的。那么执政者的责任或义务是什么，以取得臣民的忠顺呢？"执政长官也必须约定有一种交互的义务，即提供保障和安全；他只有通过向人们提供得到这些利益的希望，才能说服他们来服从自己。但是，人们如果得不到保障和安全，却遭到暴虐和压迫，于是他们就不再受他们的许诺的约束（一切有条件的契约都是这样），回到建立政府以前的那种自由状态。人永远不会那样愚蠢地同别人订立完全有利于他人的协约，而不着眼于改善自己的状况。谁要打算由我们的服从得到任何利益，他就必须明白地或默认地约定使我们由其权威获得某种利益；他不应该期望，当他不履行自己的诺言时，我们仍然会继续服从他。"维护利益的法律准则一旦消失，道德义务便不复存在。人们不应当求助于"良心"愚昧地被道德所约束。

第十，统治者是人必具有人性的弱点，一旦其难控情感、迷于私利、滥用权力、任性妄为，不能维护共同利益、社会公义，人民必当予以反抗并不被道德谴责。"我们所选举为统治者的那些人们也并不因为他们有了较高的权力和权威而在本性方面立刻变得高出于其余的人类。我们对他们的期望，不是依靠于他们的本性的改变，而是依靠于他们地位的改变，因为在他们的地位改变以后，他们就在维持秩序和执行正义方面有了一种较为直接的利益。""在我们的全部道德概念中，我们确是不会抱有像消极服从的那样一种荒谬的主张，而都一定承认在罪恶昭彰的专制和压迫的情况下可以进行抵抗。""政府仅仅是为了社会利益而成立的一个人类的发明。当统治者的暴行消除了这种利益时，它也就消除了服从的自然义务。道德义务是建立在自然义务上面的，因此，当自然义务停止时，道德义务也就停止了；而当问题使我们预见到自然义务将会在许多场合下停止、并使我们立下一个通则来调整自己在那一类事态中的行为时，则尤其是如此。"

第十一，休谟告诫人们，除非情不得已"不要革命，选择改良"："健全的政治学和道德学虽然都主张反抗最高权力是正当的，可是在人事的通常进程中，再不能有比这件事更为有害，更为罪恶的了。除了革命总是要引起动乱以外，那样一种实践还会直接趋向于推翻一切政府，并且在人类中间引起普遍的无政府状态和混乱局面。正如人数众多的文明社会离开了政府便不能自存，政府离开了最严格的服从也就完全无用。我们永远应当衡量由权威所获得的利益与不利，并借此对反抗学说的实践采取更加谨慎的态度。通常的规则要求人们服从；只有在残酷的专制和压迫的情形下，才能有例外发生。"

第十二，从改良主义出发，休谟更多强调忠顺和服从统治者。利益作为原始的契约的基础，在一个复杂的社会中私利和公利纷繁复杂、相互冲突。"一个许诺毫无疑义地把作为忠顺对象的人们确定下来；但是显而易见，人们如果在这一方面依据他们的特殊的公私利益的想法来调整他们的行为，那么他们就会陷入无穷的混乱，并且使一切政府在很大程度上成为无效的了。各人的私利各不相同；公益本身虽然永远是同一不变的，可是由于各人对于公益怀有不同的意见，所以公益同样也成为极大纠纷的源泉。"

第十三，公共权力是如何获得？休谟从历史出发，总结出五个基本方式：通过"时间"长期的占有并持续继承；在无长期占有确立的情形之下，权力的现实的占有；类似于现实占有的暴力征服；通过继承权的占有；通过成文法的占有。休谟在此的划分方式是颇值得探讨的。针对英国现实，休谟首先承认英国资产阶级"革命"的合理性，坚持立宪政府"保障公共自由"的首要性，并认为不论何种政府，人民为了维护自身利益反抗的权利都具有合法性。

（6）第十一节：论国际法。

第一，类似于自然人的法人概念的提出："政治学作家们告诉我们说，在任何一种交往中，政治团体都应当被看作一个法人；这种说法在一定程度上确是正确的,因为各国也像私人一样需要互助;同时各国的自私和野心也是战争和纷乱的永久来源。""什么地方财物占有是不稳定的,什么地方就必然有永久的战争。什么地方财产权不是根据同意而被转移,什么地方就没有交易。什么地方人们不遵守许诺,什么地方就不能有同盟或联盟。因此,和平、交易和互助的利益,就必然把个人之间所发生的正义的概念扩充到各个王国之间。"

第二,"世界上有一个十分流行的准则,就是:为国王们所立的道德体系比支配私人行为的道德体系要自由得多;这个准则虽然很少有政治家愿意公开承认,但它是被历代的实践所认可的。""基于利益的自然义务也发生于各个独立的王国之间,并且产生了同样的道德;因此,不论怎样道德堕落的人都不会赞同一个任意地自动背弃诺言或破坏条约的国王。不过在这里我们可以说,各国之间的交往虽然是有利的、有时甚至是必要的,可是其必要和有利程度都没有私人之间的交往那样大,因为离开了私人的交往,人性便完全不可能存在。"

三、参考资料

周晓亮著:《休谟哲学研究》,人民出版社1999年版。

夏纪森著:《正义与德性—哈耶克与休谟的正义理论比较研究》,上海人民出版社2009年版。

张钦著:《休谟伦理思想研究》,中国社会科学出版社2008年版。

张志林著:《因果观念与休谟问题》,中国人民大学出版社2010年版。

罗中枢著:《人性的探究——休谟哲学述评》,四川大学出版社1995年版。

雷德鹏著:《走出知识论困境之途——休谟、康德和胡塞尔的现象论探析》,人民出版社2007年版。

黄振定著:《通往人学途中—休谟人性论研究》,湖南教育出版社1997年版。

孙伟平著:《事实与价值:休谟问题及其解决尝试》,中国社会科学出版社2000年版。

陈晓平著：《贝叶斯方法与科学合理性—对休谟问题的思考》人民出版社 2010 年版。

高全喜著：《休谟的政治哲学》，北京大学出版社 2004 年版。

四、问题思考

1. 论休谟心理主义认识论及其影响。
2. 论休谟的"是"与"应当"的划分及其影响。
3. 论休谟的"道德感"、"私德"、"公德"及其意义。
4. 评述休谟的"正义观"。

第六章 卢梭、霍尔巴赫著作导读

第一节 卢梭的《社会契约论》

一、生平与著作

让·雅克·卢梭（1712—1778），法国启蒙思想家，他"竟然能远胜伏尔泰，使宗教复活，使教育改变形态，使法国民气提高，而激发了浪漫运动和法国大革命，进而影响到康德、叔本华的哲学，席勒的戏剧，歌德的小说，华兹华斯、拜伦和雪莱的诗歌，马克思的社会主义以及托尔斯泰的伦理学！诸如此类影响，使他在有史以来最具影响力的18世纪作家和思想家中，成为对后代贡献最大的一位。"[①]

卢梭的著作包括政治学、教育学、宗教和哲学、文学（小说、戏剧、诗歌、传记）、音乐、植物学诸领域。卢梭的成名作《论科学与艺术的复兴是否有助于敦风化俗》（1750）。它是法国第戎学院征文获奖论文，它奠定卢梭社会批判的基调。中文版为何兆武译，商务印书馆出版（1959年初版，1963年修订版，1997年重印本），另有我国台湾宜兰、佛光人文社会学院2003年版本：《学问与艺术之复兴是否有助于纯化风俗?》。《论人类不平等的起源和基础》（1755），同样是法国第戎学院征文论文，但未获奖。它奠定了卢梭社会批判的基础。它有四个中译本：一是1957年吴绪

[①] 威尔·杜兰:《世界文明史》第10卷，东方出版社1999年版，第3页。

译,三联书店出版。它根据 1915 年英国剑桥大学出版的《卢梭政治著作集》译出;另一是 1958 年李常山译,东林校,法律出版社出版的译名为《论人类不平等的起源和基础》译本,根据法国巴黎社会出版社 1954 年出版的勒赛克尔评注的版本译出;李平沤译本(商务印书馆,2007 年)是根据巴黎伽里玛出版社 1985 年本译出,书名按照法文原名译作"论人与人之间不平等的起因和基础",正文后面附有卢梭针对伏尔泰、费罗波里斯和一位博物学家对他这本书的批评所作的回答;高煜译本(广西师范大学出版社,2002 年),它是根据法国巴黎社会出版社 1954 年出版的勒赛克尔评注的版本译出,其中除了评注以外,还收有勒赛克尔所撰《让—雅克·卢梭》一文,对卢梭的生平、著作和思想有较详细的介绍。

《社会契约论》(1762)是卢梭政治哲学的核心著作,何兆武译本是大陆通行的版本。1958 年法律出版社译名为《民约论》,1963 年移交商务印书馆重版时更名为《社会契约论》,1980 年修订第 2 版,1982 年第三次印刷并收入汉译名著,此后多次重印,2003 年出最新修订版。另有徐百齐译本,中国台湾商务印书馆译(民国时代译本重印)。《爱弥儿:论教育;一个萨瓦牧师的信仰自白》(1762)是卢梭论教育的重要著作,中文有李平沤译本,商务印书馆 1982 年出版;同一译本,人民教育出版社,1985 年再版。《新爱洛漪丝》(1761)是书信体小说,中文有伊信译本,商务印书馆 1990—1994 年出版。另有李平沤、何三雅译本,译林出版社,1993 年出版。

《忏悔录》(1764—1770)是卢梭的自传体小说,中文译本:第一部,黎星译,人民文学出版社;第二部,范希衡译,人民文学出版社 1980 年;2008 年出版了二者合译的《忏悔录》全本。另外的译本有:陈筱卿译本,译林出版社,1995/1998 年;马振骋译本,上海译文出版社,1997 年。《对话录:让—雅克审判卢梭》(1772—1776)是一部自我评判的著作,有袁树仁译《卢梭评判让—雅克:对话录》,上海人民出版社,2007 年。《遐思录》(1776—1778)有如下译本:徐继曾《漫步遐想录》,人民文学出版社,1986/北京十月文艺出版社;张驰《一个孤独散步者的遐思》,湖南人民出版社,1986 年;刘阳《孤客漫步遐思录》,安徽文艺出版社,1995

年；钱培鑫《孤独漫步者的遐想》，译林出版社，2006 年；袁筱一《一个孤独漫步者的遐想》，上海人民出版社，2007 年；李平沤《一个孤独的散步者的梦》，商务印书馆，2008 年。译为中文的还有：刘阳译《卢梭自选书信集》，译林出版社，1997 年；李平沤译《卢梭散文选》，百花文艺出版社，2005 年；王运成译《论政治经济学》，商务印书馆，1962 年；王子野译《论戏剧：致达朗贝尔信》，三联书店，1991 年；洪涛译《论语言的起源：兼论旋律与音乐的摹仿》，上海人民出版社，2003 年。次外，《科西嘉制宪拟议》（Constitutional Project for Corsica，1765），《波兰政府论》（Considerations on the Government of Poland，1772），《通过欧洲联盟实现永久和平》（A Lasting Peace through the Federation of Europe，1756/1761）尚无中译本。《山中书简》（Letters Written from the Mountain，1764）尚无完整中译本。

二、原著选读

卢梭的著作及思想对后世的影响是多方面的，人们称赞他是"第一个提出人权是不受时效约束的人"，"他使有益于人的艺术重现光彩"，"他使母亲们认识到了她们的责任，并使儿童得到了幸福"。人们称赞"《社会契约论》是立法者的指路明灯"。[①] 从其一生著述看，他始终关注着人及其在社会中的自由、平等和幸福，对于人在社会中的被奴役和不平等状况充满了愤怒和谴责。而他的《论科学与艺术》《论人类不平等的起源与基础》《社会契约论》，一般被称之为具有连续性的"三论"，可以说是"社会批判"的三部曲。诚如马克思在《致施韦泽的信》所言："他始终拒绝与现存政权作任何哪怕是表面上的妥协。"因此选读其中的部分，对于理解资产阶级启蒙的政治思想很有意义。

1. 《论人类不平等的起源和基础·序·本论》导读（参阅李常山译本、高煜译本）

（1）《论人类不平等的起源与基础》的写作起因是第戎学院的有奖征

---

① 雷蒙·特鲁松著：《卢梭传》，李平沤译，商务印书馆1997年版，第 2 页。

文:"人类不平等的起源是什么?它是否为自然法所许可?"它刊登在《法兰西信使报》1753年11月号上。《忏悔录》写到:"我被这个重大问题深深吸引住了,没想到这所学院竟敢提出这个题目。不过,既然它敢提,我就有勇气来探讨它,于是我就开始动笔了。"1754年奖项被授予思想平庸的贝尔塔神甫。卢梭的论文于1755年4月被雷伊在荷兰的阿姆斯特丹出版。《论人类不平等的起源与基础》的构成,共有六个部分:"致日内瓦共和国"的致辞,与其说是对其祖国现实的赞美,不如说表达了他心目中"理想的共和国";"序"和"本论"则表达了探求问题的思路及其主要思想;论文"第一部分"着力思考了"自然人""自然状态"究竟是怎样的,从而肯定了自然人(野蛮人)最基本的两种倾向:自爱(保存自己、不受奴役、也不奴役人)、怜悯心(同情心)。这种状态是没有奴役的自由平等的"黄金时代";论文的"第二部分",他深刻地指出私有财产、私有制度的产生及其演变与强化,最终导致了富人对于穷人的剥夺、奴役、压迫,使人丧失了自由和平等,使生命失去了尊严。"文明社会与制度"是罪魁祸首,而冶金技艺和谷物生产导致了文明社会的诞生;"作者注释"则是作者深化思考、补充材料、完善论证的部分。总之,卢梭将批判的锋芒指向了以私有制为基础的资本主义文明社会。法国的勒瓦克尔的《论文介绍》,俄国的普列汉诺夫的《让·雅克·卢梭和他的人类不平等起源的学说》,德国的彼得·哥尔达美尔《介绍卢梭〈论人类不平等的起源和基础〉》,作为卓有见识的参考文献,对于后人读懂卢梭其文其人裨有其益。

阅读《论人类不平等的起源与基础》,应该注意卢梭思想的"新颖"和"矛盾"。在方法上他反对实证又力求实证,形而上地思考普遍的人性又历史地考察人性的变化;在思想上他批判现实梦想并美化往昔的自然状态,其批判是深刻的但是怀旧式的回归又是幼稚可笑的,伏尔泰的嘲笑也不是毫无道理的。这里重在批判的"破",只有在《社会契约论》中才实现了"立"。其中有些语句常常也莫名其妙,令后代解释者颇伤脑筋。

第六章　卢梭、霍尔巴赫著作导读

（2）在"序言"①中卢梭指出所要探讨的主旨，如论文题目所是：人类不平等的起源与基础。要澄清这一问题，必须从"人的知识"着手研究，即重新"认识你自己"。它作为永恒的箴言，成为哲学家最难于解决的问题。所以，卢梭开篇写道："我觉得人类的各种知识中最有用而又最不完备的，就是关于'人'的知识。我敢说，戴尔菲城神庙里唯一碑铭上的那句箴言的意义，比伦理学家们的一切巨著都更为重要、更为深奥。"卢梭希望通过研究人类本身，将人原初"固有的本性"和由于社会进步人"增加和改变的性质"予以区分。

首先，"自然人"与"社会人"，是对立的；前者是人本真的原始状态，人平等、纯朴、自由，而后者由于社会的种种原因——"知识与谬误""人的体质的变异""情感的持续冲击"，灵魂发生了改变。"人类在社会的环境中，由于继续发生的千百种原因；由于获得了无数的知识和谬见；由于身体组织上所发生的变化；由于情欲的不断激荡等等，它的灵魂已经变了质，甚至可以说灵魂的样子，早已改变到几乎不可认识的程度。我们现在再也看不到一个始终依照确定不移的本性而行动的人；再也看不到他的创造者曾经赋予他的那种崇高而庄严的淳朴，而所看到的只是自以为合理的情欲与处于错乱状态中的智慧的畸形对立。"

其次，在卢梭看来"自然人"是淳朴、平等的，"社会"使一部分人进化、一部分人退化。如何发现"自然人"的品性，确定人的"自然权利"，将自然的与社会的区分开，卢梭认为没有"实验"的途径与方法，但却考验着人类的智慧。"即便是最大的哲学家，也不见得会指导这种实验；即便是最强有力的执政者也不能进行这种实验。我们如果期待着他们双方共同协作，尤其是期待他们双方为了达到成功，肯以坚忍的精神，或者说从无穷的智慧和必要的善意共同协作，那是很不合理的。"这就为人们研究"权利"问题带来了巨大困难。

第三，思想家对于"自然法""自然权利"也莫衷一是、相互对立："罗马的法学家们竟使人类和其他一切动物都毫无区别地服从于同一的自

---

① 以下解读部分无特别注释均引文引自李常山译本，对照阅读了高煜译本。

然法，因为，他们宁可把自然法则这一名词，理解为自然加于其自身的法则，而不是自然所规定的法则。或者更确切地说，这些法学家们是从特殊的意义来理解法则这一名词，所以他们在这种场合，似乎是只用法则这一名词来表现自然在所有的赋有生命的存在物之间，为了它们的共同保存而建立的一般关系。现代的法学家们则把法则这一名词，只理解为对具有灵性的存在物，也就是说对具有智慧和自由意志，而且在他与其他存在物的关系中最被重视的那种存在物所制定的一种规则，因此他们认为自然法的适用范围，只限于唯一赋有理性的动物，也就是说只限于人。"因此，所谓的"自然法"的含义便有两种解释，一为大自然的普遍法则，一为人的普遍法则。

第四，造成这一困难的原因，最根本是由于对于"人的本性"的无知："自然法的真正的定义之所以难于确定而且模糊不清，就是因为我们不认识人的本性的缘故。布尔拉马基说过：法的观念，尤其是自然法的观念，显然就是关于人的本性的观念。他继续说道：所以正应该由人的本性、由人的体质、由人的状态来阐述这门科学的原理。"另外，人们只是从人"脱离了自然状态"的"利益关系中得出的"自然法概念，而没有真正达到人的自然状态："这些定义都是从人类并非生来就有的各种知识得出的，而且是从直到脱离了自然状态后才想到的一些利益关系中得出的。人们先是研究了人类为了共同利益而商定的各种规则，然后就把这一套规则称作自然法，其依据只是人们发现，在普遍实行这些时能产生好的结果"① 这种法并非由"自然的声音表达出来"，因为我们对于"自然人"还未弄清楚。

第五，那么必须能清楚"自然人"的"原初"的精神品性。"人的最初和最简单的精神活动"是什么呢？卢梭提出了两种先于理性的人的品性：对自己福利和自我保护的关切——自保心；不愿目睹人的同类的受难和死亡——同情心。这是有感觉的生灵——人和动物共有的品性。"人的精神能够使这两种本性协调并结合起来，并且仅仅由此便产生了所有自然

---

① 高煜译本：《论人类不平等的起源》，广西师范大学出版社2002年版，第65页。

第六章　卢梭、霍尔巴赫著作导读

权利的法则，而没有必要让人的社会性介入。"① 由此自然法并不涉及非精神性的动物，因为它并不能认识这种法，但人类对于动物同样具有保护的义务。一切社会性的不幸——恃强凌弱、暴行与压迫是人的社会化过程中产生的，即人的不幸是由人自身造成的。同时人间的"贫"和"富"、"强"与"弱"源于偶然的机遇，并非出于必然，也并非由于才智的高下。因此，现行的人类制度都是建立在沙地上，它并没有稳固的基础；作者告诫："神曾命令你作什么样的人？你现在在人类中占着什么样的位置？对此你应当有所领悟。"

（3）在"本论"中，首先，卢梭提出人类存在着两种不平等："一种我把它叫作自然的或生理上的不平等，因为它是基于自然，由年龄、健康、体力以及智慧或心灵的性质的不同而产生的；另一种可以称为精神上的或政治上的不平等，因为它是起因于一种协议，由于人们的同意而设定的，或者至少是它的存在为大家所认可的。第二种不平等包括某一些人由于损害别人而得以享受的各种特权，譬如：比别人更富足、更光荣、更有权势，或者甚至叫别人服从他们。"前者基于自然，后者基于契约。

其次，本文探讨的主题则是："在事物的演进中，在什么样的一个时机权利代替了暴力，自然服从了法律，是要说明到底由于什么样的一系列的奇迹，才使强者能够决意为弱者服务，人民能够决意牺牲实际幸福，来换取一种空想的安宁。"这只能是在私有观念基础之上产生，"富人"为了维护自身的利益欺骗穷人的把戏。

第三，卢梭在此概述了曾经研究者所的四种结论，并指出其根本错误。"研究过社会基础的哲学家们，都认为有追溯到自然状态的必要，但是没有一个人曾经追溯到这种状态。有些人毫不犹豫地设想，在自然状态中的人，已有正义和非正义的观念，但他们却没有指出在自然状态中的人何从会有这种观念，甚至也没有说明这种观念对他有什么用处。另外有一些人谈到自然权利，即每个人所具有的保存属于自己的东西的权利，但却没有阐明他们对于属于一词的理解。再有一些人首先赋予强者以统治弱者

---

① 高煜译本：《论人类不平等的起源》，广西师范大学出版社2002年版，第66页。

的权力，因而就认为政府是由此产生的，但他们根本没有想到在人类脑筋里能够存在权力和政府等名词的意义从前，需要经过多么长的一段时间。总之，所有这些人不断地在讲人类的需要、贪婪、压迫、欲望和骄傲的时候，其实是把从社会里得来的一些观念，搬到自然状态上去了；他们论述的是野蛮人，而描绘的却是文明人。"

第四，"自然状态""自然人"不是理论的实证，而仅是一种"理论的假设"或"推论"。"我们首先要把一切事实撇开，因为这些事实是与我所研究的问题毫不相干的。应当把我们在这个主题上所能着手进行的一些研究认为是历史真相，而只应认为是一些假定的和有条件的推理。这些推理与其说是适于说明事物的真实来源，不如说是适于阐明事物的性质，正好象我们的物理学家，每天对宇宙形成所作的那些推理一样。"不能运用理性实证的方式，也不能运用神意的前定方式，他认为只能在人的历史演变中去辩证地考察、推想、想象："我们只根据人和他周围存在物的性质，来猜测一下，倘若让人类自然发展的话，究竟会变成什么样子。这就是人们所要求于我的；也就是我自己想要在这篇论文里加以研究的。"他构想了那个人类曾经的"黄金时代"——"我觉得有这样一个时代，个人会愿意停留在那里；你将会追寻你愿意整个人类在那里停留的那个时代。"

2.《社会契约论·第一卷》导读（参阅何兆武译本第1—34页）

（1）卢梭在政治法律方面的主要著作除《论人类不平等的起源和基础》（1755）外，另有《社会契约论》，前书可视为《社会契约论》的基础和绪论。《社会契约论》（1762），是激进资产阶级民主派革命理论的集中概括。它在法国有两种稿本，其一为雷伊于1762在荷兰出版的通行的正本，另一为约写于1754年未出版的《日内瓦手稿》本。两种稿本大致相同，文字稍有出入。后者第一卷第二章和第五章是正本中所没有的。该书早在本世纪初就被我国著名学者严复译为中文，以《民约论》为名在杂志上连载；1958年法律出版社出版何兆武译《民约论》，1963年移交商务印书馆重版时更名为《社会契约论》，1980年修订第2版，1982年第三次印刷。全书共4卷48章，阐述了政治权利的原理。译者何兆武先生在"译者前言"中将其主题概括为："人是生而自由平等的，国家只能是自由的人

第六章 卢梭、霍尔巴赫著作导读

民自由协议的产物,如果自由被强力所剥夺,则被剥夺了自由的人民有革命的权利,可以用强力夺回自己的自由;国家的主权在人民,而最好的政体应该是人民共和国。"

《社会契约论》以反对封建专制、倡言民主共和、主张人民主权为其主题和中心内容,提出了富于革命性的宪政理论。全书第一卷是其宪政理论形成的基础与前提。卢梭提出,奴隶制是非法的、荒谬的,自由、平等、获得幸福是天赋的不可用强力剥夺的人权。一个自由、平等、公正的社会秩序不会运用强力而建立,自由平等的权利绝不会通过强力而获得。它必须通过社会契约建立,在公共意志基础上建立的就是人民主权。全书第二卷集中阐述了作为宪政根本的人民主权原则。主权作为公共意志是为了获得全体人民的幸福、维护共同的利益,是不可转让的;主权作为共同体的意志是立法的前提,是不可分割的;由于公共意志以共同利益为依归,因此永远不会错误。法律作为共同意志的体现和政治共同体的保证,是不能被任何个人任意篡改的。全书第三卷是卢梭的"政府论"。作者论述了政府建立的必要性及其职能。立法权绝对属于人民,而行政权、执行权则是政府,它是个人与共同体之间的一个中介,执行法律并维护社会的政治的自由。他还详细分析了政府建立的不同形式、分析了各自不同的特点、适合不同的国度。一个好政府则是一个"重公益而去私利"的政府,全体的利益永远高于私人的利益。作为公共意志的法律也不是永恒的不可变更的,只要全体人民愿意就可以破旧立新。全书第四卷具体讨论了政府官员的产生、监督,反思了罗马公民大会的民主原则,讨论了人民宗教诸问题。卢梭的分析论述既有原则性,又有灵活性、具体性,为人们建立人民主权基础上的人民共和国、为保障人自由平等幸福的权利,提供了卓越的理论思考。

《社会契约论》是世界政治法律学说史上最重要的经典之一,是震撼世界的1789年法国大革命的号角和福音书。它阐述的许多原则原理不仅在革命之初被载入法国《人权宣言》等重要文献中,还被美国作为立宪的基础,在长时期里成为资产阶级的政治法律制度的基石。卢梭的思想对后世思想家们理论的形成有重大影响。

（2）《社会契约论》第一卷开篇写道："我要探讨在社会秩序之中，从人类的实际情况与法律的可能情况着眼，能不能有某种合法的而又确切的政权规则。在这一研究中，我将努力把权利所许可的和利益所要求的结合在一起，以便使正义与功利二者不致有所分歧。"首先阐明了全书探讨的宗旨：探讨合于正义的切实可行的政权规则，使"权利所许可的和利益所要求的"一致，使"正义与功利"相一致。即政权的规则必符合正义又能够正义地维护社会的功利。卢梭将此研究视为一个自由国家的公民的义务。第一卷共分为九章，其思想分述如下：

第一章第一卷的题旨，人是生而自由的，为何却生活在枷锁之中？这一问题是在《论人类不平等的起源与基础》中提出，但却悬而未决的问题。在本书中，作者鲜明地指出：这是因为我们生活在一个受强力支配的、为人们所约定的"主人"与"奴隶"的社会秩序之中。强权政治、强权制度是罪魁祸首。但是，强力所建立的法则必然可通过强力来摧毁，约定所建立的法则必然可以重新约定。在这样一个社会秩序中，主人与奴隶都在枷锁中，都没有自由。主人的自由随时都会被奴隶用强力剥夺。这也是黑格尔在《精神现象学》中"主奴辩证法"所揭示的原理。卢梭还指出："社会秩序乃是为其他一切权利提供了基础的一项神圣权利。然而这项权利绝不是出于自然，而是建立在约定之上的。"人为的自觉的"制度创建"是自由平等权利的基础与保障。这也是马克思后来谈到的，黑人并非黑奴，只是由于奴隶制才将黑人变为黑奴，使他们丧失了黑人的权利。

第二章论原始社会，尽管"家庭"不是人类社会最初的组织形式，但卢梭将社会追溯至家庭，认为最古老的自然社会的组织是家庭，子对父最初的依赖关系是出于"自然需要"，并不是必然的"依附关系"。夫妻、父子的关系最终是约定的产物。家庭是政治社会的原始模型，二者都是"约定"关系，但二者又不相同，因为家庭还有父子之爱。因此，首领、君王与人民并不必然是统治与被统治的依附关系，而是出于意愿的约定关系。因为，人都生而自由平等——天赋人权，人性的首要法则是"维护自身的生存"，每个有理智的人都是自己做主自由的主人，而不必然是受君王驱使、由君王做主的奴隶。君王不是神明，人民不是畜生。格老秀斯、霍布

第六章　卢梭、霍尔巴赫著作导读

斯的观点之所以错误,便是以君王是神明、以人民是畜生。他们仅从所谓的"事实"出发,而没有反思事实。亚里士多德的错误在于倒果为因,并没有天然的奴隶,是奴隶制度使自由人成为奴隶。"奴隶们在枷锁之下丧失了一切,甚至丧失了摆脱枷锁的愿望;他们爱他们自己的奴役状态,有如优里赛斯的同伴们爱他们自己的畜生状态一样。因而假如真有什么天然的奴隶的话,那只是因为已经先有违反了天然的奴隶。强力造出了最初的奴隶,他们的怯懦则使他们永远当奴隶。"

第三章论最强者的权利,最强者的权利,在于将"强力转化为权利,把服从转化为义务"。强者统治的权利与弱者服从的义务的建立,通过强力才得以可能,但是却永远不能得以稳固。"强力是一种物理的力量,我看不出强力的作用可以产生什么道德。向强力屈服,只是一种必要的行为,而不是一种意志的行为;它最多也不过是一种明智的行为而已。"因为它并不是出于人的意志行为,仅是一种不得不如此的必要的明智行为。强力并不建立普遍稳定的权利与义务关系,也不能成为真正权利的基础。只有合乎正义的法权的确立,只有建立在人民自由意志约定的权利与权威,才会产生稳定普遍的权利与义务关系。强力是一种丛林法则,而不是一种理性法则。它将永远使人类处于战争状态。它并不形成真正的"权利"。"因为只要形成权利的是强力,结果就随原因而改变;于是,凡是凌驾于前一种强力之上的强力,也就接替了它的权利。只要人们不服从而能不受惩罚,人们就可以合法地不再服从;而且,既然最强者总是有理的,所以问题就只在于怎样做才能使自己成为最强者。"因此卢梭得结论是:"强力并不构成权利,而人们只是对合法的权力才有服从的义务。"

第四章论奴隶制,卢梭指出:"既然任何人对于自己的同类都没有任何天然的权威,既然强力并不能产生任何权利,于是便只剩下来约定才可以成为人间一切合法权威的基础。""个人自由"权利是神圣不可剥夺的,奴隶制、专制制度是违反人性、不合理的。

首先,自我做主、做自己的主人的自由意志是不可转让的,转让就是"奉送"与"出卖"。全体人民或个人这样去做——将自己出卖给君王,都是不合理的。这意味着个人健全理智的丧失,或全体人民的疯狂。因为

"放弃自己的自由，就是放弃自己做人的资格，就是放弃人类的权利，甚至就是放弃自己的义务。对于一个放弃了一切的人，是无法加以任何补偿的。这样一种弃权是不合人性的；而且取消了自己意志的一切自由，也就是取消了自己行为的一切道德性。"

其二，战争并不产生奴役的权利。"人类生存于原始独立状态的时候，彼此之间绝不存在任何经常性的关系足以构成和平状态或者战争状态；所以他们就天然地绝不会彼此是仇敌。构成战争的，乃是物的关系而不是人的关系。既然战争状态并不能产生于单纯的人与人的关系，而只能产生于实物的关系；所以私人战争，或者说个人与个人之间的战争，就既不能存在于还根本没有出现固定财产权的自然状态之中，也不能存在于一切都处于法律权威之下的社会状态之中。"构成个人战争状态的，最根本的体现了"物"的关系，而不在于人与人的关系。但在自然状态和法制健全的状态，不存在个人战争。国与国之间的战争，并不以人为敌，不是针对公民而仅仅是针对士兵；它意在使敌人屈服并获取相应的利益，而不以杀人为目的。

其三，卢梭的结论是：奴隶制、君主专制是荒谬的、反人性的、非法的。"无论我们从哪种意义来考察事物，奴役权都是不存在的；不仅因为它是非法的，而且因为它是荒谬的，没有任何意义的。奴隶制和权利，这两个名词是互相矛盾的，它们是互相排斥的。"奴隶主的法则就是："我和你订立一个担负完全归你而利益完全归我的约定；只要我高兴的话，我就守约；而且只要我高兴的话；你也得守约。"

第五章论总需追溯到一个最初的约定，"镇压一群人与治理一个社会"，二者具有天壤之别。前者为"聚集"后者为"结合"。君主专制没有公共幸福，也不能形成政治共同体。政治共同体的建立，必须有一个最初的约定——每个人的权利和义务对等的约定，一个真正建立在道德基础上的公正的约定。"镇压一群人与治理一个社会，这两者之间永远有着巨大的区别。即使分散着的人们——相继地被某个个人所奴役，无论他们的人数可能有多少，我在这里就只看到一个主人和一群奴隶，我根本没有看到人民和他们的首领；那只是一种聚集，如果人们愿意这样称呼的话，而

第六章 卢梭、霍尔巴赫著作导读

不是一种结合;这儿既没有公共幸福,也没有政治共同体。这个人,哪怕他奴役了半个世界,也永远只是一个个人;他的利益脱离了别人的利益,就永远只是私人的利益。如果这个人归于灭亡,他的帝国也就随之分崩离析,就像一棵橡树被火焚烧之后就消解而化为一堆灰烬一样。"

第六章论社会公约,首先,卢梭设想:"人类曾达到过这样一种境地,当时自然状态中不利于人类生存的种种障碍,在阻力上已超过了每个个人在那种状态中为了自存所能运用的力量。于是,那种原始状态便不能继续维持;并且人类如果不改变其生存方式,就会消灭。"克服自然给人造成的生存障碍,促使了个人力量的结合与结合方式的产生。这一设想尽管从人类的生存出发,基于人具有"自我完善的能力",但是仅仅是一个设想而已。后来恩格斯借助摩尔根的《古代社会》丰富的人类学材料,所写出的《家庭、私有制及其起源》,才对这一问题提供了更为合理可信的论证。

其次,卢梭从自己的假设出发,提出社会契约的普遍必然原则只能是:"要寻找出一种结合的形式,使它能以全部共同的力量来卫护和保障每个结合者的人身和财富,并且由于这一结合而使每一个与全体相联合的个人又只不过是在服从自己本人,并且仍然像以往一样地自由。"这一高度形式化的原则,是一种理性的必然的契约论的应然原则。其核心在于维护"自由、平等、独立人格"这一崇高神圣的价值原则。其继承并高扬了西方近代的自由精神,反对专制奴役制度,捍卫每个个体的人格尊严。这一精神否定了神权政治、君主专制,并被德国古典哲学发挥到了极致。

第三,卢梭的先验原则具有强烈的理想化的乌托邦精神。它要求个体毫无保留的"全部奉献",要求个体对于"权利"的毫无保留、"联合体尽可能的完美",并认为由此以来人们可以获得个人让渡的全部权利。这种带有共产主义色彩的思想,忽视了人及其社会历史的复杂性、差异性。特别是在财产私有这一前提下,在道德水平差异不等的现实中,是很难实现的。因为,人不是大小相同的单子。社会共同体也不是单子的结合。

第四,卢梭将社会契约的本质简化为:"我们每个人都以其自身及其全部的力量共同置于公意的最高指导之下,并且我们在共同体中接纳每一个成员作为全体之不可分割的一部分。"由此形成一个公共人格、道德人格。它可不同地称为：国家、主权者、政权、人民、公民、臣民。卢梭的"公意"——公共意志也是一个饱受争议的概念，因为完整的、完美的、绝对共同的意志是不存在的，其原因就在于人不是莱布尼茨的单子。难怪有人将卢梭解读为极权主义的始作俑者。但是从人人平等、主权在民、倡言共和、法律神圣不可践踏这一视角看，它又具有极大的合理性。

第七章论主权者，首先，主权者是最高的神圣的政治共同体，一旦约定所有的臣民都必须遵守它，受它的规约。社会契约缔结就意味着："结合的行为包含着一项公众与个人之间的相互规约；每个个人在可以说是与自己缔约时，都被两重关系所制约着：即对于个人，他就是主权者的一个成员；而对于主权者，他就是国家的一个成员。"卢梭强调，它只是宜于公法而不是私法；主权者可以约束个人，而个人是不可以约束共同体；共同体可以立法，包括更改法律；共同体可以对外订约，单个人不能，但是他不能损害共同体的利益。

其次，由此结成的是一个"利益共同体"，其中每个人受共同体保护。"一旦人群这样地结成了一个共同体之后，侵犯其中的任何一个成员就不能不是在攻击整个的共同体；而侵犯共同体就更不能不使它的成员同仇敌忾。这样，义务和利害关系就迫使缔约者双方同样地要彼此互助，而同是这些人也就应该力求在这种双重关系之下把一切有系于此的利益都结合在一起。"第三，主权者——国家共同体如何才能确保臣民的忠诚，从而不使其解体？一旦主权者违背公意，损害或不能保障臣民的利益，就会导致其毁灭。"主权者既然只能由组成主权者的各个人所构成，所以主权者就没有、而且也不能有与他们的利益相反的任何利益。"

第四，它"应当"体现了公共意志、维护公共利益。卢梭坚定认为，公意绝不会错。① 对于拒不服从公意者，就要强迫其服从。"任何人拒不服从公意的，全体就要迫使他服从公意。这恰好就是说，人们要迫使他自由；因为这就是使每一个公民都有祖国从而保证他免于一切人身依附的条件，这就是造成政治机器灵活运转的条件，并且也唯有它才是使社会规约

---

① 参见《社会契约论》第二卷、第三章"公意是否会错误"。

第六章 卢梭、霍尔巴赫著作导读

成其为合法的条件"。

第八章论社会状态,首先,卢梭在此改变了《论人类不平等的起源与基础》中对于"自然状态""自然权利"的赞美,对通过契约所形成的公正的法治社会予以肯定、赞美。他认为,由自然状态进入社会状态,人们"正义就代替了本能",义务代替了生理冲动,权利代替了奢欲,人的行动就具有了道德性。"由自然状态进入社会状态,人类便产生了一场最堪注目的变化;在他们的行为中正义就代替了本能,而他们的行动也就被赋予了前此所未有的道德性。唯有当义务的呼声代替了生理的冲动,权利代替了嗜欲的时候,此前只知道关怀一己的人类才发现自己不得不按照另外的原则行事,并且在听从自己的欲望之前,先要请教自己的理性。"

其次,天然的自由换来了社会的自由、道德的自由。道德的自由使自己成为自己真正的主人。"人类由于社会契约而丧失的,乃是他的天然的自由以及对于他所企图的和所能得到的一切东西的那种无限权利;而他所获得的,乃是社会的自由以及对于他所享有的一切东西的所有权。为了权衡得失时不致发生错误,我们必须很好地区别仅仅以个人的力量为其界限的自然的自由,与被公意所约束着的社会的自由;并区别仅仅是由于强力的结果或者是最先占有权而形成的享有权,与只能是根据正式的权利而奠定的所有权。""我们还应该在社会状态的收益栏内再加上道德的自由,唯有道德的自由才使人类真正成为自己的主人;因为仅只有嗜欲的冲动便是奴隶状态,而唯有服从人们自己为自己所规定的法律,才是自由。"

第九章论财产权,首先,"财产"权利构成人们生存的基础,也成为人们幸福的保证。卢梭在《政治经济学》中说:"财产是政治社会的真正基础,是公民订约的真正保障。"其重要性自不待言。这也是卢梭在第一卷最后一章专题探讨它的缘由。他认为,国家是财富的主人,特定国家拥有特定臣民全部的财富。"集体的每个成员,在集体形成的那一瞬间,便把当时实际情况下所存在的自己——他本身和他的全部力量,而他所享有的财富也构成其中的一部分——献给了集体。"

其次,财产权作为一种权利,只有通过主权才得以确立、确认。"最初占有者的权利,虽然要比最强者的权利更真实些,但也唯有在财产权确立之后，才能成为一种真正的权利。"特定臣民（个体）的财富是受限制的，他不应当占有并享有一切财富。土地作为最初的占有权利，应该予以有条件的承认——"先占原则"。它要符合下列条件："首先，这块土地还不曾有人居住；其次，人们只能占有为维持自己的生存所必需的数量。"

第三，人们之占有这块土地不能凭一种空洞的仪式，而是要凭劳动与耕耘"。特定个体如果无限占有了土地，必然是通过篡夺，而不会是"劳动"。那些古代君王"他们就既领有土地，同时又确实领有土地上的居民"，就是篡夺并带来了人身的依附与奴役。第四，真正的"政治共同体"，"集体在接受个人财富时远不是剥夺个人的财富，而只是保证他们自己对财富的合法享有，使据有变成为一种真正的权利，使享用变成为所有权。于是享有者便由于一种既对公众有利、但更对自身有利的割让行为而被人认为是公共财富的保管者，他们的权利受到国家全体成员的尊重，并受到国家的全力保护以防御外邦人"。卢梭在这里区分了财产的"享有权"和"所有权"的不同，承认了个人财产的合法性。所有权并不是剥夺个人的享有权，只是保证其财产的合法享有性。

在第一卷的最后，卢梭总结道："基本公约并没有摧毁自然的平等，反而是以道德的与法律的平等来代替自然所造成的人与人之间的身体上的不平等；从而，人们尽可以在力量上和才智上不平等，但是由于约定并且根据权利，他们却是人人平等的。"由此人最基本的权利、一切权力的基础——自由、平等，便得以维护。

三、参考资料

赵立坤著：《卢梭浪漫主义思想研究》，中国社会科学出版社2008年版。

《西方著名哲学家评传》（第5卷），山东人民出版社1984年版。

吉尔丁著：《设计论证——卢梭的〈社会契约论〉》，尚新建、王凌云译，华夏出版社2006年版。

［法］罗曼·罗兰著：《卢梭的生平和著作》，王子野译，三联书店1995年版。

李平沤著:《主权在民 Vs 朕即国家:解读卢梭〈社会契约论〉》,山东人民出版社 2001 年版。

[法]托克维尔著:《旧制度与大革命》,冯棠译,商务印书馆 1992 年版。

皮尔逊著:《尼采反卢梭:尼采的道德·政治思想研究》,宗成河等译,华夏出版社 2005 年版。

[意]德拉-沃尔佩著:《卢梭与马克思》,重庆出版社 1993 年版。

普拉特纳著:《卢梭的自然状态——〈论不平等的起源〉释义》,尚新建、余灵灵译,华夏出版社 2008 年版。

[法]雷蒙·特鲁松著:《卢梭传》,李平沤译,商务印书馆 1997 年版。

[德]卡尔·洛维特著:《从黑格尔到尼采》,李秋零译,三联书店 2006 年版。

[美]列奥·施特劳斯著:《自然权利与历史》,彭刚译,三联书店 2003 年版。

[德]施密特著:《政治浪漫派》,冯克利、刘锋译,上海人民出版社 2004 年版。

[德]卡西尔著:《卢梭·康德·歌德》,刘东译,生活·读书·新知三联书店 2002 年版。

[德]卡西尔著:《卢梭问题》,王春华译,译林出版社 2009 年版。

[法]涂尔干著:《孟德斯鸠与卢梭》,李鲁宁等译,上海人民出版社 2006 年版。

[德]费希特著:《论学者的使命·人的使命·第五讲》,梁志学、沈真译,商务印书馆 1984 年版。

[美]保尔·德·曼著:《阅读的寓言:卢梭、尼采、里尔克和普鲁斯特的比喻语言》,沈勇译,天津人民出版社 2008 年版。

[美]布卢姆著、张辉选编:《巨人与侏儒》,华夏出版社 2003 年版。

凯斯·安塞尔-皮尔逊著:《尼采反卢梭:尼采的道德——政治思想研究》,宗成河、孙磊、熊文弛译,华夏出版社 2005 年版。

刘小枫、陈少明著：《卢梭的苏格拉底主义》，华夏出版社 2005 年版。

朱学勤：《书斋里的革命》，云南人民出版社 2006 年版。

朱学勤：《道德理想国的覆灭——从卢梭到罗伯斯庇尔》，上海三联书店 2003 年版。

赵林著：《浪漫之魂——让-雅克·卢梭》，武汉大学出版社 2005 年版。

［法］罗曼·罗兰著：《卢梭传》，陆琪译，华岳文艺出版社 1982 年版。

于凤梧著：《卢梭思想概论》，北京师范大学出版社 1986 年版。

法兰西斯·韦渥：《卢梭》，新华出版社 1988 年版。

四、问题思考

1. 分析比较霍布斯、洛克、卢梭的人性预设及其价值追求。
2. 卢梭"主权"概念的基础、原则、方法及其制度设计。
3. 卢梭《爱弥儿》教育观及其评述。
4. 卢梭矛盾人格分析。

第二节　霍尔巴赫的《自然的体系》

一、生平与著作

霍尔巴赫（原名：保尔·亨利希·梯德利希 1723—1789），法国启蒙思想家、"百科全书"积极的支持者与撰稿人。反对神学、倡导科学、崇尚自然、实现人自身的幸福，构成其思想的主题。他的著作有以下几类：他积极地参加了《百科全书》的编纂工作，编写了自然科学，特别是化学和矿物学部分的条目；翻译出版了诸多自然科学著作，如瓦勒留的《矿物学，或物质通论》（1754 年）、兴克尔的《矿物学入门》（1756 年）、哥勒特的《冶金化学》（1758 年）、累曼的《论物理学、自然史、矿物学和冶金学》（1759 年）等，还翻译有英国文学家斯威夫特的《安妮女王朝代最后四年的历史》（1765 年）、卢克莱修的《物性论》（1768 年）等；撰写了十余部无神论的著作。《袖珍神学，或简明基督教辞典》（1767 年），这一本小册子从形式到内容都是讽刺性的，它选列了若干宗教术语加以诠释，极尽嬉笑怒骂之能事，是一部通俗的战斗无神论的著作。中文文本由单志澄、周以宁译，商务印书馆作为汉译名著出版。《健全的思想——或和超自然观念对立的自然观念》1772 年出版，以后多次再版，并译成了多种文字，得到广泛的流传，发生了巨大的影响。中文译本为王荫庭翻译，商务印书馆 2006 年出版。作者的无神论著作，影响较大的还有《揭穿了的基督教，对基督教的原则和后果的考察》和《神圣的习染，或迷信的自然史》等书。《自然政治论》（1773 年）由陈太先、眭茂翻译，商务印书馆 1994 年出版。《自然政治论》也可译为《自然政治，或政府的真正原则》作者从所谓的"自然法"的理论出发，对当时的国家制度、政府、社会、司法行政、外交政策和伦理道德诸方面，都进行了最无情的批判，同时也根据唯理论的观点提出了自己的治国安邦的原则，企图建立起一个"理性的王国"。霍尔巴赫所有著作从系统性、完整性、哲理性看，则是《自然的体系》，1770 年出版，分上下两卷。它被诸多哲学史家誉为十八世纪"唯物主义的圣经"或"无神论的圣经"。中文译本为管士滨所译，商务印书馆分别于 1964 年、1977 年出版了上下两卷。霍尔巴赫的著作译为中文数目有限，比如《社会体系，或道德学和政治学的自然原则》（1773 年）、《道德政治、或以道德为基础的政府》（1776 年）、《普遍伦理学或论以自然为基础的人类义务》（1776 年）、《欧洲人……哲学政治史》（1779 年）均无中译本。

二、原著解读

（一）霍尔巴赫的《自然的体系》

霍尔巴赫《自然的体系，或物质世界和精神世界的法则》1770 年假托"密拉波"之名出版于荷兰的阿姆斯特丹。甫一问世，便于同年 8 月被巴黎法院判处公开销毁；11 月罗马教皇将其列入《禁书目录》。霍尔巴赫与百科全书派的诸多思想家一样,他们不是为名利而著述,而是为科学、为真理、为人类共同的福祉、为自由权利而战斗。为了避开政府和教会的迫害,他们的许多著作都采取了匿名的方式在国外出版。

《自然的体系》的写作,有多种多样的成因。从社会方面看,霍尔巴赫所生活的法国,是君主专制、横征暴敛、等级森严的国度,阶级对立和社会矛盾空前尖锐:"整个民族分成三个等级,每个等级又再分成许多阶层,人民备受专制压迫与社会不平等之苦。贵族分成几类,一是宫廷权贵,靠着国王的恩宠度日,也就是靠人民供养,他们得到的是某几省的军区长官或高级军职;另外一类是暴发户新贵族,他们充当行政长官,被授予巡按使之职,占据各种文官职位;还有一类是穿袍贵族,执掌司法,而且只有他们才可以担任此职;最后还有一类是地主贵族,他们运用在政治权利被取消后仍然保有的封建私法,对农村进行压迫。僧侣分成两个阶层,一个是收入丰厚的主教和大修道院长,一个是穷苦的布道传教者。第三等级,既受宫廷压榨,又受贵族欺凌,也分成许多按照各自利益组成、但互相敌对的行会。第三等级仅拥有将近三分之一的土地,而靠着这点土地,还要向领主缴纳封建地租,向教会缴什一税,向国王缴赋税。尽管它作出这样多的贡献,却享受不到任何政治权利,不得参与政事,也不得担任公职。"[①] 因此反对封建专制和僧侣等级制就成为必然。从个人方面看,霍尔巴赫具有丰富的自然科学知识,并结交了一批百科全书派的思想家,深受其影响。自然唯物主义成为攻击宗教思想的利器。只有揭露宗教这一封建王权的意识形态的天国谎言,才能摧毁封建专制制度,获得现实的自由、平等、幸福。

霍尔巴赫鲜明提出,人的全部不幸在于藐视自然的研究,仅仅去追求一些幻影。由此人才陷入形而上学的迷雾,陷入被宗教神圣化的谬误,丧失了现世的幸福与权利。为了维护真理,为了维护人类的福利,《自然的体系》的最终目的在于:"引人重新回到自然,把宝贵的理性还给他,让

[①] 米涅著:《法国革命史·导论》,北京编译社译,郑福熙校,商务印书馆2010年版,第12页。

第六章　卢梭、霍尔巴赫著作导读

他珍爱美德,把遮盖着确实能引人走向他所祈望的真福之唯一路途上的重重暗影驱散"。"愿他学会认识他的本质和合法权利;愿他求教于经验而不求教于被权威引入歧途的想象;愿他放弃童年时代的成见;愿他把道德建立在他的本性、他的需要、以及社会提供给他的真实利益之上;愿他敢于爱自己;愿他为自己的幸福同时也为别人的幸福而劳动;一句话,为了要在尘世生活得幸福,愿他理智而有德行,不再分心于那些危险的或无用的梦幻吧。"①

管士滨先生在《译者序》里写道:"《自然的体系》是一部纯粹的哲学著作,但又绝不是一部塞满艰深晦涩的奇特术语的不可思议的天书。它是通俗易懂的、情文并茂的、有血有肉的。它是一个生活在十八世纪法国革命前夕的进步思想家思想情感的真实反映。作者对当时的暴政和宗教所表现的强烈的憎恨、对备受压迫和愚弄的不幸的广大人民所流露出的深厚的悲悯心情,使人受到感动;而且人们也几乎透过字面隐隐听到革命的战斗号召,从字里行间嗅到强烈的革命气息。《自然的体系》这部书所具有的这种独特的魅力,也许正是另一种原因,使得统治阶级读了感到惊慌失措、寝食不安,进步的人民读了感到欢欣鼓舞、勇气倍增的缘故吧。"这些结论印证了福柯知识与权力密切相关的论断,新知识构建的是新的秩序和权力。

《自然的体系》自然唯物主义的世界观,也许诸多观点过时了,但是其时代的政治意义是巨大的;它科学主义的实证方法,具有明显的局限性;将人和社会用自然物质的方式解释,并最终建立在自然物质的基础上,甚至是可笑的,但从纯自然科学的意义上看依然还有一定意义。

(二)《自然的体系》(上卷:论自然及其规律;论人;论灵魂及其能力;论灵魂不死的教义;论幸福。)导读②。

第一章论自然;第二章论运动及其起源。

这一部分内容概述起来即是:世界是物质自然的总体,人是物质自然

---

① 霍尔巴赫著:《自然的体系》(上),管士滨译,商务印书馆1999年版,第3页。
② 以下部分如不特别注出,引文与问题请参照管士滨译本相关章节。

的产物，是它的一部分；它是绝对运动的，是按必然法则运动、受必然法则支配的。其动力在自然之中而不在自然之外。

首先，作者开篇就将目光聚焦于"人"，指出：人是自然的产物，在自然之中而不能超出自然之外，人的思维也是如此；人是大自然整体的一部分，并受大自然的影响；在大自然之前，一切都是无，人对超自然的事物不能有真观念。

其次，霍尔巴赫指出，将人区分为精神和肉体，是一个谬误。人归根结底是肉体的存在。肉体是自然的产物。人的精神性活动都是"物理性"活动。霍尔巴赫的理论亮点在于，从人的生存活动解释人的精神及其产品。"人类的精神，为了变更或改进自己的生存方式，或为使自己更幸福而不断发明的一切，都不全是人的固有本质以及影响与人的那些事物的固有本质所产生的后果。"因此，肉体的人、精神的人、野蛮的人、文明的人、幸福的人，都是在一定层次、一定角度自然的人。

第三，人要乞教于"物理学和经验"。在霍尔巴赫看来，人由于不认识自然的法则及其必然性，才陷于错误与不幸之中，才创造了种种的神，并成为他希望和畏惧的对象。人由于不认识自己的"本性、倾向、需要和权利"，才沦为奴隶；不认识自己和同类之间的关系，才既没有责任也没有幸福可言。因此，长期以来人类因循守旧、科学踯躅不前，陷于宗教的神奇想象和恐惧之中。从前的一切关于人的科学，只不过是"由谎言、暧昧的思想、矛盾所凑成的一个垃圾堆。"探求物理法则，以经验为向导，崇尚理性，打开宇宙中长长的因果链，才是科学之正途。

第四，何为自然？"自然，从它最广泛的意义来讲，就是不同的物质、不同的组合、以及我们在宇宙中看到的不同的运动的集合而产生的大的整体。自然，狭义地讲，或是在每一个存在物内部加以观察的自然，乃是由本质，就是说，由于有别于其它存在物的特性、组合、运动或活动方式所产生的整体。"人、动物等作为存在物的小整体，是与自然的大整体普遍必然地联系着的。自然不是像宗教似的"人格化"的存在。为自己幸福而劳动是人的本质，自然法则就是自然的本质——它是事物存在和运动的根据。

第六章　卢梭、霍尔巴赫著作导读

第五，霍尔巴赫认为："运动就是一种努力，由于这种努力，一个物体改变或倾向于改变位置。""只是由于运动，这些事物才给我们印象，我们才认识它们的存在，判断它们的性质，把它们彼此加以区分，把它们归于不同的种类。"因此，他将运动基本视为机械性位移，又将运动看做万物被认识的原因，因为每一存在物"是能够产生、接受和传达各式各样的运动的。"人正是器官受到物体运动产生的直接或间接的作用，引起我们内部的变化、才为我们所认识。霍尔巴赫的宇宙观——世界观，是整体主义、自然主义的观念，并坚信宇宙中具有必然而完整的因果链，自然在永恒不变法则（规律）的支配下，不断复制着因果链、永恒运动。

第六，围绕我们的存在物的运动可分两类：一种是"整体的运动"，另一种是"内在的和隐藏的运动"。也可以说，霍尔巴赫将运动分为"宏观的外在机械运动"和"微观的分子的内在于事物的运动"。"智能、思维、情感、意志"是发生于人身之内的运动。除此分类阐述而外，他还将自然物质划分为"获得运动"与"自发的运动"，前者是凭借外力、受动的，后者是凭借自己的能力、能动的；由单一原因或复杂原因引发的运动，可区分"单纯的运动"和"复杂的运动"。无论何种运动都是因果关系及其必然法则的表现。事物按照特殊方式"行动和运动"，就是按法则运动——它是事物"特有的能"以及所接受"它物的能"所决定的。这是"唯能论"的最早体现。

第七，霍尔巴赫用较丰富的科学知识证明，宇宙中万物都在运动。自然的本质就是运动。运动是绝对的，静止是相对的。"总之，自然就是一个活动着的整体，如果它不活动，或是在自然里没有运动，什么也不能产生，什么也不能保存，什么也不能活动，那么自然也就不成其为自然了。""运动乃是存在的一种方式，它是从物质的本质中必然产生的；物质由于它自己特有的能而活动；它的运动产生于它固有的力；而各式各样的运动以及由运动产生的各式各样的现象，是从原来就存在于以自然为其总体的不同的原始物质中的各种特性、性质和组合而来的。"

第八，运动的动力不在自然之外，不存在超自然的动力。"假如人们不带成见去观察自然，可能老早就会相信，物质是由于它自己固有的力而活动，并不需要任何外在的推动使它运动。""运动在物质之内是自行产生、自行增长、自行加速，并不需要任何外因的帮助；……这个运动就是各种元素以及它们不同组合所固有的本质和特性的不变法则的必然结果。"无机物、有机物、人及其相互的转化都可视为运动。将运动之力无穷追溯到一个超自然的、人格化的、精神的存在，认为他从虚无中创生了万有，"从虚无而生，或创造，只不过是一句空话而已"。

第九，关于物质及其运动，其"元初的始基"问题，也就是从古希腊以来自然哲学所穷追的问题，霍尔巴赫表达了这样一种"信念"：自然物质及其运动一向存在、永远存在，无始无终永处于运动变化之中。自然"按照每类物质以及它们每一种组合所特有的本质和能力，以不同的方式活动和运动。生存的前提，就是在存在的事物中必然含有某些属性，它的活动方式便必然从它存在的方式中产生。"笛卡尔就是这样认为的。物质及其运动是一个"事实"，是被自然科学验证的事实。恩格斯后来认为，（自然）唯物主义随着科学的每一次发现被不断证实。这一信念最早被巴门尼德表述：存在者存在是真理之路。恩培多克勒的"种子说"（同类素），德谟克利特的"原子说"，都表达了这一"信念"、"假说"。但是，只是到了近代随着自然科学分门别类的发展，才被不断证实并强化。但是这一信念、假说，直到当代都未能完全证实，从来都有质疑的声音。因为人类还行进在不断认知的路途中，人是一个有限的存在，而始源性的、终极性的问题，人只可去猜想、假设、并不断用科学的方式予以前溯性探求，但永远都无法得到完全的证实。因此"本体论"的唯心论或唯物论问题，被现代哲学作为形而上学问题抛弃，被后现代哲学作为整体主义的宏大叙事予以解构。

第十，霍尔巴赫并没有以物质运动的普遍性，取消类物质运动法则、个体存在的特殊性，而是强调后者的独特性。同时他还强调自然之中由于相互作用、环境变化，类物质、自然个体法则（规律）的变化性。"它们的运动层出不穷；它们交替而为原因和结果；它们就这样地形成一个生与灭、组合与解体的巨大的圆圈，这个圆圈既不曾有开端，也永远不会有终结。一句话，自然不过是不断互生的原因和结果结成的一条无限漫长的锁

第六章 卢梭、霍尔巴赫著作导读

链。"自然就像不死鸟不断从燃烧的灰烬中诞生。由此既可理解霍尔巴赫反宗教神学的底气何来,也可理解他对于自然科学扫清道路的重要意义。但是这种自然唯物主义运用到人及其伦理道德、人及其社会诸领域,则就显得漏洞百出、力不从心了。

第六章,论人;论物质的人与精神的人的区分;论人的起源。第七章,论灵魂与灵性的体系。

霍尔巴赫在此从科学的、肉体的、因果必然性的角度理解人,其没有从精神的独特性、人的社会性的哲学的角度理解人,这是其理论失误的根本。由此也看到相比于卢梭,其"自然理论"的深刻性、"社会理论"的肤浅性。第六章是主论,第七章是补论。

第一,霍尔巴赫的眼中,人本质是怎样的呢?"人在以自然作为总汇的众多存在物中,占有一个位置。它的本质,就是说,使他有利于其他事物的那个存在方式,使他具有不同的活动或运动方式;这些运动,有些是单纯的、明显的,有些是复杂的、隐藏的。""在人从生到死所表现的一切现象中,我们所看到的,只不过是一系列必然的、符合于一切自然物所共同遵守的法则的原因与结果罢了。"人是受必然的因果法则支配的活动过程,人是没有自由的。人的出生是在子宫中的物质过程,人生命的存在是受物质作用的过程,人生命的趋向是自我保存的物质过程。"人的一切活动方式、感觉、观念、情欲、意志、行动,都是他的各种特性以及推动他的那些东西的各种特性所产生的必然结果。他所做的一切以及在他内部所发生的一切,都是惰力、他自身的重力作用、吸引与排斥的性质、自我存在的倾向——一句话,是和我们见到的一切存在物所共同具有的那种能力的结果;这个能力,只是在人里面以一种特殊的、出于人的特殊本质的方式表现出来,而且正是由于这种特殊的表现方式,人才有别于另一种体系或另一种不同秩序的存在物。"因此,人从降生直到死亡,不管其愿意与否,只是被不同的原因"影响他的机体,更改着它的存在,并且支配着他的行为"。其气质、感情、意欲都是被必然的物质的因果之链支配,毫无自由可言。人的一切皆是自然之因所决定。

第二,人和自然存在物一样有两种基本运动。"一种是质量的运动,由于这种运动，整个身体或他的某些部分显然可见地从一个地方移到另一个地方；另一种是内在的隐藏的运动，在这种运动中，有一些是我们能感觉到的，至于其余的一些，则为我们所不知，我们只能根据它们所产生的外面的一些结果去推测。"显然霍尔巴赫将外在的物质性、机械性的位移"运动"和内在的心里的"活动"统称之为"运动"，将人看做一架精密的机器。他极力否认人的精神性，否认精神（心灵）实体的存在，否认其作为动力对于人的主导性："他相信在自己里面看见一个有别于它自身而赋有一种秘密力量的实体；他认为这个实体具有一些性质，与对我们器官起作用的那些可见原因的性质，或与这些器官的性质，都全然不同。"由此，他认为"灵性、非物质性、不朽"这样一些概念是空泛的，它们并不能指明人的可见活动的原因，"灵魂"不朽、不变是错误的。霍尔巴赫驳斥"精神（灵魂、心灵）"实体的不朽、不变、甚至可转生，有其积极意义。但是当我们剖析人的时候，如果不借助这些观念将无从言说，与动物相比人特殊性的道德、伦理、文化将难以分析说明。

第三，承接上述，霍尔巴赫反对将整体的人"一分为二"——肉体的人和精神的人。将人自身"区分为两种实体：一种显然是受粗糙的存在影响的，由于粗糙而没有生气的物质构成，这种实体叫做物质；另一种则被人假想是单纯的、具有一种最纯洁的本质，被看做是凭自身而活动的，并且给了与它奇迹般结合在一起的肉体以运动，这种实体叫做灵魂或精神。"霍尔巴赫显然是反笛卡尔的，也是反柏拉图、反宗教神学的。他认为这些观念的形成是缺乏对于自然的研究，是"臆测"与"想象"。"经验"则告诉我们："人是一个由各种不同的物质组成的有机整体；与自然的其他产物一样，它遵守一般的和已知的法则，同样也遵守他自己特殊的未知的法则或活动方式。"的确人是具有法则并按照法则活动的能力，但是自然法则和社会法则是不同的，"自然"的科学与"社会"的科学其法则（规律）是不同的。因此，他的思想在此是落后于休谟的。因此，霍尔巴赫认为，人就是物质构造使他能够感觉、思维并按其构造活动的有机体；人的起源出于自然；人从哪里来？人一直存在或像我们这样吗？是否有第一个人然后才有人类？是否有最初的男人和女人？经验没能告诉我们，它要么

第六章 卢梭、霍尔巴赫著作导读

无关紧要,要么只能去猜测。但有一点,霍尔巴赫指明:人像自然中的物质一样,其组合是偶然的,植物、动物、人是地球环境的产物,也随自然环境而改变。适者生存是生命所遵从的宇宙法则。如果换一个星球人将死亡。宇宙秩序无所谓好与坏,演化进化而已。宗教的目的论自然是站不住脚的。

第四,霍尔巴赫时代,尽管达尔文进化论还未出现。但是他却天才地提出了物种进化的思想,提出由于环境变化新物种的产生与旧物种的灭亡。同时,他还具有"反人类中心主义"的思想,认为人并非宇宙的中心,人并非"宇宙之王",随着环境改变人种也可能灭亡。人类将自己提升为宇宙之王,只不过是出于自己的利益或对于自己的偏爱。"人根本没有理由自以为是自然中一个拥有特权的生物;他和一切其它自然产物一样,服从于同一种变易。他所自认的特惠不过是建立在一种错误之上的东西而已。"

第五,霍尔巴赫在第七章开篇,便重述了笛卡尔的"精神"的部分含义:"使人活动的这个东西,乃是一个具有一种未知本性的实体,它是这样单纯、不可分、没有广延、不可见、不可被感官所把握,以至于它的部分,即便用抽象或思维也是不能给分开的。"对此,霍氏认为,只有具有广延性、坚固性的物质实体才能对别物发生作用、产生运动;运动是物质的性质。被霍氏称为"幻影""纯理存在"的精神、灵魂,是不能作为自然(包括肉体)的动力的。精神作为单一的、不可分的实体,又能自己运动和活动是自相矛盾的。其论证方式是科学的物理主义的,而不是哲学的方式。如果说笛卡尔持"二元论",霍尔巴赫则坚定持物质一元论,认为灵魂服从于肉体,否则它只是僵死的、无生气的。只是随着身体的诞生和壮大,精神才一步步发展壮大起来;随着肉体的衰病、死亡,精神也同步而行。他还认为,精神"只是给我们表示一种气息、呼吸、腹内之气的观念"而已。这种精神物质论的观点古希腊哲学诸多学说都不乏这样的观点。

第六,霍尔巴赫将精神归之于肉体的组织及其所具有的机能,是有一定道理的。他呼求人们抛弃成见、神学的臆测,撕破蒙蔽人的神圣面目,诉诸科学以追求真相，探求道德的真实动因，揭示获得幸福的真正途径，以塑造良好的社会与健康的公民。"我们越思考，就越会相信，灵魂，不但远不该从肉体上区分出去，而且，只要肉体还具有生命，灵魂便是就肉体的某些作用或它所能有的某些存在方式和活动方式去观察的肉体自身。"人们将灵魂与肉体分离，只是由于将"脑"区别于人身体。"一切归之于灵魂的作用，只是通过这个内在的器官而进行。"认识到脑这一神经中枢，作为思维的器官，是一个科学的创建。霍尔巴赫还驳斥了，自然为巨灵所推动，为精神所推动，认为终究是由于对于自然和人缺乏科学的经验认识。

第九章，论理智能力的差异性；这些能力也像它们的道德性质一样有赖于物质的原因；社会的、道德的以及政治的自然原则。

这一章是霍尔巴赫思想"既驳杂又丰富"的一章，它广泛涉及理智、道德、社会、政治诸问题。他依然遵循了其自然唯物主义的总原则。

首先，霍尔巴赫从"自然差异"的总原则，并以此来阐述人的差异性："在自然中，绝没有、也不可能有两个事物和两种组合是数学的严格的一样的，既然地点、环境、关系、比例、变动不同，那么，由此产生的东西，彼此就不能有完全的类似，即便在这些东西中我们发现了最大的一致，但它们的活动方式是必然有某些不同的。"因此人的相貌、精神世界必然会有差异。很奇怪，霍尔巴赫竟然在此大谈"精神世界"。他否认"精神实体"（灵魂），却承认存在"精神世界"！在此准确说来，他指的是"精神现象"及其差异性。"精神世界所呈示给我们的那些多变的景象也是如此；我们在人的精神、能力、欲望、精力、兴趣、想象、观念和意义之间所发现的那样惊人的差异，就是从这里产生的。这种差异性和他们气质的差异性是一样的巨大，和他们的相貌是一样的千差万别。"正是其差异才产生了作用与和谐。人的差异性产生了不平等，它维系着社会使他们彼此需要。强者支配弱者、智者支配愚者、道德者高于不道德者，在霍氏看来不平等天然而合理。"能力的差异和不平等，无论是肉体方面的，还是精神或理智方面的，都使人为其他人所需要，使人乐于与人交往，并且显然证明了道德的必要性。"与卢梭相比，这一论点显然是有问题的。

第六章　卢梭、霍尔巴赫著作导读

其次，造成精神不平等、人不平等的原因何在呢？是物质原因——气质。气质不同则在于个体占优势的元素或物质不同。父母所赐的物质（基因）、空气、食物、居住环境、教育等这些物质原因，造就了不同的气质。经络、神经的不同也使人气质有别。他还认为医学不仅能医治肉体之痛，也能治好精神之病痛，甚至能治好社会之病痛。"道德和政治可以从唯物主义中取得灵性说所永远不能提供甚至使人无法想象的好处。""火性物质"使人可获得敏感、机智、想象、天才等资质功能，使人情感、意志、道德行为坚强有力。老年以至死亡，"火"也随之消散。气质的改变便成为变革人、变革社会的根本。精神的差异、人的不平等，只能通过物质的方式来改变。这些观念大胆、奇怪甚而荒谬。

第三，霍尔巴赫遵循经验主义的路径，但远没有洛克、休谟的深刻、系统与精细，大谈感性、机智、天才、想象、知识、真理、错误。这种随机性而不是经过深思熟虑的漫谈，不是其所能为的。父母、食物、大气诸原因影响到我们体内的"流质和固体"并决定我们"自然的秉性"——→进而首先形成感性、感觉、印象——→再形成机智、具有想象——→创造经验和知识。感觉"就是被触动，并且意识到在我们身上的一种变化。具有感性，则不外是适于非常迅速非常敏锐地感受那些作用于我们的事物的印象。"机智"就是能够非常敏捷地把握事物总体和各种不同关系的一种容易性，是我们人类中某些人所具有的。"天才是指"能够在广泛的、有用的、难于认识的事物中掌握总体以及这些事物的关系的那种容易性。"想象"是能够很快地组合观念或影像的那种容易性。"想象既能产生美与善也能产生罪与恶。"知识，是由一事物能在我们身上或别人身上产生的观念、感觉和结果，精确地反复创造出来的经验所保证。任何科学都只能建立在真理之上，而真理本身则又只能建立在我们感官之不变的和忠实的关系之上。所以，真理就是我们健全的感官借助于经验所指示给我们的、存在于我们所认识的对象和我们归之于它们的性质之间的不变的符合性。"错误"在于观念之错误结合，是我们把事物并不具有的一些性质归之于事物。"理性是我们很少人所具有的人类的一种高级能力："创造经验、回忆事物、预知结果、避开于己有害的事物、获取有利于自身保存、有利于我们的肉体活动和精神活动所唯一追求的的生活幸福的种种事物——就构成我们总称之为理性的这个东西。"理性是被经验、判断和反省所改变了的性质。温和的气质、正确的机智、正常的想象、真理的认识、审慎和远见是其前提和表现。拥有理性既要有自然的物质基础也要有良好的各种外部原因。

第四，人生的目的就是保存自己、生活幸福。只有凭借经验和理性人们才能发现正确的方式方法。由此人们有了善恶道德观念，它并不是一种契约。它体现的是人类之间的具有差异的必然关系。"德行，就是真实地并且经常地对结成社会的人类有益的一切；不德，就是有害于他们的一切。最伟大的德行就是给人们提供最大的、最持久的利益这类行为；而最大的不德，就是扰乱他们对于幸福的倾向、最扰乱社会所必要的秩序的行为。"义务就是为了人们的幸福的自我强制。人是生而过幸福生活的，理性地追求人生快乐的。幸福感人各不同，它是与环境的一种协调。形成幸福观念、具有幸福感是与气质、习惯（惯例、成见、旧体制）、教育（习惯的养成）相关联。人们墨守成规、安于陋习、善恶混淆、是非不辨，都与教育及其习惯的养成相关。霍尔巴赫是一种社会幸福主义者。

第五，政治的目的在于增进人们的幸福、导引社会向善成为一个正义的社会，"它本该是规制人们的情欲并指导他们趋向社会福利的艺术，可是，太常见的却是，它成了武装社会成员们的情欲、进行彼此毁灭、以及对本该给他们创造幸福的结合进行破坏的艺术。"政治、政府、政权是契约基础上"社会意志的总和，合在一起是为了固定社会成员的行为，或指导他们的行动，以便共同协力来实现结合的目的"。霍尔巴赫在此重述了卢梭"主权在民"的契约论思想。合法的政府是人民意志的产物，只能为社会的福利而存在，统治者只是人民权力的受托者而不是所有者。社会通过立法以保证自己的利益或权利：自由、所有权、安全。"自由，就是为了自己的幸福可以去做凡是无损于其他社会成员的一切事物的能力；……有害于社会的自由行为叫做放肆。所有权，就是享受劳动和技能给予每个社会成员的利益的能力。安全，则是每个成员只要忠实履行他和社会的契约，就应该在法律保护下享有自己人身和财产的一种确实性。"当人们上

第六章　卢梭、霍尔巴赫著作导读

述利益得以保证就是公平、正义或公正。"正义也叫做公平，因为借助于为统帅一切人而制作的法律，它使所有社会成员一律平等，就是说，它阻止他们利用自然或技能在他们力量之间所造成的不平等，相互倾轧。"人民没有权利就没有幸福，没有幸福就没有祖国。"自由、所有权、安全，才使祖国成为可爱，正是对祖国的爱才产生公民。"

第六，霍尔巴赫还阐述了政治腐败的根由、表现及其纠正。政府在培育社会良好风尚方面的积极作用。政治腐败源于专制，专制政府"它们所拥有的，不过是一大群下贱的奴隶，彼此之间离心离德，对不给他们提供任何好处的社会漠不关心。"统治者错误认为权力得自于上天，并以神明自居、为所欲为。自由、正义、安全、美德消失了，人民遭轻侮、公共利益遭践踏，"政治成了利用人民的力量和财富去奴役人民自己、并用利益去分裂他们以达到个人目的的艺术。"因此，社会一定要保持足够的权力、分散权力以防止统治者危害社会。经验告诉我们："人是爱滥用权力的；君主应该服从法律，而不是法律应该服从君主。"霍尔巴赫还表达了一个好的政府，对于社会精神的重要作用。"政府励精图治，可以产生劳动、活跃、富饶和健康；同样，它的忽疏和不公正就会产生懒惰、沮丧、贫乏、时疫、恶和罪。"因为政府拥有分配社会物质和精神财富的权力，以此来引导人的情欲，并形成社会风尚或民族习惯。"如果我们细心考察在人民当中占统治地位情欲的源泉，我们通常就会在他们政府之中找到。"他呼吁："让教育和政治，只把那有益于人类、为人类的维持所必需的情欲点燃起来，使他们旺盛起来吧！"

第七，霍尔巴赫认为，人性自身、人的自然情欲，无善恶之分。人欲求的对象无论善恶，都是通过教育、范例、保守世俗的风习，逐渐培养起来。自保与幸福是人的自然倾向。如何自保和获得幸福则是后天环境的作用，由此也导向了善恶。一个保证并分配了权利的公正社会就是一个道德的社会，一个正确获得自身权利的人就是一个道德的人。社会有德个人才有德。社会通过教育必须"以德配福"——有道德者才有幸福，无道德者无幸福。"教育给他一些合乎理性的观念，舆论和范例告诉他德性是最值得尊敬的事物，政府信实地奖励德行，光荣要永远随德行而至，恶与罪则永远受到轻视和惩罚。"社会教育是"大教育",它不仅仅是社会教化的"言",更是社会权力拥有者的"行"。社会的言行不一,恶行得到幸福,德行获致不幸,社会风尚就会去善从恶。一个社会如果被恶的观念所引导,刺激人们的情欲追求恶的对象和方式,再加上统治者——世俗权力和宗教权力为自己的利益颠倒黑白、混淆视听,这样的社会必然充满罪恶、丧失德性、陷于疯狂。"宫廷就是使人民堕落的真正核心。"

(三)《自然的体系》(下卷:论神;论神存在的证明,神的属性;论神影响人类幸福的方式。)导读

第一章,我们对于神的观念的起源。第二章,论神话与神学。

霍尔巴赫在《自然的体系》(下卷)将批判的矛头对准了"神权政治"。人们通常说,卢梭的文字是雄辩的,其实百科全书派的霍尔巴赫也充满了雄辩之才,对宗教神学的剖析、对专制政治的憎恨,其文字真正使君主和鬼神也生畏。

首先,霍尔巴赫指出,存在于人脑海之中作为"希望和恐惧"动因的"神圣观念",只是被无知所创造、被病态的想象所矫造的"幻影"。从心理学角度考察,人处自然之中其心理愉快与否、幸与不幸、爱与恐惧,都是由于不断运动变化的自然在人心中所引起的现象。特别是人会遭遇种种不幸、感受痛苦。这种痛苦不仅仅由于人的感受性,更在于人具有种种需要得以满足,以保持自己的生命、生存。人必然具有的种种需要——自然需要最基本,在需要不能满足、受阻,常引起人的痛苦。"正是我们的需要强迫我们去思维、去愿欲、去行动;也正是为了满足这些需要,或是为了让这些需要在我们身上引起的种种痛苦的感觉得以结束,我们才按照自己的自然的感性和我们特有的能力,发挥出我们肉体的或精神的力量。"需要之层出不穷,痛苦之绵延不断。假如自然能够轻易满足人生的需要使其获得幸福,人也就丧失了探求未知的动因了。因此痛苦是人生必然的遭遇——饥寒、时疫、意外事件、疾病等等,由此才认识并追求幸福。

其次,需要——痛苦折磨着人,使人——特别是人类蒙昧的祖先,时时处于不安和恐惧之中。由于原初人类的缺少经验,自然之中夜的黑暗、

第六章　卢梭、霍尔巴赫著作导读

风的呼号、雷电巨响，无不使人陷于迷乱的想象，无不使人产生难解的神秘。就是在这一处境和心境中逐渐萌生了原初的超自然的神的观念。巨大的自然灾难曾经给人类产生了巨大的浩劫——洪水、地震、火山爆发，并给人类的心灵带来巨大的恐惧。在无可抗拒的大灾难面前，更使人惊异自然的神奇，为摆脱灾难和恐惧，使人产生了超自然的幻想。现代蒙昧人也像远古的祖先一样，对不熟悉的东西、未知原因的东西，常常也会发现超自然的神奇、异事、和奇迹。他们不知一切都是自然的原因。"人们往往是在无知、惶恐和灾难的深处，引出他们关于神的一些最初概念的。……我们到处都会看到人们曾经颤栗过，并且因恐惧和不幸而编造出一些民族的神，或是敬奉人家从别处给他们带来的一些神。"直至今天，人们还处在恐惧与颤栗之中，处在神学的黑暗之中。就个人而言，人是在痛苦、不幸和绝望之中，陷于宿命之中的。特别是在生命遭受不可逆转的打击和毁灭之时，更是易于沉入神之宿命。

第三，人造成了神，它是人异化的作品；人创造了自身膜拜的神、神物。"人就是照着他自己，把一种意志、智慧、计划、打算、情欲，总之，一些与他相类似的性质，赋予所有他觉得在作用于他的未知原因。"并把一些自然对象作为可获致幸福、逃避灾难的对象予以膜拜、敬奉。"这些情况，使我们理解到在粗野的民族中，每个人自己所编造的那些'保护神'是怎样形成的。我们看到一些头脑简单的人把动物、石头、不成形的和无生的东西、偶像等看做自己命运的仲裁者，在把智慧、欲求和愿望借给它们的同时，就把它们变成了神明。"另外，也可能由现象偶然的相合，引发人们对于荒谬对象的膜拜。他们把它们作为神秘的原因，并认为它们可导致幸福、发出神圣的预兆。"神物"的形成是造神的初步，其次便是膜拜的"仪式"——祭祀制度的形成，人以己之心、度神之愿并以各种祭物向神献祭，以祈福给人、平神之怨怒。

第四，人们随着时间的推移，在迷乱的想象中，终于造出了最高的一神。这个神轻视人间的供奉，只有以一个神的牺牲，用一个无限的牺牲才能使它同人类永远和解。耶稣基督便产生了。霍尔巴赫总结道："宗教常常是一种行为体系，被无知和想象发明出来，为的是使人们设想（能从）自然所屈从的那些未知的权威得到好处。某种易怒的不可和解的神，常常用来作为宗教的基础；正是在这个幼稚荒谬的概念上，祭祀制度才建立了他的权利、殿堂、祭坛、财富、权威和教条。一句话，世界上的一切宗教体系都是放在这些粗鲁的基础上的；它们最初被一些野蛮人发明出来，但现在仍然支配一些最文明民族的命运。"人所造出的最高神——上帝，"从来不过只能指明他们所看到的那些结果之最隐蔽、最遥远、最不为人所知的那个原因罢了"。那是因果之链的断处，是未知原因的空名。尽管人类对于自然和人在经验的基础上的认识还不完备，但在因果之链断处将未知之因归于上帝也毫无益处，由此人并未从未知之愚昧中得以解放。

第五，人类由于人类中心主义，产生了对于自身的偏爱之情。他们安于自然的有序，安于自然运动的和谐，疲于幸福而敏于痛苦和不幸。一旦自然按照其法则运行导致了人类的灾难和不幸，人们就认为是反自然的，以致于幻想是出于超自然的神秘力量在作祟。"人把幸福看成是自然欠人的一笔债，而痛苦则是自然对他的一种不公。既然深信这个自然只是为他而创造的，但他却不能理会，何以自然使他受苦受罪，除非假定自然是由一种敌视他的幸福、有理由折磨他、惩罚他的力量所推动。"求福避苦成为人造神的内在动因。自然所造成的人的幸福和痛苦，有其自身的必然性。自然中没有神秘的力量为善或作恶，自然也无所谓善恶，自然无所谓情感和意志，它只不过按自身的法则运动变化而已。人类或个人出于偏私，祈福于上帝、幻想奇迹，都是徒劳而无益的。

第六，在第二章开篇，霍尔巴赫总结道：神学之元初形态即是"自然崇拜"。它必产生于"有闲暇的人"，基于对自然现象惊异、所引发的"深刻的梦想和细致的思辨"。这些更有经验、有修养、有闲暇的人，最初赋予自然以种种人格化的想象。"他们的高深认识使他们有可能从事于福利的创造，发明有用的事物，吸引受到他们援助的那些不幸者的信任。"他们使人聚成群形成社会，并创制了农业、科学、神、宗教仪式、秘迹、神学和法学。作者借助于有限的历史、以推想的方式描述了，开

第六章　卢梭、霍尔巴赫著作导读

化的人、开化的民族如何给了人类最初的启蒙，还猜想了人所可能遭遇的无数浩劫。作者还令人惊异地揭示了最初的自然神话——自然神学和诗的密切关系。那些最初的牧师也是诗人，他们"为了使他们的教诲更好地深入人心，于是用形象的语言去打动听众的想象。诗，便以它的形象、虚构的故事、韵律、和谐的节奏去感动人们的精神，并且在他们的记忆中刻上一些人家原意给予他们的观念。"自然就是在诗中获得了生命被人格化。因此，作者天才地指出，"神话学作为被诗所美化了的物理学的女儿，目的只在于描绘自然和自然的各个部分。……正是这个伟大的整体他们给神化了；正是这整体的各个部分他们给人格化了；正是这整体的各种法则的必然性，他们给说成是'命运'；比喻掩饰了它的活动方式，而最后，也正是这整体的一些部分，在各种象征和符号的形式之下受到人们偶像般的崇拜。"

第七，今天人们已经充分认识到，"神话"是一切民族智慧的原初形态。科学、艺术、宗教、道德等都在此萌芽。"各民族最初的一些导师和他们权威的继承者，是只用各种寓言、谜语、比喻同人民讲话，而自己却保留了给他们解释这些东西的权利。这种神秘的语调，无论是为了掩饰自己的无知，还是对那般通常只敬重不懂得的东西的平民保持其权力，都是必须的。他们的解释常常受利益、欺诈或迷乱的想象的指使；这些解释，代代相传，结果只能使起初人们想要描绘的自然和自然的各个部分，变得更加不可认识。"常人除了敬仰、膜拜人格化的形象，却不深究其背后的原因，将人生的幸与不幸归因于斯、寄托于斯，甚至陷于癫狂。曾经的物理学家和诗人在时间的推移中，如何变成了形而上学家或神学家，作者认为实在令人可怪、可叹！

第八，作者不断申明一个主题，是人按照自己的形象创造了神，神只不过是人格化的宇宙自然，是人放大了自我罢了，其模型都在人这儿。"神学家们，尽管做了一切的努力，但他们过去是并且将来仍然常常是一些神人同形论者，或者他们不能不把人作为他们神的唯一模型。""人在自己的上帝里面，过去和将来所看到的，永远只不过是一个人。无论他怎样去牵强附会，怎样去扩张它的权力和完善性，都是徒然的；他最终也只不过把它造成为一个巨大的、被夸张了的人，而由于尽量在它身上堆积各样不相容的性质，使之成为幻想的东西罢了。"人们之所以把智慧、明智、善良、公正、科学赋予神，只不过由于敬爱这些人的美德罢了。只是由于人个体的能量、才能、美德、生命、智慧的有限，才通过想象将诸种品性赋予一个无限的存在——上帝。这个"宇宙灵魂"的制作，只是人类通过沉思很晚才出现的，最初在古希腊和罗马时代神不仅分善神、恶神，而且神也被分为具有等级性的大神和小神。

第八，这个宇宙之王、至善之源是有矛盾的，因为自然的灾难、人的社会的罪恶何以从善生出？善根何以结出恶果？人们便设计出一些叛乱上帝的敌人。他们遭到了至善上帝的剿灭。上帝的善创造了他们，也赋予了它自由。人只有服从上帝安排的善，避免自由的作恶，才会得到上帝的奖赏；否则人的不幸只能看作违背了上帝的意志，遭到其惩罚。由此，人的不幸、痛苦的遭遇其原因就不在上帝那里，而是在人自身；"恶"只是由于一些神、人们滥用了上帝赋予的自由。霍尔巴赫认为，人们只是参照地上的"专制君王"的模型，设计了天上的绝对权力拥有者的"上帝"。人只是君主和上帝的玩物，被其摆弄于股掌之中。人们膜拜他却从来不会怀疑其公正与否。人间之所以有痛苦、不幸及其诸种恶行，一方面是由于自然的原因，一方面是由于"不良制度"、王公大臣的不公。霍尔巴赫还从根本上否了上帝的慈悲、仁爱和善良，认为它是一个反复无常、受人敬拜、充满恐惧的"作恶的司命神、一个主子、一个可怕的魔鬼"。"人类的一切宗教体系，其祭祀、祈祷、教规、和典礼，其目的从来不外是和缓神怒，预防神的偏私以及在神心中引起仁慈的情感，但这情感是随时可以离去的。"

第八章，从人们关于神的概念，或关于神的概念在道德、政治、科学、民族的以及个人的幸福方面的影响对人所产生的种种利益的考察。

首先，霍尔巴赫指出，神学及上帝观念是人们一个普遍的谬误，是一个被神化了的谬误，从其"效用"上来看，其为害人类过去是、将来依然

第六章　卢梭、霍尔巴赫著作导读

是"最可怕的和最广泛的"。人本质上是一个"有感觉的、有智慧的、有理性的生物"。"一个建立在人与社会的本性之上、具有公平合理的法律、照顾到人们的风俗习尚、忠于赏善罚恶的政治，若与一切人都在崇拜、永远只是压制那些已然被平和的气质和道德的原则束缚了的那个上帝的幻想的权威比较起来，前者是更能使道德的成为可尊敬的和神圣的。"一个任性的上帝决不能作为道德的楷模。"人，只有在他绝不背离对于自己同类所应有的善意和公正的时候，才能被称为是有德的。一个高于一切的上帝，对于自己的属下没有任何义务，对于任何人也没有需求，不可能作为它那既充满着需要因而也负有某种义务的创造物的模型。"因此，宗教不是促进了道德，反而毁灭了道德，将分裂、争执、轻视、仇恨、残杀带给人类。

其次，地上的君主由于崇奉超自然的神学观念，"使政治败坏，使政治成为暴政而已"。"专制主义、暴政、王侯们的腐败和特权、以及百姓们的盲目——有人以上天的名义禁止他们去爱自由，禁止他们为自己的幸福而劳动，禁止他们反抗暴力和使用自己的自然权利——所有这些，都应该归咎于神学的概念和牧师们卑劣的谄媚。"像神一样发号施令的暴君只不过是一群不顾人民利益的野心家、骗子、傲慢的强盗、恶徒。那些"神的代表"其道德状况如何呢？"这些变成了上帝的狂人，竟成了法律的主人；他们给舌头被结住了的社会决定一切；他们有权制定什么公正和什么不公正；他们可以不受自己任性所强加于别人的种种规则的束缚；他们既不认识关系，也不认识义务……因此，他们轻视舆论、礼仪、以及那些他们能够使之屈服于自己巨大权力的重压之下的人们的判断。"因此，王权拥有者和替上帝代言的宗教权贵，都是无神论者、是口是心非不信上帝的人。

第三，正是被宗教败坏的暴君，使民族的道德败坏；神的祭司们的道德，只是出于维护自己的权威和利益；两者的合谋，加剧了道德的败坏，"人民既不是更幸福，也不是更有德行；他们的习尚、他们的安适、他们的自由，都屈从于天上的神和地上的神的联合的压力之下。""被结合起来的人们,只有在这一些人伤害另一些人时才获得利益,他们唯一的梦想是博得君主的恩情,而君主自己则在想着从为害一切人中得到好处。""这些教士用意见、梦想去代替真实,用教规去代替德行,用虔敬的盲目去代替理性,用狂信去代替交际。"就是这样一群教会权贵,这样一些荼毒青年心灵的人,他们却享尽奢华、荣誉和特权。

第四,青年人成为宗教教育的牺牲品。"从幼年起,有人便用一些不可理解的概念给人以毒害;人们用各种各样的神秘和神话去塞满他的头脑;拿着一种他丝毫不能理解而不得不同意的学说向他灌注;用种种空虚的幽灵扰乱他的精神;用种种琐碎的圣礼、幼稚的教务、机械的祈祷,去磨损他的天才。""每当关系到上天的利益的时候,他便相信他应该去反对王侯、离开自己的妻子、厌弃自己的孩子,远离自己的朋友,扼杀自己的同胞。一句话,宗教的教育,当它有了自己的成效的时候,只不过是去败坏年轻人的心灵,蛊惑他们的精神,损害他们的灵魂,使人不认识对他自己、对社会、以及对他周围的人应尽的义务。"

第五,总而言之,神学与健全的政治和道德永远是相反对的。"只有给人民以指导,给他们看一看明显可见的东西,给他们宣示真理,才能期望他们会变得好一些、幸福些。只有使君主和他属下的人民认清他们之间真实的关系和真正的利益,政治才会得到改善,人们才会觉得统治人民的艺术并不就是蒙蔽人民、欺骗人民、迫害人民的艺术。因此,让我们请教理性,求助于经验,询问自然吧。"

三、参考资料

吴仁平、彭坚等著:《18世纪法国唯物主义社会历史观研究》,中央编译出版社2009年版。

[苏]杰尔沙文等著:《孟德斯鸠,伏尔泰,拉·梅特里,卢梭,狄德罗,爱而维修,霍尔巴赫》,刘和译,三联书店1957年版。

[法]米涅著:《法国革命史》,北京编译社译,郑福熙校,商务印书馆2010年版。

[德] 卡希尔著：《启蒙哲学》，顾伟铭等译，山东人民出版社 1996 年版。

四、问题思考

1. 霍尔巴赫自然唯物主义世界观、意义及其方法述评。
2. 霍尔巴赫与卢梭关于自由问题之比较。
3. 霍尔巴赫反宗教神学的意义与局限评述。
4. 霍尔巴赫与百科全书派。

第七章　康德哲学著作导读

一、生平与著作

伊曼努尔·康德（Immanuel Kant，1724—1804），德国古典哲学家，西方思想史中最伟大的思想家之一。1724年4月22日伊曼努尔·康德生于哥尼斯堡。1730年入小学，1732年入中学，1737年母亲去世，1740年9月24日康德考取哥尼斯堡大学。1746年父亲去世，《论活力的正确评价》一书付印，该书于1749年出版。1747年康德在安德施牧师家当教师，1750年在休里增少校家当教师，1753年在凯瑟琳伯爵家做教师。1754年回到哥尼斯堡，6月《对一个问题的研究，地球是否由于绕轴旋转时发生过变化》；8月《关于从物理学观点考察地球是否已经衰老的问题》。1755年3月《自然通史和天体理论》出版；4月17日提交学位论文《论火》；5月13日硕士学位考试；6月12日，得到硕士学位；9月27日求职论文答辩。斯年写作《对形而上学认识论基本原理的新解释》。1756年1—4月，写作论述里斯本地震的两篇文章和一本书；4月10日为取得教授职位进行论文答辩《唯物单子论》。1757年春写作《自然地理学讲授提纲》。1758年1月至1762年7月，康德成为俄国臣民。是年春写作《运动和静止的新学说》；12月康德争取基波克死后虚悬的教授职位，未成。12月14日向伊丽莎白女皇呈交申请书。1759年10月写作《试对乐观主义作若干考察》。1760年6月写作《对丰克先生夭亡的想法》。1762年写作《三段论法四格的诡辩》。赫德尔听康德讲课（到1764年）；是年12月写作《证明上帝存在的唯一可能的根据》。1763年写作《将负值概念引入哲学的尝

第七章 康德哲学著作导读

试》。1764年写作《对于美好和崇高的感情的观察》《论脑病》《对自然神论和道德原则的明晰性的研究》。1765年收到《关于1765年冬季学期讲课时间表的通知书》。1766年2月康德被任命为皇家图书馆副馆长，写作《视灵者的幻想》。1768年写作《论空间方位区分的基本根据》。1769年埃尔兰根大学聘请担任教授职务。1770年1月耶拿大学聘请任教；3月31日被任命哥尼斯堡大学逻辑和形而上学编内正教授职务，8月21日学位论文《论感觉界和理智界的形式和原则》答辩。1771年写有评论莫斯卡提的作品。1772年2月21日致函赫茨，谈到写作《纯粹理性批判》的构思。1772年5月康德辞去图书馆副馆长一职。1775年写作《论各种不同的人种》。1776—1777年写作论"博爱"的两篇文章。1778年策特里茨大臣劝说康德，要他转到哈勒大学工作。1780年康德成为哥尼斯堡大学评议委员会成员。1781年5月《纯粹理性批判》问世。1783年《未来形而上学导论》、评舒尔茨所著《道德学入门》一书出版。1784年康德购置一所私人住宅。10月写作《从世界公民的观点撰写世界通史的想法》；12月写作《问答：什么是启蒙运动》。1785年1月和11月康德评论赫德尔的书《人类历史哲学思想》；3月写有《论月球上的火山》；4月写有《道德形而上学原理》；11月写有《论人种概念的确定》。1786年1月写有《对人类历史起源的推测》；春天写有《自然科学的形而上学原理》；夏天，康德被推选为大学校长；10月写有《何谓在思维中确定方向》；12月7日康德被选为柏林科学院院士。1787年6月《纯粹理性批判》第二版出版；12月31日致函莱因霍尔德，说明哲学体系的三元结构。1788年1月写有《论目的论原理在哲学中的运用》；是年春天《实践理性批判》出版；夏，康德第二次参加校务会议。1789年卡拉姆金拜访康德。1790年《判断力批判》出版；《纯粹理性批判》出第三版。1791年8月费希特为了与康德认识，来到哥尼斯堡；9月写有《神正论的所有哲学尝试归于失败》。1792年4月写有《论人的劣根性》。1793年春出版《纯然理性界限内的宗教》；9月写有《论格言：道理上可以说得过去，可是实践上却行不通》。1794年5月写有《论月球对气候的影响》；6月写有《论万物的终结》；7月28日康德被选为彼得堡科学院院士；10月12日康德因为就宗教问题发表意见受到国王申斥。1795 年《永久和平论》发表。1796 年写有《论灵魂的器官》；6 月 23 日康德最后一次讲课。1797 年《道德形而上学》发表；6 月 14 日哥尼斯堡的大学生们纪念康德学术活动五十周年；7 月写有《关于迅速签订哲学上永久和平条约的通告》；9 月写有《论出于利他动机而说谎的虚妄权利》。1798 年 4 月 4 日康德被选为西恩（意大利）科学院院士；是年秋天《学科间纷争》《人类学》发表。1799 年 8 月《关于费希特所著〈知识学〉的声明》发表。1800 年最后一篇单独发表的著作——德语立陶宛语词典的跋；9 月耶舍出版康德的《逻辑学》。1801 年 11 月 14 日康德请求解除他科学院评议委员会成员的职务。1802 年林克出版康德的《自然地理学》。1803 年林克出版康德的《教育学》；12 月 15 日写最后一篇日记。1804 年 2 月 12 日康德逝世；2 月 28 日安葬。5 月林克出版《自莱布尼茨和沃尔夫以来德国形而上学的成就》。

康德的重要著作[①]，现在基本上都已经有汉译本，有些还有多种译本。现将我们所知道的，以原著出版先后为序排列如下：

1. *Allgemeine Naturgeschichte und Theorie des Himmels*, 1755.

编译组译：《宇宙发展史概论》，上海，上海人民出版社，1972；后改署名为全增嘏译、王福山校，2001 年由上海译文出版社出版。

2. *Beobachtungen über das Gefühl des Sch nen und Erhabenen*, 1763.

关文运译：《优美感觉与崇高感觉》，商务印书馆，1941。

曹俊峰译：《对美感与崇高感的观察》，哈尔滨，黑龙江人民出版社，1990。

何兆武译：《论优美感与崇高感》，北京，商务印书馆，2001。

3. *Trume eines Geistersehers, erl utert durch Tr ume der Metaphysik*, 1766.

李明辉译：《通灵者之梦》，台北，联经出版事业公司，1989。

Kritik der reinen Vernunft, 1781/1787.

胡仁源译：《纯粹理性批判》，上海，商务印书馆，1931，列入"万有文库"丛书。

[①] 摘编于黎业明先生《关于康德著作的汉译情况：康德哲学汉译评论》。

蓝公武译：《纯粹理性批判》，北京，三联书店，1957；商务印书馆，1960。

牟宗三译注：《康德纯粹理性之批判》，上、下册，台北，学生书局，1983。

韦卓民译：《纯粹理性批判》，武汉，华中师范大学出版社，1991初版；2000校订版。

4. *Prolegomena zu einer jeden künftigen Metaphysik*, 1783.

庞景仁译：《未来形而上学导论》，北京，商务印书馆，1978。

5. *Grundlegung zur Metaphysik der Sitten*, 1785.

唐钺译：《道德形而上学探本》，上海，商务印书馆，1939；北京，商务印书馆，1957修订本。

谢扶雅译：《道德形上学根本原理》，收入《康德的道德哲学》，台北，基督教文艺出版社，1960初版；1986第三版。列入"基督教历代名著集成"丛书。

牟宗三译：《道德底形上学之基本原则》，收入《康德的道德哲学》，台北，学生书局，1982。

苗力田译：《道德形而上学原理》，上海，上海人民出版社，1986；2002重排新版。

李明辉译：《道德底形上学之基础》，台北，联经出版事业公司，1990。

刘汉译：《道德形而上学的基本原则》，收入郑保华主编《康德文集》，北京，改革出版社，1997。

6. *Metaphysische Anfangsgründe der Naturwissenschaft*, 1786.

邓晓芒译：《自然科学的形而上学基础》，北京，三联书店，1988；上海，上海人民出版社，2003修订新版。

韦卓民译：《自然科学的形而上学初步》，武汉，华中师范大学出版社，1991。

7. *Kritik der praktischen Vernunft*, 1788.

张铭鼎译：《实践理性批判》，上海，商务印书馆，1936。

关文运译：《实践理性批判》，北京，商务印书馆，1960；桂林，广西师范大学出版社，2002。

谢扶雅译：《实践理性批判》，收入《康德的道德哲学》，台北，基督教文艺出版社，1960 初版；1986 第三版。列入"基督教历代名著集成"丛书。

牟宗三译注：《实践理性底批判》，收入《康德的道德哲学》，台北，学生书局，1982。

龙斌、秦洪良、刘克苏译：《实践理性批判》，收入郑保华主编《康德文集》，1997。

韩水法译：《实践理性批判》，北京，商务印书馆，1999；2001 年第 3 次印本略有订正。

8. *Kritik der Urteilskraft*, 1790.

《判断力批判》，上卷，宗白华译；下卷，韦卓民译。北京，商务印书馆，1964。其中，宗译上卷又收入《宗白华全集》第四卷，合肥，安徽教育出版社，1994。

牟宗三译注：《康德判断力之批判》，上、下册，台北，学生书局，1992、1993。

邓晓芒译、杨祖陶校：《判断力批判》，北京，人民出版社，2002。

9. *Die Religion innerhalb der Grenzen der blossen Vernunft*, 1793.

李秋零译：《单纯理性限度内的宗教》，香港，汉语基督教文化研究所，1997；北京，中国人民大学出版社，2003。

10. *Metaphysik der Sitten*, 1797.

沈叔平译：《法的形而上学原理》，此为《道德形而上学》一书前半部分之汉译。北京，商务印书馆，1991。

11. *Anthropologie in pragmatischer Hinsicht*, 1798.

邓晓芒译：《实用人类学》，重庆，重庆出版社，1987；又收入郑保华主编《康德文集》，1997；上海，上海人民出版社，2002 增订新版。

12. *Immanuel Kants Logik, ein Handbuch zu Vorlesungen*, 1800.

许景行译：《逻辑学讲义》，北京，商务印书馆，1991。

第七章 康德哲学著作导读

此外，还有周遇与德国人尉礼贤合译《人心能力论》（上海，商务印书馆，1914）；瞿菊农译《康德论教育》（上海，商务印书馆，1926）；韦卓民译《康德哲学原著选读》（约翰·华特生编选，北京，商务印书馆，1963；武汉，华中师范大学出版社，2000）；何兆武编译《历史理性批判文集》（收康德1784—1793年论文八篇。北京，商务印书馆，1990）；李秋零编译《康德书信百封》（收康德1749—1802年书信100封，上海人民出版社，1992；后略加删订、增加20多幅图片并改题为《彼岸星空：康德书信选》，由北京的经济日报出版社于2001年印行）；杨祖陶、邓晓芒编译《康德三大批判精粹》（北京，人民出版社，2001）；2010年，中国人民大学出版社，李秋零译《康德著作全集》九卷本翻译出版：康德著作全集第1卷·前批判时期著作Ⅰ（1747—1756），北京，中国人民大学出版社，2003；康德著作全集第2卷·前批判时期著作Ⅱ（1757—1777），北京，中国人民大学出版社，2004；康德著作全集第3卷·纯粹理性批判（第2版），北京，中国人民大学出版社，2004；康德著作全集第4卷·纯粹理性批判（第1版）·未来形而上学导论·道德形而上学的奠基·自然科学的形而上学初始根据，北京，中国人民大学出版社，2005；康德著作全集第5卷·实践理性批判、判断力批判，北京，中国人民大学出版社，2007；康德著作全集第6卷·纯然理性界限内的宗教、道德形而上学，北京，中国人民大学出版社，2007；康德著作全集第7卷·学科之争、实用人类学，北京，中国人民大学出版社，2008；康德著作全集第8卷·1781年之后的论文，北京，中国人民大学出版社，2010；康德著作全集第9卷·逻辑学、自然地理学、教育学，北京，中国人民大学出版社，2010。

由上可见，现在已有将近20种康德著作有汉译，译本总数将近40个。其中，以译本论，译本最多的是《纯粹理性批判》，有四个，《实践理性批判》与《道德的形而上学基础》各有六个；以译者论，翻译康德著作种数与字数最多的当属牟宗三先生、邓晓芒先生与韦卓民先生。（据1997年华中师范大学出版社出版的《韦卓民学术论著选》附录"韦卓民著述目录"，除已出版的几种以外，韦先生在1964、1965年还译有康德的《判断力批判》上卷与《一切未来形而上学导论》尚未出版，译稿存放于华中师范大学档案馆。)

要对康德著作之所有译本的评论都加以罗列，是一件很困难的事情。在康德著作中最重要、阅读人数最多、引述最多的是《纯粹理性批判》、《道德的形而上学基础》、《实践理性批判》与《判断力批判》。这也是汉译本最多、汉译质量争议性最大的几种。现将与这几种著作的译本有关的评论择要抄录如下：

《纯粹理性批判》在现有的四种译本中，以胡仁源先生的译本为最早。韦卓民先生说："胡氏中译本，读来确甚晦涩，其原因大概是胡先生从德文原本译出，而对于康德的哲学术语似乎没有深加留意，且对于康德的整个体系又好像未深入研究，况且译文较旧，不合现代汉语习惯。"（韦卓民：《〈纯粹理性批判〉中译者前言》，见所译《纯粹理性批判》卷首，武汉，华中师范大学出版社，1991 年初版，第 4 页；2000 年校订版，第 8 页。）顺便说一句，王若水先生认为胡译本并不是从德文原本译出，他通过对照发现，胡译"实际上是从 F. Max Müller 1896 年的英译本转译过来的，不过它略去了英译者的序言。"（王若水：《再说〈纯粹理性批判〉的中译本》，《读书》，北京，三联书店，2000 年第 6 期，第 27 页。）王太庆先生也谈到，抗日战争后期在西南联大哲学系读书时，他读胡译本的感受。他说："在翠湖中间的那所省立图书馆里，我一连几天借阅胡仁源译的《纯粹理性批判》，可是尽管已经有教科书上的知识做基础，我还是一点没有看懂。不懂的情况和读斯宾诺莎《伦理学》的旧译本差不多，一看就不懂，而且越看越不懂。后来看了 Kemp Smith 的英译本和 Barni 的法译本，才发现康德的写法尽管有些晦涩，却并不是那样绝对不能懂的。我怀疑汉译本的译者没有弄懂康德的意思，只是机械地照搬词句，所以不能表现论证过程。这说明不懂哲学和哲学史是无法传达哲学思想的，要想多了解一点康德靠读旧翻译还是不行。"（王太庆：《读懂康德》，《读书》，1999 年第 10 期，第 74 页。）依韦先生与王先生的说法，胡先生并不懂康德哲学。不懂康德哲学，却去翻译康德著作中最难懂的《纯粹理性批判》，其译本质量如何，可想而知。

蓝公武先生的译本，据《译者后记》所说，是 1933 年开始翻译的，

1935年秋天全部译完，但迟至1957年才出版发行。这是《纯粹理性批判》的第二个汉译本。韦卓民先生说："蓝公武先生的中译本，据该译本的《译后记》所说，也是据康蒲·斯密的英译本译出的，但是我们与原英译本详细对照，许多地方像是不忠于英译原文，甚至误解英译的词句。原英译本的脚注不少是精辟之处，而蓝译不予译出，也似乎是不应该的。"（韦卓民：《〈纯粹理性批判〉中译者前言》，见所译《纯粹理性批判》卷首，1991年初版，第4页；2000年校订版，第8页。）然而，在过去几十年时间里，蓝译本是流传最广、也是我们阅读与研究康德时用得最多的一个译本。

牟宗三先生是现代新儒学的一个代表人物，著作等身。他早年即对康德有兴趣，希望把康德的思想融会到儒学当中来，晚年更用了十多年的时间把康德的四部重要著作全部译为汉语。蔡仁厚先生说："以一人之力，全译'康德三大批判'，先生乃二百年来世界第一人。其所加之译注，尤其慧识宏通。而又履及剑及，随译随消化：以《现象与物自身》消化第一批判，以《圆善论》消化第二批判，以《真善美之分别说与合一说》消化第三批判，此亦古今译书者所未能也。"（蔡仁厚撰：《牟宗三先生学思年谱》，台北，学生书局，1996年，第90页。）所译《纯粹理性批判》，据他自己说，"是根据肯·士密斯之译而译成，但同时亦比对其他两译（即J. M. D. Meiklejohn与F. Max Müller的两种英译本）。……有时吾亦查质康德原文，此则邝锦伦与胡以娴两同学帮忙甚大。吾于译文几乎每句每字皆予以考量，务使其皆通过吾之意识而能达至表意而且能站得住而后可。若稍有模糊或我自己亦未能明者，吾必比对其他两译并最后查质原文而使之明。若有错误，必亦是清楚的错误。"（牟宗三：《康德纯粹理性之批判·译者之言》，见所译《康德纯粹理性之批判》，台北，学生书局，1992年，上册，第3—4页。）牟译不仅保留了Kemp Smith英译本里面的注解，而且还增加了大量的注解与案语。诚如其弟子蔡仁厚先生所说，此译本"上下两册，皆有'译者之言'，以说明翻译之旨趣。书中并随文作注解、加案语，其嘉惠读者，实非浅鲜。"（蔡仁厚：《牟宗三先生学思年谱》，第56页。）

韦卓民先生的译本，是 1962 年应商务印书馆之约而译的。据他自己所说，所译《纯粹理性批判》"主要是以英人康蒲·斯密（Norman Kemp Smith）1929 年出版的英译本为蓝本，而对照 Benno Erdmann 莱比锡 1878 年的德文版和 Ernst Cassirer 柏林 1922 年的德文版，并参考穆勒尔（F. Max Müller）伦敦 1881 年的英译本，以及胡仁源、蓝公武两先生的中译本，旨在于这次翻译中不失康德原书的本意。"韦先生懂德文，却根据康蒲·斯密的英译本转译，理由之一是他自认为对于英语更有把握。他说："我对于英语比较有把握。读德文本时，虽能理解，但稍不留意，便错误难免，而读英文本时则言从意顺，没有隔阂。依我的翻译经验，在我译外文时，如作者写作水平远远超过我写这种外文的水平，则我的翻译是有些靠不住的。康蒲·斯密所写的英文，我自感也勉强能写出，故不难翻译。"（韦卓民：《〈纯粹理性批判〉中译者前言》，见韦卓民译《纯粹理性批判》卷首，1991 年初版，第 1—2 页；2000 年校订版，第 5—6 页。）由此看来，韦先生的治学态度是十分严肃、十分认真的。可惜，译出初稿后，尚未修订定稿，便爆发了文化大革命，而韦先生也在 1976 年就过世了。译稿是由曹方久先生等人整理、校订并于 1991 年出版的。值得一提的是，韦译本于 2000 年出了校订版，校订版由邓晓芒先生"根据德国费利克斯·迈纳（FelixMeiner）出版社出版的《哲学丛书》第 37a 卷（汉堡 1956 年版，1976 年重印），对译文作了一些修改订正。"（曹方久等：《韦译〈纯粹理性批判〉校订版跋》，见韦卓民译：《纯粹理性批判》，2000 年校订版，第 735 页。）在新的、据德文版翻译、质量更好的译本出现以前，韦译本很有可能会成为《纯粹理性批判》的另一个通行译本。

《道德的形而上学基础》：康德《道德的形而上学基础》一书的汉译本是最多的。有唐钺先生的译本、谢扶雅先生的译本、牟宗三先生的译本、苗力田先生的译本、李明辉先生的译本与刘汉先生的译本等六种。对于前四种译本，李明辉先生有这样的评论："在这四个译本中，除苗译系由德文直接译出外，其余三个均以英译本为主要根据。而在这三个译本中，谢译在理解和表达方面都远逊于唐译与牟译。唐译的文字通畅，但往往大而化之，不够精确。牟译则后出转精，更为贴近原文。但无论如何，在学术

第七章 康德哲学著作导读

著作的翻译工作中,经过第三种文字转译,究竟是不得已之事,不可视为常规。故牟先生在其译本的《译者之言》中表示期望后来者继续直接由德文译出此书。因此,译者初见苗力田先生的译本时,甚为兴奋。但经译者比对原文之后,却意外地发现:苗译并不比牟译、甚至唐译更为可靠。其原因在于:苗先生对德文的掌握能力不及英译者,故他直接由德文译出,有时反而使他误解原意。"此非无的放矢之言。李先生是牟宗三先生的弟子,曾于1982年到当时的西德波恩(Bonn)大学留学,1986年在该校获哲学博士学位,其博士论文就是关于康德伦理学的。李先生的译本乃"依据普鲁士皇家科学院所编《康德全集》(Kants gesammelte Schriften)译出"。为帮助读者理解,书中有注解,书前有导论。李先生希望,"此一译本能达到学术翻译所要求的严谨程度,以供不懂德文的读者研究之用。因此,在翻译专门术语时,译者尽量保留其原貌,避免个人之诠释。"(本节引文均出自李明辉:《译后记》,见所译《道德底形上学之基础》,台北,联经出版事业公司,1994年,第119—120、121页。)顺便说一句,苗力田先生的译本有些地方似有错漏或删略。例如苗译本1986年版第39页:"他们用这样的办法制订出他们关于约束性(义务)的概念。这样的概念虽然并非不道德,但……"李译作:"并且以此方式形成其责任底概念。这个概念固然绝非道德的,但……"(第6页)James W. Ellington英译作:"In this way they frame their concept of obligation, which is certainly not moral, but..."(Kant: Grounding for the Metaphysics of Morals, translated by James W. Ellington, Hackett Publishing Company, Inc. 1993, p. 4.)苗译"这样的概念虽然并非不道德"中的"非"字疑为衍文。又如苗译本第75页:"不过他们总不会愿意让它变成一条普遍的自然规律,因为作为一个有理性的东西,他必然愿意把自己的才能,从各个不同的方面发挥出来。"李译作:"然而,他不可能意愿:这成为一项普遍的自然法则,或者由于自然本能而被置于我们内部,作为这样一种法则。因为他身为一个有理性者,必然意愿他的所有能力得到发展,因为它们的确是为了各种可能的目的供他使用,且被赋予他。"(第45页)James W. Ellington英译作:"But he cannot possibly will that this should become a universal law of nature or be implanted in us such a law by a natural instinct. For as a rational being he necessarily wills that all his faculties should be developed, inasmuch as they are given him for all sorts of possible purposes."(p.31.)依我们个人的看法，李译本是《道德的形而上学基础》之现有译本中最好的。

《实践理性批判》：康德《实践理性批判》的汉译本也有六种，即张铭鼎先生的译本、谢扶雅先生的译本、关文运先生的译本、牟宗三先生的译本、龙斌先生等人的译本与韩水法先生的译本。对于其中的关译本与牟译本，韩水法先生有这样的评论："在笔者的新译之前，《实践理性批判》有两个中文译本，其一出自关文运先生之笔，这是多少年来大陆的唯一译本，但因为受到许多批评，已经绝版多时；但大陆研究康德实践哲学的很少有人能够离得开这个本子。另一个汉译是由牟宗三先生完成，在台湾出版的。由于众所周知的原因，大陆上能够读到这个本子的人很少，笔者以前看过这个本子。由于牟宗三先生翻译康德的宗旨，并且由于他的行文在风格上与现代汉语相去较远，而且所用术语与我们现在通行的也有很大的不同，是故实有其不足之处。"在关译本与牟译本之中，韩先生对关译本的批评更多一些、也更严厉一些。例如在谈到康德的一个术语 Neigung 该如何翻译时，韩先生说："关文运则没有通译，由好恶、爱好、喜好而至情欲等等，从而使康德实践哲学中的一个非常重要的概念消失在毫无定见的随意之中。基本概念译法的不统一，这是关译的最大缺陷之一，而对于像《实践理性批判》这样的著作来说，这往往会产生致命的误解。原因当然在于译者根本缺乏研究。"此外，韩先生还谈到，"关文运译本从版权页上看是依据卡西尔主编的康德文集本第五卷译出的，但从其译文来分析，其实在相当大的程度上参照了艾博特的英译本。"（本节引文均出自韩水法：《〈实践理性批判〉译后记》，见所译：《实践理性批判》，北京，商务印书馆，1999年，第195—197页。）韩先生研究康德有年，且出版了好几本有关康德的著作。据其自己说，其译本乃根据普鲁士科学院版《康德全集》第5卷译出，翻译过程中还参考过德国 Felix Meiner 出版社"哲学丛书"中1993年版的《实践理性批判》，以及贝克（Lewis White Beck）英译本的第三版、艾博特（Thomas Kingsmill Abbott）英译本的第六版。韩译

第七章　康德哲学著作导读

是现有译本中较好的本子，但仍有少量错误，幸好第三次印刷本已有所订正。

《判断力批判》在康德的这几种重要著作中，《判断力批判》是汉译本最少的，只有三种。第一种由宗白华先生与韦卓民先生合译，其中上卷为宗译，下卷为韦译，据版权页所示，均为从德文版译出。这是受到较多批评的本子。对于宗译，王元化先生在评论韦卓民先生对康德的翻译与研究时曾经提及，其言下之意是宗译不如韦译。他说："卓民先生素重康德，他曾向我谈过，他对康德的评价远远驾凌于黑格尔之上，并要我攻读康德著作。解放后，他的近300万字的译著，其中有关康德的就占了绝大的比重。他移译的康德著作，就国内来说，不仅数量最多，而且在质量上也堪列上乘，比如，《判断力批判》这部书的上卷原是由别人译述的，后来出版社改请他续译下卷，就是因为编者认为他更能胜任的缘故。"（王元化：《韦卓民遗著出版前言》，见韦译《纯粹理性批判》1991年版卷首；置于2000年校订版卷首时，改题为《韦译〈纯粹理性批判〉序言》。）对于宗译，牟宗三先生在谈及自己翻译《判断力批判》的缘起时，亦有所批评。他说："对此第三批判，讲之者少，故知之者亦少，尤其在中国，直同陌生。吾原无意译此书，平生亦从未讲过美学。处此苦难时代，家国多故之秋，何来闲情逸致讲此美学？故多用力于建体立极之学。两层立法皆建体立极之学也。立此骨干导人类精神于正途，莫急于此世。然自《圆善论》写成后，自觉尚有余力。人不可无事，偶见大陆出版之宗白华先生所译的第三批判于坊间，遂购得一本，归而读之，觉其译文全无句法，无一句能达。宗白华先生一生讲美学，又留德，通德文，何至如此。又想宗先生虽一生讲美学，然其讲法大都是辞章家的讲法，不必能通康德批判哲学之义理。世之讲美学者大抵皆然，以为懂得一点文学，即可讲美学，故多浮辞滥调，焉能望其契入康德之义理？吾有感于宗先生之不能尽此责，如是，遂取Meredith之英译本逐句细读，据之以译成中文。"（牟宗三：《康德判断力之批判·译者之言》，见所译注《康德判断力之批判》，台北，学生书局，1992年，上册卷首。）对于韦译，何兆武先生则一再地加以抨击。他说："遗憾的是，第三批判的两种英译本都很糟糕，其中Meredith的译本较晚出，似稍胜；而唯一的中译本则错误百出，尤其是韦卓民所译的后半部，把英译本的错误还都弄错了，使人无法卒读。这对于中国读者是桩不幸的事，希望将来会有可读的译本问世。"（何兆武：《康德〈论优美感和崇高感〉译序》，见所译《论优美感和崇高感》，北京，商务印书馆，2001年，卷首第22页；又见所著《苇草集》，北京，三联书店，1999年，第318页。）又说："韦译部分号称是译自原文，其实全系由英译本转译，而且连英译本的错误也还译错了，使人不忍卒读。"（何兆武：《批判的哲学与哲学的批判》，《读书》，2001年第8期，第86—87页。）

　　第二种为牟宗三先生所译。如前所述，牟译本是根据 Meredith 的英译本转译的，但又参考过 Bernard 与 Pluhar 两人的两种英译本。在翻译过程中，依牟先生自己的说法是："说到译文，吾是据之英译而译成。关此译文，吾曾反复修改过好多次：先改其错误，后改其模糊不清，凡稍有疙瘩处必予以顺通抚平。……凡遇难通处，吾必三译对刊。遇有专词或名词不谛当处，吾必对质德文原文。德文文法吾不懂，但康德所使用之专词吾大体皆知。有时非专词，但于行文上亦以名词出之，Meredith 译不窨或不显明处，其他两英译反较明而较谛。凡此等处吾皆有注语以注之。……我经过这样多次的修改顺通，故每句皆可明畅诵读，虽络索复杂，然意旨总可表达。吾译前两批判时，未曾费多次修改工夫，故于译文，以此译为佳。"（牟宗三：《康德判断力之批判·译者之言》，见所译《康德判断力之批判》，上册卷首。）可见，牟先生的治学态度是十分严谨的。不仅如此，他还撰写了一篇长达90页的文章（《以合目的性之原则为审美判断力之超越的原则之疑窦与商榷》）来疏释康德的第三批判，"并将之列于卷首以作导引，可引导读者去读此译文，并去接近康德之思理"。牟先生对其所译第三批判自视极高。据其弟子蔡仁厚先生记载，1993年1月22日（农历除夕），先生就新译《康德：判断力之批判》作题辞云："此书之译，功不在玄奘罗什之译唯识与智度之下，超凡入圣，岂可量哉，岂可量哉！然真正仲尼临终不免叹口气，人又岂可妄哉，岂可妄哉！诸同学共勉。牟宗三自题。"见蔡仁厚：《牟宗三先生学思年谱》，第87页。

　　第三种为邓晓芒先生所译。据其自己所说，邓先生的译本主要是依据

第七章 康德哲学著作导读

卡尔·弗兰德尔编、费利克斯·迈纳出版社出版的《哲学丛书》第39卷（汉堡1924年第6版，1974年重印本）译出。译稿曾经杨祖陶先生仔细校订。邓先生在谈及其翻译此书的缘起时，说："我们之所以要花这么大的力气来重译这样一本已经有两个中译本的书，当然是有我们的考虑的。在已有的中译本中，要么译者对康德哲学缺乏了解，要么不是直接从德文原本翻译过来的，而是从英译本转译的，与原文出入较大，不少意思译得不明确，错漏也比较多，加上译名的不统一和表达上存在的问题，总的来说，都不能令对康德哲学有兴趣的中国读者们满意，更谈不上满足康德哲学和美学的研究者的迫切需要了。现在宗、韦、牟三位先生均已作古，译本的情况却仍然没有改观，这是学术界多年来早已深感遗憾和不便的。众所周知，翻译是一桩费力不讨好的工作，尤其是重译，如果不能超出前人的工作（且不说甚至比前人译得更差），其遭人诟病将比初次翻译者更甚；如果超出了前人的译本，那功劳也得大打折扣。至于康德著作公认的难读难译，则更是众多译家不敢随便碰它的一个重要原因。然而中国学术界又不能没有一个更好的译本，所以我们不揣冒昧，不惜投入大量的时间和精力，来做这件很少有人愿意做的基础工作。"（邓晓芒：《康德〈判断力批判〉中译者序》，见所译《判断力批判》，北京，人民出版社，2002年；又见《中华读书报》，2002年9月4日，第6版。）邓先生研究康德有年，有关著作与译作颇丰，并出版过研究《判断力批判》的专著，所译在现有译本中是较好的一种。

当然，绝对的信是不存在的，也是不可能的。就算是最称职的译者所翻译出来的被认为是最好的译本，译文与原文之间还是存在着一定距离的，而且，"这种距离是永远不可能完全克服掉的"。因为，正如伽达默尔（Hans-Georg Gadamer）所说："在对某一文本进行翻译的时候，不管翻译者如何力图进入原作者的思想感情或是设身处地把自己想象为原作者，翻译都不可能纯粹是作者原始心理过程的重新唤起，而是对文本的再创造（Nachbildung），而这种再创造乃受到对文本内容的理解所指导，这一点是完全清楚的。同样不可怀疑的是，翻译所涉及的是解释（Auslegung），而不只是重现（Mitvollzug）。对于读者来说，照耀在文本上的乃是从另一种语言而来的新的光。对翻译所提出的'信'（Treue）的要求不可能消除语言所具有的根本区别。尽管我们在翻译中力求'信'，我们还是会面临困难的选择。如果我们在翻译时想从原文中突出一种对我们很重要的性质，那么我们只有让这同一原文中的其他性质不显现出来或者完全压制下去才能实现。这种行为恰好就是我们称为解释的行为。正如所有的解释一样，翻译也是一种突出重点的活动（berhellung）。谁要翻译，谁就必须进行这种重点突出活动。……即使这种翻译是一种惟妙惟肖的仿制，它也总会缺少某些原文中所带有的韵味。"（伽达默尔著、洪汉鼎译：《真理与方法》，上海，上海译文出版社，1999年，下册，第492—493页。）这就是说，既然翻译是对文本的解释与再创造，就难免有异解、误解以至曲解；既然翻译是一种突出重点的活动，就难免有省略、忽略以至放弃，在没有对等译语时尤其如此。

二、原著导读

（一）《纯粹理性批判·第二版序言》导读

《纯粹理性批判》全书由序言和正文构成。序言包括第1版、第2版两篇序言。在序言中，康德围绕理性批判的含义和知识论的哥白尼式革命两个问题提出了自己的哲学问题，说明了理性批判的真实意义及其希望达到的目的。正文由"导言"、"先验原理论"、"先验方法论"构成。其中，"先验原理论"的分量最重，占全书的85%左右。它包括"先验感性论"、"先验逻辑"两部分。"先验逻辑"又分为"先验分析论（概念分析与原理分析）"和"先验辩证论"。在"导言"中，康德围绕先天综合判断何以可能的问题阐述了自己的哲学观，批评了传统哲学的独断论（教条主义）倾向，提出建构新哲学认识论的任务。"先验原理论"的讨论分为两个部分：首先，在"先验感性论"和"先验分析论"中，康德围绕建构认知对象和建构科学知识的逻辑条件这样两个问题讨论了知识能够成立的逻辑条件，探讨了感性、知性的本性及其在建构知识过程中的地位和作用。其次，在"先验辩证论"中，康德围绕哲学（形而上学）的功能问题，揭示了传统哲学的误区，讨论了理性思考对建构知识和发展知识的意义。在"先验方法论"中，康德围绕哲学方法同科学方法的区别问题，讨论了建构新哲学（即先验哲学）的方法论问题。总之，在《纯粹理性批判》中，康德通过探讨人的认识的本性、人的不同的思维能力的功用，以及哲学研究方法与科学研究方法的区别，阐述了这样的思想：知识是人自己给自己创立起来的，而不是外在的存在恩赐于人的；科学并不能解决人面临的一切问题，人要成为一个人，还需要道德生活（信仰或信念）。所选文本为《纯粹理性批判》第二版序言，可参照邓晓芒译本（《康德三大批判精粹》第47——67页）、李秋零译本（《康德著作全集》第3卷第6—25页）相关部分予以阅读。

1. **探求科学的形而上学的道路**

康德指出，理性知识的探讨——即人们称之为形而上学的知识还没有走上一条科学的可靠道路。它总是在来回摸索之中进行。这样说的原因何在呢？其一，它总是达不到最终目的便陷入僵局、而必须另寻新路；其二，探求形而上学的人在目标的探求中不能协调一致、反而相互攻伐。《纯粹理性批判》正是要探寻形而上学科学的可靠道路。后来，康德《纯粹理性批判》的简明缩写本就名之为《任何一种能够作为科学出现的未来形而上学导论》。康德得出这样的结论，是由于近代经验论与唯理论、唯物论与唯心论、独断论与怀疑论，知识与信仰（道德）、必然与自由陷入的相互冲突。为解决此矛盾，康德才对理性进行批判——即对于理性的能力审查、区分、限制——对于未经深思、徒劳追求的部分东西放弃，希望由此来化解矛盾，并且一劳永逸地消除形而上学的纷争。康德探求形而上学——哲学的"科学道路"，其愿望是良好的。但是，是否有这样一条道路，人们能够沿着它笔直地前行，却是值得怀疑的。其原因在于人类"实践"的复杂性、未来的难预知性，而哲学按黑格尔的说法总是"事后"才加以反思。

2. **对逻辑学的反省**

逻辑学（传统的形式逻辑）为何从亚里士多德以来能够走上一条科学的道路？后来的许多人仅仅对它只是作细节的增删或更清晰的阐明。康德认为，亚氏逻辑标志着形式逻辑的完成。那些试图"扩展"它的做法——心理学的、形而上学的、人类学的诸种努力，是由于不了解逻辑学仅仅是研究"思维形式"的本性。康德指出，形式逻辑的完成，是因为得益于"它所特有的限制"，它仅仅关注"思维的形式规则的阐明和严格论证"，因而抽掉了"知识的一切对象和差别"。逻辑学仅仅是知识建立的形式与工具，它并不是具体的"知识"。正是逻辑学"特有的限制"使它获得了自己的对象。康德正是受此启发，才要划分"知识的领地"——"现象"与"道德的领地"——"物自身"，以消除形而上学的纷争；前者属于理性的"理论知识"，后者属于理性的"实践知识"；前者"是仅仅规定这个对象及其概念"，后者"还要现实地把对象做出来"。无论是理性的理论知识还是实践知识，它都应该是先天的、纯粹的、可以被人们独立揭示出来的。这也正是康德在其"三大批判"中所要做的工作。康德的"先验方法"，其形式主义的探求，也是对形式逻辑的借鉴、批判和改造。亚里士多德的逻辑学是否完成了逻辑学，逻辑学是否不再发展？对此，尚可商榷。

3. 对数学和物理学等自然科学的反思

数学为何从古希腊以来能够走上一条科学的道路？康德在对于数学的历史做了简单回顾之后指出，这要归因于天才人物灵机一动的一场革命。其核心在于"概念的构造"。它是思维方式的革命，堪比绕过好望角的地理大发现。通过概念的先天构造，才产生等腰三角形的诸般属性。"观察一下数学的性质就会看出来，它的可能性的第一的、最高的条件是：数学必须根据纯粹直观，在纯直观里它才能够具体地，然而却是先天地把它的一切概念提供出来，或者象人们所说那样，把这些概念构造出来。"① 因此，数学知识作为普遍必然的知识，它只能是在经验之先纯粹的理性知识。它的判断是"先天（验前）综合判断"。经验的自然科学在近代之所以成为科学，是因为它"一手执着自己的原则"，"另一手执着按照这些原

---

① 康德著：《任何一种能够作为科学出现的未来形而上学导论》，庞景仁译，商务印书馆1978年版，第39页。

则设想出来的实验,走向自然"。康德例举了伽利略、托里拆利、斯塔尔。理性按照自己的原则像法官拷问当事人一样"拷问"自然。如此这般,"依照理性自己放进自然中去的东西,到自然中去寻找(而不是替自然虚构出)它单由自己本来本来一无所知、而必须从自然中学到的东西。"由此,自然科学才走上了一条可靠的道路。康德对于近代自然科学思维方式的洞悉,充分揭示了人在自然面前的主动性与能动性。对于自然一方面必须按照理论原则大胆假设,另一方面通过实验小心求证。这样自然的规律、奥秘才会向人展现、打开。

4. 科学的形而上学只有通过思维方式的哥白尼革命才可能实现

在对于逻辑学、数学、经验的自然科学进行一番考察与反思之后,康德又回到形而上学的问题。他指出,形而上学是"完全孤立的、思辨的理性知识,是根本凌驾于经验教导之上的,亦即是凭借单纯的概念的"。这门最古老的、最具生命力的科学,为何成为一个相互攻伐的进行战斗游戏的战场,在其中谁也没有"稳固占领"属于自己的领地?康德进而问道:未能发现形而上学可靠的道路,原因何在?要么这条道路是不可能的吗?如果追寻理性知识的形而上学的可靠道路不可能,那么理性就遭到怀疑,建立在理性基础上的一切都要被怀疑。康德坚信,形而上学的知识原则是有的。

究竟如何达到形而上学的可靠道路呢?康德提出:"模仿"数学和经验的自然科学。其最基本的原则就是:不是"知识与对象一致,而是对象与知识一致"——必须充分发挥人在认识与知识中的逻辑在先的先天"立法"功能。"如果直观必须遵照对象的性状,那么,我就看不出人们怎样才能先天地对对象有所知晓;但如果对象(作为感官的客体)必须遵照我们的直观能力的性状,那么,我就可以清楚地想象这种可能性。但由于如果这些直观应当成为知识,我就不能停留在它们这里,而是必须把它们作为表象与某种作为对象的东西发生关系,并通过那些表象来规定这个对象,所以我要么可以假定,我用来做出这种规定的那些概念也遵照该对象,这样一来我就由于我能够先天地对它有所知晓的方式而重新陷入了同样的困境;要么我假定,对象或者——这是一回事——对象惟一在其中

(作为被给予的对象)被认识的经验遵照这些概念,这样我就马上看到一条更为简易的出路,因为经验自身就是知性所要求的一种认识方式,知性的规则我必须早在对象被给予我之前、从而是先天地就在我里面作为前提,它在先天概念中得到表述,因而经验的所有对象都必然地遵照这些概念,而且必须与它们一致。"这一思维原则的转变,就是"哥白尼式的革命"。"先天概念",是康德哲学的一个重要概念,其"先天"与柏拉图的在生命之先的"先天理念"不同,与笛卡尔上帝置于人心的"天赋观念"不同,其先天概念意指通过人理性能力确立的逻辑上先在的概念及其原则。

5. 理性能力的"对象"可分为"现象"与"物自身"

理性能力所面对的对象,一方面要把它看作"对经验而言的感官和知性的对象",另一方面"看作仅仅是我们思维的对象";前者为经验对象,后者为超验对象;前者为"现象"——可在知识中被"表象",后者为"物自身"(物自体、自在之物)——仅仅供理性思考;前者为有条件的存在,后者为绝对无条件的存在;前者为理性的理论知识的对象(自然领地),后者为实践知识的对象(道德领地)。经验应该恪守自己的领地,不要试图进入超验的领地,这只会导致矛盾、产生超验的幻象。只有明确分界,才会迈上科学可靠的形而上学道路。康德在后文指出,这种形而上学的作用有其"消极"的一面,但立刻就会有"积极"的作用;其限制了知识,为道德保留了领地,使理性不仅有了理论的运用而且有了实践的运用。近代知识与信仰、必然与自由的矛盾,在康德哲学的架构中得以消解。知识与道德的本性与原则也得到明确认识。由此,康德哲学也被贴上了"二元论""不可知论"的标签。

康德还指出,纯粹理性批判首先是关于"方法"的著作,但同时也描画了"体系性"的轮廓。"它能够而且应当根据它为自己选择思维客体的方式的不同来衡量它自己的能力,甚至完备地列举出为自己提出任务的各种方式,并这样来描画形而上学体系的整个轮廓;因为,就第一点而言,在先天知识中能够附加给客体的无非是思维主体从自己本身取出的东西,而就第二点来说,它在认识原则方面是一个完全分离的、独立存在的统一体，其中每一个环节都像在一个有机体中那样为着所有其他环节存在，而所有环节也都为着一个环节存在，没有一个原则不同时在与整个纯粹理性应用的普遍关系中得到研究而能够在一种关系中被可靠地接受。"《纯粹理性批判》在康德著作中的作用，相似于黑格尔的《逻辑学》，是其方法论体系。后来的《自然科学的形而上学基础》《道德的形而上学基础》《实践理性批判》是其发挥应用。《判断力批判》是其批判哲学体系的完成。《实用人类学》则是康德批判体系的根基。

6. 扬弃知识为信仰留下位置

康德哲学的原则是清楚的，知识与道德信仰对于人来说是两根支柱，就像人的两条腿缺一则残。为了维护知识的效用，也为了保持道德的人格，康德"不得不扬弃知识，以便为信仰留下位置"。人不仅是由于知识更是由于道德信仰，人才真正享有万物之灵的尊严。因此，康德对于自己的哲学原则在"序言"中，不厌其烦予以申明，强调"现象"与"物自身"不同。在"现象"的知识中人们遵循因果法则，在"物自身"的道德思考中人们遵循自由法则，必然与自由各得其所。康德说："既然批判在这里教导要在两种不同的意义上对待客体，即作为显象或者作为物自身，如果它没有搞错的话；如果它的知性概念的演绎是正确的，从而因果性的原理只是就第一种意义而言，即就物是经验的对象而言与物相关，但同一些物并不按照第二种意义服从因果性原理：那么，同一个意志就在显象（可见的行动）中被设想为必然遵循自然规律的、就此而言是不自由的，但在另一方面又被设想为属于一个物自身而不服从自然规律的，从而就被设想为自由的；这里并不会发生矛盾。""那么，道德性的学说就保住了自己的地盘，自然学说也保住了自己的地盘；然而，如果不是批判事先教导我们就物自身而言我们不可避免的无知，并把我们在理论上能够认识的一切都仅仅限制在显象上，上述一切就都不会发生。"

7. 批判哲学打破学派的独断、维护的是人类普遍的利益

批判哲学的目的既要打破学派的独断，也要结束学派的纷乱与纷争，并维护人类普遍的利益。康德嘲笑了灵魂不死、意志自由、上帝存在的繁琐证明，认为它们并不是知识也无益于公众信念的确立。它们仅仅是思考

的对象："如果就第一个证明而言，单是对每一个人来说都可察觉到的自己本性的禀赋，即从来不能被暂时的东西（它对于人的整个规定性的禀赋来说是不够的）所满足，就已经必定造成一种来世生活的希望了；就第二个证明而言，单是对义务的清晰表述，在与偏好的一切要求的对立中，就已经必定造成自由的意识；最后，就第三个证明而言，单是在自然中到处都表现出来的庄严的秩序、美和预先筹谋，就已经必定造成对一位智慧的和伟大的世界创造者的信仰，单凭这就必定造成在公众中流行的依据理性根据的确信"。

批判哲学要打破学派狂妄的独断，因为"它们喜欢在这里（在其他许多地方它们通常是有权这样做的）让人把自己看做是这样一些真理惟一的鉴赏家和保管者，它们只是把这些真理的用法传达给公众，但真理的钥匙却自己保管（quod mecum nescit, solus vult scire videri [凡是他和我都不知道的，他就想显得独自知道]）"。

批判哲学希望"惟有凭借批判，才能甚至连根铲除可能普遍有害的唯物论、宿命论、无神论、自由思想的无信念、狂信和迷信，最后还有更多地对学派有害而难以进入公众的唯心论和怀疑论。"

8. 批判哲学与未经批判的"理性独断论"是对立的

康德强调，批判哲学与经院式"独断论"是对立的，但是并不与"理性在其作为科学的纯粹知识中所采取的独断处理"相对立。因为经院式的独断"凭借一种从概念（哲学概念）出发的纯粹知识按照理性早已运用的原则、从不调查理性达到这种知识的方式和权利"。经过批判之后，形而上学则可以将一切牢固建立在理性基础之上，采取理性独断的方式。因此，康德一方面反对未经批判的理性独断，另一方面又主张经过批判实行理性的独断方式，以建立科学的形而上学。他认为那些拒绝此理性独断方式的人"其用意无非是完全摆脱科学的羁绊，把工作变成儿戏，把确定性变成意见，把哲学变成偏见"。

9. 对于批判哲学作为方法论体系的自信

康德对于批判哲学作为方法论的体系，表现了充分的自信，由于它是经过长期思考才发现的思辨理性本性的一个表现。它具有理论自身的自明性,"使我有理由产生这种信心的不是自负,而是从纯粹理性的最小要素出发直到它的整体和从整体(因为就连整体也是特别通过纯粹理性在实践领域中的终极目的给予的)返回到每个部分的结果相等的试验所造成的自明性,因为哪怕修改极小的部分的尝试,都将马上不仅引起体系的矛盾,而且引起普遍的人类理性的矛盾。""任何哲学陈述都会在一些个别地方遭人攻击(因为它不可能像数学陈述那样防卫谨严),但体系的构造作为统一体来看却在这方面没有任何危险;当体系新出现的时候,只有少数人具有机敏的精神综览它;而由于对他们来说一切革新都是不适宜的,所以有兴趣综览它的人就更少了。"

康德在"序言"中,也谈到了第二版所作的非原则性改动。另外,《纯粹理性批判》语言的晦涩是众所周知的,对此康德也在文中有所说明,他只能达到思想的"彻底性",而言辞的"明晰性"只能留待别人来做。

(二)《纯粹理性批判·导言》导读(参阅邓晓芒译本《康德三大批判精粹》第68—82页)

1. 纯粹知识和经验性知识的区别:康德认为我们的一切知识都是从经验开始的;特别是从时间而言,没有任何知识是先行于经验的。只有对象作用于我们的感官,我们才能通过直观的形式——时空予以显现、通过知性予以加工。康德又说,尽管我们的一切知识都是"以经验开始的",但是并不是都"从经验中发源的"。这似乎是一个矛盾的说法。

首先,康德的"知识"不是"常识",知识必须是具有普遍必然性的人类智慧,而常识显然并不具有这一特性,它只具有偶然性、或然性。近代包括经验论哲学家,也将此类知识看做最低级的知识类型。

其次,康德认为即使具有普遍必然性的知识类型,也有两种,一种是出于人理性能力的纯粹知识类型——如数学、逻辑学,一种是在经验中有其来源的"经验性"知识类型——自然科学大都如此。那么有无出于理性能力的"纯粹的形而上学"的知识呢?当然有,科学的形而上学就以此为探求目标。

第三,康德认为,凡一切渗透着人类理性能力的知识类型都是、或者包含着"纯粹的知识形式"。"经验性的"知识类型,无论是理论理性还是实践理性的知识都是如此。这类知识（a priori）就是被中文译为"先天的""先验的""验前的"知识，即从知识构成逻辑而言，它是独立的、在经验性知识之先、之前。这种知识它独立于经验，但是又可以和经验一起构成"复合物"的"经验性知识"类型。它和"出自经验"、通过经验归纳验证得到的、被人们误认为先天的知识不同。

第四，康德总结道：我们"把先天的知识理解为并非不依赖于这个那个经验、而是完全不依赖任何经验所发生的知识。与这种知识相反的是经验性知识，或是那些知识后天的、即通过经验才可能的知识。但先天知识中那些完全没有参杂任何经验性的东西的知识则称之为纯粹的。"问题是，人们的确认识到有验前的具有法则能力的知识形式，但是它是否像康德所说的那样"纯粹"——一点也不含有"经验的杂质"？那么，它究竟怎样产生就显得有点神秘。真正的哲学也成为"说不可说之神秘"的学问，哲学家也成为仿佛具有通神法眼的天才。当然，随着人类具有实验性的认知心理学的出现，也许能揭开此奥秘。

2. 我们具有某些先天知识，甚至普通知性也从来不缺少它们：人类的知识是由概念、命题、判断与推理来获得的。那么，普遍必然的判断是如何做成的？这是康德进一步思考明辨的问题。对此问题的详细阐述，并不在这里，而是在他的《导论》一书中。在此他只是要说明：的确有先天知识。

首先，康德指出，"如果有一个命题与它的必然性一起同时被想到，那么它就是一个先天判断；如果它此外不再由任何别的命题引出，除非这命题本身也是作为一个必然命题有效的，它就是一个完全先天的命题。"因此，"必然性和严格的普遍性"是一切先天知识的可靠标志，也是唯一标准。建立在经验归纳基础上的任何判断，只具有相对的不严格的普遍性。康德认为，任何经验归纳基础上的命题都具有不完全性，即经验项的难以穷尽，因而它并不具有严格的普遍必然性。尽管两者在判断中都不会出错，但是指出两者的不同还是必要的。

其次，在康德看来，数学命题属于纯粹的先天判断，是具有普遍必然性的判断。康德在其《导论》一书中详述了，数学如何是"先天综合判断",因为七和五之相加等于十二,十二这个概念在七和五中是如何也分析不出来的。它具有普遍必然性,又是纯粹综合的。康德在此,还列举了"因果概念",认为它是一个先天概念,具有普遍必然性,并不像休谟所言仅仅具有"主观必然性"。至于它为何是一个先天命题?它是否像休谟所言出于心理的"习惯联想"?康德并未辨明。康德还指出,不仅是命题,一些概念也具有先天性,只需将经验性概念层层剥离,最后无可再剥离的那个概念,就是一个先天概念,如空间概念。

第三,问题是,凡是先天命题、概念都具有严格的普遍必然性。但是,是否:经验性的命题(概念)必然不具有严格的普遍必然性。例如:凡人都是有死的。这个经验归纳基础上的命题具有严格的普遍必然性,因为毫无例外。即使数学命题,对于欧氏几何而言"两点之间直线最短",对于黎曼几何却并不如此。对于算数而言,$7+5=12$;在引入负数之后,就未必如此。因此,康德追求、运用先验方法的确是一种革命,追求法则的普遍必然性也是有重要意义的,但是将法则的普遍必然性绝对化倾向,则失之偏颇。哲学是否能成为"科学之科学"的科学的形而上学,也是疑窦丛生的。

3. 哲学需要一门科学来规定一切先天知识的可能性、原则和范围:在此康德指出,需要一门科学的形而上学,来研究并规定先天知识的可能性、原则和范围。《纯粹理性批判》要做的就是这项工作。它力求要避免超越于经验的先验知识的幻象,并将知识的探求——限定在现象界。

首先,康德认为,作为经验基础的知识的先验形式固然是理性批判的对象,对于"超出感官世界之外的知识里,在经验完全不能提供任何线索、更不能给予矫正的地方",也是其研究批判的对象。其重要性要比前者更大、目的更崇高。因而对此必须予以高度重视。其不可回避的课题就是:上帝、自由、不朽。这才是真正的"形而上学",或者作为哲学全体最重要的部分。

其次,康德认为,当我们离开了"经验的基地",强行地顺着理性的自然倾向,用我们"所具有的不其知来自何处的知识、基于不知其起源的原理"来构建知识的大厦,是不明智的做法。我们应该先批判、审查要建大厦的基础，看他是否稳固，即先需思考这样的问题："知性究竟如何能够达到所有这些先天知识，并且这些知识可以具有怎样的范围、有效性和价值"。数学的确实性、可靠性，数学运用直观的概念构造方式，它表明我们离开经验究竟能走多远。于是理性受到概念先天直观的蛊惑，自以为能够无穷前行，"鼓起理念的两翼冒险飞向感官世界的彼岸，进入纯粹知性的真空。"第三，人类理性经常性的错误，在于："尽可能早地完成思辨的大厦，然后才来调查它的根基是否牢固。但接着就找来各种各样的粉饰之辞，使我们因大厦的结实而感到安慰，要么就宁可干脆拒绝这样一种迟来的危险的检验。"其错误还在于：仅仅专注于关于对象概念的分析，即便它仅仅是关于概念的澄清或阐明；实际上它并未扩展这些概念、增加人们的知识。加之，其分析貌似的有序进展，便给概念"添加了一些完全陌生的、而且是先天的概念，却不知道自己是如何做到这一点的，甚至不让这样一个问题进到思想中来。"康德在这里显然是针对宗教和道德诸实践理性的问题，也是关于知识划界问题的思考。其哲学关于物自体和现象的划分，便是源于这一思考。

4. 分析判断和综合判断的区别：首先，康德指出，"分析的（肯定的）判断是这样的判断，在其中谓词和主词的连接是通过同一性来思考的，而在其中这一联结不借同一性而被思考的那些判断，则应叫做综合的判断。前者也可以称作说明性的判断，后者则可以称作扩展性判断"。前者并未给主词增加什么，而后者则给主词添加了它所不曾有的新内容。作者所给的例证是，"一切物体都有广延"是分析判断；"一切物体都是有重量的"是综合判断；经验判断就其本性而言，都是综合判断；分析判断只是从概念分析中，按矛盾律抽出这一谓词并意识到它的必然性。

其次，最困难的是：先天综合判断如何可能？在作者看来，真正科学的形而上学就是要发现先天综合判断，知性正是以此为目的。因果概念、因果判断就是典型的先天的。"当知性相信自己在 A 的概念之外发现了一个与之陌生、但仍被它视为与之相联结的谓词 B 时，支持知性的那个未知之物 = X 是什么？这不可能是经验，因为上述因果原理不仅仅是以比经验所能提供的更大的普遍性、而且也以表达出来的必然性，因而完全是先天地并从单纯的概念出发,把后面的表象加在前面那个表象上。"具有普遍必然性的先天概念,究竟是如何做成的?康德依然未讲,只是从判断的区分,阐述先天综合判断的特点。

5. 在理性的一切理论科学中都包含有先天综合判断作为原则:首先,康德指出:数学的判断全部都是综合的,它们是出于"纯粹直观"、有普遍必然性的先天判断。数学命题、推论全都是依据矛盾律进行的,即:数学的演证在"是"和"不是"中必选其一,它不可能在其演证的结果中"既是又不是"。但是数学原理绝不是依据矛盾律而被发明的。"真正的数学命题总是先天判断而不是经验性的判断,因为它们具有无法从经验中取得的必然性。"纯粹数学"它不包含经验性的知识,而只包含纯粹的先天知识"。算术和几何中的概念和命题,都是从"直观"中来的,如果仅仅借助于对概念的分析,我们是无论如何也无法从5和7中分析出12这一概念来的,也分析不出"两点之间直线最短"。

其次,自然科学中(物理学)包含先天综合判断作为自己的原则。由于此一问题的复杂性,康德在此仅仅采用例证方式草草说明而已。在《导论》中关于"自然科学如何可能"中有详尽辨明。一切自然科学无非是经验性的知识——是具有普遍必然性的知识,它相对于任何人而言具有客观有效性。普遍必然的有效性 = 客观的有效性。感性的、感官的感知必然是杂多的、不确定的,即使经过时间、空间的整理、过滤所呈现的现象——客体,依然只是给知性思维展开了一个待加工的对象而已。人们要普遍必然地"认知物""知道物",即将现象所展示的做成经验知识,就必须遵循先验的形式法则予以判断。先验的形式法则就是康德所谓的"先验逻辑体系",它的普遍有效性才能保证经验性知识(经验性综合判断)的普遍有效性——否则,其客观的有效性就是难以理解的、也是做不出来的。而"先验逻辑体系"正是纯粹理智的作品,是通过智性(悟性)获得的具有普遍必然性的"先天综合"的概念和法则。它就像字母表只是用来将现象拼写出来把它作为经验来读。

第三,上述康德思想用康德自己的表述就是:"总而言之,感官之所司是直观,理智之所司是思维。不过思维是把诸表象在一个意识里结合起来。这种结合可以是仅仅与主体有关的，这时它就是偶然的、主观的；也可以是无条件的，这时它就是必然的或者客观的。把表象结合在一个意识里就是判断。因此，去思维和去判断，或者去把表象一般地联系到判断上去，是一回事。所以判断可以仅仅是主观的，也可以是客观的。如果表象仅仅在一个主体里联系到一个意识上去，并且就在那个主体里结合起来，它就仅仅是主观的；如果表象一般地，也就是必然地，结合在一个意识里，它就是客观的。一切判断的逻辑环节就是把表象结合在意识里的各种可能的方式；然而如果这些环节也当做概念来用，那么它们就是这些表象必然地结合在一个意识里的概念，从而就是客观有效的判断的原则。意识的这种结合，如果由于同一性关系，就是分析的；如果由于各种不同表象的相互连结和补充，就是综合的。经验就是现象（知觉）在一个意识里的综合的连结，仅就这种连结是必然的而言。因此，一切知觉必须被包摄于纯粹理智概念下，然后才用于经验判断。在这经验判断里，知觉的综合统一性是被表现为必然的、普遍有效的。"①

  第四，康德认为，形而上学的存在不容置疑，特别是其最高部分"理念论"是最为哲学研究者所纠结的，因此"批判"必须将此部分予以澄清。"纯粹数学和纯粹自然科学，如果为它们的自身的妥善性和可靠性，本来用不着象我们至今所做的这样去对二者加以演绎的；因为前者所根据的是它本身的自明性，而后者虽然出自理智的纯粹源泉，却根据经验和经验的普遍证验；它不能完全拒绝和缺少这种证验的保证，因为，作为哲学，它决不能同数学相比，尽管它有它全部的可靠性。因此，对这两种科学之需要进行研究，不是为了它们自身，而是为了另外一种科学——形而上学。形而上学除了对待那些永远应用在经验之内的自然界概念以外，还要对待纯粹理性概念。纯粹理性概念永远不能在任何可能经验里提供，因而其客观实在性（即它们之不是纯粹虚构的）和［形而上学］论断的真伪都不能通过任何经验来证明或揭露。而这一部分形而上学又恰恰是构成形

---

① 康德著：《任何一种能够作为科学出现的未来形而上学导论》，庞景仁译，商务印书馆1978年版，第71—72页。

而上学基本目的的部分,其余部分都不过是手段。这样,对这一种科学,为了它自身的目的,就需要进行这样的一种演绎。"①

6. 纯粹理性的一般课题:在康德看来,"纯粹理性批判"的重要目的、最高目标,就是要解决两个问题:形而上学作为自然的倾向是如何可能的?形而上学作为科学是如何可能的?当人类理性真正超出了"经验"自身,进入理念领域就产生了纯粹的形而上学、真正意义的形而上学。康德自己在此提出,但是并未很好回答的问题,在《导论》中有着近乎完美的回答。首先,形而上学作为自然的倾向是如何可能的:"通过经验提供我们的对象,在许多方面都是不可理解的,而自然界法则给我们指出的许多问题,如果提到某种高度,尽管符合自然界法则,也完全没有解决,例如对于物体为什么互相吸引这一问题就是这样。然而如果我们完全脱离自然界,或者当我们追随自然界的连结而超出一切可能经验,进到纯粹理念中去时,我们就不能说对象在我们是不可理解的,不能说物的性质给我们提出不可解决的问题;因为那时我们所对待的不是自然界,不是一般既定的东西,而仅仅是导源于我们理性的一些概念,一些仅仅是思维存在体,而从这些东西的概念里产生的一切问题,都一定是能够得到解决的,因为理性对它本身的做法无疑是能够而且必须报告出来的。心理学的理念、宇宙学的理念和神学的理念都不过是一些纯粹理性概念,不能在任何经验里提供出来的。因此理性在这些理念上给我们提出来的问题都不是通过对象,而是理性为自身的满足,通过理性公理,提出来的。这些问题都必须是能够圆满解决的;而在指出它们都是为了把我们的理智使用引导到全面一致性、完整性和综合统一性上去的一些原则,指出它们仅仅对经验——对经验的整体——有效的同时,也就解决了这些问题。尽管经验的绝对整体是不可能的,但是根据一般原则得来的知识,这种知识的一个整体的理念是唯一能够给予这种知识一种特殊种类的统一性,即一个体系的统一性的;没有这种统一性,我们的知识就是支离破碎的,不能做最高目的(最

---

① 康德著:《任何一种能够作为科学出现的未来形而上学导论》,庞景仁译,商务印书馆1978年版,第103页。

高目的永远是一切目的的体系）之用。在这里我指的不仅是实践的目的，同时也是理性的思辨使用的最高目的。因此先验的理念表示理性的特殊用途，即做为理智使用上的一个体系统一性原则。这些理念只是用以使经验在它本身以内尽可能接近完整性，也就是说，用只能是以属于经验本身的东西来限制它们的前进；假如我们把这种认识样式的统一性认为是属于认识的客体的，假如我们把这种不过是制约性的东西视为构成性的东西，假如我们以为我们能够通过这些理念把我们的知识超验地扩展到远远超出一切可能的经验，假如我们这样做，那么这就是在我们的理性的特殊用途以及其原则的评价上的一种纯粹误解，是一方面混淆了理性在经验上的使用，一方面也使理性本身陷入一分为二的辩证法。"①

其次，形而上学作为科学是如何可能的："形而上学，作为理性的一种自然趋向来说，是实在的；但是如果仅仅就形而上学本身来说（就象《主要问题第三编》里的分析解决所指出的那样），它又是辩证的、虚假的。如果继而想从形而上学里得出什么原则，并且在原则的使用上跟着虽然是自然的、不过却是错误的假象跑，那么产生的就决不能是科学，而只能是一种空虚的辩证艺术，在这上面，这一个学派在运气上可能胜过另一个学派，但是无论哪一个学派都决不会受到合理的、持久的赞成。为了使作为科学的形而上学能够做出不是虚假的说教，而是真知灼见，是令人信服的东西起见，理性批判本身就必须把先天概念所包含的全部内容、这些概念按照不同源泉（感性、理智、理性）的类别、连同一张完整的概念表，以及对所有这些概念的分析和这些概念可能产生的一切结果，特别是通过先天概念的演绎而证明出来的先天综合知识的可能性、先天综合知识的使用原则以至使用的界线等等，统统都摆出来，把所有这些都容纳到一个完整的体系里才行。这样，批判，而且只有批判才含有能使形而上学成为科学的、经过充分研究和证实的整个方案，以至一切办法。别的途径和办法是不行的。因此，问题并不在于知道这个事业怎样可能，而是在于怎

---

① 康德著：《任何一种能够作为科学出现的未来形而上学导论》，庞景仁译，商务印书馆1978年版，第136—138页。

样才能实现这个事业,并且怎样才能劝说一些有识之士把他们至今所从事的迷失方向的、徒劳无益的劳动转到一个确有把握的工作上来,以及怎样才能使这样的一种联合[力量]用最适当的方式导向共同的目标。"① "人类精神一劳永逸地放弃形而上学研究,这是一种因噎废食的办法,这种办法是不能采取的。世界上无论什么时候都要有形而上学;不仅如此,每人,尤其是每个善于思考的人,都要有形而上学,而且由于缺少一个公认的标准,每人都要随心所欲地塑造他自己类型的形而上学。至今被叫做形而上学的东西并不能满足任何一个善于思考的人的要求;然而完全放弃它又办不到。这样一来,就必须试探一下对纯粹理性本身来一个批判;或者,假如现在已经有了这样的一种批判,那么就必须对它加以检查并且来一个全面的实验"。②

(三)《实践理性批判·序言·导言》导读(可参阅韩水法译本第1—14页、邓晓芒译本《康德三大批判精粹》第286—288页相关部分)

《实践理性批判》是为意志自由而进行理论辩护。其任务就在于:完整地确定实践理性——理性的实践运用的先天原理的可能性、范围和界限。理性的理论运用于批判,针对单纯的认识对象与认识能力,理性的实践运用关注的意志的规定根据——有无根据、根据是什么,它是对于理性实践运用的全部能力进行反思批判。理性的实践的先天原理就是:"要这样行动,使得你的意志的准则任何时候都能同时被看作一个普遍的立法原理。"这就是"道德律"或"绝对命令"。它是由纯粹理性提供的、先天的、纯粹形式的、具有普遍必然性的原理。

"序言"解读

1. 为何书名不称为"纯粹实践理性批判"

康德指出,这个批判就是要阐明"纯粹实践理性是存在的",由此来

---

① 康德著:《任何一种能够作为科学出现的未来形而上学导论》,庞景仁译,商务印书馆1978年版,第160—161页。

② 康德著:《任何一种能够作为科学出现的未来形而上学导论》,庞景仁译,商务印书馆1978年版,第163页。

批判"理性的全部实践能力"。只要"纯粹理性是现实的实践的",这就证明了实践理性的"实在性和它的概念的实在性"。理性的实践能力为何是实在的呢?是由于理性的"意志自由"作为前提条件。它不仅证明了理性具有实践的能力,而且成为理性的理论能力的基石。"意志自由"——"先验自由"的确立,证明理性具有"立法"的能力,理性在实践中、从而也在理论中自己为自己确立法度。"上帝"和"不朽"作为理念,它们"依附"于自由,由此也具有了"客观实在性"——普遍必然的有效性,即具有理性的人是自由的,上帝与灵魂是人设定确立起来的、为人的道德实践服务的、为理性所要达到的圆满性服务的。康德将理性能力建立在"自由"这一前提基础之上,实际也是将其理论确立在人的根基之上,肯定了人在理论(知识)和实践(道德)中能动的立法作用。

2. 自由意味着什么

"自由的理念"是理性思辨的理念中,人们"知道"其有、但却"看不透"的唯一理念。但是,在实践理性中却显示了其"实在性",它是道德法则的前提条件,作为必要条件没有它就不可能有道德法则、但有它还不够。人们也正是从道德法则中,发现了自由的实在性。上帝和不朽是道德的"应用条件""客体条件"——它们是使道德"可能"的条件,对于它们的"可能性"也不能认识与理解。理性只要不满足于理性的认知还要上升到实践的道德,达到道德的圆满,就不仅要有"自由"还要有上帝与不朽作为前提条件。康德讲的"自由"是意志自由,其意指:意志"完全独立于现象的自然规律、也就是独立于原因性法则""独立于相继法则"。意志自由是指它独立于因果性之外、能够作出立法形式的准则。自由是不受因果性约束并成为因果性法则的基础,是意志自身具有的建立法则的能力。

3. 为何思辨理性中否定的东西而实践理性中却要肯定

思辨理性在上帝、自由和不朽概念的证明中,总会陷于相互冲突,人的理性思辨能力不能证明其"可能性"与"现实性"。因此在思辨理性中否定其现实性与可能性,而在实践理性中这些概念——自由具有现实性、在自由基础之上的上帝与不朽具有可能性,因而必须承认其现实性与可能性，因为在道德实践的原理中它们被展示了出来。这样，原来被看作"现象"的基础的"物自身"，它在思辨理性中是不能证实的不可认知的但在实践理性中却得到了证实与思考，现象也就有了一个更坚实的得到证实的基础。思辨理性的基础是由实践理性奠定的。这样康德的理论就获得了前后一贯性。认识、经验、知识就不再是悬浮的形式的，而是有了实在的本体的根基。实践理性批判就是为了消除人们对于自己的两个反驳：本体在理论的知识中被否定而在实践的知识中被肯定；人不仅被看作经验性意识的现象，更是作为自由的主体。

4. **实践理性批判与纯粹理性批判演证程序的异同**

纯粹思辨理性批判中的原理和概念，在实践理性批判中为何重新被批判检验？必须注意的是：它是在"另一种""完全不同"的运用中被考察；另外在思辨中其次序是从"要素"考察起，而在实践理性中却是从"原理"考察起。因此，康德提请人们注意既要注意它们的运用方式的"不同"，又要注意二者的"关联"。简而言之，其"不同"在于"认知"与"道德"指向的不同，其"同"在于都采用了"形式法则"的先验方式。

康德强调，"自由概念"并不是对思辨理性批判由于匆忙而不周全的"补漏"。在前者它是"悬拟的设想"，在后者却可以"在实在的体现中被看出"。但是在第一批判中，它尽管是"悬拟的"但却是"不可缺少"的。康德指出，自由概念正是经验论者的绊脚石，但它却是"开启最崇高的实践原理的钥匙"。完全的经验论者必然走向怀疑论。

5. **对几种观点的反驳**

其一，康德讲，实践理性批判作为体系是独立自存的，《道德形而上学基础》，初步提出了一个"义务的公式"，是这一体系的预备。它指出"义务"是定言命令的"应当"，和"自然的禀好"不同，通过应当确立"责任"。这条命令是："要只按照你同时认为也能成为普遍规律的准则去行动"。由此才能有责任，"责任就是由于尊重规律而产生的行为必要性"。有人指责，《道德形而上学》只提出了一个空洞的"公式"。康德认为此公式就像数学公式一样必要且重要。其二，有人指责康德，没有对道德义务作出完整的具体的划分，康德认为这一批判是"一般"实践理性批判，他要辨明的是"一般实践理性批判的可能性、它的范围和界限的诸原则"。其三，有人指责，康德"善的概念在那里没有先于道德原则而得到确定"。康德认为，这种意见是出于旧的"成见"，因为只有辨明道德的原则、条件才会达善去恶。

6. 形而上学的建筑术

形而上学的建筑术遵循由"部分"到"整体"的原则，当"按照其来源和界限对人类灵魂的一种特殊能力进行规定时"，它从部分"完整而精确"的描述开始；同时还必须"正确把握整体的理念"，从部分推导出整体。形而上学的建筑术，整体和部分的关系、分析和综合的方法是辩证地结合在一起的。康德批评道：有些人由于并不内在"熟知"形而上学的建筑术，因此在体系中会到处发现"漏洞"。

7. 语言的新造与思想的创新

康德指出，《纯粹理性批判》没有故意"新造语言"，《实践理性批判》由于知识"接近通俗"更没有此必要。如果语言中的概念足以表现思想，故意造新词是一种在旧衣服上加新补丁的幼稚做法。康德自信：《实践理性批判》的表达方式"既合适""又通俗"。

康德自信："内心的两种能力——即认识能力和欲求能力的先天原则从现在起就会被查清，并按照他们运用的条件、范围和界限得到了规定了，但由此就会为一种作为科学系统的、既是理论的也是实践的哲学奠定了基础。"

8. 对否定"先天知识"观点的驳斥

到底有无"先天知识"？康德认为对此"丝毫不必担忧"，"理性的知识和先天知识"是一致的，先天知识就是通过理性确立的知识。先天知识就是在经验之先作为经验基础的、逻辑法则的、具有普遍必然性的知识。主观必然性的"习惯"不是普遍必然性的"知识"。"因果概念"就是通过理性确立的普遍必然的法则。普遍必然性的知识的基础、根据只是"客观有效性"。它不是人思维的杜撰。即便有另外一种理性存在者，或者有另外更高的理性存在者，它依然普遍、必然、客观有效。这种知识也可名之为"真理"，它是人不依赖于感官经验、通过深思熟虑获得的。

休谟从经验论出发，将因果观念归为主观必然性的习惯，以取代客观必然性，并且否定了上帝、自由和不朽的概念。但是，休谟的经验论原则依然难以贯彻到底，因为他保留了数学在经验的原则之外。他看到数学与经验论原则是相冲突的。因此，休谟并不是彻底的经验论，也不能够把他不加分析地称为怀疑论。经验论作为判断力的练习，使先天知识——"先天的理性原则的必然性"更为清楚地凸现出来。

"导言——实践理性批判的理念"解读

第一，康德明确指出，"理性的理论运用"关心的是"单纯认识能力的对象"，对它的批判涉及的只是"纯粹的认识能力"。"理性的实践运用"，关心的是"意志的规定根据"，涉及的是理性"自己规定自己"的立法能力。"以经验为条件的理性"并无立法能力，只有人类的"自由意志"才具有立法能力。因此，"自由"概念成为康德理论的拱顶石。"理性的纯粹"只有在实践中，其纯粹性——即其立法能力才真实展示出来。

第二，纯粹理性批判的"分析论"其次序是：感觉——概念——原理；实践理性批判的"分析论"其次序是：原理——概念——感觉。此外，二者大的方面都遵循从"要素论"到"方法论"。为何在分析论中有如此不同的安排，原因在于这里所涉及的是"意志"，要在"意志及其原因性的关系"中考察理性。"自由的原因性"关涉着任何一个实践的原理。

（四）《判断力批判·序言·导言》导读（参阅邓晓芒译本《判断力批判》第1—33页相关部分）

《判断力批判》——它是批判哲学体系的第三个部分，全书除一个序言和导言外，分为两大部分"审美判断力批判"与"目的论判断力批判"。他的主要目的就是要消除前两个批判所造成的必然与自由、现象和本体、知识和道德等的分裂和对立。主要任务是确定：介于知性和理性之间的判断力，是否有先天原理？它是构成性的还是调节性的？在人的认识能力与欲求能力之间，是否存在情感能力及其先天原理？它为康德的道德神学铺平了道路。

"序言"解读

第一，形而上学的建筑术及其体系。首先必须指出的是：康德的形而上学的大厦不是在一个"批判"中建立起来的，而是通过"三大批判"逐步建立并完善的。当他对"出自先天原则的认识能力"批判时，对于"欲求能力"考察的实践理性批判还未打算进行，对于"愉快和不愉快的情感"的批判也被排除在外。因此，对于人类理性的批判，形而上学大厦的建立，是一个渐进的不断深化的批判过程。直到《判断力批判》，康德对于人理性能力批判的"知—意—情""真—善—美"三维结构才确立起来。这个结构与"三大批判"是相互对应的。对此，康德在此"序言"开篇明确阐述，在此后的"导论"中又进行了详尽分析与阐述。

第二，判断力作为知性与理性的中介环节。

在对认识能力的"知性"和"欲求能力"的"德性"两大批判完成之后，康德进一步思考一个问题：在人的认识能力中是否有一个中介性环节——判断力？它是否也有自己的"先天原则"？它是"构成性的"还是"调节性的"？康德认为必须有判断力这一中介性环节的批判。判断力诸原则尽管不构成"理论哲学"和"实践哲学"中的任何一个独立部分，它也是理性运用中的一种能力，因此必须对它的先天原则详加考察。否则整个形而上学的大厦的基础，就是不稳固的、甚至会导致大厦的断裂。

第三，判断力批判的性状。

康德指出，判断力所针对的是"知性的应用"。其概念与原则并不能"认识事物"，它只是充当"判断力本身的规则"，即是说：判断力的规则是通过想象力的合目的性活动建立起来的，它是"调节性的"而不是"构成性的"。审美判断力的先天规则是：无目的的合目的性形式和人类的共通感。目的论判断力强调：自然的客观合目的性只是反思判断力反思自然的一条调节性原理，而非构成性原理。康德通过判断力批判实际是要解决认识中的"目的论"问题，其主观意图是为认识论奠定更坚实的基础。康德一方面，凸现了"想象力"在认识中的作用，另一方面使自然神学——自然目的论过渡到伦理学神学——人学目的论。

第七章　康德哲学著作导读

第四，判断力批判的目标。

判断力批判是为了完善康德的先验哲学体系，找出判断力的先验原则，它并非"为了陶冶和培养趣味"。他认为，通过批判找到了先验的原则，并使它得到了清晰的阐述。尽管康德并不是为了美学的目的探讨，但他的《判断力批判》还是被人们作为重要的美学著作来研究。

"导言"解读

《判断力批判》的"导言"共有九节，尽管它被置于第三批判之首，却可独立成篇。康德批判哲学的体系、结构在此得到全面、清晰、简明的阐述。康德哲学的"两个领地"与理性能力的"三分结构"得以清晰展现。尽管他在此对于判断力的原则、功能作了较详尽的阐述，但这一文本的阅读对于从总体上揭开康德批判哲学的神秘面纱至关重要。

Ⅰ. 哲学的划分

第一，康德首先指出，哲学是"凭借概念"对"事物的理性认识的诸原则"进行探求的学问。它不同于逻辑学仅仅注重思维"形式"，而且注重考察"内容"、并对不同"对象"进行区分。由此，哲学可划分为"理论哲学"和"实践哲学"，它们具有各自不同的"先天原则"——这正是划分的根据。理论哲学也可称为"自然哲学的理论部分"，实践哲学也可称为"道德哲学的实践部分"；前者通过"自然诸概念"的规定使理论知识成为可能，后者通过"自由概念"的展现使道德实践明确了自己的法则。

第二，康德还指出，将"自然概念的实践"和"自由概念的实践"等同，抹杀二者原则的不同是概念的误用。原因性的概念如果是"出于自然"，它只能是机械的或本能的，其原则就是"技术上实践的"；原因性概念如果是"出于意志自由"——自由的原因性，它就不是自发的而是自觉的，其原则就是"道德上实践的"。前者"属于理论哲学（作为自然学说）"，后者"就是（作为道德学说）的实践哲学"。因此，"自然的因果性"与"自由的因果性"应该严格区分其原则的不同，而不可借"实践"混淆二者差别。

第三，康德进一步辨明，"一切技术上的实践规则"——包括"艺术和一般的熟巧规则"、"明智规则"，就其是"基于概念"——也就是说以自然的诸理论概念为基础，它只能算是"对理论哲学的补充"。只要是按照"自然概念物的可能性"的实践规则，或者其规则出于"自然的动机"，这些规则就不能严格称其为"规律"而只能称其为"规范"。康德凸现了"意志——自由"在道德实践中的立法性，凸现了道德实践的超自然性。具有普遍必然性的法则才可视为"规律"，它与"意志——自由"相关联。而那些仿佛是规律的规则只能是"规范"或者作为自然知识的"规则"。由此，也可看到："意志——自由"是道德实践的立法根据。

"一般的熟巧规则"的实践包含哪些呢？康德在后文中指出，"实验的或观察的机械技术或化学技术同样不可以并且更不可以被视为自然学说的一个实践部分，最后，家庭经济、地区经济和国民经济，社交艺术，饮食规范，且不说普遍的幸福学说，更不用说为了幸福学说的要求而对爱好的克制和对激情的约束了，这些都不可以算作实践哲学，或者说，这些东西根本不能构成一般哲学的第二部分；因为它们所包含的全都只是一些熟巧规则，因而只是些技术上实践的规则，为的是产生按照因果的自然概念所可能有的结果"。

道德的实践作为独立的哲学领域，"是只有自由概念借助于形式规律才使之成为可知的，所以它们是道德上实践的，就是说，不只是在这种或那种意图中的规范和规则，而是不与任何目的和意图发生先行关系的规律"。

Ⅱ．一般哲学的领地

第一，要确定一般哲学的领地，必从先天概念"应用的范围"入手，其应用范围又必须从人的"认识能力根据的原则"才可得以确定。三大批判其根本的任务就在于：对人的认识能力及其原则予以考察，只有这些原则才是普遍必然的"法则"。作为"客体的对象"与"先天概念"的关系的确定，有待于人的"一般认识能力"——人的理性能力的考察认定。

第二，康德在此区分了哲学的"基地"与"领地"。"经验概念"拥有自己的"基地"但并不拥有自己的"领地"，因为在经验基础上建立的规则都是"经验性的、因而是偶然的"。这就是康德曾说的:"尽管我们的一切知识都是以经验开始的,它们却并不因此就都是从经验中发源的"。经验并不具有"立法者"的资格。因此,经验只是认识的出发地、基地。通过我们认识能力的考察,一般哲学可划分为两个领地:"自然概念的领地"和"自由概念的领地"。因为认识能力是通过这二者"先天立法的"。由此,哲学可分为:"理论哲学"和"实践哲学"。作为"领地"的立法者是针对"基地"——感性经验现象,履行其立法的功能的。

第三,自然领地的立法是由"知性"实现的,它是理论性的;自由领地的立法是由理性展现,它是实践性的。康德认为,"理性和知性对于同一个经验的基地拥有两种各不相同的立法,而不允许一方损害另一方。因为自然概念对于通过自由概念的立法没有影响,正如自由概念也不干扰自然的立法一样。这两种立法及属于它们的那些能力在同一个主体中的共存至少可以无矛盾地被思维"。因此,知性能力与狭义的理性能力是不同的,经验的与超验的先天原则是分离的,但是却共存于作为主体的人之中。

第三,康德说,"自然概念虽然在直观中设想它的对象,但不是作为自在之物本身,而只是作为现象,反之,自由概念在其客体中虽然设想出一个自在之物本身,但却不是在直观中设想的,因而双方没有一方能够获得有关自己的客体(甚至有关思维着的主体)作为自在之物的理论知识,那个自在之物将会是超感官的东西,我们虽然必须用关于这个超感官东西的理念来解释那一切经验对象的可能性,但却永远不能把这个理念本身提升和扩展为一种知识。""超感官的领域"就是超验的领域、是经验直观所不能达到的领域,康德称之为"自在之物",它是人的认识能力所不能接近的。对于这一领域,理性为了理论运用和实践运用,以"理念"去占领,这些理念也只是具有"实践的实在性"而不具有"理论的实在性";作为实践的实在性他可以是"技术的知识的"技术实践,也可以是"道德的法的"实践,试图进行理论的论证并获得确定的理论知识则会产生二律背反、产生理论的"幻相"。

第四,由上面可知,在感官存在的"自然领域"和超感官存在的"自由领域",便出现了一条不可逾越的"鸿沟"。但是,这两个领域毕竟不是完全分离的，后者对于前者有某种影响，"也就是自由概念应当使通过它的规律所提出的目的在感官世界中成为现实；因而自然界也必须能够这样被设想，即它的形式的合规律性至少会与依照自由规律可在它里面实现的那些目的的可能性相协调。""合规律性"与"目的性"如何实现一致，那么这种一致性的根据何在呢？这正是判断力批判所要做的事情。

Ⅲ. 判断力的批判作为把哲学的这两部分结合为一个整体的手段。

第一，批判哲学领地的划分、客体对象的确定，其根本基于对"理性能力"的考察。如果不在理性认识能力的考察中，这种"客体"就没有"领地"。因此，哲学领地的划分只是由于理性认识能力的明确审查才得以划分。康德说"因为它不是什么学说，而只是必须去调查，按照我们的能力现有的情况，一种学说通过这些能力是否以及如何是可能的。这个批判的领域伸展到这些能力的一切僭妄之上，以便将它们置于它们的合法性的边界之内。"那么，理性的理论运用与实践运用的能力之上，还有没有另一种独立的理性能力呢？它就是判断力。

第二，所谓判断力，就是"处于知性和理性之间"作为中间环节的高层认识能力。它尽管不是立法的能力，但却有自己的普遍必然的先天原则："这个原则虽然不应有任何对象领域作为它的领地，却仍可以拥有某一个基地和该基地的某种性状，对此恰好只有这条原则才会有效。"由此，心灵的能力、机能可做"三分"考察：认识能力、愉快和不愉快的情感、欲求能力。"在认识能力和欲求能力之间所包含的是愉快的情感，正如在知性和理性之间包含判断力一样。所以至少我们暂时可以猜测，判断力自身同样包含有一个先天原则，并且由于和欲求能力必然相结合着的是愉快和不愉快（不论这愉快和不愉快是像在低级欲求能力那里一样在这种能力的原则之前先行发生，还是像在高级欲求能力那里一样只是从道德律对这能力的规定中产生出来），判断力同样也将造成一个从纯粹认识能力即从自然概念的领地向自由概念的领地的过渡，正如它在逻辑的运用中使知性向理性的过渡成为可能一样。"

第三，可以看出，康德的哲学领地是"二分"的：自然领地和自由领地。但针对人的理性能力的考察却是"三分"的：认识能力、愉快和不愉快的情感、欲求能力。由此，纯粹理性的批判由三个部分构成："纯粹知性批判，纯粹判断力批判和纯粹理性批判，这些能力之所以被称为纯粹的，是因为它们是先天地立法的。"

Ⅳ. 判断力，作为一种先天的立法能力。

第一，康德指出，"一般判断力"就是"特殊"和"普遍"相关联的辩证思维能力。"如果普遍的东西（规则、原则、规律）被给予了，那么把特殊归摄于它们之下的那个判断力（即使它作为先验的判断力先天地指定了惟有依此才能归摄到那个普遍之下的那些条件）就是规定性的。但如果只有特殊被给予了，判断力必须为此去寻求普遍，那么这种判断力就只是反思性的。"由"特殊"指向"普遍"，是"反思性"判断力；将"特殊"归摄为"普遍"，则是"规定性"判断力；都可称之为判断力，但是指向是不同的。

第二，在自然领地中，"知性"确立"普遍先验规律"，将感官经验的自然现象"归摄"于普遍先验的规律，通过"规定性"判断力进行，它是由"普遍"统摄"特殊"、由"必然"统摄"偶然"、使"内容"与"形式"统一的思维过程；由"特殊"求得"普遍"、使"特殊"与"普遍"能够统一，必须有并不来自经验的原则、根据，这原则、根据，必借助"反思判断力"——"所以这样一条先验原则，反思性的判断力只能作为规律自己给予自己，而不能从别处拿来（因为否则它就会是规定性的判断力了），更不能颁布给自然；因为有关自然规律的反思取决于自然，而自然并不取决于我们据以努力去获得一个就这些规律而言完全是偶然的自然概念的那些条件。"反思判断力并不给自然"颁定"规律，它只是供"反思"自然、判断力自身遵循的法则。

第三，康德规定了"目的"和"形式的合目的性"概念，由此确定了"自然的合目的性"概念。只有以"自然的合目的性"概念为根据，自然界在认识过程中才可能获得统一性的思考，"这就是说，自然界通过这个概念被设想成好像有一个知性含有它那些经验性规律的多样统一性的根据似的"。也就是说，知性之所以能够以"普遍"统摄"特殊"达到统一，其先天根据就是"自然的合目的性"。它是一个特殊的源于反思性判断力的先天概念。"这个概念与实践的合目的性（人类艺术的，或者也有道德的）也是完全不同的，尽管它是按照和这种合目的性的类比而被思考的。"因此，只能说自然的"合"目的性，而不能断言自然"有"目的性。

V. 自然形式的合目的性原则是判断力的一个先验原则。

第一，在康德看来，"先验原则"是具有普遍必然性的先天原则。先验论的形而上学所探求的就是这些原则。"经验性地给出其概念的客体"都能够通过这些原则得到先验的规定。经验的形而上学注重探求的是"物体"（质料、内容），一般的形而上学注重探求的是"实体"（形式、规则），先验形而上学注重探求的是物体成为实体的先验根据。在判断中"物体"是"主词"，"实体"是"谓词"，而系词"是"则构成先验的根据——"物体是实体"这一判断中的"是"如何可能，这也就是康德提出并不懈探求的"先天综合判断是如何可能的"问题。

第二，康德指出，"自然的合目的性概念"属于先验的原则。它可以从"判断力准则"中"映现"出来，这些准则针对的是"经验的可能性"。一些智慧的格言就含有先验性：节约律、自然的连续律、原则除必要外不得增加。也就是说，判断力的先验原则指明，按照先验原则在认识自然时"应当"如何判断。"对于我们的认识能力及其运用来说，自然的合目的性（它显然是从这些认识能力中闪现出来的）是判断的一条先验原则，因而也需要一个先验的演绎，如此作判断的根据必须借助于这个演绎到知识的先天来源中去寻找"。

第三，"自然的合目的性概念"作为先验的原则，要解决的问题就是：普遍的必然的规律在思维中是如何实现出来的，对于自然进行普遍必然的探求的根据是什么。"自然的统一性""经验的统一性"的经验规律，如何避免陷入偶然性并实现其普遍必然的"合规律的统一性"？只能建立在一个预设的前提下反思：自然的形式合目的性。康德说："判断力为了自己独特的运用必须假定这一点为先天原则，即在那些特殊的（经验性的）自然律中对于人的见地来说是偶然的东西，却在联结它们的多样性为一个本身可能的经验时仍包含有一种我们虽然不可探究、但毕竟可思维的合规律的统一性。这样一来，由于这个合规律的统一性是在一个我们虽然按照某种必然的意图（某种知性需要）、但同时却是作为本身偶然的来认识的联结中，被设想为诸客体（在这里就是自然界）的合目的性的"。

第四，"自然的合目的性概念"仅仅是判断力的一个主观的反思的原则。"自然的合目的性这一先验概念既不是一个自然概念，也不是一个自由概念，因为它完全没有加给客体（自然）任何东西，而只是表现了我们在着眼于某种彻底关联着的经验而对自然对象进行反思时所必须采取的惟一方式，因而表现了判断力的一个主观的原则（准则）"。

第五，自然在"知性"实现其"客观规则"，在判断力的先天原则中实现其"必然性""秩序性"的规律。这样自然在与我们人的认识能力的协调一致中，通过知性和判断力其客观必然的普遍规律得以呈现。"自然与我们的认识能力的这种协调一致是判断力为了自己根据自然的经验性的规律来反思自然而先天预设的，因为知性同时从客观上承认它是偶然的，而只有判断力才把它作为先验的合目的性（在与主体认识能力的关系中）赋予了自然：因为我们没有这个预设就不会有任何按照经验性规律的自然秩序，因而不会有任何线索来引导某种必须按照其一切多样性来处理这些规律的经验及自然的研究了。"

第六，判断力先天原则确立的意义何在呢？康德说："自然界按照对我们的认识能力的合目的性原则，也就是为了适应于人类知性的必要工作，即在知觉向人类知性呈现出来的特殊的东西上发现普遍的东西，在有差异的东西（虽然对每个属来说又是普遍的）上重又发现在原则的统一性中的联结，而把自己的普遍规律特异化了：那么我们借此既没有给自然界颁定一条规律，也没有通过观察从它那里学习到一条规律（虽然那个原则可以通过观察而得到证实）。""我们想要的只是：自然界尽可以按照自己的普遍原则而建立起来，我们却绝对有必要按照那条原则和以它为根据的那些准则，去追踪自然的经验性规律，因为我们只有在那条原则所在的范围内才能运用我们的知性在经验中不断前进并获得知识。"

Ⅵ. 愉快的情感和自然合目的性概念的联结。

第一，判断力将"偶然性"的知性的特殊规律，通过先天原则赋予了"必然性"的秩序，将"原则的统一性带进自然中来"，把目的性

"赋予"自然，使自然的规律性"呈现"出来。这一意图的实现结合着"愉快的情感"。"发现两个或多个异质的经验性自然规律在一个将它们两者都包括起来的原则之下的一致性，这就是一种十分明显的愉快的根据，常常甚至是一种惊奇的根据，这种惊奇乃至当我们对它的对象已经充分熟悉了时也不会停止。"这就是说，在统一性实现的时刻伴随着一种"智性"的愉悦。

第二，自然在合目的性的统一性中，到底能走多远？康德认为其边界是不确定的。这里康德实际表达了人类对于自然的认识、知识的探求过程中，其具有"无限性"。由"多样性"到"统一性"的知识探求中，也许人类永远不能达到最终的统一性，但却总是按照统一性不懈的思考与探求。判断力的原则要求："按照自然对我们的认识能力的适合性的原则行事，凡是认识能力所到达之处，都不去断定（因为这不是给我们提供这种规则的规定性的判断力）它是否在某个地方有自己的边界；因为我们虽然就我们认识能力的合理运用来说是能够规定边界的，但在经验性的领域中是不可能规定任何边界的。"

Ⅶ. 自然的合目的性的审美表象。

第一，康德在此节开篇，就阐明了"审美表象"和"逻辑表象"的不同。简而言之，审美表象作为人的理性活动，它表达的是主观的情感性感受，其与主体的感受相关联；人的理性活动的逻辑表象、逻辑有效性，它表现并规定的是感性对象，其指向的是客体对象的实存，由此知识的客体被给予。因此，同一个理性活动具有不同的方式，前者是主观感受的审美性表象，后者是客体实在的逻辑性表象。

第二，审美表象中出现的是主观情感性感受——愉快或不愉快。它就是主观形式合目的性的审美表象，它是先行于客体知识的活动，审美表象在逻辑表象之先。"先行于一个客体知识的、甚至并不要把该客体的表象运用于某种认识而仍然与这表象直接地结合着的这种合目的性，就是这表象的主观的东西，是完全不能成为任何知识成分的。而这样一来，对象就只是由于它的表象直接与愉快的情感相结合而被称之为合目的的；而这表象本身就是合目的性的审美表象。"

第七章 康德哲学著作导读

第三，康德进一步思考，审美表象如何可能呢？康德指出，感性直观活动如果是在反思中运用想象力处在对于对象单纯形式的领会（感受），这样做成的判断就是客体的主观合目的性的审美判断。在此过程中，出现的就是主观情感的愉快与不愉快的感受。因此，审美判断的实现、审美表象的出现，必须是：①判断力的反思原则体现于其中；②无概念的单纯形式领会；③主观情感的感受；④想象力的运用。其核心原则是：主观的合目的性的形式性。其主体性状：愉快或不愉快的情感。

第四，康德通过不厌其烦的阐述，要辨明的是："在知性之中"判断力的先天原则发挥着作用，判断力的先天原则"在知性之前"可追溯到其起源。主观形式的合目的性源于感性的审美活动及其表象，源于人类共通的情感感受——愉快。审美就是一种"自然无目的主观形式合目的"的情感活动，也是通过想象力与知性的协调性活动。"如果在这种比较中想象力（作为先天直观的能力）通过一个给予的表象而无意中被置于与知性（作为概念的能力）相一致之中，并由此而唤起了愉快的情感，那么这样一来，对象就必须被看作对于反思的判断力是合目的性的。一个这样的判断就是对客体的合目的性的审美判断，它不是建立在任何有关对象的现成的概念之上，也不带来任何对象概念。它的对象的形式（不是它的作为感觉的表象的质料）在关于这个形式的单纯反思里（无意于一个要从对象中获得的概念）就被评判为对这样一个客体的表象的愉快的根据：这种愉快也被判断为与这客体的表象必然结合着的，因而被判断为不只对把握这个形式的主体而言，而且一般地对每个下判断者而言都是这样的。这样一来，该对象就叫作美；而凭借这样一种愉快（因而也是普遍有效地）下判断的能力就叫作鉴赏。"

第五，愉快的情感具有无概念的经验性的共通感。它"永远不能从概念出发被看作与一个对象的表象必然结合着的，而是必须任何时候都只是通过反思的知觉而被认作与这个表象联结着的，因而如同一切经验性的判断一样并不能预示任何客观必然性和要求先天的有效性。但鉴赏判断也只是像每个其他的经验性判断那样要求对每个人都有效，这一点即使它有内在的偶然性，总还是可能的。"这种情感是经验性的但却不是经验，也就是说它不是经验性的概念，而是一种愉快的情感。这种情感具有"共通性"："因为这种愉快的根据是在反思性判断的普遍的、尽管是主观的条件中，也就是在一个对象（不论它是自然产物还是艺术品）与诸认识能力相互关系之间的合目的性协调一致中被发现的，这些认识能力是每一个经验性的知识都要求着的（即想象力和知性）。"

第六，康德的结论是：审美的情感、判断力成为由自然概念向自由概念连接和过渡的中介桥梁。"由反思事物的（自然的和艺术的）形式而来的愉快的感受性，不仅表明了主体身上按照自然概念在与反思判断力的关系中的诸客体的合目的性，而且反过来也表明了就诸对象而言根据其形式甚至无形式按照自由概念的主体的合目的性"。形式的合目的性也就成为判断力的先天条件、根据。

Ⅷ. 自然的合目的性的逻辑表象

第一，康德在前一节开端，将"审美表象"和"逻辑表象"予以辨明。在此他又将二者不同表象方式进行总结辩明。他强调，在面对经验提供的对象时，我们的"合目的性"思考可分为两种不同的方式："或是出自纯主观的原因，在先于一切概念而对对象的领会（apprehensio）中使对象的形式与为了将直观和概念结合为一般知识的那些认识能力协和一致；或是出自客观原因，按照物的一个先行的、包含其形式之根据的概念，而使对象的形式与该物本身的可能性协和一致。"前者是基于愉快的审美表象，后者是基于"确定的认知与知识"的逻辑表象；"对象"实现为"表象"，只有通过"表现"才可能，而表现的方式则分为"审美表象"和"逻辑表象"；审美表象是通过想象力达到主观形式的合目的性，而逻辑表象则是通过概念达到主观形式和客观内容统一的合目的性。

第二，康德进一步辨明，判断力批判分为两大部分：审美的判断力批判和目的论的判断力批判。"前一种判断力被理解为通过愉快和不愉快的情感对形式的合目的性（另称之为主观合目的性）作评判的能力，后一种判断力则被理解为通过知性和理性对自然的实在的合目的性（客观合目的性）作评判的能力。"这二者在判断力批判中的性质如何呢？康德指出，审美判断力是判断力的本质部分，因为它体现了判断力的"先天原则"——主观形式的合目的性,自然的(客观)合目的性则是这一原则的类比和运用——自然的合目的性既不是人从自然概念发现的、也不是自然显示给人的,而只是人反思自然、使自然与知性相协调、使自然与自由相一致的反思性、协调性原则。

第三,康德的结论是:判断力、审美判断力所提供给认识的是一条"先天评判性原则":"我应当在何处、在哪种场合下把这种评判作为对一个按照合目的性原则的产物、而不是对宁可只按照普遍自然律的产物的评判来进行,它把这一点托付给审美的判断力,在鉴赏中去决定这产物(它的形式)对我们的认识能力的适合性(只要这种适合不是通过与概念的协和一致、而是通过情感来断定的)。""审美判断力是按照一条规则、但不是按照概念来对物作出评判的一种特殊的能力。目的论判断力则不是什么特殊的能力,而只是一般反思性的判断力"。"审美判断力却对其对象的认识毫无贡献,因而必须仅仅被列入判断主体及其认识能力的批判,只要这些认识能力能提供这些先天原则"。审美判断对其对象的认识毫无贡献,而只是为认识提供一条先天的原则,不属于哲学的理论部分;目的论判断力是原则的运用、是审美判断力这种特殊能力的延伸,它则属于哲学的理论部分,它对于认识、知识是有其贡献的,其作用是反思性的。因此,判断力批判的核心与本质是审美判断力批判。

IX. 知性和理性的各种立法通过判断力而联结

第一,康德将哲学的领地分为"自然的领地"和"自由的领地",这是在"导论"的第一节就明确指出的。自然领地的先天立法权归于知性,自由的先天立法权归于理性,"知性对于作为感官客体的自然是先天地立法的,以在一个可能经验中达到对自然的理论知识。理性对于作为主体中的超感官东西的自由及其独特的原因性是先天立法的,以达到无条件地实践的知识。"由此,自然概念的理论知识和自由概念的道德实践被分隔,它们二者的统一似乎是不可能的。

第二,是否存在自然与自由的联结?二者如何联结?在自然中找不到自由的根据,那么在自由中有无自然的根据?自然不是自由的原因、根据，自由能否成为自然的原因、根据呢？康德指出，前者没有可能性，但后者却是可能的。其可能性在于："虽然不是着眼于自然的知识，但毕竟是着眼于从自由概念中对自然所产生的后果"。就是说：自然的知识是自然的，人无权按照自己的意愿任意地捏造自然知识，但人具有自由按照人的理性能力与方式将自然知识实现出来、使自然知识显示给人。因此，自由不是自然知识的原因，但可以是自然知识实现出来的根据。从人自身来说，既是现象也是物自身，意志自由的人就是现象的人的原因、根据。灵是肉的根本，无灵的肉体与草木无异。

第三，判断力的合目的性概念成为自然概念向自由概念过渡的中介。"这个先天地、置实践于不顾地预设这条件的东西，即判断力，通过自然的合目的性概念而提供了自然概念和自由概念之间的中介性概念，这概念使得从纯粹理论的理性向纯粹实践的理性、从遵照前者的合规律性向遵照后者的终极目的之过渡成为可能；因为这样一来，只有在自然中并与自然规律相一致才能成为现实的那个终极目的之可能性就被认识到了。"康德酷爱并追求哲学理论逻辑的严密性、自洽性，以判断力架通自然通向自由的桥梁。他力求必然与自由、经验与超验、理论知识与道德实践相统一。自然的星空与心中的道德律便逻辑自洽地编织为一个庞大而繁复的理性哲学体系，新的时代精神便在其体系中得以维护与确立。文艺复兴以来理性的尊严、人的尊严以理性的方式确立起来。

第四，批判哲学的"二元""三分"结构："知性通过它为自然建立先天规律的可能性而提供了一个证据，证明自然只是被我们作为现象来认识的，因而同时也就表明了自然的一个超感性的基底，但这个基底却完全被留在未规定之中。判断力通过其按照自然界可能的特殊规律评判自然界的先天原则，而使自然的超感性基底（不论是我们之中的还是我们之外的）获得了以智性能力来规定的可能性。理性则通过其先天的实践规律对同一个基底提供了规定；这样，判断力就使得从自然概念的领地向自由概念的领地的过渡成为可能。"

内心的全部能力	诸认识能力	诸先天原则	应用范围
认识能力	知性	合规律性	自然
愉快和不愉快的情感	判断力	合目的性	艺术
欲求能力	理性	终极目的	自由

三、参考资料

古留加著：《康德传》，贾泽林等译，商务印书馆1981年版。

安培能成著：《康德的实践哲学》，于凤梧、王宏文译，福建人民出版社1984年版。

波波夫著：《康德和康德主义》，涂纪亮译，人民出版社1986年版。

福尔伦德著：《康德生平》，尚章孙、罗章龙译，商务印书馆1986年重版。

瓦·费·阿斯穆斯著：《康德》，孙鼎国译，北京大学出版社1987年版。

周贵莲、丁东红编译：《国外康德哲学新论》，求实出版社1990年版。

约翰·华特生著：《康德哲学讲解》，韦卓民译，华中师范大学出版社2000年版。

赫费著：《康德：生平、著作与影响》，郑伊倩译，人民出版社2007年版。

曼弗雷德·库恩著：《康德传》，黄添盛译，上海人民出版社2008年版。

李泽厚著：《批判哲学的批判——康德哲学述评》，人民出版社1979年版。

陈元晖著：《康德的时空观》，中国社会科学出版社1982年版。

郑涌著：《批判哲学与解释哲学》，中国社会科学出版社1984年版。

张志伟著：《康德的道德世界观》，中国人民大学出版社1984年版。

李质明著：《康德〈导论〉评述》，福建人民出版社1984年版。

张世英著：《康德〈纯粹理性批判〉》，北京大学出版社1987年版。

俞吾金著：《从康德到马克思》，广西师范大学出版社2004年版。

谢遐龄著：《康德对本体论的扬弃——从宇宙本体论到理性本体论的转折》，湖南教育出版社1987年版。

谢遐龄著：《砍下自然神论头颅的大刀——康德〈纯粹理性批判〉》，云南人民出版社1989年版。

李明辉著：《儒家与康德》，台北联经出版公司1990年版。

陈嘉明著：《建构与范导——康德哲学的方法论》，社会科学文献出版社1992年版。

张俊芳著：《康德道德哲学研究》，东北师范大学出版社1993年版。

张俊芳、冯文华著：《康德美学研究》，东北师范大学出版社1994年版。

杨一之著：《康德黑格尔哲学讲稿》，商务印书馆1996年版。

范进著：《康德文化哲学》，社会科学文献出版社1996年版。

杨祖陶、邓晓芒著：《〈纯粹理性批判〉指要》，湖南教育出版社1996年版。

邓晓芒著：《冥河的摆渡者——康德〈判断力批判〉导读》，云南人民出版社1997年版。

谢舜著：《神学的人学化——康德的宗教哲学及其现代影响》，广西人民出版社1997年版。

韩水法著：《康德传》，河北人民出版社1997年版。

戴茂堂著：《超越自然主义——康德美学的现象学诠释》，武汉大学出版社1998年版。

程志民著：《康德》，湖南教育出版社1999年版。

齐良骥著：《康德的知识学》，商务印书馆2000年版。

李梅著：《权利与正义：康德政治哲学研究》，社会科学文献出版社2000年版。

张能为著：《康德与现代哲学》，安徽大学出版社2001年版。

黄裕生著：《真理与自由——康德哲学的存在论阐释》，江苏人民出版社2002年版。

李蜀人著:《道德王国的重建》,中国社会科学出版社 2005 年版。

邓晓芒著:《康德哲学讲演录》,广西师范大学出版社 2006 年版。

王兵著:《康德前批判期哲学研究》,人民出版社 2006 年版。

韩水法著:《康德物自身学说研究》,商务印书馆 2007 年版。

侯鸿勋著:《康德》,香港中华书局 2008 年版。

赵广明著:《康德的信仰》,江苏人民出版社 2008 年版。

在推进康德哲学研究中起到重要作用的还有一些专题论文集、丛书和辑刊,汇聚了学术界的相关研究成果,其中有《德国哲学》(张世英主编)、《论康德黑格尔哲学》(中国社会科学院哲学研究所编,上海人民出版社,1981)、《康德黑格尔研究》(姜丕之、汝信主编,上海人民出版社,1985)、《西方著名哲学家评传》(第 6 卷,王树人、李凤鸣编,山东人民出版社,1984)等。

四、问题思考

1. "是"与"应当":康德与休谟之同异比较。
2. 先验唯心主义的人性论基础及其方法论原则。
3. 康德关于法律的道德基础评析。
4. 关于康德的自由理念及其与近代哲学的关系。

第八章　费希特、谢林著作导读

第一节　费希特的《全部知识学基础》

一、生平与著作

费希特（Johann Gottlieb Fichte，1762—1814），德国古典哲学的重要代表，唯心主义哲学家，资产阶级的民主自由战士。费希特的哲学思想，对当时德国社会的发展起过巨大的积极作用；在 F. W. J. 谢林和黑格尔的哲学里得到直接继承和发展；马克思、恩格斯对他阐发人的主观能动性方面予以历史的积极评价。他的主要著作有：《全部知识学基础》（1794）、《论学者的使命》（1794）、《知识学特征论纲》（1795）、《自然法基础》（1796）、《知识学第一导论》、《第二导论》（1797）、《伦理学体系》（1798）、《人的使命》（1799）、《闭锁的商业国》（1800）、《当前时代的基本特征》（1804）、《至乐生活指南》（1806）、《对德意志民族的演讲》（1812）。

《论学者的使命·人的使命》，梁志学、沈真译，商务印书馆1984年10月出版。它包括费希特的《论学者的使命》和《人的使命》两部重要著作。前者发表于1794年，是作者阐述自己的伦理观点和政治观点的主要著作。文中着重阐明了人的主观能动性的重要性——分别阐述了"自在的人"、"社会的人"、作为阶层的"学者"等概念，阐述了理论认识和实践活动的统一性。《人的使命》发表于1799年夏秋之交，全文分三个部分

第八章 费希特、谢林著作导读

——怀疑、知识、信仰，第一、二部分基本阐述他过去的哲学思想，而在第三部分，费希特则把信仰当作把握实在的官能，由此可看出他从哲学到宗教的过渡。

《全部知识学的基础》，王玖兴译，商务印书馆1986年出版。《对德意志民族的演讲》，梁志学译，辽宁教育出版社2003年出版；商务印书馆2010年修订再版。费希特的这部作品是他从1807年12月13日至1808年3月20日在柏林所作的十四次演讲，发表于1808年5月中旬，其具有鲜明的民族主义和爱国主义特色，由于它在德意志民族的解放和复兴中发挥了十分卓越的作用，被大家认为是一部世界名著而载入史册。

《极乐生活》，于君译，2009年出版。它是费希特最重要的宗教哲学著作，是理解他在柏林时期的知识学及其变化的主要文字依据。它发表于1806年4月，内容是同年在柏林所作的11次通俗演讲。费希特强调，生活的意义和目的就是去爱作为绝对存在的上帝，认为这是人们通往极乐生活的唯一正确的道路。据此他划分了五种世界观或精神生活发展的五个阶段，分别讲述了本真生活与单纯的假象生活的区别；对于一种极乐生活，什么是不可或缺的，什么是仅仅在一些条件下才必要的；还涉及本体论及存在论等内容。

《自然法权基础》，谢地坤、程志民译，商务印书馆2004年修订再版。这本书曾经收入《费希特著作选集》第2卷（商务印书馆1994年）。在德国古典哲学中它是把民主原则体现得最深刻和最全面的论著。这本德国古典著作作为世界学术名著，曾经以各种版本出版了好多次。德文版共有六个。这本书的全名是《以知识学为原则的自然法权基础》。其意在应用知识学原理对人类社会的法治领域所作的研究，而费希特的知识学既是一种新的形而上学，也是一种新的逻辑学，因此，读懂这本书，肯定会有一定的困难。为了克服这个难题，译者建议：不妨在读此书以前，先读费希特耶拿时期的通俗知识学著作，使自己能够在形而上学领域里获得必要的预备知识，有助于更深入地理解这部古典哲学论著。

《论法国革命》，李理译，贵州人民出版社，2001年出版。本书收入费希特的两大名篇，其一是《纠正公众对法国革命的评论》，文章高度评价法国大革命,认为评判法国革命必须从理性原则出发,而不能从暗中摸索的经验原则出发。另一篇是《向欧洲各国君主索回思想自由的权利》,坚持资产阶级的天赋人权理论等。

《伦理学体系》,梁志学、李理译,商务印书馆,2007年修订再版。作为康德哲学的继承者,费希特在本书中贯彻了康德的基本立场,既反对了中世纪禁欲主义的宗教道德哲学,也批评了在英国和法国盛行的功利主义、幸福主义伦理学;同时,作为康德哲学的改造者,作者在本书中又发展了康德的先验主义伦理学。作者的这部伦理学著作既是用科学方法对先验伦理原则作出的深刻论述,也是以感人激情为人类道德完善表示的热烈向往。

《激情自我:费希特书信选》,洪汉鼎、倪梁康译,经济日报出版社,2001年出版。《极乐生活指南》,李文堂译,辽宁教育出版社,2003年出版。《现时代的根本特点》,梁志学志译,辽宁教育出版社,1998年出版。梁志学选编的《自由的体系——费希特哲学读本》,商务印书馆,2008年出版。在费希特著作的迻译和研究方面,梁志学先生作出了卓越的贡献,主持了商务印书馆出的《费希特著作选集》(五卷本)的翻译,其三本代表著作对于费希特早期思想、耶拿时期、柏林时期的思想进行了深入阐述。

二、原著导读

(一)《全部知识学的基础·第一部分·全部知识学之诸原理》(王玖兴译本,第6—40页)

费希特哲学的原则与方法是由《全部知识学的基础》奠定的。它是德国古典哲学重要代表之一,也是费希特耶拿时期的主要哲学著作。在费希特的哲学体系里,《全部知识学的基础》的地位和作用,相当于《逻辑学》在黑格尔的哲学体系里的地位和作用。它的构思成熟于1793年,当时费希特正在苏黎世撰写为法国革命辩护和争取思想自由的政治论文。费希特自称《全部知识学的基础》是上述政论文章的额外收获。但真正要理解其原则和方法,一方面要联系法国大革命的背景,另一方面则必须通过他后续的著作——伦理学、法学、特别是人学著作,以及其知识背景——康德哲学,才能予以理解。在此选读其两部分著作予以解读。

1. 寻找并论证"绝对无条件"的第一原理

首先,费希特遵循笛卡尔的道路,要寻找绝对无条件的第一原理,试图按照数理化、逻辑化的方式,以进行先验的演绎。这既是西方近代理性主义的路径,一些经验主义的代表——休谟甚至也采用此路径,只是遵照感性经验主义的不同路径。实际上它是要确立思维方式的起点与方法,以建立一个认识的"范式"。它是通过"反思抽象"获得的一切意识的基础,它是通过经验意识的层层"剥离"获得的纯粹的公设,它是一个循环论证——是作为起点经过演绎必须回归的终点。它要表达的是一个"事实行动"。"所谓事实行动不是,也不可能是我们意识的诸经验规定之一,而毋宁是一切意识的基础,是一切意识所唯一赖以成为可能的那种东西。""我们提出经验意识的随便一个什么事实,然后从中把一个一个的经验规定分离出去,继续分离直到最后再没有什么可以从它身上分离出去时,剩下来的这个自己本身绝对不能被思维掉的东西就是纯粹的。"

其次,在提出第一原理的形式条件之后,费希特便从形式逻辑的离我们"目标最近"的"命题"出发,予以探求。它就是形式逻辑的"同一律":A 是 A($A = A$)。同一律是一个"去历时性"、"共时性"的被人们公认的法则。他着力分析、辨明其中系词"是"的意义。因此,A 是 A,是一个直接"设定",是不是、如何是还有待经验的探究与规定;它只是形式化地表达了一个同一性的、最为简单的关联性关系。"是"所表达的无非是一个"必然的关联"关系;"前面的如果和后面的则之间有一种必然的关联;并且两者之间的必然关联是直接了当地和无需任何根据被设定起来的。我把这个必然关联暂时叫做 $=X$。""但就 A 本身来说,它究竟有还是没有,还完全没有因此而被设定。于是产生了这样的问题:在什么条件下才有 A 呢?"费希特从这个最简单、最普通,也是人们在知识的探求中最初始的必然关联关系的法则出发,以寻求知识学建立的基础。知识学就是探求"是之所以是"的根据 X。

第三,究竟是哪个"什么"在寻求作为根据的 X,在进行判断?究竟是哪个"什么"在设定或者在"说"A = A？在什么条件下才有 A 呢？不是上帝，而是人这个"我"。"因此至少在上述关联被设定了的情况下，A 是被设定在自我之中，并且是由自我设定的，正如 X 那样。——X 只有与一个 A 联系着才是可能的；现在，既然 X 实际上是设定在自我之中的，那么 A 也就必定是设定在自我之中的，只要 X 是和 A 联系着的。""X 既和上述命题中属于逻辑主词地位的 A 联系着，也同样和属于逻辑宾词地位的 A 联系着，因为两个 A 已被 X 联合起来。"通过上述推论的结果就是："这样一来，A 就由自我凭着 X 设定了；对于从事判断的自我来说，是直接了当地而且仅仅由于它一般地被设定于自我之中；这就是说，下述事实就被设定了：在自我——不论这自我现在正从事设定，或从事判断，或随便正在做别的什么——之中，有着永远是等同的、永远是单一的、永远是同一个的某种东西；而且那直接了当地被设定起来的 X 也可表述为：我 = 我，我是我。"费希特不同于笛卡尔的怀疑，而是通过形式逻辑同一律的分析得出了：我在、有我、我是。同一律仅仅是探寻、通达先验自我的一个阶梯而已。

第四，"面向事实本身"被认为是一个现象学的追求，实则它也是先验哲学的基本诉求。康德是如此，费希特也许是第一次鲜明表达了此意向。作为先验的绝对主体"自我"，费希特认为："我是"所要表达的"虽然不是一种事实行动，却是一种事实"。"一切意识经验的事实的理由根据就在于，在自我中的一切设定之前，自我本身就先已设定了。"也就是说"我是"并不是经验的获取知识的具体认知活动，而是一个逻辑的先验的一切经验知识赖以建立的基础；"我"不是费希特、伽利略、哥白尼，而是那抽象的、作为本源行动着的"人"——正是这人从事着一切理论和实践活动。因此，费希特所追索的、明确表达出来的就是康德那个最根本的问题：人是什么。在费希特看来，形式逻辑的同一律所表达的，与作为同一律基础所表达的"我是"是不同的，"'我是我'具有一种与命题'A 是 A'完全不同的含义。——就是说，后一命题'A 是 A'只在一定条件下才有一个内容。如果 A 被设定了，那么它作为 A 连同宾词 A，当然被设定了。但通过上述命题它是否一般地被设定了，以及它是否连同任何一个宾词被设定了,还根本不确定。而命题'我是我'则不同,它的有效是无条件的、直接了当的,因为它等于命题 X;它不仅按形式说是有效的,即使按它的内容说也是有效的。在它那里,〔自〕我是不带条件的、直接了当的连同与自己等同的宾词被设定下来,因而它是被设定下来;而命题〔我是我〕也可以说成是:我是。"一切形式、内容都因"我"而存在。

第五,费希特特别强调了作为先验自我,不仅仅是通过逻辑同一律追索到的"事实",更是活动、行动。由此这个自我就是能动的、处于不安息的、动态的"行动的人",也就是说"自我"不是一个静观的仅仅思辨着的主体。因此,用一个笛卡尔式的表达就是:我行动故我是,我行动故我在,我是 = 我行动。"自我由自己所作的设定,是自我的纯粹活动。——自我设定自己,而且凭着这个由自己所作的单纯设定,它是〔或,它存在着〕;反过来,自我是〔或,自我存在着〕,而且。凭着它的单纯存在,它设定它的存在。——它同时既是行动者,又是行动的产物;既是活动着的东西,又是由活动制造出来的东西;行动(Handung)与事实〔或事迹 That〕,两者是一个东西,而且完全是同一个东西;因此'我是'乃是对一种事实行动(Thathandlung)的表述,但也是对整个知识学里必定出现的那唯一可能的事实行动的表述。"

第六,费希特通过先验的行动主体的分析,所作出的第一原理"自我设定自我"——"我直接了当地是,即是说,我直接了当地是,因为我是;而且直接了当地是我之所是;两者都是对自我而言的。"它无非表达了:自由的行动、活动是人的本质这一理念。自由的行动不仅"是"并且"应该是"人的本质,它是一个现实的无可否认的"事实"。人如何行动、人如何在活动中表现自己是与"自我"同一的。人类的知识、文化、历史正是通过人的活动而造成的,它们也显示了人的存在以及是如何可能存在的。费希特的先验主体,首先可作一个"类主体"理解,如果将它引申为"个体主体"也讲得通。作为个体既是"活动主体"的自我,也是通过活动表现出"表象"的自我,这两者是同一的自我。因此,一个人如何表现自己,他就是一个怎样的人,它的存在就是他的全部活动与表象。另外,它也形而上学地表达了康德"人是目的"这一理念,以及个人的意志自由这一理念——因为自由无非意味着"意志自决""意志自律""自己是自己的主人"——如果你听命于别人、甘愿丧失自由,任凭神也难以救你。因此,费希特说:"如果自我只当它设定自己时它才是〔或,存在〕,那么它也就只为设定者〔或,只对设定者而言〕才是,而且只为存在者才设定。——自我为自我而是——但如果它直接了当地设定自己(实际上正是这样),那么它就必然地设定自己,而且必然地为自我而是。我只对我而言才是;但对我而言我必然地是。(当我说对我而言或为我时,我已在设定我的是、我的存在。)"费希特抽象地表达了自我的自由或对于自由追求的理念,从而失去了自由的现实性、历史性。

第七,费希特在自己的阐述中,还驳辩了几种观点。一个是:有自我意识之前,我是什么?费希特说:什么也不是。发问人"是由于在作为主体的自我与作为绝对主体的反思的客体的自我之间有了混淆,问题本是完全不成立的。自我将自己展示于自己之前,从而使自己具有表象的形式,这样才是某物,才是客体"。"一切是的〔或存在着的〕东西,只因它是在自我之中设定起来的,才是或才存在;在自我之外没有任何东西。"另一个是:对于绝对自我的"实在性"的怀疑。费希特说,形式逻辑的正确性是不容怀疑的。"对于可应用实在性范畴的一切其他可能的东西而言,必须指明,实在性是从自我那里转移到它们身上的:——只要自我存在,它们就必定存在。"再一个是:和笛卡尔的第一原理区别何在?费希特说,笛卡尔仅仅将思维看做人的本质。但是,"当人存在的时候,人并不必然地思维,但当人思维的时候,人必然地存在。思维绝不是存在的本质,而只是它的一个特殊规定;我们的存在除了思维之外还有好多别的规定。"莱因霍尔德的"我想象,故我在",比笛卡尔走得远,但是表象也不是存在的本质。最后一个是斯宾诺莎,他在自我之外设定了一个更高的主体"上帝",仅仅将绝对自我和一切可设定的自我,当成了它的变体。他固然实现了知识的最高统一性,但是"错误只在于,当他自信是根据理论理性的理由进行推论时,他却仅仅是受了一种实践需要的驱使,当他自信是陈述某种实际给定了的东西时,他却仅仅树立了一种可望而不可及的理想。他的最高统一性,我们在知识学里将再次见到;但它不是作为某种存在着的东西,而是作为某种应当由我们制造出来、但我们不能够制造出来的东西。"莱布尼茨的体系其实质是斯宾诺莎主义。

2. 探求"内容上有条件"的第二原理

首先,费希特遵循第一原理探求的方式,从具有自明性的形式逻辑法则——矛盾律（$-A$ 不 $=A$）出发,以探求形式上是无条件的、内容上是有条件的原理:自我设定非我。从形式逻辑的法则出发,以阐释形而上学的原理,的确是费希特一个独到的发明。人类在求知过程中是基于概念通过语言性的判断、命题作出的,这是一个事实。不做判断意味着既不肯定、也不否定,因而就无所谓知和不知。对于事物做出概念来,意味着概念的内涵和外延得到规定、事物被限定,也就是定义的获得——这就是作为根据是与不是的 X。就其内涵外延的确定就是肯定,因此就有了同一律（A 是 A）；就其内涵外延排除的之外而言,就是否定,因而就产生了矛盾律（$-A$ 不是 A）；排中律无非是排除了骑墙路线,即在是与不是之间必须作出决断。费希特指出,从同一律引证出、推导出矛盾律是不可能的。但是它们在形式上是有关联的；因此同一律和矛盾律是可以转换的,因为它们有统一性的 X 或者 Y；它们都是由自我的同一性建立起来的。"我们提出来的命题〔'$-A$ 不 $=A$'〕和命题 '$-A=-A$' 是完全相同的,$-A$ 又和在自我中设定起来的随便一个什么 Y 是完全相同的,而命题 '$-A=-A$' 于是意味着:如果 A 的对立面被设定了,则它是被设定了；但假如我们这样设定,那么,在这里,如同前面一样,同一个关联（$=X$）就直接了当地设定起来了；而且它根本不是一个从命题 '$A=A$' 推导出来并经命题 '$A=A$' 证明了的命题,毋宁它就是命题 '$A=A$' 本身……（而且在这种情况下,这个命题的形式,就这命题是一个单纯的逻辑命题而言,实际上也隶属于意识统一性这一最高形式、这一一般形式性之下）。"

其次,在第二原理的探求中,费希特的有些论断显得武断:"但是,这样一种条件根本不能由命题 '$A=A$' 中产生,因为反设定（Gegensetzen）的形式并不包含于设定（Setzen）的形式中,甚至可以说,反设定的形式是与设定的形式正相对立的。因此,反设定是无待任何条件而直接了当地对设起来的。$-A$ 是作为 $-A$ 直接了当地被设定的,因为它是被设定。"反设定的形式是与设定的形式完全相对立的吗？如果是，如何解释 $-A = -A$ 从形式而言是 $A = A$？它与这一论述也是相矛盾的："〔当人们建立起命题' $-A = -A$ '时〕，这命题作为命题，其逻辑的形式是以主词和宾词的同一性为条件的，〔即是说，以进行表象的自我与被表象的自我的同一性为条件的〕"。因此，费希特在此的诸多表述是自相矛盾的、含混的。他无非急切地想要做出这一结论："在两种行动中行动着的自我和对两种行动判断着的自我就是同一个自我。假如这同一个自我在两种行动中竟能是自己与自己对立的、相反的，那么 $-A$ 就会是 $=A$。由此可见，从设定到对设的过渡，也只是通过自我的同一性才可能的。" " $-A$ 就会是 $=A$ "的正确表述应当是：$-A$ 和 A 在形式上是具有同一性，而在内容上是相对立的。费希特在此后的论述中，更多的论述了设定与反设的对立统一性。其统一性在于："对设，只在设定者和对设者的意识的统一性这个条件下，才是可能的。假如前一行动〔设定〕的意识和后一行动〔对设〕的意识并不结合在一起，那后一设定就不会是一个反设定或对设，而干脆就是一个设定。由于它与前一设定联系着，它才成为一个反设定。"其对立性在于：" $-A$ 是一个对立面，因为它是一个对设的产物。$-A$ 的实质，则是通过 A 被规定的；它不是 A 所是的那个东西；而且它的整个本质就在于它不是 A 所是的那个东西。——关于 $-A$，我所知道的是：它是某个 A 的对立面。但我所据以知道 $-A$ 的那个对立面〔A〕，到底是什么，或不是什么，这就只在我认识了 A 的条件之下，我才能知道。"费希特在这里揭示出了自我作为绝对活动的"对立统一"的矛盾的必然性，无论是理论的还是实践的活动概莫能外。

第三，费希特经过一番论证，其结论是："原初被设定的没有别的，只有自我；而自我只是直接了当被设定的。因此只能直接了当地对自我进行反设定。但是，同自我相反或对立的东西，就是 = 非我。" " ' $-A$ 不 $= A$ '确实是经验意识的事实之一，命题 ' $-A$ 不 $= A$ '的绝对确实性是大家无条件承认的；同样确实的是：相对于自我，直接了当地对设起来一个非我。我们刚才关于一般的对设或反设定所说的那些话，都是从这个原始的反设定推导出来的；因此，反设定自来就具有这样的性质：它在形式上是绝对无条件的,但在实质上是有条件的。而这样一来,我们也就找到了人类全部知识的第二原理。"费希特第二原理的导出,于是便建立了矛盾思维的原型。而矛盾思维对立统一的方式、方法,则导源于形式逻辑的思维原则。它的普遍性、必然性,是否就由此就得到保证?它是否可以成为"存在"的绝对普遍的法则,并通贯于自然、社会、历史,依然是值得怀疑的。费希特"非我"的设定,以形而上学的方式表达自我在其行动中的"自反性",从而将人的行为、将人看做一个矛盾体,具有积极意义。将人认识活动的对象看做通过反设、是自我的一个变体,从而将对象置于自我的面前;将人社会性的实践活动中最简单的"你""我"关系,用矛盾的方式予以形而上学表达;由此以追寻主体与客体、主体与主体之间的统一性及其根据,这些都具有积极意义。被设定的自我作为主体、反设定的非我作为客体,它们从形式而言的确是必然关联地设定与反设起来,否则就不会有理论认识活动与实践活动的可能。主体与客体只有是差异的、对立的,也才有理论认识活动与实践活动的可能。因此,矛盾关系只是揭示了人的、仅仅是人的、与人相关的认识和实践两种活动相关的关系形式。也就是说,它仅仅是"人的活动法则"。黑格尔将它扩展为存在的宇宙的绝对法则,是矛盾法则的误用。

3. 追问"形式上有条件"的第三条原理

首先,费希特指明,"自我设定自我"是绝对无条件的最高原理,"自我反设(对设)非我"形式上无条件、内容(质料)上有条件。而第三条原理:自我在自我之中对设一个可分割的非我以与可分割的自我相对立。它"就形式而言,是规定了的,只就内容而言,才是无条件的——就是说,它所提出的行动任务,是由先行的两个命题给它规定了的,但任务的解决却不是这样;任务的解决是无条件地和直接了当地由理性的命令来完成的。"费希特无非想要说的是,从形式而言主体和客体出现了,认识和实践活动赖以发生的前提条件具备了,差异、对立关系产生了;认识和实践活动不会停留于此,否则就不会有认识和社会性的实践活动了。要完成这一活动,就必须运用人的理性能力去追求统一性,这是理性的"绝对命令",实则也是人理性能力的体现。作为统一性的"内容"只能靠人的活动去探求了，因此就内容而言是"无条件的"，即它是赋有理性能力的人有待实现的"绝对命令"，也是没有止境的无限任务。那设定自我、反设非我的绝对自我是一个理性的魔法师，能够将魔鬼放出去就能够将它收回去，只有在对立和统一之中，才完成了一个循环。因此费希特通过形式逻辑的阶梯，要实现的是哲学的形而上学的——正、反、合的演绎。而这正是认识和实践活动的"最基本"的关系、方式。

其次，费希特通过第一、第二原理，实质是指出了人在自身认识和实践活动中的"自反性"。那么自我＝非我吗？如何自我是非我呢？根据何在呢？在费希特看来，非我和自我（主体和客体）相互间的关系就是"否定性"，那个绝对自我的"同一性"便被破坏了。还可看到，第一原理中的两个自我是不同的，前一个是绝对自我——本原行动，后一个则仅仅是出现了的"主体"。第二原理中的自我是同一个作为本原行动的绝对自我，非我则是出现了的"客体""对象"。作为人其认识的发生、自觉意识的出现，必然是对于"我"的自觉；与此相伴随的必然是对于不同于我的"非我"——无论是作为自然物、还是作为与我相对的人"他"。因此费希特在此后的演绎中，无非指出了主体与客体，在认识与实践活动中相互的"否定性"及其"根据"，尽管他的论证很别扭。"如果自我＝自我，那么凡在自我之中被设定了的一切就都被设定了。现在，第二条原理应该是在自我中设定了，而又不应该在自我中设定。因此，自我不＝自我，而是自我＝非我，非我＝自我。"脱去形而上学的外衣，其表述应当是：人是能够进行认识活动——绝对自我，使主体和客体达到统一——使自我＝非我、非我＝自我；但是主体确实不是客体——自我不＝非我。于是我们只能通过认识和实践活动，首先去寻找那使其对立的"根据"："因此，现在我们的任务就规定下来了，那就是，应该找出任何一个 X，凭借它，上述一切结论都可以是正确的，而意识的同一性又不被扬弃（否定）。"正是 X 作为主体之为主体的根据，使主客体得以区分。那么进一步人们会问反设的非我根据何在呢？——因此这个 X 还有赖一个 X′才能使对立明晰起来。它们便是差异、对立"否定性"的根据，而远不是统一的根据。它使那个绝对自我——本原行动的自我，看到自我、非我的可分割性、分离性、限定性，即人活动中的"自反性"。"按照上述那些结论，产生非我的那个行动，亦即反设定，如果没有 X，是根本不可能的。因此，X 本身必定是一种产物，而且必定是自我的一种原始行动的产物。因此就有了一种以 = X 为其产物的人类精神的活动 = Y。"

第三，有以上分析，费希特的第三条原理便顺理成章地出现了。主体自我是受限定的，客体非我也是受限定的，其根据就在于 X。这样被设定的主客体，初步得到规定、被限定；原初被设定的主客体，通过反思真实地对立起来，获得了其相互否定的"实在性"，成为黑格尔的"定在"。但是由于它们是在人的认识和实践活动中建立起来的，便不是绝对的对立与否定，而是具有相互的关联性、统一的可能性。关于费希特的 X 和 Y，他仅仅将 X 作为单纯的区分自我和非我的标志、根据，而将 Y 作为随 X 之后的反设、对设的"精神活动"。"行动 Y 是直接就在对设或反设行动之中并且是与它一起发生的；两者是同一回事，只在反思中才被分别开来的。一个非我既然已相对于自我而对设起来，那么与之相对立的那个自我，和对设起来的那个非我，就因而都被设定为可分割的。"他无非借此想要说明的是，主体是先于客体而出现的；仅仅是由于主体的自觉——即对于主体内涵的反思，才有了 X，才有了主客体的分离。至于客体的内涵——即那个客体是什么、如何得到规定，主客体的统一，则是一个理性有待通过认识和实践活动不断完成的任务罢了。"只是到现在，凭借着建立起来的概念，人们才能说，自我与非我都是某种东西。第一条原理的绝对自我并不是某种东西（它没有宾词，并且不能有宾词）；它直接了当地就是它所是的东西，而这个东西是不能进一步说明的。现在，凭着这个概念，在意识中的一切都是实在性；其中不属于自我的实在性属于非我，反之，不属于非我的实在性属于自我。两者都是某种东西；非我就是不是自我的那种东西，反之，自我就是不是非我的那种东西。与绝对自我相对立（但非我只在它被表象的情况下而非在它自在的情况下，才能被对设起来与绝对自我相对立，这是到时候它将表现出来的），非我是绝对的虚无；与可限制的自我相对立，非我是一个负量。"非我是绝对的虚无吗？应该说，至此它还只是一个没有被表象的"无"——有待进一步规定的存在、有。至此，便得出了形而上学的第三条原理：自我在自我之中对设一个可分割的非我以与可分割的自我相对立。

第四，费希特长篇大论，无非说明"本原行动"使认识和实践活动的条件得以成立，绝对自我得以分化——即所谓的"可分割"。那个被分割的"主体自我"与"客体非我"，其根据X就成为二者"关联"与"区别"的根据。认识和实践活动的"矛盾关系"变得真实。第三条原理就是千呼万唤始出来的矛盾关系的表达，主客体是既对立又统一的矛盾关系。但是，费希特的第三条原理表述是不严密的，应该是："绝对自我通过设定、对设在自我之中一个可分割的非我以与可分割的自我的对立统一。"因为，作为根据的X既是"关联"与"区别"的根据，严格说来应该是"X1""X2"，"X1"是关联的根据，表现的是主客体间的区别或对立；"X2"表现的是主客体的统一、一致。人们正是通过"矛盾思维模型"，在自己的认识和实践中创立了针对根据的分析和综合方法。由此才会有所谓的"分析"与"综合"判断。"当人们在其所比较的东西中寻找它们因之而彼此对立的那种标志时，人们的这种行动叫做反题处理；通常叫做分析方法。但这个名称不是那么合适，一方面是因为这个名称更清楚地指明，这种处理方法是综合方法的对立面。因为综合方法就在于从对立的东西中找出它们所以相同的那种标志。按照那完全抽掉了一切知识内容、并且抽掉了人们取得知识的方式的单纯逻辑形式来说，以前一种处理方法得到的判断，叫做反题判断或否定判断，以后一种处理方法得到的判断叫做综合判断或肯定判断。"因此分析和综合不是分离的、而是相互关联的。

第五，费希特认为，自己的矛盾思维方式，解决了康德"先验综合判断如何可能"的问题。认识与实践活动，既是一个反思的活动，是一个寻找根据的过程，也是一个正题——反题——合题、逻辑的分析与综合的过程。分析与综合"这两种逻辑行动，既然都以上述原始行动为根据，并且真正说来只不过是原始行动的特殊的进一步的规定，那么它们也将缺一不可，这一个没有那一个，或那一个没有这一个，也将是不可能的。没有合题，就不可能有反题；因为反题就在于：从相同的东西中找出对立的标志；但是相同的东西，假如不是事先已通过综合行动被等同起来，就不会是相同的。""我们在第三条原理中通过设定起来的自我与非我的可分割性已经把这互相对立的自我与非我综合起来,而对于这种综合的可能性既不能进一步追问,也不能给它提出任何根据了;这种综合,直截了当地是可能的,人们无需任何进一步的根据就有权这样做。"因此,理论知识学的任务就是寻求不断克服对立、达到综合,这是一个无限统一的过程,也是一个将一切纳入绝对自我的过程。"因此我们的整个处理方法,从现在起,(至少在知识学的理论部分中是如此,因为在实践部分里情况相反,这等以后到时候将会看得出来)将是综合的;每一个命题将包含一个综合。""当然,这种绝对的统一,正如到时候将会显示的那样,只在完成了一个无限接近过程时才会出现,而完成这无限接近,本身是不可能的。——按照一定的方式进行对设和进行结合的必要性,是直接建立在第三条原理上面的;一般地进行结合的必要性,则是建立在最高的、绝对无条件的第一条原理上面的。体系的形式是以最高的综合为基础;而体系之所以一般地应该是一个体系,则是以绝对的正题为基础。"

第六,费希特在完成了自己的矛盾思维方式之后,终于显示出了其哲学体系的支撑点,即其"人学"的庐山真面目:人是自由的,因此人与自然物应该被统一起来。人"就他能适用自由这个宾词而言,也就是说,就他是一个绝对的主体、而既不是表象出来的也不是可以表象的主体而言,他与自然物根本没有共同之处,从而与自然物也并不是对立的。然而按照积极判断的逻辑形式来说,人与自然物这两个概念应该被统一起来;但它们不能在任何概念之中统一起来,而只能统一于这样一个自我的观念之中,这个自我,其意识不会受它以外的任何东西所规定,却通过它的单纯意识规定着它以外的一切东西;而这样的观念,根本是不可思议的,因为在我们看来,它包含着一个矛盾。但是尽管这样,它已被树立为我们最高的实践目标。人应该无限地、不断地接近那个本来永远达不到的自由。"因此,一切"非我"(客体的自然物)都是通过绝对主体自我设定起来、并通过自我实现统一。这体现了精神的本质,人的本质——自由。"一切判断,凡是以可限制的或可规定的自我、或者说凡是以某种对自我起规定作用的东西充当自己的逻辑主词的,都是受某种更高的东西所限制或规定的判断。但是一切判断，凡是以绝对不可规定的自我充当自己的逻辑主词的，都不能由任何更高的东西所规定，因为绝对自我不受任何更高的东西规定；这样的判断，毋宁都是直截了当地以自身为根据、为自己所规定的。"费希特将作为主体的人推向绝对，将一切纳入到自我之中。

第七，费希特进一步指出"批判的哲学"与唯物主义"独断的哲学"的本质区别，并对唯物主义"独断的哲学"大加批判，申明其哲学是一种彻底的以人学为基础批判哲学（主观唯心主义哲学）。因为究其实一切的认识、实践及其文化、社会历史，其最高的主词、主体都是"人"而不是"物"。没有人及其活动，一切都失去了意义、成为"无"。因此，后来的大哲海德格尔才提出，人是存在的看守者，是存在之根。"批判的哲学的本质，就在于它建立了一个绝对无条件的和不能由任何更高的东西规定的绝对自我；而如果这种哲学从这条原理出发，始终如一地进行推论，那它就成为知识学了。相反，独断的哲学是这样的哲学，它在一个应该是更高的物的概念中设定某种东西与自在的我既相同又对立，而同时又完全武断地提出物的概念是绝对最高的概念。在批判的体系里，物是在我之中设定起来的东西；在独断的体系里，物是我在其中被设定起来的那种东西；因此，批判主义是内在的，因为它把一切都置于自我以内；独断主义是超验的，因为它还要超出自我以外去。如果独断主义能贯彻到底，那么斯宾诺莎主义就是它最彻底一致的产物。""因此，一种贯彻始终的独断主义，要么就否认我们的知识有一个根据，否认人的精神是一个体系，要么就自相矛盾。彻底的独断主义是一种怀疑它在怀疑的怀疑主义；因为它必定取消意识的统一性从而取消整个逻辑。"

第八，斯宾诺莎主义作为独断主义体系的表现，并不出于理论的完善性，而是出于实践的需要。"迫使独断主义者越过自我的，并非像人们相信的那样是理论上的所与，而是一种实践上的所与，即是说，是我们的自我在实践中感到自己依存于一个绝对不受我们立法支配的、独立而自由的非我的那种依附性的感觉；迫使独断主义者又在某处停留下来的，也是一种实践上的所与，即是说，是自我感到必须让一切非我受制于和统一于自我的实践规律的那种从属性的感觉；但这种非我对自我的从属性，绝不是作为概念对象而现已存在的东西,而是作为理念对象而应该存在、应该由我们制造出来的东西,这一点以后将会看到。""只有两种体系:批判的与独断的。怀疑主义,正如我们前面规定的那样,完全不是一种体系,因为它可以说根本否认体系的可能性。但是体系的可能性它却只能按体系来加以否认,因而它是自相矛盾的和完全违反理性的。而且人类精神的本性早已表明它也是不可能的。从来还不曾有人当真地是这样一种怀疑主义者。批判的怀疑主义则是另外一回事,如休姆的、梅蒙的、艾奈西德穆斯的,它揭示了以往论据的不足,并且恰恰因此而暗示了何处可以找到更为可靠的论据。通过批判的怀疑主义,知识才彻底取得胜利,即是并非总是在内容上,却肯定是在形式上。如果谁不给予见解精辟的怀疑主义者以应得的尊重,那他就是完全不懂知识的价值。"

(二)《论学者的使命·人的使命》(梁志学、沈真译,参阅本书第5—46页)

《论学者的使命》发表于1894年,全书共分五章,是作者耶拿时期针对青年学子所作的五次演讲。1804年作于柏林时期的《论人的使命》是其姊妹篇。作者是要追问这样一个具有历史意义、在当下中国同样具有现实意义的问题:学者的使命究竟是什么?什么样的人才有资格配称为"公共知识分子"?公共知识分子"应当是""怎样的"人?人"应当是怎样"才是人?人的理念、人的本质应该怎样?将康德德性的"责任",提升到"使命"这一无以复加的高度,从而使德性的"崇高"、人的"尊严"凸显出来,正是费希特哲学、伦理学的超绝之所在,由此也印证了了费希特对于自己哲学体系总精神的断言:他全部的哲学即是对于"自由的分析"。"德性——自由——使命——行动"构成了费希特哲学精神的核心词。如果对此不予充分理解,就难以理解《全部知识学的基础》中那绕口令般的知识学的"三个原理",而只能陷于"自我""非我"的迷茫与困顿。人的使命、学者的使命问题的思考,前者构成了费希特哲学的"人学"基点,后者则显示了一个人文知识分子的宽广情怀——这可与苏格拉底相媲美,苏格拉底不但发出了那永恒的诫命:认识你自己,而且自誉为自己是神赐予希腊人的一只牛虻,来叮咬希腊这匹迂缓不灵的马、使其奋发振作起来。后来，深受费希特影响的马克思，早在自己 17 岁的中学论文《青年在选择职业时的考虑》的结尾写到："如果我们选择了最能为人类幸福而劳动的职业，那么，重担就不能把我们所压倒，因为这是为人类而献身。那时，我们所感到的就不是可怜的、有限的、自私的乐趣，我们的幸福将属于千百万人。我们的事业是默默的，但她将永恒地存在，并发挥作用。面对我们的骨灰，高尚的人们将洒下热泪。"费希特则写道："我完全坦率地承认，我正是要从天意安排我去的这个地方开始，做出某种贡献，在讲德语的地方，向一切方面传播一种大丈夫的思想方式，一种对崇高和尊严的强烈感受，一种不怕任何艰险而去完成自己的使命的火般热忱，而且只要我能够，我就继续这样做下去。"作为公共知识分子的伟大人物之所以伟大，有其相通相知耶？！

　　第一、德国古典哲学家遵循理性主义传统，是喜欢严格按照逻辑程序演绎追问的。费希特《论学者的使命》也不例外，尽管它是一个系列演讲，也是一个"导言"——它预示着费希特形而上学著作《全部知识学的基础》的人学基础。那么它是如何按照自身的逻辑论证的呢？他分别依次分析了"自在的人的使命"、"社会的人的使命"、"学者阶层的分离"、"学者的使命"，以及对卢梭"论科学与艺术"的一个反思。自在的人的使命也就是"一般的人的使命"，它也就是一般哲学的基础问题，也是康德四个问题中那个最基础的问题：人是什么。费希特首先将"自在人"进行一个令人狐疑的设定："所谓自在的人就是这样一种人，这种人仅仅被想象为是人，是仅仅按照一般人的概念加以想象的；这种人是孤立的，没有任何结合，在他的概念里必然不包含任何结合。"这样的人的先验本质就是"自由自觉的活动"，它曾经在马克思早期著作《1844 年经济学—哲学手稿》中作为人的本质所明确予以表述。这样的人存在着、活动者，既是感性的、有限的也是理性的、自由的，自己决定自己、自己以自我为目的、追求自我的绝对同一；他不仅仅是"是"（存在）也是"应当是"，是二者的统一。费希特将康德道德的"绝对命令"与"人是目的"综合加以发挥，提出"一切有限的理性生物的最终使命，就是绝对自相统一，始终自相同一，完全自相一致。这种绝对同一就是纯粹自我的形式，是纯粹自我的唯一真实的形式"。自由意志间的一致就是伦理的最高目的——善，外在事物与自由意志的一致就是幸福。因此人最高的使命就是通过自身的活动（技能）追求"完善"（至善），"无限完善"就是人的使命："人的生存目的，就在于道德的日益自我完善，就在于把自己周围的一切弄得合乎感性；如果从社会方面来看人，人的生存目的还在于把人周围的一切弄得更合乎道德，从而使人本身日益幸福。"费希特"自在人"的设定，试图给人一个先验的本质，也引发了不可克服的矛盾。人到底是孤立的单子，还是结合着的社会的有机共同体？如果那个单子人仅仅是"想象的"，那么先验本质"绝对的自我同一"岂不是虚幻的吗？因此，结论只能是：假设曾经有自在的单子人，那么在自我的完善中必定应当克服非理性，以遵循理性的绝对命令：要这样行动，使你意志所遵循的准则同时成为一条普遍的立法原理。否则，你永远无法使自己走向绝对完善。也就是说，自在人的自我完善、绝对同一是潜在的、虚幻的、不成立的，只有在与另一个我——"非我"的关联中，才有同一、才可能走向完善，才将它实现出来。当然，这是费希特后来在知识学三原理中遵循的逻辑。

第二、"是"与"应当"曾经被休谟明确提出，但却没有统一起来，康德试图通过判断力批判的"合目的性"先验概念、"综合的想象力"概念、"意志自由"概念，试图弥合其分裂达到统一。那么，费希特则试图沿着康德的思维模式，在此高屋建瓴地从实践理性统摄理论理性的维度，将"意志自由"作为绝对根据，论证人是"社会的"，"社会性"是基于人先验的"自由意志"这一不可再追问的原因。因此，在第二讲开篇，他便提出："第一，人凭什么权力把物体世界的一个特定部分称为自己的身体？他怎样把他的身体看作是属于他的自我的一部分？因为身体毕竟同自我恰好是对立的。第二，人是怎样假定和承认自身以外的同类理性生物的？因为在人的纯粹自我意识里毕竟不能直接产生这种理性生物。"它一方面是一个"自我的同一性"问题，另一方面是一个"我与你同一"的主体间性问题。如果这两个问题得不到解答，自我的绝对同一性意向便流于虚妄，人的社会统一性同样在理论上难以逻辑自洽。经验主义的回答是不能令人满意的，因为它只是作了一个事实的现象描述，而没有追溯到其先验的本质。费希特认为，我们只能按照批判哲学的思路，从"历史实践"中寻求解答。历史的实践将人造成了这样一种存在，他能够具有理性概念、合理行动、合理思维，"他一定不仅想在他自身之内实现这种概念，而且也想在他自身之外看到这种概念的实现。""理性的原始的、最初表现出来的、但纯粹消极的特性，就是合乎概念的行动，就是合乎目的的活动。凡是带有合目的性的特点的东西都可能有一个理性的首创者；凡是根本不适用合目的性概念的东西，当然不会有理性的首创者。"费希特无非是说，当人出现于历史的天际，从人出现于历史之中并成为人那一刻起，人就是一个能动的、活动的、合目的、理性萌动的生物，他就开始了自觉的规划与自由的行动；由此，有了"我"、有了"物的表象"与"他的表象"，有了统一的规律与法则。自觉的规划与自由的行动被费希特视为"自在的自由"——先验的自由，它是一切经验意识的根据，也是实践活动的根据。社会共同体就是以此为根基形成的。"用康德的术语来说，从这里就产生了一种合乎概念的相互作用，一种合乎目的的共同体，这种共同体正是我称为社会的那个东西。这样，社会这个概念现在就完全得到了规定。""社会意向属于人的基本意向。人注定是过社会生活的；他应该过社会生活；如果他与世隔绝，**离群索居**，他就不是一个完整的、完善的人，而且会自相矛盾。"准确地说，"自由的互因果性"真正形成了人的社会生活，因此它不是一种人与自然的主客关系，而是交互主体的主体间性的关系，是互为目的、平等的自由协作关系。"人可以利用非理性的东西作为达到自己目的的手段，但是却不可利用理性生物作为达到自己目的的手段；他甚至不可利用理性生物作为达到理性生物自身的目的的手段；他不可象对待无机物质或动物那样，对他们施加影响，以致不顾他们的自由，而只是利用他们去实现自己的目的"。由此才可能有最高的目标"完善"："完善只决定于一种方式，即它完全自相等同。假使所有的人都能成为完善的，假使他们都能达到自己的最高的和最终的目标，那么他们彼此之间就会完全等同，他们就会成为唯一的统一体，成为唯一的主体。"但是人不是神，因此社会的使命就是共同行动、联合一致、同心同德追求完善，使每一个人在共同体中趋向完善。

第三、费希特作为"应当"的大同理想，其乐融融，何其美好?!从费希特的行文来看，他是熟悉卢梭的"三论"的，即《论科学与艺术》、《论人类不平等的起源与基础》、《社会契约论》。但是，他并没有像卢梭那样，将私有制作为万恶之源予以制度批判，更不可能像马克思那样走向全面的社会制度批判——强调"武器的批判"的重要性。同时，对于法国大革命的自由精神，也只停留于理念的辩护。因此，他的"社会分层"便不是"阶级论"，应该称其为社会"分工论"。他从卢梭的自然赋予人体力、天资的不平等出发，力求通过"意志自由"实现一切社会成员平等的发展。"自然界也以非常不同的方式作用于人的精神，无论在什么地方它都不以同样的方式来发展人的精神的才能和天资。自然界的这种不同的活动方式，决定着各个个体，决定着人们称之为他们特殊的、经验的个体的本质的那种东西；从这个方面我们也可以说：没有一个个体在他的已经唤起和发展的才能方面是完全等同于另一个体的。由此就产生了体力的不平等"。费希特是如何求助于理性、自由意志的呢？首先，他将理性的人相互作用的社会意向归之为两个向度："传授文化的意向"和"接受文化的意向"，以此来纠正自然的错误。其次，他希望社会能够发挥其"公益"的效能，把个人的缺陷共同予以担当、弥补，以使其个人的才能得以发展。第三，他提出了类似于基尔凯郭尔的命题：选择你自己，合理地选择你自己。自由选择并努力发展你自己，使你具有某种特定的"技能"，并进入特定的"阶层"并尽自己的职责；不要祈求全面发展自己、滥用自由，去做超人。这样，社会的整体的"文化"通过个人的不同技能、也通过不同的阶层，就得到发展。"每个人都有这样一种义务：不仅要一般地希望有益于社会，而且要凭自己的良知，把自己的全部努力都倾注于社会的最终目标，那就是使人类日益高尚起来，使人类日益摆脱自然界的强制，日益独立和主动，这样，就终于通过这种新的不平等产生一种新的平等，即所有个体获得一种均等的文化发展。"这样就会我为人人、人人为我，那个人间天堂离竣工还会远吗？费希特自以为发现了不同与卢梭的、通往人间天堂的捷径。其实那不过是理性的幻觉、沙漠中的海市蜃楼而已。一个自由、平等的制度才会有个人自由平等的发展，才会有社会的向心力，才会有个人自由的选择。一个不平等、不自由的政治体制，只会造成个体的狼奔鼠窜，人与人只能像霍布斯所言的狼与狼的撕咬与算计，何来自由平等的和谐呢？最小的付出、最大的获取的经济原则，才是现实残酷的法则。费希特其理性主义、理想主义显示出了渴望自由平等的美好希望，他自以为给人类展现出黎明自由的曙光，但是其所看到的实在不是启明星，而是子夜划过的流星而已。相比于前辈卢梭，其思想的锋芒褪色不少。因为卢梭《社会契约论》开篇便提出，人是生而自由的，为何却生活在枷锁之中？这一问题是在《论人类不平等的起源与基础》中提出，但却悬而未决的问题。在本书中，作者鲜明地指出：这是因为我们生活在一个受强力支配的、为人们所约定的"主人"与"奴隶"的社会秩序之中。

第四、按照费希特的逻辑，"每一个个体都有权在社会中给自己选择一定的普遍发展的部门，而把其他部门留给社会的其他成员，并指望他们能使他分享他们的教养的优点，同样，他也能使他们分享他自己的教养。这就是社会各阶层互相区别的起源和法律根据。"学者——公共知识分子的使命便顺理成章成为讨论的话题了。因为学者就是这样一个特定的群体或阶层。他们就是为其他群体提供文化知识，以满足他们的需求。这样的知识有三种："头一种知识是根据纯粹理性原则提出的，因而是哲学的；第二种知识部分地是建立在经验基础上的，因而是历史哲学的（不仅仅是历史的，因为我应当把那种只能从哲学上认识的目的同经验中给予的客体联系起来，以便有可能把后者视为达到前者的手段）。"第三种就是纯粹历史的经验知识。什么样的人才有资格配称为"公共知识分子"？他们是这样的人：学者必须是能够将上述三种知识结合起来的饱学之人，是"献身"于这种知识的人；学者必须是"高度注视人类一般的实际发展进程，并经常促进这种发展进程"的人；他必须"优先地、充分地发展他本身的社会才能、敏感性和传授技能"。只有这样的人才有资格配称为学者。浅尝辄止、知其然不知其所以然的"匠人"，显然不配称为学者。以求学为晋身之阶、以学术为换取私利与满足私欲之工具，而不是献身真理、服务于社会,也不能称为学者!断章取义、制造话语霸权、以绝对真理自居,则可称之为"学阀",如果与政治权力相勾结制造学术恐怖则就是学者的敌人、政治的帮凶,其与刽子手毫无二致。鼓如簧之舌、混淆视听、言行不一的那些受过一定教育、具有一定知识的人,这些伪君子当然不能称之为学者。因此,在费希特看来,学者不仅是"人类的教师",而且是"人类的教养员"。学术乃天下之公器,学者乃社会的良心,真理的探求者与捍卫者,其不仅授业,而且传道。

因此,学者"不仅必须使人们一般地了解他们的需求以及满足这些需求的手段,他尤其应当随时随地向他们指明在当前这个特定条件下出现的需求以及达到面临的目标的特定手段。他不仅看到眼前,同时也看到将来;他不仅看到当前的立脚点,也看到人类现在就应当向哪里前进,如果人类想坚持自己的最终目标而不偏离或后退的话。"学者不仅要用言教、也要用身教,提高整个人类的道德风尚。这也是"学者在社会中全部工作的最终目标。学者的职责就是永远树立这个最终目标,当他在社会上做一切事情时都要首先想到这个目标。""学者从这最后方面看,应当成为他的时代道德最好的人,他应当代表他的时代可能达到的道德发展的最高水平。"

三、参考资料

梁志学著:《费希特耶拿时期的思想体系》,中国社会科学出版社 1995 年版。

梁志学著:《费希特青年时期的哲学创作》,中国社会科学出版社 1989 年版。

梁志学著:《费希特柏林时期的体系演变》,中国社会科学出版社 2003 年版。

李文堂著:《真理之光》,江苏人民出版社 2002 年版。

洪汉鼎著:《费希特:行动的呐喊》,山东文艺出版社 1988 年版。

郭大为著:《费希特伦理学思想研究》,中国社会科学出版社 2003 年版。

崔文奎著：《政治哲学的第一哲学论证：费希特政治哲学思想评析》，中国社会科学出版社 2010 年版。

张东辉著：《费希特的法权哲学》，中国社会科学出版社 2010 年版。

梁志学：费希特哲学思想简评，哲学研究，1981 年 07 期。

T. 罗克莫尔；张伯霖：费希特在马克思思想中的影响，世界哲学，1981 年 03 期。

贺麟：费希特的唯心主义和辩证法思想评述，学术月刊，1982 年 06 期。

王玖兴：费希特评传，哲学研究，1985 年 01 期。

许凯：费希特不是民族主义者，齐齐哈尔大学学报（哲学社会科学版），1987 年 04 期。

谢维和：《论费希特的行动观》中国社会科学院研究生院学报，1988 年 01 期。

梁志学：从思想与信念的统一谈起——记第二届国际费希特哲学大会，哲学研究，1988 年 02 期。

M. 布尔（廖子威译）：费希特理论哲学与实践哲学的关系，国外社会科学，1988 年 09 期。

W. 亨克曼（廖子威译）：费希特著作编辑出版概况，世界哲学，1988 年 03 期。

M. J. 泽迈克（梁志学译）：康德之后的两种思维范式——谢林与费希特的对立，世界哲学，1988 年 06 期。

四、问题思考

1. 如何理解费希特哲学是对于"自由的分析"。
2. 分析费希特知识学的人学基础。
3. 费希特如何继承发展了康德哲学。
4. 费希特法学的哲学基础。

第八章 费希特、谢林著作导读

第二节 谢林的《先验唯心论体系》

一、生平与著作

弗里德里希·威廉·约瑟夫·冯·谢林（1775年1月27日—1854年8月20日）德国古典哲学家。谢林一生的思想发展过程通常被分为早期和晚期两个主要阶段。在早期，他批判过封建专制制度，表达了实现资产阶级法治的要求；把 I. 康德与 J. G. 费希特的主观唯心主义转变为客观唯心主义，把他们的主观辩证法推广到外部世界，为后来 G. W. F. 黑格尔哲学体系的建立创造了条件。在晚期，从资产阶级法治的倡导者转变为封建专制制度的辩护士，从包含合理内核的客观唯心论走向天主教神学。在图宾根求学时，他用启蒙思想研究神学，写出博士论文《对于"创世纪"第三章人类罪恶起源的古老学说的哲学批判解释》；后来在亦教亦学中，先后发表了《论一种哲学形式的可能性》（1795）、《论作为哲学原理的自我》（1795）和《关于独断主义与批判主义的哲学通讯》（1795）、《知识学唯心论集解》（1796）。1797年出版《自然哲学观念》，1798年出版《论世界灵魂》。1798年被聘请为耶拿大学编外教授，完成了《自然哲学体系初稿》、《先验唯心论体系》。这两部著作作为"同一哲学"的两个部分，确立了他作为德国古典哲学改造者的历史地位。谢林于1803年5月离开耶拿，10月任维尔茨堡大学教授。这时他的哲学思想开始发生变化，1804年发表的《哲学与宗教》标志着"同一哲学"的结束和从唯心主义向宗教的过渡。1806年，接受巴伐利亚政府邀请，到达慕尼黑，被任命为巴伐利亚科学院院士；1808年获得巴伐利亚国内功勋奖章，并进入上流贵族社会。此后，他的思想进一步转向神秘主义。1809年发表的《对于人类自由的本质的哲学探讨》为其晚期哲学奠定了基础。1820年秋任爱尔兰根大学教授，讲授神话哲学与近代哲学史。1827年5月返回慕尼黑，担任新建的慕尼黑大学教授，并被巴伐利亚政府任命为科学中心总监，由科学院推举为院长。从1835年开始，承担给王储马克西米里安讲授哲学的任务。1841

年秋，应普鲁士国王威廉四世的邀请，到柏林主持黑格尔逝世以后一直空缺的柏林大学哲学讲座，讲授神话哲学和天启哲学，并担任普鲁士政府枢密顾问。其演讲遭到了青年黑格尔派的公开批判。1846年结束了在大学的教学生涯，只在柏林科学院里担任从1832年起就获得的院士职务。1854年，在赴瑞士旅行的途中死于巴德拉卡茨。他的著作编为14卷本全集，于1856—1861年出版。

谢林的著作译成中文的不多，有《先验唯心论体系》（梁志学、石泉译，北京，商务印书馆1976年版），《艺术哲学》（魏庆征译，北京，中国社会科学出版社1997年版），《对人类自由的本质及与之相关联的对象的哲学探讨》（薛华译，作为附录载于海德格尔《谢林论人类自由的本质》（薛华译，沈阳，辽宁教育出版社1999年版），《对人类自由的本质及其相关对象的哲学研究》（邓庆安译，商务印书馆2008年）。

二、原著导读

关于谢林最重要的哲学著作是《先验唯心论体系》，对这部著作的概况谢地坤先生在《从原始直观到天才直观——谢林＜先验唯心论体系＞之解读》作了高度概括："谢林在1800年发表的《先验唯心论体系》是其最主要的代表作，它标志着谢林哲学体系的确立。按照谢林自己所说，'这部作品应看成是作者有关自然哲学的著作的一部必要的姊妹篇'。这就是说，年轻的谢林在研究自然哲学的同时，也以极大的热情继续关注先验哲学的问题。在他的视野里，虽然自然哲学与先验哲学研究对象不同，但它们却是相关的。自然哲学的出发点是客观性，它要回答的问题是，人们如何获得关于客观东西的知识；先验哲学则把主观性看作第一位和绝对的，并且以此去解释，主体如何到达意识，并进而使知识具有客观性。谢林的这个思想构成一种既对立又平衡的图示，如果说自然哲学考察的是自然的历史，那先验哲学就是探索自我意识的发展历史。对谢林来说，对自我意识的探索只能以自我直观的提高过程为依据，所以，这本书'是从自我意识的最初级的、最简单的直观开始，而到最高级的，即美感的直观为止'。具体地讲，这个过程包括单纯的质料和有机体，再从有机体开始，经过理

第八章 费希特、谢林著作导读

性和随意性，到达艺术里的自由与必然的最高统一，也就是说，艺术最终构成自然和精神的穹顶。这样，这部著作实际上就是描述人类精神发展的'奥德赛'。"在此选读《先验唯心论体系》（梁志学 石泉译，第1—52页）的"前言"、"导论"、"第一章"、"第二章"予以解读。

（一）《先验唯心论体系·前言·导论》导读

首先，必须予以明确的是德国哲学革命始于康德，费希特从主体自我的绝对出发以演绎建构自己的体系，谢林则试图从一个"绝对同一"序列——自然必然性与思维自由性来建构演绎自己的体系，二者都以继承、批判、发展康德的哲学遗产为目的。因此"前言"开篇就说："一个完全改变、甚至倒转了那种不仅支配普通生活、而且还支配绝大部分科学的世界观体系，即使其原理经过了极其严格的证明，也会在那些能够感到或真正看出其证明的明晰性的人们当中不断遭到非议。"这个哲学指的是康德哲学，尽管康德竭力使自己的三大批判成为一个自足的体系，但是其分别的批判与论证依然带来不少问题，并受到人们的指责。其先验的方法获得一致性承认，但它缺少逻辑的一贯性与应有的清晰性。谢林要做的事情就是如何使其获得逻辑的一贯性与应有的清晰性，但是他不像费希特进行主观的演绎，而是要做一个客观的演绎。

其次，康德哲学有自己新的提出并思考问题的方式与方法。重建康德哲学也就是重新对康德曾经思考的问题重新思考：自然是什么，如何认识自然？自由是什么，自由如何实现？自然与自由的关系如何？这是康德思考过的两个最重要问题，谢林以此为契机凸显了这一问题，并决心重新思考，并重构先验哲学真理的体系。"任何一个体系的真理性的最可靠的试金石都毕竟在于它不是仅仅轻易地解决那些先前无法解决的问题，而是自己提出真正全新的、以前不曾思考过的问题，并全盘动摇过去被认为是真理的东西，从而使一种崭新的真理出现于世。而先验唯心论独有的特点也正是这样"。"我们眼下这部著作的目的正是要把先验唯心论扩展成它实际上应当是的东西，即扩展成一个关于全部知识的体系，因而不是仅仅一般地证明这个体系，而是用事实本身证明这个体系，就是说，真正将其原理推广到关于主要知识对象的一切可能的问题上,无论这些问题是先前已经提出而没有得到解决的,还是通过这一体系本身才能构成和新出现的。"谢林的思想是黑格尔思想的前奏,即是将康德自然必然与人的自由、思维与存在没有完善统一起来的问题,试图统一以构建成一个完整的清晰的哲学体系。

　　谢林对于康德、费希特的哲学功绩是充分肯定的,康德创立了一个先验思维方式,提供了诸多先验"形式化"的要素、范畴、原理,但他保留了一个"物自体"饱受费希特的非议、留下了不彻底二元论的嫌疑;费希特在康德基础上"更使其形式化"并提出知识学的"三原理",并以"绝对自我"克服那个"物自体"。谢林则一方面创设了一个"自然哲学",在"自然哲学"之后竭力使"先验哲学"具有序列性、清晰性、内在的联系性与完整性,并将它看作自我意识内在的上升过程。谢林指出,自己的《先验唯心论体系》是不能纠正先验哲学的固有缺点——形式化特点,它们是康德说过但说得并不明晰的东西,因此,它并非"完全不可能出现知识学创立者的著作或作者的著作早先似乎都不曾说过的东西,不过在现在的论述中对于若干论点的阐述可能比以前获得了更大的明晰性,可是这种明晰性至少是永远也无法弥补原初在思想方面的缺点的。"但是在本书中,"作者试图用以达到自己从各个方面阐明唯心论的宗旨的手段,是把哲学的各个部分陈述为一个连续的序列,如实地陈述全部哲学,就是说,把全部哲学陈述为自我意识不断进展的历史,而那种具体表现在经验里的东西则仿佛不过是作为这部历史的纪念碑和证据之用。""人们通过发现这一序列的方法本身,就能确信没有任何一个必要的中间环节是已经跳过去的。那种内在联系也没有一个时代能够涉及,而它为以后的一切论述都仿佛确立起了一套不可移易的构架,一切均须以此为基础来铺陈装衬。这种联系本来就是直观依次提高的一个阶序,自我费了特别的努力,通过这个阶序,才上升到了最高级次的自我意识。"这个序列是意识的"自我直观"从最简单的"初级直观"依次上升为最高级次的"美感直观"的序列,它是一切知识内在的逻辑构架。谢林哲学开创了"逻辑与历史"相统一的先河,从而使黑格尔的哲学沿着这一方向前进。谢林成为"先验逻辑"向

第八章　费希特、谢林著作导读

"辩证逻辑"转换的一个中介。因此,谢林和费希特不同,他将从自然到自由、从物质到精神、从低层次精神到高层次的精神描述为一个合乎目的自由的创造的无限的过程。

第三,作者还表达了这样的思想,"自然哲学"与"先验哲学"是两种不同的科学;前者是经验的自然质料的"思辨的物理学",后者是认识的精神的理智的、人通过对自身"直观"与"反思"而建立的科学。这两种哲学尽管对象不同,一为自然,一为人的精神或意识,自然与精神是同一的,从自然到精神是一个过程。自然是潜在的精神,精神是实现的自然。自然哲学就是后来人们称之为"科学哲学"的学科,先验哲学则是真正意义的"形而上学"——包括理论哲学与实践哲学。谢林指出,要建立完整的哲学,描绘出完整的哲学序列,"单靠先验哲学或者单靠自然哲学都是不可能的,而只有靠这两门科学才有可能,正因为这样,这两门科学必然是两种永远对立的科学,二者决然不能变成一个东西。"因此,"这部作品应看成是作者有关自然哲学的著作的一部必要的妹妹篇。因为正是通过这部作品才能看出,存在于自我中的那些直观级次在自然界中也同样可以在一定界限内指陈出来,而且因为这种界限就是理论哲学和实践哲学的界限"。作者想要表达两个问题,首先,自然是分层级的一个矛盾演化序列,其原本是一个自然的创造的过程——它经过了一个自然的由低到高的创化过程,它是质料——无机物——有机体——精神的人依次升高的客观过程。而人的一切科学、审美的文化现象又是如何出现——这是第二个方面。尽管自然演化出了人并呈现了一个由低到高的级次,但是从文化的角度讲,自然是通过自我主体化的形式实现出来才成为真实的知识,在此过程分成了两个不同的级次,低级次的"理智直观"——它仅仅实现了低层次的有限的合目的性统一,如果级次不断上升则为更高层次的"审美直观"——只有在此才实现了无限的合目的性;同为"创造性直观"——"天才"是创造性直观的更高级次,其向度又似乎不同,二者又存在着界限,也就是说将自然纳入自我的方式不同——科学是现象的认识、有限的知识,审美是与无限的物自体的统一,前者是必然的规律,后者则是无限的自由。因此,谢林说了一段似乎矛盾的话:"熟悉自然哲学的读者会从这些解释中得出结论，认为作者把这门科学同先验哲学对立起来，使之完全同先验哲学分开，这是有着相当深刻的、基于事实本身的根据的，同时也可以相信，假如我们的全部任务仅仅是说明自然，我们就决不会从事唯心论了。"从此可进一步看到，谢林在先验哲学前独创性地提出"自然哲学"，他要表达人的精神与自然既同一又对立的矛盾关系。人精神的自由与创造在自然之中呈现为一种自发的盲目的过程，在人这里精神的自由创造则成为一个自觉的过程。因而自然与自由便是同一的。人的自由创造是自然基础之上的继续并呈现出合目的的无限性。

第四，谢林指出，其著作的方法、路径是"先验唯心论"，但是却"不是目的论"的演绎。它是先验的"构造论"，即从原始统一的主客未分的直观，如何经过直观达到主客体的分离——与谢林不同，费希特是先设主体、再对设客体，将一切纳入绝对自我之中；而谢林则是在"自我"之前先有一个自然哲学的演化，使人"自我"出现；而在自然之中的自我作为有意识的精神自我，他原初是主客同一体的自然，在"创化"中主客分化，继而在精神创造性直观中主客合一，这一逻辑过程所展现的就是"真"或真理。谢林的逻辑是主客同一——主客分化——主客统一（有限的统一、无限的同一）。所以，谢林说："唯心论者对特定外在事物的存在所作的一切证明都必须根据直观活动本身的原始机制，即通过一种客体的实际构造来进行。证明是唯心论的，所以证明中的单纯目的论说法终究不能使真正的知识前进一步，因为大家知道，用目的论来解释客体决然不能给我们讲清楚客体的真实起源。"谢林想要说明作为"客体的自然"是客观的创化过程，主体所构建起来的东西无非是与客体统一的"主体化的"东西——是"机械性与合目的性"构造的存在而已。自然是客观的存在，不是一个僵死的实体，而是一个不断创化进阶的实体，而实践哲学中的"历史"则是"最大的客观的东西"。它也是"行动主体与客体"统一的客观存在，它不是"实体性"、"人格性"——具有目的的僵死的存在。它只是在人的主客活动中构成的存在。历史"须看作是行动主体和客体之间和谐的最终根据的东西，固然必须被当作是一种绝对同一的东西，但把这种绝对同一的东西想象成实体性的或人格性的东西，比之将其弄成单纯的

第八章 费希特、谢林著作导读

抽象并不会高明多少,只有作拙笨透顶的误解,人们才会把这类谬见转嫁给唯心论。"由此可见,费希特、谢林哲学的出发点、论证不同,指向不同——一为道德、一为艺术,其哲学精神还是相通的——共同遵守的是"构造论"或"建构论"。费希特还在先验哲学中思考,而谢林已跨进辩证逻辑历史的门槛。

第五,谢林在其"导论"中开篇就指出,"一切知识都以客观东西和主观东西的一致为基础。因为人们认识的只是真实的东西;而真理普遍被认定是在于表象同其对象一致。""理智本来被认为是仅仅作表象的东西,而自然则被认为是仅仅可予表象的东西,前者被认为是有意识的,后者被认为是无意识的。但在任何知识中两者(有意识的东西和本身无意识的东西)都必然有某种彼此会合的活动;哲学的课题就在于说明这种会合的活动。"谢林的哲学被称为"同一哲学",根本在于:自然作为客体与主体是同一的,是能够在相互作用的动态过程之中统一的。他没有像费希特那样,一开始就从形式逻辑的原理予以演证,而是提出知识之为知识,其鲜明特征就是"主客统一",只有其统一才有知识,否则就无所谓知识。因此谢林是从费希特的"第三原理"入手,以此作为一切知识的鲜明标志、知识实现的结果。

第六,另外,他反对认识活动中,主观客观"何者第一性""何者居先"的分析,认为"两者同时存在,而且是一个东西"。主客体何者居先,是两个问题:如果想使客观的存在成为第一位的,就必须说明,主观如何归附于客观。但客观自然中并不包含主观的概念,自然中也不具有能够表象的理智。因此,问题就在于如何表象。"因此,一切自然科学的必然趋向是从自然出发而达于理智的东西。这一点,而只有这一点,才是把理论带到自然现象去的努力的基础。自然科学的最高成就应当是把一切自然规律完全精神化,化为直观和思维的规律。现象(质料的东西)必须完全消逝,而只留下规律(即形式的东西)。由此可见,规律性的东西在自然本身显露得愈多,掩盖它的东西就愈是消失不见,现象本身就愈益精神化,最后也就全然不复存在了。"因此,"自然科学具有把自然理智化的必然趋向;正因为有这一趋向,它才成为自然哲学,而自然哲学是哲学的一门必不可少的基本科学。"另一方面，要使主观成为第一性的东西，问题就是：与它一致的客观东西何以会归附它。"使客观的东西成为第一位的东西，从中引出主观的东西来，这如同我们刚才说过的那样，是自然哲学的课题。因此，如果说有一种先验哲学，那么留给它的就只是相反的方向，即把主观的东西作为第一位的和绝对的东西，从主观的东西出发，使客观的东西从主观的东西里面产生出来。这样，自然哲学和先验哲学就分别属于这两个可能有的哲学方向，并且，如果一切哲学的目标必须是或者使理智出于自然，或者使自然出于理智，那么，承担后一课题的先验哲学就是哲学的另一门必不可少的基本科学。"因此，完整的哲学必须由"自然哲学"和"先验哲学"构成。

第七，完整的哲学体系，"是由两门基本科学完成的。这两门基本科学在原则上和方向上都彼此对立，而又相互需求和相互补充。这里作者所要确立的和依照已被推演出来的概念首先较精确地表述的，不是整个哲学体系，而只是整个哲学体系中的一门基本科学。""事物在我们之外"是一个"成见"，既不来自论证也不来自推论。"一个就其本性来说不可能是直接确实的命题，却又盲目地毫无根据地被当作这样一个命题来接受，先验哲学家要解决这种矛盾，就只有假定这个命题和某种直接确实的东西不是隐蔽地联系着，而是同一的，是同一个东西，虽然迄今为止人们还没有看清这一点。指明这种同一性，将真正是先验哲学本分之内的事。"先验知识与普通知识——常识不同，其区别在于，"第一，对先验知识而言，确信外物存在是一种简单的成见，先验知识要超越此种成见，以求找出它的根源。（能使先验哲学家关注的，绝不是证明自在之物存在，而只是把外在对象设想成现实的，这一点原是一种自然而必然的成见。）""第二，我在和我外有物这两个命题在普通意识中是溶混在一起的，先验知识把它们分离开来（把其中一个命题置于另一命题之前），正是为了能够证明它们的同一性，能够真正指出普通意识仅仅感觉到的那种直接的联系。如果这种分离的活动是完善的，通过这种分离活动本身，那种直接的联系就转到先验考察方式之下来了，这种方式绝不是一种自然就有的方式，而是一种操养有素的方式。""在先验知识中是不考虑客体本身，而只考虑知识活动。因此先验知识就其为纯主观的而言，是一种关于知识的知识。""一般地说来，先验考察方式的本性只能在于用这种考察方式把其他一切思维、知识或行动中逃避意识的并且绝对非客观的东西也带给意识，并成为客观的，简言之，先验考察方式的本性只能是主观的东西把自己变成自己对象的一种持续不断的活动。"

第八，先验哲学"当作自己对象的东西并不是知识的某一个别部分，也不是知识的某一特殊对象，而是知识本身，知识总体。"它必须发现那最原始的作为一切知识基础的信念、原理、根据。"按照第一个信念来看，对象是无可移易地确定了的，而我们的表象是由这些对象无可移易地确定了的；按第二个信念来看，对象都是可以改变的，更确切地说，是通过我们心里表象的因果性而改变的。按照第一个信念，出现的是从现实世界向表象世界的一种转化，或表象被客观事物所决定的情况；按照第二个信念，出现的是从表象世界向现实世界的一种转化，或客观事物为我们心里一个（自由作出的）表象所决定的情况。"于是便出现了矛盾，"总之，我们要有理论的确实性，就得失去实践的确实性，要有实践的确实性，就得丧失理论的确实性；在我们的认识中存在着真理性而同时又在我们的意志中存在着实在性，这是不可能的。""回答如何能把表象认作是以对象为准的同时又把对象认作是以表象为准的问题，这并不是先验哲学的初步任务，而是它的最高任务。"解开矛盾的钥匙则是"预定和谐"，这样"在意志中表现出来的正是一种创造性的活动；一切自由行动都是创造性的，不过都是有意识地进行创造的。既然两种活动原则上终究应当是同一种活动，那么，我们现在要是认定那种在自由行动中是有意识地进行创造的活动在创造世界中是无意识地进行创造的活动，那种预定和谐便是现实的，而上述矛盾也就解决了。"作为上述活动的"有意识"和"无意识"活动，其主观的基础只能是"美感活动"。在谢林看来，自然世界是无意识的创造活动，人的活动则是有意识的创造活动，自然与人便在此和谐一致。最终在审美的创造中，人与自然走向和谐一致。康德哲学的价值趣向是真、善、美的统一，费希特哲学推崇伦理之善，而谢林则推唯美的价值为最高。

第九，先验哲学唯一考查的对象是主观的东西，其官能是"内在直观"。它是一种注重构造的绝对内在活动。"一个哲学概念的全部实在性则仅仅以内在智能为基础。这种哲学的全部对象无非是理智按照一定的规律所进行的行动。这种行动只有通过自己固有的直接的内直观才能理解，而这种内在直观又只有通过创造才是可能的。但这还不够。在作哲学思考时，人们不但是考察的客体，而且同时还总是考察的主体。因此，理解哲学需要有两个条件：第一，人们必须进行一种持续的内在活动，进行一种持续的创造活动，创造理智的那些原始行动；第二，人们必须对这一创造活动作持续的反映。总之，人们必须既是被直观者（创造者），同时还是直观者。"因此，"创造和直观"将哲学构造起来，并构成先验的能力。"哲学和艺术一样，都是建筑在创造能力的基础上的，两者的区别仅仅在于创造力发挥的方向不同。因为艺术的创造活动是向着外部，以便通过作品来反映无意识的东西，反之，哲学的创造活动则直接向着内部，以便在理智直观中反映无意识的东西。因此必须用来把握这类哲学的真正智能就是美感智能，正因为如此，艺术哲学才是哲学的真正的工具论。""超脱凡俗现实只有两条出路：诗和哲学。前者使我们身临理想世界，后者使现实世界完全从我们面前消逝。""如果说自然科学把自然规律精神化为理智规律，或把形式的东西附加给质料的东西，就从实在论中得出了唯心论，那么，先验哲学把理智规律物质化为自然规律，或把质料的东西附加给形式的东西，就从唯心论中得出了实在论。"人作为自由的创造的自然之链的最高一环，他自由的创造的活动在于超越自然的锁链，其超越性体现在化物质质料为形式的规律，最高的超越性唯"诗与哲"。唯有"诗与哲"和体现了自由的绝对、绝对的自由。

（二）《先验唯心论体系·第一章》导读

首先，谢林指出，"单单把主观的东西同主观的东西拼凑在一起，决不能确立真正的知识。恰恰相反，真正的知识是以两个对立面的会合活动为前提的，而它们的会合活动只能是一种经过中介的会合活动。"应该设想，我们的知识是一个原始的整体，其逻辑梗概就是体系。先验的知识学

第八章 费希特、谢林著作导读

原理是形式的。要寻找"知识学"最基础原理,而不是"存在"的基本原理,必须到主观自我中进行,因为一切知识"在我之中"而不可能在我之外。"先验哲学家处处只把主观的东西作为自己的对象,因此他也只是肯定:在主观上,即对我们来说,存在着某种第一知识;至于离开我们,在这种第一知识彼岸是否一般地还有某种东西,先验哲学家当下是全然置诸度外的,这一点只能留待以后来判定。"这种第一知识只是关于我们自身的知识——自我意识,它不是存在而是知识。它"一个自身本来既是原因又是结果、既是主体又是客体的绝对,而既然这本来只有通过自我意识才能做到,所以我们也就又把自我意识确立为第一位的东西了。""自然科学和先验哲学一样,都不认为存在是本原(见《自然哲学体系纲要》第5页),而认为唯一实在的东西存在于自身本来既是原因又是结果的一个绝对之中,即存在于主体和客体的绝对同一性之中,这种同一性我们称之为自然,而级次最高的同一性又正是自我意识。"自我意识像一个发光点,向前不断照亮知识、获得知识。"自我意识对我说来就成了一个独立的东西,成为绝对原理,不过不是一切存在的绝对原理,而是一切知识的绝对原理,因为一切知识(不只是我的知识)都必须以自我意识为出发点。至于说整个知识,特别是这种第一知识是以一种不依赖于知识的现实存在为转移,这一点还没有一个独断论者能给予证明。到现在为止,一切现实存在只是一种知识的变形,这和一切知识只是一种现实存在的变形一样,都是可能的。""因此,通过这一课题本身,也同时确认了知识在它自身内有一个绝对原理,而且这个处在知识本身内的原理应当同时也是作为科学的先验哲学的原理。"谢林无非想要说的是,一切知识是、仅仅是"在自我之中"的自我意识——可名之为"真理"、"真的知识"。它是表象的知识的原理,而不是存在"物自体"的原理,清晰的表述是:一切知识仅仅是主客体通过中介而达到的在自我之中的自我意识。

第二,"具体的知识"与"先验的知识"是不同的,前者是形式与内容的统一,它是独立于自我的自我意识,前述演绎就是要证明这一点;先验的知识也是知识,科学知识的基本原理也适合于先验知识,但是不同之处在于它是具有形式化特征的自我之中的知识。所以谢林说,"通过这一课题本身，也同时确认了知识在它自身内有一个绝对原理，而且这个处在知识本身内的原理应当同时也是作为科学的先验哲学的原理。然而任何科学都是具有一定形式的命题所构成的整体。因此如果说科学的整个体系应该是通过上述原理确立起来的话，那么，不只这门科学的内容，而且连它的形式也必须由这个原理来确定。"科学知识是一个由自身"内容和形式"相互制约构成的统一体，但他们是以更高的作为科学之科学的哲学为基础的，哲学就是"科学的形式"、"知识学之知识学""科学之科学"。为此必须进一步探求哲学，"必须在理智本身之内找到一个点，在这一个点上通过最原始的知识的同一种不可分割的活动同时出现了内容和形式。发现这一个点和发现一切知识的原理必定是同一个课题。"，而作为哲学原理"必须是这样一个原理，在这个原理中内容为形式所制约，而形式反过来又为内容所制约，并且不是单单一方把另一方作为自己的前提，而是双方互为前提。"形式逻辑的法则是科学知识遵循的法则，在此之后应该有更高的绝对的法则作为其基础，"知识学应当给逻辑奠定基础，但同时又应依据逻辑规律而产生，这一新的循环论证的解释和前面指出的循环论证的解释是一样的。既然在知识的最高原则里形式与内蕴是互为条件的，那么知识科学必须既是科学形式的规律，同时又是科学形式的最完美的实施，而且无论就形式来说还是就内蕴来说，都必须是绝对自主的。"

第三，哲学最高原理的特征："我们所能说的并不是把这一原理从一个更高的原理中推演出来，一般地也不是它的内容的证明。证明只能涉及这一原理的地位，或者说只能涉及证明这一原理是最高的原理，它本身带有属于这样一种原理的所有那些特性。"费希特是从形式逻辑的同一律、矛盾律来严格推演自己的知识学三原理的。谢林认为，最高原理不是"内容"的证明，而只是从其位次而言是最高的、无可再追溯的。演证路数不同，但殊途同归，都是为了寻求知识的那个最高的元点或原理。这个"无条件"的最高原理何在呢？谢林还是借助于同一律 $A = A$，来寻找那无条件的最高原理。A 是否具有实在性无关紧要，但抽去其实在性，就会看到"如果完全抽掉了主词的实在性，那么 A 是单就它设定在我们内部、为我们所表象来考察的"，$A = A$ "这个命题只是说：当我思考 A 的时候，我思考的只不过是 A。因此，这一命题内的知识活动只受我的思维（主观的东西）的制约，这就是说，按照上面的解释，这种知识活动是无条件的。"但是 A 作为 A 的判断不能创立知识、也无实在性，因为它并不是一个综合、宾词就在主词之中、仅仅表达的是思维的同一性。只有 A = B 才是综合的知识。"如果主词和宾词在一切命题中不单以思维的同一性，而且以某种外在于思维的、与思维有别的东西为中介，这些命题叫做综合的命题，那么，我们的整个知识就是由一些纯粹综合的命题构成的，而且只有在这样的命题中才有一种实在的知识，即在自身之外有它的对象的那样一种知识。"——实际上这就是费希特所说的"绝对"。但是，经验的综合的知识不是无条件，它是有条件的同一性，如何解决这一矛盾呢？"这一矛盾似乎只能这样来解决：找到某一个点，在这一个点内同一的东西和综合的东西是同一个东西；或者找到某一命题，这一命题在其是同一的时候，同时也是综合的，在其是综合的时候，同时也是同一的。"必须寻找这样一个真实、绝对的根据："如果有这样一个绝对真实的东西，那我们的全部知识和我们知识中的每个具体真理必定是和那种绝对的确实性紧紧联结在一起的；对这一联系的模糊感觉产生了那种强制感，本着这种感觉，我们便把某一命题当作真实的。哲学应当把这种模糊的感觉化为清晰的概念"。它就是既同一又综合、绝对真实的哲学原理。

第四，要寻找哲学的最高原理，要通过分析命题和综合命题的对立关系来完成。"在每个命题中，两个概念都互相对照，也就是说，它们彼此不是被设定为等同的，就是被设定为不等同的。然而在同一命题里却只是把思维与其自身加以对照。反之，综合命题却超过了单纯的思维；因为，我在思考命题的主词时，我并没有思考宾词，宾词是附加到主词上去的；因此对象在这里不是仅仅由其思维来规定的，对象被看作是实在的，因为实在的东西恰恰就是通过单纯的思维活动所不能创造的东西。"谢林在这里一定意义上重演了康德的分析和综合，但其不同之处在于"肯定"了综合可通过"单纯思维"来完成。因此，经验科学知识的全部奥妙在于发现"综合判断"那个会合点——"发现同一知识在其中同时又是综合知识的那样一点的课题就不过是意谓着发现一个点，在这个点上客体及其概念、对象及其表象原本绝对是一个东西，而且不假任何中介"，哲学也就要寻找无条件的那个汇合点——原理、概念：它就是自我意识，"主体和客体的那种直接的同一性只能存在于被表象的东西同时也是作表象的东西、被直观的东西同时也是进行直观的东西的地方。但因被表象的东西同作表象的东西的这种同一性只是在自我意识中才存在，因此所要找的那一点就在自我意识内找到了。"谢林的"自我意识"与费希特的"绝对自我"是不同的；前者实质是一个思维的精神的"统一体"，后者则是作为行动的、抽象的人；前者是一个知识学的"真理"范畴，后者是一个人本学的本体基点。

第五，"自我意识"究竟是什么？谢林有进一步的阐明，"思维的主体和客体在自我意识内是同一个东西，这一点只要经过自我意识本身的活动，任何人都能明了。这需要我们在从事自我意识活动的同时，在这种活动中再反思自己。自我意识是思维者借以直接变成自己的对象的活动，反过来说，这一活动，而且只有这一活动才是自我意识。这一活动是一种绝对自由的行动，引导人们从事这一行动当然是可以的，然而却不能去强求。在这一行动内直观自己，把自己区分为被思维的东西和作思维的东西，并在这种区分活动中又把自己认作是同一的，这样的技能在以后的论述中将经常当作前提。"在谢林看来，自我意识是一个后来黑格尔称之为思维自己规定自己的思维活动和结果，是一个思维自主的绝对自由活动，它使自身对立统一的活动，是人"直观"创造性官能所形成的。在理论活动中它是无意识的、自由潜在的、智能游戏活动，在实践活动中它是具有意志目的性的、积极的自由活动。费希特的"绝对的自由自我"，变身为谢林的"自我意识"——思维的自由规定；费希特人的本质是自由，谢林人的本质是黑格尔后来明确的"绝对精神"——不仅求知而且求自由的人。尽管其形而上的论证是如此晦涩，但通过解读却如此鲜明得以表现。

第六，与费希特直接将自我予以设定不同，谢林从"自我意识"演绎出"自我"这一概念。"任何思维都是一种活动，而每一特定的思维，都是一种特定的活动；但通过每一这样的活动，也给我们出现了一个特定的概念。概念不是别的东西，就是思维本身的活动，离开这一活动它就什么

第八章 费希特、谢林著作导读

东西也不是了。""自我的概念是通过自我意识的活动产生的,因此,除这一活动而外,自我就什么东西也不是了,它的全部实在性都是以这一活动为唯一基础,它本身无非就是这一活动。因此,只能把自我设想为一般活动,否则它就什么也不是。"我——思维活动——概念是一个统一体,无概念的思维是空的,概念不在思维之中是神秘的、想象的、矛盾的,而运用概念进行思维活动的主体则是"我",因此"我思故我在"。"我们所要找的思维和对象、现象和存在的原始同一性就在这里,而在任何其他地方都是遇不着的。自我根本不存在于那种思维借以变自身为其对象的活动之前,所以自我本身无非就是变自身为对象的思维,因而离开思维就绝不成其为何物。""我们通常称之为意识的是某种仅仅与对象或客体的表象并行的东西,是在表象的更替中维持同一性的东西,因此单单是一种经验的东西,因为,我通过它虽说也意识到我自己,但只是作为作表象的东西意识到的。但这里所说的活动却是这样一种活动,通过这种活动,我并不是借这种或那种规定意识到我,而是从根本上意识到我,这种意识和前一种相反,叫做纯粹意识或[真正的]自我意识。"

第七,谢林指出,因为"我思"所以"我在","如果我对表象里存在的主体的这种同一性加以反思,那么我这里就出现了我思这个命题。这个'我思'就是伴随着一切表象并维持它们之间的意识连续性的东西。但人们如果摆脱一切表象活动,以便从根本上意识到自己,那么出现的命题就不是我思,而是'我在',而这个命题无疑是更高的命题。在'我思'这个命题里,就已经有自我的一种特性或作用的表现;反之,'我在'这个命题是一个无限的命题,这是一个没有现实宾词的命题,但正因为如此,就肯定了自己有无限可能多的宾词。"自我以理性思维活动表现了自身是"自为的"主体,即可将自身对象化为客体、具有对象化能力,而一切其他不是我的东西,本来就仅仅是客体。"原本客观的东西永远仅仅是一种被认识的东西,决不会是一种进行认识的东西,自我只有通过自己的自我认识活动,才成为一种被认识的东西。物质之所以是无我的,正是因为它根本没有内在的东西,而是一种只在异己的直观中被把握的东西。""自我的特性恰恰在于:自我除了自我意识这个宾词外,决没有任何其他的宾词。"

第八，谢林强调自我作为"我思""自我意识"相对于"物"的无条件性、绝对性——"所谓无条件的东西，就是绝对不能成为事物、成为实际的东西。哲学的首要课题也可以这样来表达：发现某种绝对不能被认为是事物的东西。但这样的东西只是自我，反过来讲，自我就是本身非客观的东西。"应该说谢林将费希特具有强烈行动意味的自我，重新变为笛卡尔式的思维性、精神性的自我，精神—思维成为普照一切的光，它不仅照亮万物，也照亮自己。他坚定认为哲学中的"自我"是"绝对自由的知识活动""自我是纯粹的活动，纯粹的行动，在知识里必须是绝对非客观的东西，这正是因为它是一切知识的原理。因此，如果说它应该成为知识的对象，那么这也只能是产生于一种与普通知识全然不同的知识活动方式"。"因此，这种知识活动是一种同时创造自己的对象的知识活动，是一种总是自由地进行创造的直观，在这种直观中，创造者和被创造者是同一个东西。这样一种直观和感性直观相反，叫做理智直观。感性直观并不表现为创造自己的对象的活动，因此直观活动本身在这里是和被直观的东西不同的。这样一种直观就是自我，因为通过自我关于它自身的知识，自我本身（对象）方才产生出来。因为自我（作为对象）既然无非是关于它自身的知识，所以自我之产生恰恰只是因为它对自己进行了认识；因此自我本身是一种同时创造它自身（作为对象）的知识活动。"对自我的高度肯定，可以看出，它对于费希特原理的改造思维就是思维，它以自身为对象，其活动的结果即是思维的规定。

第九，谢林高度强调"理智直观"的能力是先验哲学得以可能的人的官能，这是一个深刻而独到的见解。它并非一切人的官能，而是"哲学人""理论人"的官能、能力，是一般理论的能力；它不是感性的个别的官能，是智性的、悟性的、创造性的、天才型官能。它是"直观的"，即具有瞬时性、突发性、豁然贯通的特点，但又不是空穴来风的，而是与遗传基因相关的、在一定经验基础上的、经过长期修为的、但绝不会是人人具有的能力，也是一种从"非无"到"有"实现的能力。因此它通常披上了一层神秘的面纱。谢林说，"理智直观是一切先验思维的官能。因为先

第八章 费希特、谢林著作导读

验思维的目标正在于通过自由使那种本非对象的东西成为自己的对象；先验思维以一种既创造一定的精神行动同时又直观这种行动的能力为前提，致使对象的创造和直观本身绝对是一个东西，而这种能力也正是理智直观的能力。""没有理智直观，哲学思维本身就根本没有什么基础，没有什么承担和支持思维活动的东西；在先验思维里取代客观世界，仿佛能使思辨展翅翱翔的东西，正是这种直观。自我本身就是一个对象，之所以如此，是因为它在认识它自己，也就是说，它是一种持续不断的理智直观；因为这一自己创造自己的东西是先验哲学的唯一对象，所以理智直观之于先验哲学，正如空间之于几何学一样。"那种现象学的"看"就是内在的理智直观，它既是方法也是个体应具备的能力。

第十，从理智直观出发，谢林肯定了"自我"的精神的能动性、创造性、自明性，从而体现出与费希特哲学的不一致性，"自我不是别的，只是一种把自身变成自己的对象的创造活动，即是说，它是一种理智的直观活动。然而这种理智的直观活动本身是一种绝对自由的行动，因此这一直观是不能加以证明的，只能被假设为不证自明的；但自我本身仅仅是这一直观，所以作为哲学的本原，自我仅仅是某种被假定成是不证自明的东西。"，因而先验哲学就是一种"批判的唯心主义"、自由的哲学、能动的哲学。"先验哲学不能以任何定理为出发点，因为先验哲学是从主观的东西出发的，即从那种只有通过特殊的自由活动才能客观化的东西出发的。""先验哲学却不是从具体存在出发，而是从一种自由行动出发的，而这样一种行动只能被假定为自明的。任何不是经验科学的科学，必须通过它的第一原理先把一切经验主义排除掉，就是说，不是必须把它的对象假定成已经现成存在的，而是必须去创造对象。"因此，如果不先理解先验哲学的理念、方法，就永远不会理解先验哲学，也永远不会有新理论的创造与再生。"如果哲学的原理是一个公设，那么这一公设的对象就将是对内在智能最原始的构造，这就是说，这个公设的对象将不是用这种或那种特殊方式规定了的自我，而是作为创造它自己的活动的一般自我，如同通过精神的每一特定的活动总是产生某种特定的东西一样，通过这种原始的构造，在这种构造当中自然也产生了某种特定的东西。但是这种产物绝对不能离开构造，它之所以一般地存在，只是因为它是被构造成的。"这个所谓"一般自我"费希特名字为"本原行动的自我"，谢林称之为"自我意识的自我"，黑格尔称之为"绝对精神"，实则是能动的、创造的（构造的）、自由的人。"在自我之内"和"创造活动"的同一是最原始的、基础的、一切知识发生的始基。谢林看作哲学第一原理的就是：自我＝自我——自我是他自己的产物，既是创造者，同时又是被创造者。谢林曾说，黑格尔吃了自己的面包。这话是有道理的。黑格尔哲学的核心的理念，在谢林这里都出现了。难怪有人说谢林才是近代德国古典哲学的高峰。

第十一，谢林还指出了一个康德发现的现象，即儿童自我的发现，以此证明"理智世界"的出现。"一旦儿童开始用我这个词来说他自己时，就好象有一个新世界展现在他的面前。实际上这是很自然的；展示给儿童的正是理智世界，因为谁能对自己说出我字来，也就等于驾凌于客观世界之上，从外在的直观进入自己的直观了。"另外还指出，纯粹自我与个性自我、经验自我不同，它是一般自我，是经验自我的基础，"纯粹自我意识是一种活动，这种活动处在一切时间以外，一切时间正是由它构成的；经验意识只是在时间和表象的连续系列中产生的意识。"谢林还指出，纯粹自我不是现象、物自体，只是一切实在性的本原。其实在性比"事物"的实在性更高——事物仅仅是自我实在性活动的反光而已。自我不是"存在着"，而就是"存在"本身，"人们之所以不能说自我存在着，只是因为自我就是存在本身。我们把那种永恒的、不包含在时间里的自我意识的活动称为自我，这种活动是赋予一切事物以存在的东西，因而自身是根本不需要别的存在来支撑的，相反地，它是自己承负和支持自己的，客观上表现为永恒的生成，主观上表现为无限的创造。"它是理论哲学的定律与实践哲学戒律的"公设"。以"自我"为公设的先验哲学其开端和归宿就是"自由"。

（三）《先验唯心论体系·第二章》导读

首先，如果说谢林在"先验唯心论的原理"中阐明了其第一原理、最高原理，即自我＝自我意识活动＝绝对自由的活动，作为一切"实在性"

创造与构成活动的自我。那么在此他进一步指出，它不是像同一律（A = A）那样是一个设定，"自我 = 自我"直接就是"我思 = 我在"——"这个命题所要说的，并不是我为在我之外的某种东西而存在，而仅仅是我为我本身而存在。因此，连一般现存的一切也都只能为自我而存在，而绝对不会有另一种实在性。"那么，这种"为我的在"、"由我而创造的在"究竟是怎样的存在呢？也就是这样的在是如何"表现"的呢？它是通过"理论"和"实践"的活动及其法则表现的，因此进一步"我们就应该立刻去创立理论哲学和实践哲学本身。这样，我们将必须象知识学所做的那样，首先证明理论哲学与实践哲学之间的必然对立，即证明两者互为前提，无此即无彼，以期能够依据这些一般原理，提出两者组成的体系本身。"只有这样，那个具有"实在性"的"我在"才充实起来、丰满起来、不再是一个抽象的空的存在。谢林在此也表达了理论与实践的矛盾统一。

其次，谢林无非想要阐明的是，人的活动及其存在是必然与自由统一的活动，受限制与反限制、自由的限制（知识）与自由的绝对（意志）、合目的性与目的无限性——通过自我表象（表现）活动得以可能的矛盾活动、以及由此建立起来的存在。"即使对于最顽固的独断论者，我们也可以证明世界终归是仅仅存在于表象中，不过，只有根据精神活动的内在原则完全说明了世界产生过程的机制，这才会完全令人信服"。人是活动的，其活动的本质是自由——即人的活动是自我做主、自我规定、自我约束的活动。因此，"自由是一切事物所依托的唯一根本，我们绝不是把客观世界视为在我们之外存在的现成事物，而仅仅视为我们固有的自由活动的内在受限制状态。整个存在都不过是受到阻滞的自由的表现。因此，存在就是禁锢在知识中的我们的自由活动。但是，假如在我们之内不同时有一种不受限制的活动，我们也就不会对于受限制的活动还有什么概念。在同一个具有同一性的主体中，自由而受限定的活动与不可限定的活动的必然共存关系如果一般是存在的，那一定是必然的。演绎出这种必然性，就需要这种更高的哲学，它同时既是理论的又是实践的。"

第三，费希特和谢林，无非是将"自我"这个抽象的人看作一个能动的自由的主体。但是谢林的"自由的精神自我"是普照一切的光，由此世界一切皆被照亮。先验哲学的最高原理是："通过自我意识的活动，自我使自己成为自己的对象"。这个命题可以看出："1）自我一般说来仅仅是其自身的对象，因而不是任何外物的对象。如果有人从外部设定一种对自我的影响，自我就一定是某种外物的对象了。然而自我不为任何外物而存在。所以，任何外物都不能影响自我本身。2）自我会成为对象；所以，自我并非原来就是对象。我们要坚持这个命题，以便由此进一步作出推论。"谢林指出，自我作为活动是自由而能动的、不是被强制而受动的；正因如此，它可以"对象化"——"变身"或外化为对象。在此后的论证中，谢林反复都在试图辨明这一问题。人的活动是自由无限的活动，只是在对象化的过程中，成为有限的了；在此，人的创造活动成为有限的、受限制的活动，一切"客观事物"作为活动的产物，也就是有限的存在；但是人自由的创造活动的无限性，如果不通过有限性的外化不断得以体现、得以生成，即无限的创造如果不由有限的外化来一步步实现、表现、生成出来，那么其无限就只能是"空的无限""空洞的自由"。就像法力无边的上帝，其无限性如果不通过自然的奇迹体现出来、不断体现出来，那么其无限性则会受到无情的嘲笑，因为它是空的；假如一个人自许有无限的能力，但是一件事都做不出来，人们只能将他视为吹牛大王了。因此也可看到，谢林的"自我精神活动"只是人身化的上帝，他以有限、通过有限在上演着自由的无限的传奇。

第四，谢林对独断论与唯心论予以比较，并对于独断论予以批判。"独断论者直接以客观事物造成的受限制状态来解释自我的有限性；唯心论者则必须按照自己的原理做出相反的解释。""独断论者看不到客观事物对我来说是由于成为有限者才产生的，看不到自我是通过自我意识的活动才表露给客观性的，看不到自我与客体就象正数与负数那样是对立的，因而看不到客体只能具有在自我中扬弃了的实在性"。客体化的非我是有限的，但是自我是无限的，因为那个客体只是受到自我规定所产生的有限的存在而已。主体自我与主体外化的客体是对立的，它是无限与有限的对立。无限自我这个魔法师，只是一点又一点将自己的魔法施展出来使，自然在其表象、规定中现出真容、成为实在的。人的历史、艺术都是这个无

第八章　费希特、谢林著作导读

限魔法师的作品。谢林不同于费希特，谢林是莱布尼茨"前定和谐论"的维护者。因此，真正说来"上帝"——只有上帝才是绝对的必然性、绝对的自由、是真正的大法师，人只不过是它所创造的自然进化的作品——是上帝的肖像、是具有自由的能力来揭示无限上帝的必然性，从而使自由与必然合一的存在。人的自由就是对于上帝必然的认识，也可以说是人的自由与上帝自由的合一。"如果哲学的第一个构造是对那种原始构造的模仿，那么哲学的所有构造就都仅仅是这样的模仿。只要自我作绝对综合的原始进化，存在的就只是原始必然行动的一个序列；一到我打断了这一进化，如愿地返回进化的出发点，就有一个新的序列对我产生了，在前一序列里是必然的东西，在这一个序列中便是自由的。前者是原本，后者是摹本或模仿。如果第二个序列的内容和第一个序列的内容毫无出入，那模仿就是十全十美的，就会有一种真正的、完美无缺的哲学。"绝对上帝创世的序列与人的哲学的概念的序列是一致，必然与自由是同一的，人与上帝是同一的，他们都拥有自由的创造的本质。

第五，在随后的论述中，谢林既是作为上面的结论，也是作为此后论述的纲要，说了一段似乎莫名其妙的话："仅仅就自我是受到限定的而言，自我本身才能是不受限定的；反之，仅仅就自我是不受限定的而言，自我本身才能是受到限定的。只有这种情况得到证明，我们才能理解自我原来的无限活动会限定自身，即把自身变为一种有限的活动（自我意识）。"围绕这段话，又作两个方面分述：仅当自我受到限定时，自我作为自我才是不受限定的；自我只有是不受限定的，才能是受到限定的。关于"限定"，即是具有"界限"的限制性"规定"。自我意识作为活动，在谢林后面所讲的先验范式——时间，遵照"时间"范式所进行的"范式化"进行活动，一方面是连续的无限的进程，一方面又具有节点性、非连续性、有限性；自我意识的活动是一个"过程"、"序列"，因此必定是通过有限、通达无限的有序列的矛盾过程。它仿佛那个希腊英雄奥德修斯历尽艰难、突破重重险阻、取得胜利、最终回归家园。自我意识活动只是"生成"或"重构"，它不是"创造"——因为只有上帝才是一切必然的"创造"者，上帝是"自在的"创造者，人只是"自为的"存在者；因此它必然受到

"必然"的层层限制。"因此，（向无限扩展的）有限制状态就是唯独自我本身能成为无限的条件。因此，那种无限者的有限制状态是直接通过无限者的自我性质设定的，就是说，是通过这样的条件设定的：无限者不仅是无限者，而且同时也是自我，即自为的无限者。"但是，自我活动作为能动的活动，是不会停留于某个限制节点、从而锢步不前，而是会突破它迈向遥远的地平线。"限制之所以是无限制状态的条件，完全是因为限制可以被扩展到无限的地方去。自我若不对限制采取行动，便不能扩展限制；限制若不独立于这种行动而存在，自我便不能对限制采取行动。因此，限制之所以会成为现实的，仅仅是由于自我对限制进行斗争。自我如果不让自己的活动针对限制，限制便不可能是自我的限制，就是说，限制就根本不可能存在了。（因为限制仅仅是消极的，即仅仅是相对于自我而可以设定的。）"

第六，谢林以形而上学的方式，论证了"必然"与"自由"的对立统一。他反复在后文中论述"限制"的"独立性"，它是无限制的"条件"。"必然"与"自由"的对立只能通过一系列"中介概念"才能予以统一，无限才能真实地得以无限的扩展。人作为"自为的"（自由的）存在者，只是由于其通过"自我意识活动"意识到自己的"限制"并加以克服，使必然和自由得以统一。"限制必须同时既是现实的又是观念的。限制必须是现实的，即必须独立于自我，因为如其不然，自我便不是真正受到限定的；限制必须是观念的，即必须依存于自我，因为如其不然，自我便不能设定自己，把自己直观为受到限定的。"也就是说，自我在自身的活动中作为外在现实的活动是受限制的、受必然性制约的，但作为其内在的"观念活动"——认识活动、知识活动是自由的。这样，谢林实际上将人的活动二重化。"除了那种无限进展的活动——我们想称之为现实的活动，因为它是完全可以现实地限定的——以外，在自我中必定还有另一种活动，我们可以称之为观念的活动。限制对于无限进展的自我活动是现实的，或者说——因为正是这种无限的活动应该在自我意识中加以限定——对于客观的自我活动是现实的，因此对于相反的、非客观的、自身不可限定的自我活动则是观念的"

第八章 费希特、谢林著作导读

第七，谢林两种活动的划分，固然是自由与必然矛盾关系的表达。同时由于谢林非常强调"自我直观"，而感性直观的形式则是"时间"与"空间"——时间是内直观形式，空间是外直观形式。现实的无限进展的活动是"物自体"，是处于主客未分之中的实在，是原初的"一般自我直观活动"的"有"。正是通过直观级次的不断提升，也就是理论活动的不断展开，物自体被直观为现象、并构成为知识，成为存在之为存在——知识之为知识的根据。因此，"第二种观念的或非客观的活动就必定是这样的：这种观念活动同时也提供了对客观活动加以限定和认识这种被限定状态的根据。既然观念的活动原来仅仅是由现实的活动设定为直观的（主观的）活动，以便通过直观的活动解释自我本身的有限制状态，那么，被直观与被限定对于第二种客观活动来说必定是同一种活动。""两种活动——观念的与现实的——互为存在前提。现实的活动原来是力求无限进展的，但为了自我意识，又需要受到限定。这种活动若无观念的活动，便不存在。对于观念的活动来说，现实的活动在自己的有限制状态中是无限的（按照 dd）。反过来说，观念的活动若没有需要加以直观的、可限定的、因而是现实的活动，也不存在。"也就是说思维与存在是相互制约、互为条件、对立统一的，自在自为是对立统一的，理论与实践是对立统一的。

第八，谢林反对单纯的唯心论与单纯的实在论（唯物论），提出"唯心实在论"：知识、真理不是单纯实在的，也不是单纯唯心的，而是意识活动在其交互性作用中形成的形式与内容统一的实在。"理论哲学应说明限制的观念性（或者，说明原来仅对自由行动才存在的有限制状态怎么会成为对知识活动存在的有限制状态），实践哲学则须说明限制的现实性（或者，说明原来纯属主观的有限制状态怎么会成为客观的）。因此，理论哲学是唯心论，实践哲学则是实在论，而只有把两者结合起来，这才是完备的先验唯心论体系。"因此，谢林超越了传统的唯物论与唯心论的对立。

三、参考资料

先刚著：《永恒与时间——谢林哲学研究》，商务印书馆 2008 年版。

杨俊杰著：《艺术的危机与神话：谢林艺术哲学探微》，北京大学出版社 2011 年版。

王建军著：《灵光中的本体论：谢林后期哲学思想研究》，南开大学出版社 2004 年版。

张园著：《谢林艺术哲学及对马克思美学思想的影响》，黑龙江大学，博士论文。

高乐田著：《神之光与神话之镜》，中国社会科学出版社。

邓安庆：知识·历史·艺术——试论谢林先验哲学体系的三大主题 [J]；湖北大学学报（哲学社会科学版）；1993 年 01 期。

张旭：在后现代发现谢林 [J]；山东大学学报（哲学社会科学版）；2003 年 06 期。

谢地坤：从原始直观到天才直观——谢林《先验唯心论体系》之解读 [J]；云南大学学报（社会科学版）；2004 年 01 期。

杨俊杰：谢林与《德国唯心主义最古老纲领》[J]；世界哲学；2009 年 02 期。

杜书瀛：关于艺术哲学 [J]；清华大学学报（哲学社会科学版）；2009 年 03 期。

陈海燕：谢林与海德格尔艺术观念之比较 [J]；安徽大学学报（哲学社会科学版）；2009 年 03 期。

陈海燕：谢林美学的非理性之路 [J]；合肥师范学院学报；2009 年 05 期。

凌继尧：谢林的艺术学理论 [J]；东南大学学报（哲学社会科学版）；2009 年 06 期。

陈海燕：谢林：艺术的真正概念和科学地位的发见者 [J]；安庆师范学院学报（社会科学版）；2008 年 02 期。

陈海燕：谢林的悲剧观 [J]；皖西学院学报；2008 年 01 期。

孟晶：谢林前期艺术哲学初探［D］；南京师范大学；2007年。

四、问题思考

1. 谢林与费希特哲学异同比较。
2. 谢林自由观分析。
3. 谢林哲学中的时间问题。
4. 谢林哲学的艺术志趣。

第九章 黑格尔著作导读

一、著作介绍

乔治·威廉·弗里德里希·黑格尔（1770年8月27日—1831年11月14日），德国哲学家。黑格尔的思想，代表了19世纪德国古典哲学运动的顶峰，对后世哲学流派，如存在主义和马克思的历史唯物主义都产生了深远的影响。黑格尔的哲学理论，不是贴一个"客观唯心主义"标签就可盖棺定论，也不是曾经像有些人那样将他做"死狗"弃置不顾就可万事大吉。现当代西方哲学凡有康德哲学影响的地方，就有黑格尔的影响。《分析的时代》的作者怀特、《二十世纪的哲学》的作者艾耶尔，都认为，二十世纪初有重大影响的哲学家都曾经为超越黑格尔思想与他作过艰苦的搏斗。因此，黑格尔哲学必须作为哲学创新的永恒思想资源，不断学习与反思。

（一）生平和著作年表

1. 斯图加特时期（1770—1788，十八年）1770，黑格尔出生于德意志西南部符腾堡公爵领地斯图加特城税务局书记官，路德派基督徒格奥尔格·路德维希·黑格尔的家庭，下有一弟一妹。1777年，进本城拉丁学校学习古典语文。1780年，黑格尔进本城文科中学学习。在校期间，熟悉希腊悲剧；最初喜欢植物学，最后一年爱好物理学。1783年十三岁，他的母亲死了。1785年十五岁的黑格尔，读《伊利亚特》、亚里士多德《伦理学》、《斐多》等。1787年八月，黑格尔写了《论希腊人和罗马人的宗教》。

第九章 黑格尔著作导读

2. 图宾根时期（1788—1793，五年）在十八岁时，写《论古代诗人的某些特征》。中学毕业之后，秋季进图宾根神学院学习神学、哲学、自然科学。通过两年学习，学完古典语文和哲学课程，哲学硕士论文获得通过之后，继续攻读神学科目。十五岁的谢林因中学学习成绩优异，得以提前进入图宾根神学院；人学后，黑格尔和谢林、荷尔德林三人志趣相投、关系密切。八九十年代，康德的三大批判《纯粹理性批判》（1781）《实践理性批判》（1788）《判断力批判》（1790）陆续发表，产生了巨大的反响。莱因霍尔德、费希特这些门徒广为传播其思想；即使这样，黑格尔直到离开伯尔尼前夕才逐渐注意到并理解康德哲学。

在校期间，他崇拜卢梭，读《爱弥儿》《社会契约论》，读基督教《圣经·约伯记》，开始写《人民宗教和基督教》（Volksreligion und Christentum）。1789 年法国革命爆发，他同情法国革命。黑格尔和谢林、荷尔德林共同模仿法国革命群众植树纪念大革命的方式，在一个初春节日，和一些同学结伴到郊外栽种自由树，庆祝法国大革命。他还和大部分同学在校内一间小室为自由雕像举行揭幕礼。黑格尔通过学习并完成学业，得到神学院结业证书，但成绩平常，并未显示出卓越的理论思维能力。

3. 伯尔尼时期（1793—1796，三年）大学毕业后，前往瑞士伯尔尼，在一个贵族家庭做家庭教师。平时教三个孩子，业余阅读英、法等国学术著作，继续关心法国革命的发展。1794 年十二月，黑格尔在书信中指责法国资产阶级革命家罗伯斯庇尔建立资产阶级革命民主专政——雅各宾专政，并指责罗伯斯庇尔实行革命镇压的行动。同时赞赏拿破仑的热月政变。1795 年的春季，黑格尔曾游历日内瓦。是年五月撰写《耶稣传》；八月对于谢林所寄阅的一篇文章，黑格尔表示：评论你的文章，你不该要我来做。我不过是初学者而已；十一月撰写《基督教的实证性》（Die Positivität der christlichen Religion）。黑格尔写于伯尔尼和法兰克福的著作，对基督教进行历史的考察，探讨解决社会问题的途径。这些著作于 1907 年经诺尔编为《黑格尔青年时期神学著作》（Hegels theologische Jugendschriften）出版于图宾根。莫尔登豪尔和米歇尔（Eva Moldenhauer und Karl Markus Michel）则编为《早期著作》（Frühe Schriften）收于其所编《黑格尔著作集》第一卷。

1796年的夏季写《德国唯心主义最早的系统纲领》（残篇）。1917年，经罗森茨威格（f. rosenzweig）出版。七至八月游阿尔卑斯山的伯尔尼，写旅途观感日记。他的妹妹所写关于他的早年生活，他所写旅途日记等，1936年经霍夫迈斯特编为《黑格尔思想发展文献》（Kokumente zu Hegels Entwicklung）出版于斯图加特。

4. 法兰克福时期（1797—1800，四年）1797年的一月北赴美因河畔法兰克福，在荷尔德林的介绍下到一个商人家做家庭教师。课余继续学习哲学，并进行有关宗教问题的研究，在社会活动中结交若干政治法律方面社会人士。1798年他撰写《论符腾堡公国内政状况，特别是关于市议会之缺陷》（Über die neuesten innaren Verhältnisse Württembergs, besonders über die Gebrechen der Magistratsverfassung）。是年春季翻译并注释法国吉伦特党人、律师卡特（Jean Jacques Cart, 1748—1813）的《关于沃特邦对伯尔尼城的宪法关系的亲启信札》（Vertrauliche briefe über das vormalige staatsrechtliche Verhältnis des Waadtlandes（Pays de Vaud）zur stadt Bern），匿名出版于法兰克福。1909年经法尔肯海姆（H. Falkenheim）考证确定为其所作。1799年撰写《基督教精神及其命运》（Der Geist des Christentums und sein Schicksal），次年秋写毕。第二年一月黑格尔的父亲死了。这个时期的散篇著作，1913年，经拉松（Georg Lasson, 1862—1932）神父编为《黑格尔政治和法律哲学论著》（Hegels Schriften zur Politik und Rechtsphilosophie）出版于莱比锡，收于其所编《全集》第七卷。1800年的九月，他还撰写《体系札记》（Systemfragments）。

5. 耶拿时期（1801—1806，六年）1801年的一月，黑格尔离开法兰克福，转到耶拿，到一个贵族家庭做家庭教师，开始撰写《论德意志宪法》（Die Verfassung Deutschlands）并与次年写毕。全文于1893年由莫拉特（Georg Mollat）发表。1801年春夏，写《关于行星轨道的哲学论文》（Dissertatio Philosophica de Orbitis Planetarum）。是年七月撰写《论费希特和谢林哲学体系的异同，兼论莱因霍尔德关于十九世纪初期哲学状况概观论文集第一册》（Über die Differenz des Fichte'schen und Schelling'schen Sys-

tems der Philosophie in Beziehung auf Reinholds Beiträge zur leichtern Übersicht des Zustands der Philosophie zu Anfang des neunzehnten Jahrhunderts, 1 Stes Heft)。这年九月撰写《论布特维克哲学》（Über die Philosophie Friedrich Bouterweks）并发表于《爱尔兰根文献报》。十月经谢林推荐，以就职论文《关于行星轨道的哲学论文》在耶拿大学取得编外讲师资格，开始讲授逻辑学、形而上学。这年十月第一次见到歌德。正是由于歌德的举荐，后来他才能出任纽伦堡文科中学校长。

1802年一月他和谢林共同创办出版于图宾根的《哲学评论杂志》（Kritisches Journal derphilosophie）。是年一月《泛论哲学批判的本质，特别是论它和当前哲学状况的关系》（Über das Wesen der Philosophischen Kritik überhaupt）《常识如何理解哲学：克鲁格著作剖视》（Wie der gemeine Menschenverstand die Philosophie Nehme）发表于《杂志》第一卷第一期。三月《怀疑论和哲学的关系》（Verhältnis der Skeptizismus zur Philosophie）发表于《杂志》第一卷第二期。七月《论信仰和知识，或主体性的反思哲学》（Glauben und Wissen oder die Reflexionsphilosophie der Subjektivität）发表于《杂志》第二卷第一期。《论自然法的科学研究方法》（Über die Wissenschaftlichen Behandlungsarten des Naturrechts）分两次发表于《杂志》第二卷第二期、和次年春天出版的第三卷第三期。是年冬季他还写了《论德意志宪法》。这些著作为《耶拿逻辑学、形而上学和自然哲学》（Hegels Jenenser Logik, Metaphysik und Naturphilosophie）于1923年由拉松出版于来比锡。

1803年的下半年谢林离开耶拿，黑格尔独立支持《杂志》。1804年继续讲授讲授思辨哲学、讲授数学。在听课学生中的加布勒（Georg Andreas Gabler, 1786—1853），后来是黑格尔的正统继承者。黑格尔在1805年任耶拿大学副教授。急于要建立一种体系，向友人提到：路德使基督教《圣经》说德语，福斯使荷马说德语，他要试试，教哲学说德语；表示要建立哲学体系，写思辨哲学，自然哲学，精神哲学，自然法，以及前人未包括进哲学里去的美学。由此他开始自己的理论构造，撰写《精神现象学》（Phänomenologie des Gieistes）。1806年七月二十日：德国南部和西部十六个邦（包括巴伐利亚、符腾堡、巴登等）在拿破仑保护下成立莱茵同盟。奥地利皇帝弗兰茨根的德意志民族神圣罗马帝国称号本来也还留个虚名，从此名实俱亡。十月：普法两军在耶拿激战；普军大败。法军占领柏林（十月二七日），学校停课。十月十三日：大战前夕，《精神现象学》匆匆结束，以便投寄出版商赶印。黑格尔在书信中称拿破仑为骑在马上的世界精神。

6. 巴伐利亚时期（1807—1808/1808—1816，十年）普法战争使得耶拿大学停课。1807年三月，得到在巴伐利亚公国政府担任高等学务委员的同乡尼特哈默尔介绍，前往巴伐利亚的班堡担任《班堡日报》编辑一年半。是年四月《科学体系：第一部，精神现象学》出版于班堡和维尔茨堡。后来，由舒尔茨（johann schulze，1786—1869）编订这部著作，收于米编本《全集》第二卷。就在这一年，黑格尔的非婚生子路德维希（Ludwig，1807—1831）出生。1808年十一月他转任纽伦堡文科中学校长，兼教哲学、古典文学、高等数学。给高年级开哲学概论课，给中年级开逻辑课。1809年的二月：温迪施曼在《耶拿德国文献报》发表评论，肯定《精神现象学》。是年黑格尔开始编写并于1811年写毕《哲学入门》Philosophische Propädeutik），以给各年级讲课用。这个时期的讲义、讲话（历届学年年终讲话五篇）和意见（关于哲学课程的设置），1840年经罗森克兰茨（Johann Karl Rosenkranz，1805—1879）编为《中学校长任期的〈哲学入门〉》；米希勒编为《哲学讲演》出版，收于米编本第十八卷和第一卷。后来，格洛克纳于1927年利用米编本重版时，撮合为《哲学入门、中学讲话和关于哲学课意见》（Philosophische Propädeutik, Gymnasialreden und Gutachten über den philosophic—Unterricht），列为第三卷，以后，霍夫迈斯特进一步做系统整理，补充，总名为《纽伦堡时期1808—1816著作集》（Nürnberger Schriften：1808—1816）于1938年出版，是为原拉松所编《全集》第21卷。

在1810年人文科中学校长期间，他给低年级开法律学、伦理学、宗教课。黑格尔耶拿大学时期的学生巴赫曼（Karl Friedrich Bachmann，1785—1855）在《海得尔堡年刊》（Heidelberger Jahrbüter）上评论《精神现象学》，把谢林和黑格尔比为柏拉图和亚里士多德。1811年九月黑格尔和纽伦堡元老院议员卡尔·封·图赫尔的女儿玛丽·封·图赫尔（Marie von Tucher，1791—1855）结婚，哲学家正式步入婚姻殿堂。

1812年的三月《逻辑学》（Wissenschaft der Logik 通称"大逻辑"[Gross Logik]，以别于《哲学全书》中的逻辑学）第一卷上册：客观逻辑，存在论，出版于纽伦堡。次年《逻辑学》第一卷下册：客观逻辑，本质论，于纽伦堡出版；1816冬季《逻辑学》第二卷：主观逻辑，概念论，出版。1833—1834年，全书由费尔斯特（Förster）和波曼（Boumann）编订，列为米编本第三第四第五卷出版。这年十月谢林来访，两人绝口不触及原本共同感到兴趣的话题——哲学和思想问题。1813年的六月：黑格尔和玛丽的第一个儿子卡尔（Karl）出生；1814年黑格尔和玛丽的第二个儿子伊曼努尔（Immanuel，1814—1891）出生。1815年秋天他游慕尼黑，逗留两周，会见了尼特哈默尔、雅可比、谢林等人。1816年黑格尔在四十六岁的年纪，先后接到海得尔堡、爱尔兰根、柏林三大学聘书，逐渐步入人生的巅峰。是年八月辞去中学校长职务，到奥地利、法国、荷兰渡假。

7. 海得尔堡时期（1816—1818，两年）1816年的秋季，黑格尔得到海得尔堡大学副校长、新教神学教授道布（Karl Daub，1765—1836）的推荐，到巴登公国的海得尔堡大学担任哲学教授以接替弗里斯。而弗里斯以所谓宣传无神论思想而被辞退。在此年俸1300弗洛林。开始时，听课学生只有四个，第二年增加到十个。他讲授哲学史自此共讲九遍。《哲学史讲演录》（Vorlesungen über die Geschichte der Philosophie）1833年至1836年，经米希勒整理编辑，出版于柏林，收为米编本《全集》第十三、第十四、第十五卷。第二版于1842年出版。

《评符腾堡邦议会会议辩论集（1815—1816）》（Beurteilung der Verhandlungen in der Versammlung der Landstände der Königreichs Württemberg im Jahr 1815 und 1816）于1817年年底发表于《海得尔堡文献年鉴》。是年一月《评雅可比著作第三卷》（Über Friedrich Heinrich Jacobis Werke：Dritter Band）发表于《海得尔堡文献年鉴》（Heidelbergische Jahrbücher der Literatur）。五月为《哲学全书纲要》（Enzyklopädie die Philosophischen Wissenschaften im Grundrisse）写序言，该书于海得尔堡出版，内容为：（小）逻辑，自然哲学，精神哲学。是年冬季开始讲授美学，自此共讲五次（1817，1820，1823，1826，1829）。《美学讲演录》（Verlesungen über die Ästhetik）于 1835 年至 1838 年，经霍托（Heinrich Gustav Hotho，1802—1873）编订出版于柏林，收为米编本《全集》第十卷上中下三册。第二版，1840—1843。

8. 柏林时期（1818—1831，十三年）1818 年十月黑格尔前往柏林大学任教，顺道访问了歌德。在柏林仅只担任学校职务，想望兼任政府职务的初衷毕其一生落空。然而，此后逐渐地成了普鲁士官方所赞许的哲学家。年俸一倍于在海得尔堡所得。十月二十八日他发表就职讲演。柏林大学名家云集，与黑格尔同事的有：神学教授施莱尔马赫（Friedrich Ernst Daniel Schleiermacher，1768—1834），圣经批判家德·韦特（Wilhelm Martin Leberecht de Wette，1780—1849），历史学派法学家萨维尼（Friedrich Karl von Savigny，1779—1861），物理学教授艾尔曼（Paul Erman，1764—1851）；稍后有：植物学教授舒尔茨（K. H. Schultz，1798—1871）。1818 年冬季，他授讲自然法和国家法或法哲学，自此共讲六遍。

1819 年他讲授宗教哲学、哲学史、逻辑学和形而上学（第一学期）、自然哲学（第二学期）。是年少年音乐家门德尔松（1809—1849）回到柏林。黑格尔和其父、银行家门德尔松熟悉，常参加这一家庭星期日举行的音乐晚会，先后与柏林上流社会、文化艺术界人士大洪堡（Wilhelm Freiherr von Humboldt，1767—1835）格林姆（Jacob Grimm，1788—1860）等接触。银行家门德尔松：他是哲学家的儿子，又是音乐家的父亲，两头都是文化名人。因此他自我介绍，"从前我是我父亲的儿子，现在我是我儿子的父亲"。

1820 年三月叔本华（Arthur Schopenhauer，1788—1860）在柏林大学任编外讲师，把开课时间订在黑格尔讲课的时间，结果，听讲者寥寥，课程未授完，就离开了学校。1826 年春季叔本华再次来柏林大学讲课，时间仍订在黑格尔讲课时间，因无人听讲，憔然收场。1821 年《自然法和国家学大纲》（Naturrecht und Staatswissenschaft im Grundrisse）出版于柏林。

第九章　黑格尔著作导读

1833 年，经甘斯（Eduard Gans，1797—1839）题为《法哲学原理》（Grundlinien der Philosophie des Rechts）出版于柏林，收于米编本《全集》第八卷。是年开讲宗教哲学，自此共讲四遍。《宗教哲学讲演录》（Vorlesungen über die Philosophie der Religion），于 1832 年，由神学家马海奈克（Philipp Konrad Marheineke，1780—1846）出版于柏林，收为米编本《全集》第十一第十二卷，1840 年出第二版。八月：阿尔滕斯坦大臣复函黑格尔，赞赏他的《法哲学原理》一书，称他为"普鲁士复兴的国家哲学家"。自本年起，法哲学课以《法哲学原理》一书为课本（1821，1822，1824，1830）。1822 年开讲历史哲学（第二学期），自此共讲五次。《历史哲学讲演录》（Vorlesungen über die Philosophie der Weltgeschichte）于 1837 年，经甘斯整理编辑并写序言出版，收于米编本《全集》第九卷；以后，第二版，1840 年，第三版，1843 年，都由卡尔·黑格尔编辑并写序言。

1823 年费尔巴哈进海得尔堡大学神学系学习；1824 年七月秋季费尔巴哈转学到柏林大学神学系；1825 年四月费尔巴哈转到哲学系。1826 年费尔巴哈告别黑格尔说："我听了您两年课，我两年来完全献身于研究您的哲学，但是，现在，我感觉到需要就教于与思辨哲学直接相对立的其他科学，即自然科学。"

1825 年黑格尔致函歌德：我回顾我精神发展的历程，处处看到你的影响，我要自称是你的一个儿子。是年画家施勒辛格（Jakob von Schlesinger）为黑格尔画油画像。1826 年一月《论宗教改宗者》一文（Über die Bekehrten. anti-kritisBches）发表于《柏林快邮》报（Berliner Schnellpost）。它是劳帕赫（Ernst Raupach，1784—1852）著作的书评。此时，黑格尔哲学走向巅峰，他在柏林大学的讲座吸引了不少听众，黑格尔主义一时颇为时兴，他的学生们为他和歌德举办联合生日庆祝会。1827 年一月科学评论社的机关刊物《科学评论年鉴》（Jahrbücher für Wissenschaftliche Kritik）创刊。他写了《评洪堡著论摩诃婆罗多名诗薄伽梵歌》一文（Über die unter dem Namen Bhagavad—Gita bekannte Episode des MahabBharata von Wilhelm von Humboldt）。是年五月为《哲学全书纲要》写序言。本书经过增补，取名《哲学全书》，在道布协助下，出版第二版于海得尔堡（七月）。这年暑期他游历巴黎，参观卢孚宫艺术展览；结识英国演员凯伯尔（Charles Kemple，1775—1850）。十月十八日他应年迈的歌德邀请，旅行归途中前往魏玛访问，漫谈双方都感兴趣的辩证法问题。

1828年黑格尔讲授自然哲学（第一学期），听课学生68个。与此同时，施莱尔马赫的学生里特尔（Heinrich Julius Ritter，1791—1865）讲授古代哲学课，讲课时间正与黑格尔同时，学生84个。小洪堡（Alexander Freiherr von Humboldt，1769—1859）去年回到柏林，他介绍自己游历各国考察地理的演说轰动柏林，引起人们对自然科学，对异国风光极大兴趣。讲授美学、哲学史（第二学期）。1829年八月黑格尔讲关于证明上帝存在的证明。自1821年，前后讲十六次，至此结束，听课学生约百人，夏季第一学期一度达二百人。这个篇幅不大的《讲演录》由马海奈克附于《宗教哲学讲演录》出版。是年九月，和谢林在卡尔斯巴德（karlsbad）浴场叙旧数日，虽是意外的邂逅，但交谈不触及哲学问题。九月十一日：在魏玛，最后一次访问歌德（八十岁）。十月接受普鲁士国王的任命，担任柏林大学校长职务一年，成为钦命青年导师。此时文学家海涅（1797—1856）来访。海涅在1821至1823年间听过黑格尔的课。有一次，海涅对于"凡是现实的都是合理的"这句话表示疑惑，黑格尔回答时"怪笑了一笑，然后对我说：'也可以这么说：凡是合理的必然都是现实的。'黑格尔连忙转过身来看看，马上就放心了，因为只有亨利希·贝尔听到了这句话。"后来，还是对这句话，黑格尔对海涅说："只有一个人理解我"，但随后又激愤地加了一句："甚至他也不了解我。"

1830年黑格尔哲学体系的矛盾日益显露出来，外在的矛盾是黑格尔思辨哲学与社会上日益深入的自然科学研究的矛盾，黑格尔学派与自然科学家们的矛盾；其内部的矛盾黑格尔觉察到学生们和信徒们对黑格尔主义的解释，其分歧是显然的，开始对个别学生（例如甘斯）之不同意他日趋保守的观点表示不满，但也无可奈何。是年夏季他遭到物理学家、数学家反对，黑格尔仍然未能进入普鲁士科学院为院士。是年九月修订出版《哲学全书》。经过两次增订，《全书》比《纲要》增加约一百节。1845年，经罗森克兰茨、米希勒、亨宁编辑出版，收于米编本《全集》

第九章　黑格尔著作导读

第七（上下）卷。1831年黑格尔对普鲁士国家所表现的恭顺态度，引起近视的政府方面如此的感激，威廉三世授以三级红鹰勋章。四月他为《普鲁士总汇报》写的《论英国改革法案》（Über die englische Reformbill）发表，黑格尔对于英国资产阶级要求改进选举制度提出批评，他为贵族政治辩护，并站在民族主义观点，颂扬普鲁士国家制度。六月评论奥勒特（Alb. Leop，Jul. Ohlert）的《理想实在论》（Der Idealrealismus）文章发表于《年鉴》。九月评论格雷斯（Johann von Görres，1776—1848）的《论世界史分期与编年之基础》（Über Grundlage, Gliederung und Zeitenfolge der Weltgeschichte），文章发表于《年鉴》。十一月：为《逻辑学》第二版写序言。修订《精神现象学》，并写序言。是年泽贝（L. Sebbers）为他绘了在书房中工作的画像。十一月十四日黑格尔感染霍乱病，逝世于柏林，按照遗嘱葬于费希特和佐尔格墓旁。他在柏林大学哲学讲座的遗缺由他的所有平庸的附和者中最平庸的一个学生加布勒尔接任。这个时期的散篇著作收于《柏林时期著作》（Berliner Schriften，1818—1831）收于米编本《全集》第十七卷。

关于黑格尔全集如下：

米希勒等编的《全集》第一版十八卷；第九卷（历史哲学，1837年），北京大学图书馆藏。第二版十九卷；第八卷（法哲学原理，1840年），北京图书馆藏。

格洛克纳编的《逝世百周年纪念版》，1927—1940年版，全二六卷，清华大学图书馆、哲学研究所图书馆藏；南京图书馆、成都四川大学哲学系资料室藏（二二卷）。1949—1959年版，中国科学院图书馆、上海复旦大学哲学系资料室藏（黑著二十卷）；1964—1971年版，北京图书馆藏（二二卷），后两卷为格著论黑格尔。

拉松编的《全集》，序号编至二十一卷，实际上第十卷（美学）只有第一册，缺第十一卷，第十五卷（哲学史）只有第一册导言，缺第十六、第十七卷，第十八卷只有第一册，1913—1932年，北京图书馆藏（共十六卷册）。霍夫迈斯特编的《全集》（不全），北京图书馆藏。以上二集编者皆未及竟全功即故世。

埃娃·莫尔登豪尔和卡尔·马尔库斯·米歇尔编的《黑格尔著作集》1969—1971年，二十卷，商务印书馆资料室、哲学研究所图书馆藏。

以上五种集子，米编本、格编本采用哥特体即花体字，拉编本、霍编本、莫编本采用印刷体即拉丁字。

（二）黑格尔著作汉译本

1932年，上海神州国光社出版《历史哲学纲要》，王灵皋译。此译本为《历史哲学》一书之选译。

1936年9月，上海商务印书馆出版《黑格尔学述》，[美]鲁一士著，贺麟译。1993年，台湾商务印书馆据以重印。此为贺氏对黑格尔相关研究译作的首次出版。

1950年11月，商务印书馆出版《小逻辑》，贺麟译，书名题作《黑格尔的小逻辑》。此为贺氏对黑格尔相关译作的首次出版。1954年7月，生活·读书·新知三联书店据以重印，改题《小逻辑》。1980年7月，商务印书馆收入《汉译世界学术名著丛书》后再版。2009年8月，上海人民出版社据以重印，经过出版社编辑们大量细致的校对修订梳理工作，改正译名的前后不一致问题，并订正少量讹误。最重要的是，还根据贺麟的自存本复原了若干因时代背景因素的考虑而更改的文字。

1951年6月，商务印书馆出版《黑格尔逻辑大纲》，[英]哈里士著、周谷城译。

1956年4月，生活·读书·新知三联书店出版《哲学史讲演录》（第一卷），贺麟译。1959年9月，商务印书馆据以重印。

1936年，上海商务印书馆出版《历史哲学》，王造时、谢诒征译。1956年7月，生活·读书·新知三联书店据以重印，译者署名王造时。1999年5月，上海书店出版社据以重印。另，台北大林出版社1983年据以重印，译者署名谢诒征。

1956年9月，人民出版社出版《列宁哲学笔记》，[苏]列宁著，中共中央马克思恩格斯列宁斯大林著作编译局译，内中收入《黑格尔〈小逻辑〉一书摘要》。

1957年5月，生活·读书·新知三联书店出版《哲学史讲演录》（第二卷），贺麟译。1960年6月，商务印书馆据以重印。

1958年1月，生活·读书·新知三联书店出版《黑格尔哲学批判》，[德]费尔巴哈著，王太庆译。

1958年12月，人民文学出版社出版《美学》（第一卷），朱光潜译。1979年1月，商务印书馆据以重印。

1959年7月，法律出版社出版《法哲学原理：自然法和国家学纲要》，范扬、张企泰译。1961年6月，商务印书馆据以重印。1982年1月收入《汉译世界学术名著丛书》后再版。

1959年12月，商务印书馆出版《哲学史讲演录》（第三卷），贺麟、王太庆译。

1962年5月，商务印书馆出版《精神现象学（上卷）》，贺麟、王玖兴译。

1963年4月，上海人民出版社出版《黑格尔〈小逻辑〉浅释》，姜丕之译。

1966年2月，商务印书馆出版《逻辑学（上卷）》，杨一之译。

1976年12月，商务印书馆出版《逻辑学（下卷）》，杨一之译。1981年1月，上、下卷一起收入《汉译世界学术名著丛书》后再版。

1978年12月，商务印书馆出版《哲学史讲演录》（第四卷），贺麟、王太庆译。1981年1月，四卷一起收入《汉译世界学术名著丛书》后再版。

1979年1月，商务印书馆出版《美学》（第二卷），朱光潜译。

1979年4月，商务印书馆出版《精神现象学（下卷）》，贺麟、王玖兴译。1981年1月，上、下卷一起收入《汉译世界学术名著丛书》后再版。

1979年11月，商务印书馆出版《美学》（第三卷：上册），朱光潜译。

1980年5月，商务印书馆出版《自然哲学》，梁志学、薛华、钱广华、沈真译，1986年收入《汉译世界学术名著丛书》后再版。

1981 年 2 月，商务印书馆出版《黑格尔政治著作选》，薛华译。2008 年 4 月，中国法制出版社据以重印。

1981 年 7 月，商务印书馆出版《美学》（第三卷：下册），朱光潜译。同年，与第一、二卷一起收入《汉译世界学术名著丛书》后再版。

1981 年 9 月，上海人民出版社出版《黑格尔通信百封》，苗力田译。

1982 年 7 月，上海人民出版社出版《黑格尔〈逻辑学〉一书摘要》，姜丕之译。

1984 年，台湾仰哲出版社出版《法哲学原理》，贺麟译。

1986 年 6 月，河北人民出版社出版《黑格尔哲学》，[英]W·T·斯退士著，鲍训吾译。

1986 年 7 月，上海人民出版社出版《黑格尔哲学讲演集》，贺麟著。此为贺氏本人关于黑格尔研究的论文结集，"本书包括我所讲的和写的关于黑格尔哲学各方面的主要讲稿和文章二十四篇，讲稿大多是经过我修改的。学生或学生的笔记小组的记录稿占全书的大半，而我亲笔写的那些文章，也有的是先讲后写，或者是先写成，后来又讲述过的，所以书名成为《黑格尔哲学讲演集》"（《序言》）。2011 年 3 月，收入《贺麟全集》后再版。

1988 年 6 月，山东大学出版社出版《宗教哲学讲座·导论》，长河译。

1988 年 12 月，商务印书馆出版《黑格尔早期神学著作》，贺麟译。此为贺氏生前出版的最后一部黑格尔相关译作，全书收辑黑格尔的早期神学著作《民众宗教和基督教》、《耶稣传》、《基督教的权威性》、《基督教的精神及其命运》以及《1800 年体系残篇》等五篇论文，是了解和研究黑格尔早期神学思想的第一手资料。

1994 年 6 月，商务印书馆出版《费希特与谢林哲学体系的差别》，宋祖良、程志民译。

1997 年 12 月，商务印书馆出版《黑格尔早期著作集》（上卷），贺麟译。本书收录的是黑格尔早期的日记、文章和手稿，包括《基督教的权威性》、《基督教的精神及其命运》、《耶稣传》等。

1999 年 10 月，中国社会科学出版社出版《宗教哲学》，魏庆征译。

2001年1月，上海大学出版社出版《黑格尔经典文存》，瑜青译。

2002年10月，上海人民出版社出版《哲学科学全书纲要》，薛华译。

2002年12月，人民出版社出版《哲学全书·逻辑学》，梁志学译，此即《小逻辑》又一译本。

2005年7月，中国社会出版社出版《宗教哲学讲演录》，魏庆征译。本书辑入黑格尔《宗教哲学讲演录》、《上帝存在之论证讲演录》以及黑格尔早期宗教著作《耶稣生平》、《基督教的精神及其命运》、《1800年体系的片断》。

2006年2月，人民出版社出版《哲学全书·精神哲学》，杨祖陶译。

2006年3月，华中师范大学出版社出版《哲学科学百科全书纲要：精神哲学》，韦卓民译。

2006年4月，重庆出版社出版《小逻辑》，李智谋译。

2007年8月，中国社会科学出版社出版《小逻辑》，黄昀、常培育译。

2007年8月，中国社会科学出版社出版《精神现象学》，王诚、曾琼译。

2007年10月，北京出版社出版《法哲学原理》，杨东柱、尹建军、王哲译。

2007年12月，吉林美术出版社出版《黑格尔论艺术》，王福生译。

2008年9月，北京出版社出版《历史哲学》，张做成、车仁维译。

2009年7月，光明日报出版社出版《小逻辑》，王义国译。

1997年，《新黑格尔主义论著选集（上、下）》，张世英，商务印书馆。

二、原著解读

（一）黑格尔的《精神现象学》

《精神现象学》被马克思称为黑格尔哲学"真正的诞生地与秘密"，被贺麟称为"黑格尔本人全部著作最有独创性的著作，而且是西方哲学历史上最富于新颖独创的著作之一"。黑格尔运用辩证的方法和发展的观点，研究人的意识、精神发展的历史过程。恩格斯说："精神现象学也可叫做同精神胚胎学和精神古生物学类似的学问，是对个人意识在其发展阶段上的阐述，这些阶段可以看作人的意识在历史上所经历过的诸阶段的缩影。"在黑格尔看来，真理不是一枚铸成了的硬币，可以现成地拿来就用，而是在意识的长期发展过程中被认识到的。精神现象学展现的是意识的发展史，是"关于意识的经验的科学"，它所描述的是"一般科学或知识的形成过程"，它所描绘的一系列形态是"意识自身向科学发展的一篇详细的形成史"。精神现象学就是"意识形态学"，既是独特的、个别的，又是典型的、有代表性的，体现了历史与逻辑的辩证统一。

黑格尔把《精神现象学》形象地比喻为意识的"画廊"。他在写作《精神现象学》时期，特别钟爱歌德的《浮士德》，并写有论述《浮士德》的长篇文稿。当代匈牙利思想家卢卡奇据此认为，这两部作品表现了一个类似的主题，即试图对人类发展的各个环节作一个全面的理解，并把它们的内在运动和规律表达出来。从深度和广度上说，《精神现象学》是部气魄更雄伟、覆盖面更大的作品。在这部作品中，代表着人类的意识成了漫游的主角，意识经历了个体性、群体性和绝对性三个系列，在这三个系列中，人的存在分别显现为个体、社会和社会意识三种形态。作为意识的最高形态，或者说，作为意识发展的最终归宿，黑格尔称为绝对知识，这实际上就是他本人的哲学。

《精神现象学》全书共八章。前五章论述了意识所经历的第一阶段，也即个体性或个体意识阶段，在这一阶段，感性确定性经自我意识达到理性。第六章论述了意识所经历的第二阶段，也即群体性或群体意识（精神）的阶段，这些群体意识包括古代社会的伦理意识、近代异化世界所显现的高贵意识与卑贱意识及由此导致的分裂意识、启蒙思想和道德自我意识。第七章和第八章论述了意识所经历的第三阶段，也即绝对性或绝对本质的意识，这是精神的自我意识阶段，在这一阶段，无限的绝对成了意识的对象，出现了宗教的形态，并且，包括宗教在内的各种意识现象都纳入了科学知识的体系，从而出现了最高的意识形式，即实质是哲学的绝对知识。可见，在《精神现象学》中，黑格尔描述了最低级的知识形式，即感性确定性,怎样经历一条艰苦而漫长的道路,达到最高级的知识形式,即作为真理的绝对知识。这条艰苦而漫长的道路是人类进化的反映,它既是意识发展的必然历程,又是知识发展的必然历程。由于这一研究还只限于意识现象和知识形式,尚未直接揭示意识和知识的本质,因此,黑格尔把这一研究称为现象学。在他之前,康德曾把研究经验知识的领域称为现象。精神现象学作为一个意识的"画廊",画廊中的图画琳琅满目,因为"每一幅画像都拥有精神的全部财富"。其中,有几幅"图画"尤为精美绝伦:第四章对主人意识和奴隶意识的分析,已被公认为不朽的名篇;第六章论述群体意识的部分内容,其中对高贵意识与卑贱意识的分析,以及对分裂意识和启蒙运动意识的分析,都是相当精彩的;第八章对绝对本质意识的论述,包含许多辩证法思想,尽管"线条粗犷",但还是留下了富有"光感"的色彩。

回顾以上这全部过程,可以发现,"科学的每一抽象的环节总有一个表现着精神的形态跟它相对应",同时,"这个变化过程呈现一种缓慢的运动和诸多精神前后相继的系列"。黑格尔把意识的这一前后相继的系列,形象地称之为"一个图画的画廊"。

黑格尔的《精神现象学》,马克思尤为重视其"作为推动原则和创造原则的否定性的辩证法"。在《精神现象学》中,意识呈现为前后相继的形态,并被当作自我意识的异化现象去把握,这种对象化的异化概念所包含的批判成分,可加以改造和发挥,使之远远超出黑格尔的主观辩证法,引申出革命的历史唯物辩证法。马克思还特别赞赏黑格尔将人的自我创造认作一个过程,将人的对象化认作对立化,以及将现实的即真实的人理解为他自己劳动的结果,认为这些都是《精神现象学》的最终成果和伟大之处。此外,《精神现象学》作为一部意识发展史,它对意识由最低阶段至最高阶段的矛盾对立的分析,以及它在思想方法上所体现的"伟大历史感",也得到恩格斯的高度评价。

《精神现象学》也引起近现代西方思想家的极大关注。鉴于黑格尔对分裂意识和苦恼意识的论述,以及将"欲望"看作人自身的能动因素,十分接近现代存在主义所主张的人的学说,德国新黑格尔主义哲学家克朗纳断言:"不是克尔凯郭尔,而是他的老师黑格尔才是存在主义哲学的创始人。"当代西方马克思主义哲学家卢卡奇还注意到《精神现象学》所体现的时代精神,他指出,"以精神现象学为代表的黑格尔早期思想是以法国革命及拿破仑为中心",代表"黑格尔的乌托邦"。

(二)《精神现象学·序言》导读(参阅贺麟译本《精神现象学》上卷正文第1—50页相关部分)

如果说《精神现象学》是黑格尔"哲学全书"的一个导言,要理解黑格尔的思想体系,就必须读这个导言。那么,《精神现象学》写成的三个月之后,所写的该书的序言"论科学的认识",则成为黑格尔哲学体系导言的导言。黑格尔哲学体系的诸多重要的方法论原则,在此文本中都得到体现。因此,要步入黑格尔哲学的殿堂,此为一个方便的门径。序言共分为四个大的题目展开讨论,现对其内容分述如下:

1. 当代科学的任务

首先,哲学的真理、哲学的知识、哲学作为科学,只能在作为过程的体系得以呈现。他既不想在序言中陈述自己著述的动机与目的,也不想论述与其他著作的关系。在他看来,普遍与特殊、真理与错误,并不绝对对立,只有在过程的否定中才能呈现出其辩证的对立统一。只有这样,才真正做到"面向"事情本身。这个"事情"就是人的意识、人的精神的活动及其理论结晶。事情、事物的存在不仅仅是它的目的、结果,它还是自身实现的过程;这样,事情的存在才得到完整的呈现。真理、知识不仅是"判断"、"理解",还是二者结合的"陈述"。这才做到"在事情中"而不是"在事情外"。哲学的知识、真理,只有把普遍与特殊对立统一的存在形态呈现出来,才是科学的体系。这样,哲学就不再是"对知识的爱"而就是"真实的知识"——作为科学之科学的形而上学。所以,黑格尔的哲学思维方式,一开始就呈现出"巨大的历史感",将哲学的知识、真理与时间统一起来。在《精神现象学》中,通过深入"思的事情",揭示并呈现了"意识形态"的发生与发展,从而在思维过程中使普遍与特殊、真理与谬误辩证统一。

其次,意识、精神的现象只能通过概念才能得以揭示与呈现。哲学的真理通过作为要素的概念方得以存在与实现。概念、范畴既是意识的要素，也构成思维的本质。思维之网的纽结是概念，通过范畴思维之网才能编织而成并呈现出来。由此，黑格尔批判了非理性主义浪漫的"直观"与片面的对"绝对"的热情，也批判了感性主义忱于个别的感性事物。哲学的真理并不在于"启发"、"启示"，而在于提供"洞见"。"绝对"应通过语言性的概念形式，才会具有"思想的整齐"，才会具有思想的必然性的逻辑呈现。精神就仿佛是照亮万物的光线，人的精神既不可能也不会通过神秘启示、喜悦的热情体现自己应有的强大，而只能通过概念才会获得自己应有的力量、照亮万物的黑暗。语言概念的强大与深邃，就是精神力量自身的强大与深邃。精神如忱于"热情"的冲动，所收获的只是一些梦而已。在《逻辑学》中，黑格尔就将这一概念体系辩证地呈现出来。

第三，人的精神、人的意识永远在前进运动，精神的形态的发展是一个新的扬弃旧的过程。精神的运动是在渐变之后实现的质的飞跃。新世界的建立与旧世界的倒塌，与精神世界是同一的而不是割断的。哲学科学作为精神世界的王冠，也是一个不断扩展自己、扬弃旧的环节、将旧的环节纳于自身、并进行彻底变革的过程。哲学科学并非是庙宇的简单摧毁，也不是一个尸横遍野的战场，而是一个弃旧扬新辩证的发展过程。意识形态通过概念的实现过程，将这一过程展现出来，人们就会步入哲学科学。人们就会认识到，哲学的真理就是绝对理念的不断展开、不断丰富。同一个绝对理念不断获得新的形象、不断具有新的内容。人的精神不是简单的同一与重复，而是自身的不断丰富与发展。人的精神是在差异与同一的矛盾中展开，是形式与内容的对立与统一。因此，形式主义是错误的，它并不能获得认识、知识，而只是导向无差别的黑暗，正如一切牛在夜里都是黑的。因此，黑格尔注重概念的形式，但是反对绝对无差别、无内容的形式主义。他提出，逻辑与历史、理论和现实具有统一性、协调性。

2. 从意识到科学的发展过程

（1）绝对即主体的概念

首先，一切问题的关键在于：不仅把真实的东西或真理理解和表述为实体，而且同样理解和表述为主体。"实体性"之真不仅"包含着共相

（或普遍）或知识自身的直接性"，它"也包含着存在或作为知识对象的直接性"。真理是知识对象的实存与知识自身的共相的辩证统一，真理既有自身的主观形式也有其客观内容。因此，黑格尔反对取消自我意识、无形式的实体观，也反对"思维就是思维"、将思维形式与原则作为实体的实体观，他也反对非辩证的思维与存在直接同一的实体观。他反对机械唯物主义、反对康德、费希特的单纯形式观、也反对谢林的同一哲学，表达了真实的存在是主观与客观、形式与内容的辩证统一的真理观。因此，黑格尔在认识论、在真理观中，基本实现了辩证唯物主义的转变。这一思想在其《小逻辑》中得到更详尽的表达。这也诚如列宁后来评价的那样：《小逻辑》尽管是一部唯心主义的著作，但唯物主义最多，矛盾然而是事实！

其次，黑格尔指出，活的实体、活的实存是主体。因为实体、实存是在矛盾中建立自身的运动。实存作为现实的存在是实体，但从其形态看又是不安息的运动、生成与构建，因此又是主体。诚如恩格斯后来所言："世界是一个过程的集合体。"黑格尔说："实体作为主体是纯粹的简单的否定性——也是规定性，唯其如此，它是单一的东西分裂为二的过程或树立对立面的双重化过程"。即在矛盾中的否定、在差异中达到同一的过程，这就是世界的真实存在，他称之为"绝对的真理"。在《逻辑学》中，黑格尔将其过程表述为：正——反——合的圆圈式运动。原始的同一性还不是实存，只有通过矛盾的否定建立起来的同一性，才是真正的实存、真理、知识。原始的同一性的"有"等于"无"。因此，黑格尔将"上帝的生活"、"上帝的知识"称为"自己爱自己的游戏"。因为它没有经过形式的异化——对象化，是自在的抽象的普遍性，而没有达到并实现自为的具体的普遍性。因此，"不应该把本质只理解和表述为本质"，"同样应该把本质理解和表述为形式"。绝对理念作为自在自为的展开与规定，展示了一个总体的存在。

第三，真理是全体，是通过自身发展而达于完满的那种本质，是通过中介实现的全体，也是通过中介实现出来的结果。黑格尔重视中介，而中介就是"运动着的自身同一"——即"是自身反映，自为存在着的自我环节，纯粹的否定性，或就其纯粹的抽象而言，它是单纯的形成过程。"真

第九章　黑格尔著作导读

理作为矛盾运动中自身的同一，是基于存在的反映，它显示的是自为存在的环节，呈现出的是不间断的否定圆环，绝对真理永远处于形成的过程中。因此，正是通过作为概念的不断"中介"、"反映""规定"，作为真理的绝对才得以实现与呈现。

第四，理性是有目的的行动。自然也是具有目的的行动。黑格尔在此继承、发展了亚里士多德的自然目的论观点，提出目的是直接的、静止的、不动的，但却是能够引起运动的主体、是引起运动的力量。他的目的论肯定了自然运动的力量在于自然自身，自然自身具有否定自身、达到运动的能力。因为，"目的"本身就在"现实"中，现实是目的的展开与实现。由此也可看到，黑格尔哲学一开始便具有神秘主义泛神论的倾向。冥冥之中仿佛有一只看不见的手有目的地以"逻辑的方式"设计并推动着这个世界。当从亚氏观点看，"目的"是和"潜能"相联系的，一旦潜能变为现实，那么目的便得以实现。

第五，"主体"可以想象为绝对的上帝，但上帝只是一个虚名，只有通过人的认识活动用宾词说出上帝"是什么"，这个虚名才有内容与意义，才成为一个现实的知识。只有自身被反映了的东西才是真正的主体。绝对上帝仅是一个点，宾词通过一个运动连接于这个点，这个运动是认识这个固定点的人的运动。因此，认识的活动才是达到真理、具有知识的活动，而不是上帝（自然、存在）的运动。但认识活动要通过上帝这个点，内容才能被表述为主体。因此，作为真理的内容是客体，揭示这个客体的主体是人，这一过程便是一个主客体交互作用的活动。从这里可以看到斯宾诺莎哲学的影子。

第六，真理、知识作为体系才是现实的，实体在本质上即是主体。这是作为绝对的精神所要表达的观念。因为任何单纯的原则、原理，都是容易反驳的，它都有自己的缺陷与不足。反驳不应是单纯的"否定"，也有"肯定"，否定其片面性使其得到发展、完善。"精神是最高贵的概念，是新时代及其宗教的概念。惟有精神的东西才是现实的！精神的东西是本质或自在而存在着的东西，——自身关系着的和规定了的东西，他在和自为存在——并且它是在这种规定性中或在它的他在性［AuBersichsein］中仍然停留于其自身的东西；——或者说，它是自在而自为，——但它首先只对我们而言或自在地是这个自在而自为的存在，它是精神的实体。"精神是自在自为、自身联系和规定的存在，它只是首先对我们人而言如此。哲学科学的王国，是由精神来建造的。因此，精神是人的家园，人是精神的看守者。与其说上帝是绝对，还不如说精神是绝对，因前者只有通过精神活动才被规定、被揭示。

（2）知识的生成过程

首先，"在绝对的他在中的纯粹的自我认识，——这样的以太［Äther］本身，乃是科学或普遍性的知识的根据和基地。哲学的开端所假定或需要的意识正是处于这种因素里的意识。"绝对他在中的纯粹自我认识，作为一个设定、根据、基地，它是科学、知识、哲学的开端与出发点，它是混沌的原始的单纯的科学知识的以太。它类似于康德的自在之物，但却不是不可认知的，而是还处于他在、潜在的、可澄明的自我认识。因此，它在"形成运动"中便获得了"透明性"。作为普遍的"纯粹的精神性"，它是有着简单的直接性的形式，也是在精神中的最直接简单的思维样式（范畴）、精神的一般实体。一切科学知识都是人自我的纯意识的产物。

其次，具有绝对自主性的自我意识要求超越在绝对的他在中的纯粹的自我认识。由于个体的自主性，在知识的任何一种形态里个体都是绝对的形式，是他自己的直接确定性。"自在"与"在我"、主体与客体、内容与形式便处于对立，科学的普遍性在精神活动中便是对立、分裂的。固执于任何一方，都是"真理的颠倒"。固执于一方的"在我"意识是素朴的意识，是"头朝下来走路"的方式，是"非现实性的形式"——因为现实性原则自身在意式的形式之外。"在我"的自在意识必须将"他在"的纯粹自我意识，由潜在实现出来变为自为的自我意识，这样它才不是简单地超越与颠倒，而是真正达到超越并实现二者的同一。

第三，全部精神现象学，揭示、呈现的就是精神及其形态的生成与成长。"这部《精神现象学》所描述的，就是一般的科学或知识的这个形成过程。最初的知识或直接的精神，是没有精神的东西，是感性的意识，为了成为真正的知识，或者说，为了产生科学的因素，产生科学的纯粹概念,最初的知识必须经历一段艰苦而漫长的道路。"它是一架通达绝对精神的梯子,是黑格尔哲学的导言。这种方式是一种后来人们称之为"宏大叙事"的方式。黑格尔所讲的真理、知识与康德不同,它描绘的是知识——真理的形成史、发展史。

(3) 个体的教养

第一,特殊个体与普遍个体。黑格尔的"特殊个体"既可指生命个体,也可指文化精神的个体;他的"普遍个体"既可指时代性的意识形态——意识形式,也可指超越于时代的作为整体的普遍精神——绝对精神。个体的人从无知到知是一个"受教养"的任务与过程。有生命的特殊的人是这样,特殊的精神文化个体也是如此。特殊的个体精神体现为受限制的"一种规定性","是不完全的精神",即是说它总是具有其模糊性、片面性、局限性。特殊个体要成为"有自我意识的精神"、"普遍的个体精神",总是将历史中特殊个体精神作为环节重新整合并将它纳于自身之中。每个具有普遍性的精神个体,总是整合并容纳了特殊。因此,黑格尔说:"各个个体,如就内容而言,也都必须走过普通精神所走过的那些发展阶段,但这些阶段是作为精神所已蜕掉的外壳,是作为一条已经开辟和铺平了的道路上的段落而被个体走过的。"在此过程中,个体将"认识到世界文化史的粗略轮廓"。在黑格尔看来,普遍精神是个体的实体,即普遍精神是个体的真实存在,人的本质就是:通过学习实现从"自然人"向"精神人""知识人"的转变,从"潜在的人"变为"现实的人"。与此相对,普遍精神也通过个体精神得以体现与实现继承与发展。

第二,研究精神的科学——哲学,既要描述精神运动的必然性,也必须描述作为环节的特殊形态。这要有耐心,其意指忍耐精神之旅的辽远,也意指注重每个环节的完整性、独特性。这样才会对于世界精神有所把握。精神的环节作为"可能的现实性"、"被克服的直接性",成为了"一种在思想中的东西"。要把握世界精神,就需要把自在存在的特殊形态转化为自为存在的形式。哲学既在每一个环节形态之中,也是每一环节构成的整体。精神形态的每一环节的演进,呈现出自身发展的逻辑。

第三,熟知未必真知。精神所经历的环节——形式的表象,这些似乎是人们熟悉与熟知的。熟悉与熟知的未必是真正知道的。"形式的表象",仅仅扬弃了具体的存在,具有无理解的直接性、无差别等同性。正是由于从具体存在过渡到形式的表象,具体存在才成为熟知的。但是,"[真正的]知识则是把矛头指向这样构成的表象、指向这种熟知的东西的;它是普遍自我的行动和思维的兴趣。"熟知未必真知的另一个理由是,人们在认识中习惯于假定一个熟知的点、然后再回到它。他们不是把认识呈现为一个发展、丰富的自身运动过程。如何由熟知到真知?通过表象的分析——知性的分解活动与力量,因为"知性是一切势力中最惊人的和最伟大的,或者甚至可以说是绝对的势力"。但是,偶然的事物能够获得必然的联系、获得独有的存在与独特的自由,是由于"思维、纯粹自我的能力"。

第四,精神就是力量。知性的思想的精神生活"是敢于承当死亡并在死亡中得以自存的生活"。精神"向死而生",它不断地"死而复生",它才是具有普遍性、永恒性的。"它在绝对的支离破碎中能保全其自身时才赢得它的真实性"。因为,"它敢于面对面地正视否定的东西并停留在那里。精神在否定的东西那里停留,这就是一种魔力,这种魔力就把否定的东西转化为存在。而这种魔力也就是上面称之为主体的那种东西;主体当它赋予在它自己的因素里的规定性以具体存在时,就扬弃了抽象的、也就是说仅只一般地存在着的直接性,而这样一来它就成了真正的实体,成了存在,或者说,成了身外别无中介而自身即是中介的那种直接性。"在黑格尔看来,精神就是上帝,就是创世的绝对力量。其哲学陷于"思辨神学"。但是,精神生活构成人生存的一个重要方面,精神是一种创造性力量,却是千真万确的。

第五,哲学的道路、求知的道路通过概念的必然性运动,呈现出"意识的整个客观世界"。古代人是一种直观朴素的普遍性思维,现代人则是概念创造的抽象思维并呈现出思想的流动性。思想要获得形式的纯粹性与流动性,"必须对它自己的纯粹确定性进行自身抽象;——确定性的这种自身抽象,不是自身舍弃和抛弃,而是对它的自身建立中所含的固定性的扬弃,既扬弃作为纯然具体的东西而与不同的内容相对立的那种自我自身的固定性,也扬弃呈现于纯粹思维的因素之中因而分有自我的无条件性的

第九章 黑格尔著作导读

那些不同内容的固定性。通过这样的运动，纯粹的思想就变成概念，而纯粹思想这才真正是纯粹思想、自身运动、圆圈，这才是它们的实体，这才是精神本质性［Geistlge Wesen-heiten］。"这一工作，黑格尔不是在《精神现象学》中，而是在《逻辑学》中完成的。《精神现象学》仅仅描绘了精神的典型形态，它还没有这到思想的纯粹。

3. 哲学的认识

（1）真实与虚假

首先，精神活动在人的意识中直接展开，只有在人的意识中才现实存在。认识与所要达到的客观性的对立，既是意识的基本环节，也是精神活动展开的基本关系。现象学考察的"实体与实体的运动"是"意识的经验"，还不是纯粹的意识——概念。现象学之所以是现象，就是还没有深入到纯粹的本质——概念，没有达到概念的逻辑运动。精神现象的运动"就是这种自己变成他物、或变成他自己的对象和扬弃这个他物的运动"。它是经验的"异化"——对象化，通过对象化而被认识（返回自身）的活动。没有意识经验的对象化就没有被认识——就是无意识。

其次，黑格尔的一般的否定性就是意识中经验的差异性，"自我——主体"与"经验实体——经验实存"，即主体与客体二者的差异、对立则是意识中经验差异的表现。主客体的差异性、对立性、不同一性，与意识经验的差异性、对立性、不同一性，是一致的。当实体表明自己的本质就是主体时，就是说实体与主体实现了同一，精神也就达到了其具体存在（而不是相反的抽象存在）与它的本质（存在的内容）同一。与此相一致，主体与客体也就达到了同一，认识也就达到了所期盼的客观性，抽象的存在则被中介为具体的有内容的存在。精神现象学最终要使人们认识到：经验现象与本质的形式是同一的，现象就是本质。

第三，真实与虚妄、真与假、真理与谬误并不绝对两相对立。因为，"虚妄［因为我们在这里只讨论它］应该是实体的他物或否定物，因为实体作为知识的内容是真实的东西。但是，实体自身本质上也是否定的东西，一部分由于它是内容的区别和规定，一部分由于它是一种单纯的区别，即，它是一般的自我与知识。我们很可能做出错误的认识。某种东西被认识错了，意思就是说，知识与它的实体不同一。但这种不相等正是一般的区别，是本质的环节。从这种区别里很可能发展出它们的同一性，而且发展出来的这种同一性就是真理。"意识中的经验的否定性——差异性是"内容的区别和规定"或"单纯的区别""一般的自我与知识"，停留于此意指知识在实体中没有达到同一、知识之真没有实现。当从差异性"发展出它们的同一性"，就实现了真。虚妄是过渡到真实的环节。

第四，哲学真理不同于教条主义的简单事实的命题真理，它要揭示的是普遍的认识、知识及其实现的法则。它要思考的是：知识、认识、精神是如何可能的。它要洞察的是精神活动的本质。

（2）历史的认识和数学的认识

首先，黑格尔批评了历史真理研究中停留于偶然的个别的历史事实的弊端，强调认识并理解其"理由根据"的重要性。说出历史事件的结果是容易的，但说出为什么会出现这样的结果更难更有价值。问题是：理解历史而不仅是记述历史。

其次，数学的形式化求证与哲学的内容与形式统一的思辨不同。因为，"在哲学知识里，实际存在作为实际存在其形成也是与本质或事物的内在本性的形成不同的。但是第一，哲学知识包含着两种形成，而数学知识则只代表着实际存在的形成，即是说，只代表着在认识里事实的性质的存在本身的形成。第二，哲学知识还把这两种特殊的形成运动结合起来。内在的发生过程或实体的形成过程乃是不可分割的、向外在的东西或实际存在或为他存在的过渡过程；反过来，实际存在的形成过程也就是将其自身收回于本质的过程。"

第三，数学形式化求证的自明性，并不触及事情自身，不触及本质或概念，因而不是一种概念性的把握。其目的是贫乏的，其材料是空疏的。数学关心的是数量，其构成材料是"空间与一"，并不关心概念及其关系，也不关心研究时间。因此，数学只是在同一性中进行。在黑格尔看来，"现实的东西不是象数学里所考察的那样的一种空间性的东西；象数学事物这样的非现实的东西，无论具体感性直观，或是哲学，都不去跟它打交道的。"因为，数学的原则就是：无概念的差别原则和同一性原则——即抽象的无生命的原则。而哲学、历史人文科学恰恰注重的是概念的变动性、否定性及其同一性。

（3）概念的认识

首先，哲学的认识是在概念的否定性——差异性达到同一性的矛盾辩证运动中的认识活动与方式。"哲学并不考察非本质的规定，而只考察本质的规定；它的要素和内容不是抽象的或非现实的东西，而是现实的东西，自己建立自己的东西，在自身中生活着的东西，在其概念中实际存在着的东西。哲学的要素是那种产生其自己的环节并经历这些环节的运动过程；而这全部运动就构成着肯定的东西及其真理。"

其次，初步提出了本体论、认识论、方法论、逻辑学统一的思想。黑格尔说，"有关这种运动的或有关科学的方法的许多主要之点，看来也许需要先行予以说明。但这个方法的概念早已包含在我们上面讲过的东西里了，而真正对这个方法的陈述则是属于逻辑的事情，或甚至于可以说就是逻辑自身。因为方法不是别的，正是全体的结构之展示在它自己的纯粹本质性里。"由此，他否定了斯宾诺莎的数学式的哲学方法及其体系，"即由说明、分类、公理、一系列定理及其证明、原则和结论及其推论等等所构成的科学体制"。他承认数学思维方式属于数学，但哲学思维不是数学思维。哲学概念的思维既不像日常的松散推理，也不是数学学究式严格的论证。它呈现出逻辑的必然性，"逻辑必然性就在于事物的存在即是它的概念这一性质里。只有逻辑的必然性才是合理的东西，才是有机整体的节奏；它是内容的知识，正如内容是概念和本质一样，——换句话说，只有它才是思辨的东西。——具体形象在使自己运动的同时使自己变成为单纯的规定性；从而把自己提高为逻辑的形式，并存在于它自己的本质性之中，形态的实际存在仅仅就是这个运动，并且直接就是逻辑的实际存在。"

第三，他指出，康德的"三一体"逻辑图式，也属于无概念无生命的思维图式。这种形式主义的思维方式，没有表述并呈现思维内容的具体性，更没有使形式与内容统一。康德哲学，"被表述出来的，就不是内在生命及其实际存在的自身运动；按照一种表面的类比而表述出来的，毋宁是关于直觉即关于感性知识的这样一种单纯规定性，而对公式的这种外在的空洞的应用,则被称之为构造。——不过,这种形式主义的情况是和任何一种形式主义一样的。"它只有骨架,而没有血肉,"把事情的活生生的本质抛弃掉或掩藏起来"。因此,"图式及其无生命的规定的那种一色性,和这种绝对的同一性,以及从一个到另一个的过渡,都同样是僵死的知性或理智,同样是外在的认识。"具有讽刺意义的是:黑格尔对康德的批评,后来同样适合于费尔巴哈、马克思对黑格尔的批评。

第四,概念自身的运动的辩证展开才是哲学科学。"科学只有通过概念自己的生命才可以成为有机的体系;在科学中,那种来自图式而被从外面贴到实际存在上去的规定性,乃是充实了的内容使其自己运动的灵魂。存在着的东西的运动,一方面,是使它自己成为他物,因而就是使它成为它自己的内在内容的过程,而另一方面,它又把这个展开出去的他物或它自己的这个具体存在收回于其自身,即是说,把它自己变成一个环节并简单化为规定性。在前一种展开运动中,否定性使得实际存在有了区别并建立起来,而在后一种返回自身运动中,否定性是形成被规定了的简单性的功能。就是通过这种方式,内容显示出它的规定性都不是从另外的东西那里接受过来外贴在自己身上的,而是内容给自己建立起规定性来,自己把自己安排为环节,安排到全体里的一个位置上。"

第五,哲学科学的方法既是分析的又是综合的辩证过程,通过概念深入物质内容、规定物质内容、呈现物质内容并随物质运动而运动,使内容与形式、使思维与存在实现同一。因此,"科学的认识则是深入于物质内容,随着物质的运动而前进,从而返回于其自身的;不过它的这种返回于自身,不是发生于内容被纳入于自身中之前,相反,内容先把自己简单化为规定性,把自己降低为它自己的实际存在的一个方面,转化为它自己的更高的真理,然后科学认识才返回于其自身。通过了这个过程,单纯的、综观自身的全体本身,才从本来好象已把这个全体的反思淹没了的财富中浮现出来。"

第六,思维与存在同一何以能够同一。黑格尔首先设定了"实际存在物的实体"的存在的同一性,但是在知识中、在认识中它是通过"纯粹的抽象"——思维得到规定才呈现出来。由"实际存在物的实体"的"自在"到存在,是通过"自为之思"实现并呈现出来的。作为"自为之思"是中介活动,其方式就是古人所说的"心灵"、"理念",即是"规定了的普遍性或类"。心灵作为实体的单一性,是能动的思,因为"单一性就是使其自己运动并将其自己加以区别的那个思想,就是固有的内在本性,就是纯粹的概念。那么因此,理知性就是一种形成过程,而它作为这种形成过程,也就是合理性。"所以,"科学不是那样的一种唯心主义,这种唯心主义以一种提供保证的或确信其自身的独断主义来代替那作出断言的独断主义,而毋宁是,由于认识眼看着或任凭内容返回于它固有的内在本性,所以认识的活动就同时既是深入于内容又是返回于自身,说深入于内容,是因为认识活动是内容的内在的自己,说返回于自身,是因为认识活动是在他物里面的纯粹的自身同一性。"因此,黑格尔的哲学就是辩证唯物主义,而不是独断的信仰的唯物主义,这既不是标新立异也不是夸大其词。

4. 哲学研究中的要求

(1) 思辨的思维

首先,概念的思维、表象的思维、形式推理的思维要予以区分。表象思维是注重偶性、沉浸在材料之中、没有获得独立性的思维方式,在判断中捕捉的是宾词;形式推理的思维,脱离了内容、超出内容、获得了自身的独立性,它不是居于事物内而是漂浮于事物之上,其主体是一个想象出的主体——静止的主体,它仅仅达到形式的"是"。"在概念的思维里,情况就不是这样。由于概念是对象所本有的自身,而这个自身又呈现为对象的形成运动,所以对象的自身不是一个静止的、不动的、负荷着偶性的主体,而是自己运动着的并且将它自己的规定收回于其自身的那种概念。在这个运动里,那种静止的主体自身趋于崩溃!"只有在概念的辩证思维里,"存在是思维"在肯定与否定的运动中实现同一,作为主词存在的内容得到规定,作为宾词思维的形式获得独立,实体通过概念达到本质的洞察与揭示。

其次,判断所企求的无非是:存在与思维的同一,即存在是思维。康德苦思冥想的问题就是:"先天综合判断如何可能"。黑格尔真正以辩证的方式解决了这一问题,分析与综合是通过辩证的过程实现的。主词与宾词的同一，存在与思维的同一，作为主词的存在与作为宾词的思维的同一的"是"，是通过肯定与否定的辩证过程达到统一。因此，"在哲学命题里主词与宾词的同一也不应该消灭命题形式所表示的那种主词与宾词的差别，相反地，主词与宾词的统一应该表现为两者的一种和谐。命题的形式，乃是特定意义的表现，或者可以说是区别命题内容的重音；但是宾词表述实体，而主词自身又属于共相或普遍，这就是在其中听不见重音了的统一。"

第三，辩证逻辑是研究并展示"命题""判断"的意义的有内容的逻辑。亚里士多德的形式逻辑，是严格建立在"矛盾律"基础上的逻辑，"是"与"不是"不能两立。康德的先验逻辑，试图突破形式逻辑的局限，建立了自己的范畴表，以解决内容与形式的分离。黑格尔的辩证逻辑使内容与形式、主词与宾词、思维与存在、主体与客体实现了辩证的统一。因为，"由于宾词本身被表述为一个主体，表述为存在，表述为穷尽主体的本性的本质，思维就发现主体直接也就在宾词里：现在，思维不但没有在宾词中返回于自身，取得形式推理的那种自由态度，它反而更深地沉浸于内容，或者至少可以说，它被要求深入于内容之中。"

第四，辩证逻辑的真理是通过命题自身的辩证运动得以实现，是向概念的返回。命题的辩证运动，是作为认识、知识、真理固有的本性与困难——是西西弗斯式的命运。因此，"命题应该表述真理，但真理在本质上乃是主体；作为主体，真理只不过是辩证运动，只不过是这个产生其自身的、发展其自身并返回于其自身的进程。"而命题又必回到概念——范畴，它是思维的本质。因此，"至于辩证的运动本身，则以纯粹的概念为它自己的原素；它因此具有一种在其自身就已经彻头彻尾地是主体的内容。""通常把思辨的宾词按命题的形式不理解为概念和本质的那种习惯所造成的阻碍，也将可能因哲学论述上的过失而为之增大或减小。哲学的陈述，为了忠实于它对思辨的东西的本性的认识，必须保存辩证的形式，并且避免夹杂一切没被概念地理解的和不是概念的东西。"

（2）天才的灵感与健康的常识

首先，如何估价哲学的价值。任何一门哲学之外的学问，都需要努力学习方能获得。为什么对于哲学，人们认为不必要经过推理就能够掌握哲学的真理？仿佛每个人天生都能够进行哲学的判断、具有判断的标准，而不需要特别艰苦的训练。因此，黑格尔认为应该"重新把哲学思维视为一种严肃的任务"。另外，哲学并不是空洞的无内容的知识。但是人们不知道，哲学是其他学问建立的生命与灵魂，是知识大厦的根基。其他学科只有具有了稳固的根基，知识的大厦才能建立起来。

其次，以普通的"情感"和"神启"建立的"常识"，并不能够自诩为哲学，也不能代替哲学。沉湎于常识而无抽象思维能力是"无知无识"；祈求于灵感的"天才作风"是"狂言呓语"；而抛弃概念的自然哲学的思维，仅仅是出于想象力的拼凑。真正的哲学不能只是"在内心"体会"意义与内容"，而应借助概念明确表达。常识的"不确定性"、缺乏概念的明晰性只会导致对于哲学的误解，把哲学看作诡辩，"诡辩乃是常识反对有训练的理性所用的一个口号，不懂哲学的人直截了当地认为哲学就是诡辩，就是想入非非。"常识的思维是"在践踏人性的根基"，难以取得人与人的"共识"。

第三，通往科学的康庄大道：信赖常识，学习哲学。"信赖常识，并且为了能够跟得上时代和哲学的进步，阅读关于哲学著作的评论，甚至于阅读哲学著作里的序言和最初的章节；因为哲学著作的序言和开头，是讲述与一切问题有关的一般原则，而对哲学著作的评论，则除介绍该著作的经过之外还提供对该著作的评判，而评判既是一种评判，谈论的范围，就甚至于超越于被评判的东西本身以外去。这是一条普通的道路，在这条道路上，人们是穿着家常便服走过的"。

第四，哲学是真正理性的财产。"真正的思想和科学的洞见，只有通过概念所作的劳动才能获得。只有概念才能产生知识的普遍性，而所产生出来的这种知识的普遍性，一方面，既不带有普通常识所有的那种常见的不确定性和贫乏性，而是形成了的和完满的知识，另方面，又不是因天才的懒惰和自负而趋于败坏的理性天赋所具有的那种不常见的普遍性，而是已经发展到本来形式的真理，这种真理能够成为一切自觉的理性的财产。"

(3) 结语：作者与读者的关系

黑格尔认为：自己所提供的哲学是沉入于概念的理性思考，而不是激情飞扬的浪漫想象。他期待着时间的考验与评判，坚信时间能够最终为自己赢得读者，能够将原属于个人的沉思变为读者普遍的沉思。"因此，我也就可以希望，我想从概念里产生出科学来并以科学特有的原素来陈述科学的这一试图，或许能够由于事情的内在真理性而替自己开辟出道路来。我们应该确信，真理具有在时间到来或成熟以后自己涌现出来的本性，而且它只在时间到来之后才会出现，所以它的出现决不会为时过早，也决不会遇到尚未成熟的读者；同时我们还必须确信，作者个人是需要见到这种情况的，为的是他能够通过读者来考验他的原属他独自一人的东西，并且能够体会到当初只属于特殊性的东西终于成了普遍性的东西。"

黑格尔还表达了从事哲学的坚定信心，并希望不要对于作者过分苛求。"作者个人就必须如科学的性质所已表明的那样，更加忘我，从而成为他能够成的人，做出他能够做的事；但是，正如个人对自己不作奢望，为自己不多要求一样，人们对于作者个人也必须力避要求过多。"

（三）《小逻辑·导言·绪论》导读（参阅贺麟译本、特别是梁志学《逻辑学》第 31—163 页译本相关部分）

逻辑学是黑格尔辩证法、认识论、本体论的统一与展示。逻辑学就是黑格尔的形而上学，即他哲学体系中的第一哲学，是存在本身的理论与研究，是"研究事物本质"的学说。它是"纯粹理念""纯粹概念"的科学，是研究"逻辑上在先"的（而不是时间上在先的）、最普遍、最抽象、最简单、最基本的概念的学问。要学习黑格尔的哲学，就必须学习黑格尔的逻辑学。黑格尔的逻辑学有两部，第一部是早期出版的《逻辑科学》，第二部是后来出版的《哲学全书》的第一部分的逻辑学。后者因为篇幅比前者篇幅小了一半，人们一般将前者称为"大逻辑"，称后者为"小逻辑"。两者的主要差别在于：第一，大逻辑"量论"中的数学方面的材料在小逻辑中被删去。第二，小逻辑中论哲学和逻辑学的性质与方法部分比大逻辑更为详尽，其中论述思维与存在的关系问题是大逻辑中所没有的。第三，在思想观点方面，小逻辑比大逻辑更成熟；在内容和行文方面，内

第九章 黑格尔著作导读

容更简洁，文字更为通俗易懂、生动活泼。① 所选《小逻辑》的"导论"部分，可称之为黑格尔的"哲学观"或"哲学学"。它对于哲学的对象、性质、方法，哲学部门的划分等问题，进行了阐述。而"绪论"部分则是通过批判来建立自己的辩证法、逻辑学。

1. 哲学的对象。第一，黑格尔明确提出，就真理的最高意义而言，上帝就是真理、唯独上帝是真理。自然的真理和精神的真理都涵盖在上帝这一最高存在的名称下。它不单是信仰的对象，而是认识和知识的对象。因此，哲学与宗教皆以"真理"为最高对象、为最高目标。上帝被理性化，上帝＝真理。第二，哲学与宗教还研究有限事物——"自然界和人的精神、它们彼此的关系以及它们与那个作为它们的真理的上帝的关系"。哲学尽管其最高对象为无限性的真理，但也关注有限的"自然界和人的精神"、更关注二者的关系及二者与真理的关系。第三，黑格尔提出，"熟知"其对象很重要，但"通过表象活动，并求助于表象活动"进展到"思维的认识和把握"更重要。因此，哲学必须进展到思维考察的内容的"必然性"及其"证明"与"规定"。它的开端便是逻辑学开始予以阐述的纯粹的"存在"或者"有"。

2. 哲学的方式。哲学的方式就是"对于各个对象思维的考察"，其独特之处在于"通过这种方式，思维就成为认识活动，成为用概念进行的认识活动"。哲学是一种概念化的思维方式。黑格尔明确指出，哲学思维与人性的普通思维，其内容是同一的，都是一种对象性思维、而不是无对象思维；但方式却有差异，它深入于对象、但却不停留于对象；从层次上它是对于思维方式的"反思"，是更深层次的思想，作为思想基地的思想。情感、直观、表象的思维方式与哲学注重"思想的形式表现"的方式不同。在"说明"中，黑格尔强调了人思维的"通性"，思维与情感、信仰、表象并不绝然对立——"思维的活动与产物是出现和包含在这些领域里的"，思维方式渗透于其中；又强调了哲学作为反思的形式的思维的"异性"。黑格尔还批驳了一种误解：反思的绝对至上性。他表达了"存在是

---

① 参读 梁志学 译《逻辑学·中文版序》（张世英作序）人民出版社 2002 年 12 月第 1 版。

先于本质的"，只不过通过"反思"才发现并确证了本质而已，使存在作为更为自觉的存在。

3. 意识的内容与形式。第一，意识的内容是形式的基础，它构成"思想与概念的规定性"，无论是感性的思想活动，还是纯粹思考的理性活动，所思考的都是具有同一性的内容。当内容成为意识的对象并被形式化，"这些形式的规定性也渗透到内容里"。在内容的形式化过程中，同一的内容得到规定、也同时分化为不同的形式，同一的内容成为有差别的内容。第二，在"说明"中，思想的"表象"（情感、直观、欲求、意志）与思想的"概念"不同，前者只是后者的比喻。哲学是运用概念进行的抽象的"纯思"的活动，这也是哲学难懂的原因。人们习惯于流行的熟知的表象思维方式，很难真正达到概念的纯思。

4. 第四节可看作对于前三节的一个总结，强调必须认识哲学思维方式的独特性；另一方面明确表达哲学高于宗教的思想，哲学具有认识真理的能力，哲学应该证明自己规定的正确性。宗教式信仰、抬高信仰与哲学理性的概念思维是不同的。哲学"应该表明从自身出发，认识这些对象和真理的能力"。这正是黑格尔逻辑学所要做的事情。

5. 哲学通过"反思"将表象转化为"思想"。这一转化必通过艰苦的精神劳作方能实现。因此，那种不经过哲学方式的训练，甚至并不了解哲学的人，就高谈阔论哲学，是一种对于哲学的无知。有思维能力固然是人的天性，但并非人人都具有哲学思维的能力，并具有谈论哲学的资格。因此，懂得哲学科学的性质、要谈论哲学就必须"学习、研究、努力"，而不是漫谈随想、任意而为。

6. 哲学的内容就是现实世界。首先，哲学作为活的精神不断创造着自己的内容，它就是通过反思在思想之中的现实世界。精神在对现实的反思中，具有自身的能动性、创造性。其次，哲学与现实与经验具有必然的一致性。哲学与经验的一致，二者具有内容的同一性，因此它不反对经验；但是哲学也不停留于经验。哲学为何与现实一致呢？黑格尔的"现实"不是"偶然的现实存在"，不是作为"现象的特定存在"，也不同于"现实存在"。"现实"必须具有"合乎理性的根据"，才会是真正的现实。

这就是他的名言"凡是合理的东西都是现实的,凡是现实的都是合理的"的真正意涵。因此,"凡是具有合乎理性根据的都能够变为现实,凡是成为现实的必然具有合乎理性的根据"。"合乎理性"是"现实"的尺度。因此,恩格斯后来说,黑格尔名言的真意是:凡是现存的都是要灭亡的。只要现存的没有理性的根据,就注定要灭亡。第三,黑格尔为何说:上帝是最现实的?因为上帝是最高的存在,是自由最高的体现,它被设定为最高的创造者。大约在他看来,上帝所表达的就是真善美集于一体的最高理念。追求真善美正是人的世界最高理性目标。第四,黑格尔为何说:理念、理想并不虚幻?这应该从黑格尔哲学隐含的"人本学"思想去理解,从人的精神的能动性去理解。因为"理念、理想"是合乎理性思想观念的表达,它必然创造一定的方式去实现自己。

7. 哲学从原则上和开端的意义去看,哲学就是"反思"——映现、分析、评判。反思的方式在近代不是单纯进行抽象活动,而是指向"现象世界"无限的材料。近代哲学就是通过指向不同的经验领域,从个别经验发现普遍原则、从偶然事物寻找必然规律,其范围从自然界到当前的精神与人心;与此同时,近代哲学获得自身的内容。这种哲学严格来说只是"经验科学",还不是真正的哲学科学。在黑格尔看来,这种所谓的哲学仅仅是"关于现存事物的思想",还不是在思想之中对于思想的反思与规定。正由于此,近代"哲学"被泛化,诸多学科的理论都冠以哲学之名。在黑格尔看来,它们既不能称做哲学、也不是哲学的方式。它们并未达到哲学的抽象性与总体性。

8. 经验科学取得的成就令人感到满意,但停留于此却则失去真正的哲学科学。黑格尔进一步指出,经验科学的理论及其方式与哲学不同,它不能够令人满意地把握不在感性经验领域的知识:自由、上帝和精神——但它们却可以在一般意识中被经验。因此,哲学注重在思想中的反思,对于思想的反思。因为,在感性经验中的东西都在思维中,"心灵和精神是世界的原因"。哲学正是在自由、上帝、精神的反思与规定中才实现自身。

9. 黑格尔在上述两节中针对"内容"对于经验科学和哲学科学不同特点进行了阐述。他进一步就二者的"形式"予以阐明指出,经验知识所达到的必然性还没有达到"一般的必然性",哲学所进行的"思辨的思维",则通过在思维中的反思达到普遍的概念。哲学的反思与经验科学既有一致性,也有其独特性;经验科学所达到的是普遍的经验规律,哲学却达到的是普遍性的概念。"概念"并不是通常的名词概念,它意指思维的"范畴"。范畴是思维之网的网结,思维之网通过范畴结成。其次,黑格尔还认为经验科学与哲学的范畴,是借鉴改造的关系。"思辨逻辑包含了以前的逻辑和形而上学,保存了同样的思想形式、规律与对象,但同时又用更广泛的范畴去进一步发挥与改造它们。"

10. 在黑格尔看来,哲学思维方式既要遵循"必然性",又要在其过程中证明其方式具有认识"绝对性"的能力。在"说明"中,黑格尔对康德批判哲学"在认识之先对于认识工具予以考察"的做法,批评道:"但要想执行考察认识的工作,却只有在认识的活动过程中才可进行。考察所谓认识的工具,与对认识加以认识,乃是一回事。但是想要认识于人们进行认识之前,其可笑实无异于某学究的聪明办法,在没有学会游泳以前,切勿冒险下水。"对于莱茵霍尔德"暂先从一种假定性的、试探性的哲学思维开始"予以称赞,同时指出它依然局限于康德哲学的范式之中。

11. 思维是精神的内在性,思维是精神的原则。哲学就是"面向思的事情"。黑格尔说:"哲学的要求可以说是这样的:精神,作为感觉和直观,以感性事物为对象;作为想象,以形象为对象;作为意志,以目的为对象。但就精神相反于或仅是相异于它的这些特定存在形式和它的各个对象而言,复要求它自己的最高的内在性——思维——的满足。而以思维为它的对象。这样,精神在最深的意义下,便可说是回到它的自己本身了。因为思维才是它的原则、它的真纯的自身。"另外,黑格尔指出"思维自身的本性是辩证法",即思维在自身的过程中总是处于"对立统一"的矛盾之中。"知性"的思维是差异性、对立性、多样性,但思维却不断追求更高的同一性、统一性、一致性,思维凭借自身的力量不断挣扎在此矛盾中并且固执于思维自身。这就是思维的"西西弗斯"情结。

12. 哲学思维具有"超越性"品格:"而思维进展的次序,总是超出那自然的、感觉的意识,超出自感觉材料而推论的意识,而提高到思维本身纯粹不杂的要素，因此首先对经验开始的状态取一种疏远的、否定的关系。这样，在这些现象的普遍本质的理念里，思维才得到自身的满足。"但是，"经验"与"超验"并非各不相干，"超验"以"经验"为出发点；哲学思维作为超越经验的方式汲取经验科学的"内容与规定"并赋予它一种形态："使同样内容以原始自由思维的意义，只按事情本身的必然性发展出来"——揭示出经验所根据的思维自身的逻辑范畴、原则及其过程。在"说明"中，黑格尔进一步阐明了意识中的"直接性"与"间接性"问题，指出"思维在本质上就是对直接现存的东西的否定"，思维就是经过"中介"了的意识的"直接性""普遍性"并由此获得思维的"自存性""自足性"。感性的直观的存在，在思维中恰恰是"间接性"的；思维范畴在思维中则是"直接性"的。黑格尔的"直接性"与"间接性"与平常人们的理解恰好是相反的。

13. 哲学的外部形态就是表现其形成和发展的学问的历史，哲学史是一门历史科学。哲学的历史是唯一的"活生生的精神"的历程。它是理念偶然有别的形式的展现。它是思维"所是"与"能是"的动态的发展。这典型体现了黑格尔的哲学观、历史观，"真实的历史"是精神的理念的绝对的形成史和发展史。在黑格尔看来，哲学的历史表明：不同的哲学都是哲学的特殊形态，不同哲学的基本原则只是哲学整体的分支。因此，"那在时间上最晚出的哲学体系，乃是前此一切体系的成果，因而必定包括前此各体系的原则在内；所以一个真正名副其实的哲学体系，必定是最渊博、最丰富和最具体的哲学体系。"在"说明"中，黑格尔进一步阐明，关于"哲学"的普遍与特殊的关系：每个哲学就是哲学，哲学就在不同哲学的发展中。将不同的哲学"罗列""并列"是错误的，将哲学整体与不同形态割裂或对立是错误的。

14. 哲学的外在历史与哲学的内在逻辑是同一的，哲学的逻辑与历史是统一的。哲学自身的逻辑："它是摆脱了那历史的外在性或偶然性，而纯粹从思维的本质去发挥思维进展的逻辑过程罢了。真正的自由的思想本身就是具体的，而且就是理念；并且就思想的全部普遍性而言，它就是理念或绝对。"另外，哲学是体系化的理念的必然展现。"关于理念或绝对的科学，本质上应是一个体系，因为真理作为具体的，它必定是在自身中展开其自身，而且必定是联系在一起和保持在一起的统一体，换言之，真理就是全体。全体的自由性，与各个环节的必然性，只有通过对各环节加以区别和规定才有可能。"黑格尔的逻辑学就是这样一个理念的体系。在"说明"中，黑格尔辩明"体系化"的哲学才是科学。非体系化的哲学只是"信念与意见"。

15. 哲学是体系化的理念的发展，从此观点出发黑格尔认为：哲学的逻辑发展就形成一个个相对封闭性与封闭性打破的理念的圆圈。逻辑的要素体现的是完整的理念，它也构成一个完整的理念，绝对理念就在逻辑要素的不同体系中被体现出来。

16. 黑格尔指出，"哲学全书"阐明的是"特殊科学的基础与基本概念"——它是理念整体的规定与表现。由此也可将《哲学全书》看做其他科学的整体。但是"整体"是从"基础"的意义来讲。第一，它不是知识的"单纯堆积"，因为常见的百科全书就是知识的一种堆积，它仅仅是从外在方面对知识予以编排；第二，它也不是某种任意性的知识，而是有其自身内在的逻辑；第三，它不是"实证的"的科学，而是思辨的科学。黑格尔对于实证科学的种类进行了区分与辨明：质料有限性的实证科学；形式有限性的实证科学；认识根据有限性的实证科学；貌似普遍性的实证科学。在黑格尔看来，凡一切局限于"有限"领域的都是实证科学，只有达到绝对无限的哲学才是非实证的科学。

17. 哲学研究的"开端"（开始）与哲学研究的"对象"是同一的。首先，"思维自身"就成为哲学研究的对象与开端（开始），哲学既是也始于对于思想的思想（对于思维自身的思索——反思）、对于"思的怎是之思"。因为，"哲学是由于思维的自由活动，而建立起自身于这样的观点上，即哲学是独立自为的，因而自己创造自己的对象，自己提供自己的对象。"其次，对于思维的思维，也就是从概念到概念、从起始概念再回归它，是哲学这门科学的"唯一工作、目的和目标"。但是，从哪里出发、最终必须回到那里。究竟从哪里出发？这并不是一个科学问题，它与做哲学思维的主体有关。必须注意，黑格尔所讲的"哲学研究"的开端与其

"逻辑学"的开端，还是有区别的。其逻辑学的开端是从最简单、最直接的"存在""有"开端的。还必须注意，"哲学研究"的开端与"哲学全书"的开端也有所不同，《哲学全书》的开端是逻辑学、其回归是精神哲学。如果把《精神现象学》作为黑格尔体系的开端，以《精神哲学》为结，它起于意识归结为精神。

18. 究竟"哲学的观念"是什么？黑格尔说："对于哲学无法给予一初步的概括的观念，因为只有全科学的全体才是理念的表述。所以对于科学内各部门的划分，也只有从理念出发，才能够把握。故科学各部门的初步划分，正如最初对于理念的认识一样，只能是某种预想的东西。"从理念论出发，他将哲学科学分为三部分："1. 逻辑学，研究理念自在自为的科学。2. 自然哲学，研究理念的异在或外在化的科学。3. 精神哲学，研究理念由它的异在而返回到它自身的科学。"逻辑学构成黑格尔哲学的"体"——是认识论、方法论、本体论的统一、发展及其规定，自然哲学、精神哲学则构成黑格尔哲学的"用"——是前者的应用、体现与深化。《精神现象学》则是黑格尔哲学的"导论"，是通达其哲学的准备，也是其哲学的预演。

19. 第1—18节作为"导论"较为集中阐述了黑格尔的"哲学观"。从本节开始进入《小逻辑》的"绪论"，要阐明的是：黑格尔的逻辑学是怎样一种哲学科学。在绪论中，黑格尔以大量篇幅分析、批判、论证了"客观性问题"。

首先，逻辑学作为黑格尔的第一哲学"是研究纯粹理念，即研究以抽象思维要素存在的理念科学"。它是"研究思维、思维的规定和规律的科学"。它是由思维各个独特的规定与规律组成的自身发展的体系；但是，它不是"形式的"而是富有内容的，不是"思维已经具有的和在自身发现的"、而是具有"客观性普遍性"的思想。

其次，黑格尔指出，逻辑学是最难的科学，因为它必须回到纯粹的思想、具有独特思辨的能力和技巧；其困难性还在于其内容是最简单、最初步、最基本并为人所熟知但却未必真知，哲学和常识的思维是不同、甚至是相反的。

第三，逻辑学的学习者所受的教益是获得一种教养、素养，使其思维受到训练，并且获得的是一种"真纯的思想""真理的绝对形式"。它不是单纯的有用性，而是获得一种合理的看世界的方式。

第四，哲学科学作为探求享有最崇高字眼的"真理"学问，真理就是他的对象。有限的人如何能够认识无限的真理（上帝）？黑格尔认为，这是为自己平庸的目的有限的生活的辩解。自大傲慢之人自认为已生活在真理之中，宗教和伦理就是真理；掌握具体科学作为谋生的手段，自以为掌握了真理。另外一种对真理持贵族式的态度，一切似乎都被看透，一切都无意义，沉入虚无主义的泥淖。

第五，逻辑学作为思维科学，是思想的表达。黑格尔指出，思想绝不是主观的东西，它就是事情本身，是真实的和现实的东西。只有凭借思想才能通达作为绝对精神的上帝，它是"能够把握永恒的东西和自在自为的东西的最高方式"，也是唯一方式。另外，不学习逻辑学也能思维，但那是不自由的思维。通过学习就可以使我超越感性的浅陋，获得思维的自由与创造。在历史上正是由于思想的巨大力量，从而引起人们研究的兴趣，近代更是对思维的本质和功能予以研究。

20. 思维最浅显的理解是能动的"一种精神活动或能力"；其产物是最普遍的抽象的东西；其现实存在是能思维的主体"自我"。

首先，黑格尔指出，这里是"事实陈述"而不是"逻辑演证"。他区分阐述了感性表象与知性问题。感性存在依赖于感官，单独的感官对于内容是不能有所规定的。感性所确定的是"个别性"——相互外在、彼此并列或前后相继——它构成表象的材料，进而这感性材料被设定为在我之中"我的"感觉，它被设定为普遍性、自相关联与简单性的规定。知性通过普遍与特殊、原因与结果的设定使感性获得必然性关联。哲学所做的工作就是把表象转变为思想、将单纯思想转变为概念。哲学从一开始的感性就具有"普遍性""抽象性"。

第二，黑格尔指出，思想和普遍的东西是思想本身，又是思想的他物。作为思想产物的语言就具有普遍性，其意谓的是普遍的东西。个别性的"物"或者个别性的"自我"，都具有普遍性；个别性仅从数目而言肯定有多个，而不是一个。实际上黑格尔重新解释了费希特的"自我"与"非我"。"自我是完全抽象的普遍性的现实存在，是抽象的自由的东西。因此，自我是作为主体的思维，并且作为自我同时存在于我的一切感觉、表象、心理状态等等，所以思想无所不在，并且作为范畴贯穿于这一切规定。"这似曾相识的思想在笛卡尔、康德、费希特、谢林那里都可看到。

第三，黑格尔指出，人有思维、记忆、表象、意志诸多主观能力，将思维作为人所具有的主要能力是因为它是人区别于动物的关键，其规则与规律在过去构成亚里士多德形式逻辑的内容。自从亚里士多德以来，形式逻辑基本保持其原则不变。它作为认识有限存在的工具是有意义的。但是，与以认识无限为目的黑格尔逻辑学相比较，二者便具有不同意义。黑格尔的逻辑学是要揭示、描述、规定作为辩证运动的逻辑实体。

21. 黑格尔认为，思维对于对象是能动的"反思"，通过这一活动所形成的普遍的东西，就不仅仅是主观的而是包含了事物本质的真实的东西。作为事物的内在本质正是通过反思得以揭示。反思力求要实现的是普遍的规则，寻求达到目的的方法；它不满足于感性的现象而是追求其背后恒定不变的东西；它不仅适于自然现象也作用于社会现象。因此，"反思总是寻求固定的、持久的、自身确定的和支配特殊的东西。这种普遍东西不能用感官来把握，它是本质东西和真理。""普遍的东西不是人们听到和看见的，而是仅仅对精神存在的。宗教把我们引向一个统摄一切其他东西的普遍东西，一个产生一切其他东西的绝对，这个绝对不是对感官存在的，而是仅仅对思想和精神存在的。"

22. 黑格尔指出，人们通过反思活动改变了感觉、直观和表象的方式，正是这一"改变"或改造使对象的本质得以呈现。他强调了主观反思的能动作用，即能动的加工改造的作用。同时，他批判了康德批判哲学将"物自身"与"现象"、客观的内容与主观的形式相互分离的观念，指出"事实与思想的符合"是不容置疑的信念，坚持这一信念具有特别的重要性。真理是客观的，是主观形式与客观内容的统一，特别是真理的内容是客观的。因此，"自在存在的客体，都是像它们作为所思的东西存在那样存在的，因此思维是各种客观东西的真理。"应该说，思维的反思使真理的内容得以揭示、呈现、澄明。反思之光将处于黑暗中晦暗不明的真理照亮。黑格尔的"真理符合论"对于自然客体是有效的,但对于社会存在则有待进一步阐明。

23. 黑格尔指出,反思体现了思维的更高形态,体现了思维的能动本质,使事物的真实本性呈现出来,它是能思精神主体的产物,"是完全自在存在的自我的或我的自由的产物"。也就是说"自在自我"作为能思的精神性存在,其本质是"自由",自在自我 = 自由。精神的自由是指它具有实现普遍的东西的能力,具有自相联系的能力,具有深入于事物之中使内容得到规定的能力。这种普遍的东西可以是作为具体对象的事物,也可以是作为认识具体事物的思维自身。因此,哲学思维"就内容而言,只有思维深入于事实之内,就形式而言,也不是主体的一种特殊存在或行动,相反地,思维恰恰在于意识表现为抽象的自我,表现为摆脱其他属性、状态等等一切特殊性的自我,并且只涉及自己与一切个体共同具有的普遍的东西,思维才是真实的。"在此可以看到黑格尔"思辨神学"的特征,思维的自我、反思的自我可以变化多端、无所不能,可以直达真理的绝对、作为绝对对象的真理。

24. 通过上述对于思维和反思的论述,思想、思维、精神是人自身拥有的一种强大力量。如果说培根说出:知识就是力量;那么同样可说,黑格尔表达了一种信念:思维就是力量——一种能够揭示、认识真理的力量。由思维可以实现的思想,他称之为"客观的思想"。人在具体的认识活动中,所获得的必然性规则、法则、规律是客观思想;更进一步当把"认识活动"作为对象反思时,所获得的法则、规定也是客观的思想。"因此,逻辑学与形而上学,即研究思想所把握的事物的科学,便会合起来了,而思想被认为是表达事物的本质的。"

首先,黑格尔指出,"概念"是在事物之中思维的规定,它的直接形式是判断和推理。知性和理性作为思维的规定也是在世界之中,它也不是空洞的纯形式,而是富有内容的思维的规定。人们习惯于将"客观的"加于"非精神"的事物,实则只要是"思维的规定"必然指示富有内容的对象——无论对象作为自然对象还是精神事物,它都是客观思想、具有客观性的思想——即涵有内容的"思维规定"。因此，谢林说：自然是一种僵化的理智。逻辑是思维规定形成的系统——是思维以自身为对象形成的。因此，"理性是世界的灵魂，寓于世界之中，是世界的内在东西，是世界最固有、最深邃的本性，是世界的普遍东西。"

其次，黑格尔特别指出，思维贯穿于自身和其外在事物之中，思维及其规定也构成作为存在的总体。因此，"如果我们把思维看做一切自然事物和一切精神的真实普遍的东西，思维就是统摄这一切事物的，并且是这一切的基础。"思维既在直观、表象、记忆、意志一切之中，它们也构成思维的规定并且将思维自身展示出来，它们成为思维所展示的不同形态；思维的主体是人，是人所具有的能力，唯有人而不是其他动物（包括自然界其他存在物）具有思维的普遍性，即他具有通过"思维的规定"将普遍性实现出来的能力。主体"自我"是一个普遍性的称谓，"自我是否定与扬弃了一切特殊东西的纯粹自为存在，是意识的这个最后的、简单的和纯粹的东西。我们可以说，自我与思维是同一个东西，或更确切地说，自我是作为能思维者的思维。""自我不是单纯抽象的普遍性，而是在自身包含了一切事物的普遍性。"

第三，黑格尔指出，他的逻辑学——第一哲学研究的是"纯粹的思想"或"纯粹的思维规定"。"它们除了一种属于思维本身，由思维产生出来的内容以外，就没有其他内容。所以，各个思想是纯粹的思想，并且精神是纯粹在其自身的，因而是自由的，因为自由正是精神在其他物中即在其自身中，是精神自己依赖自己，是精神自己规定自己。"精神的这种自由，"自由仅仅存在于没有任何他物对我存在的地方，而我本身不是他物。"逻辑学作为第一哲学是赋予自然哲学和精神哲学生气的灵魂，它们仅仅是逻辑学的应用。人们通常将逻辑学看作仅仅是形式的，是错误的。作为思维自身规定的"概念和法则"就是它的内容。它是一切事物的自在自为的存在的根据。具有它是一种更高的教养。

第四，真理具有不同的意涵。将思想的规定应用于给定的对象获得的真理，是一义。它是对象与我们表象的符合；对象是前提，表象符合于对象。"与此相反，从哲学的意义上说，真理若加以抽象概括，则是内容与其自身的符合,这是真理的一种完全不同的意义。"逻辑学的真正兴趣在于对内容与其自身的符合予以考察,其任务是:思维规定在何种程度上能够把握真理。发现真理有不同的方法,艺术的透视与描述为一途,反思的规定为一途,哲学真理则是最高的:"认识的最完善的方式是使用纯粹的思维的方式。人在这里的举止方式是完全自由的。思维的形式是绝对的形式,真理像它自在自为地存在着那样,以这种方式表现出来,这就是哲学的一般主张。"

第五,关于哲学与宗教关系问题,黑格尔认为它们是相互渗透的,是人类精神生活的表现。"哲学不可回避宗教,也不可采取这样一种态度,好像宗教只要宽容哲学,哲学就一定会心满意足;但另一方面,也应排除这样一种看法,好像这类神话与宗教叙述是某种业已丧失意义的东西,因为它们实际上享有各个民族几千年的尊敬。"作者从精神的哲学的角度分析了"原罪"神话的产生及其后果,原罪观念既是人类"天真无邪"自然状态的结束,也是人真正精神的觉醒,是人自我意识的觉醒。人被上帝逐出伊甸园,标志着人与自然的分离。"劳动"既是人和自然分离的结果,也成为连接二者克服分裂的中介。人不仅通过劳动,更是通过知识、认识成为上帝的肖像——自然生命有限、其精神却是无限的自由的。自然界是人的起点,人的自然方面是受限制的,但是,"人自身给自己制定目的,并从自身给自己提供行动的素材。当人把这类目的推向最高峰,只知道和只希求自己那种排除了普遍东西的特殊性时,人就是恶的,而且这种恶是人的主观性。""就人是精神而言,人并不是自然存在者;就人表现为自然存在者,并顺从欲求的目的而言,人则希望成为自然存在者。因此,人类的天然的恶不同于动物天然的存在。"黑格尔关于人的存在的高论,并非不懂得人,而是很懂得人,只不过将人的无限性归之于精神,将人看做精神性的绝对存在。

25. 黑格尔指出,"客观思想"所表示的就是"真理",而真理是哲学研究的"绝对对象"。近代哲学围绕的就是"真理及其知识的问题"。作为"思维的规定"的有限性和无限性是要解决的问题之一。"思维对客观性"的各种态度,作者认为需要认真考察。《精神现象学》是对于意识形式的辩证考察，"但要阐明这种辩证发展，就不能停留在单纯意识的形式东西里；因为哲学知识的观点本身同时也是内容最丰富和最具体的观点；所以，哲学知识的观点在作为结果产生出来时，也以意识的各个具体形态，诸如道德、伦理、艺术、宗教的形态，为自己的前提。"

26. 在第26—36诸节之中，黑格尔要考察、批判思想对于"客观思想"的第一种态度——即形而上学的态度。这是一种朴素的态度，他从自身出发，通过反思"把感觉和直观的内容复制为思想的一种态度，并满足于这种内容，把它作为真理。"作者认为，康德之前的哲学就是这样一种形而上学。它停留于有限的思维规定里，尚未解决自己的对立。

首先，黑格尔一方面肯定了这种方式的优点，将思维规定看做是事物的根本规定，通过它事物是可以认识的；但是另一方面却认为给绝对"附加上谓词"，就能够得到关于绝对的知识。其根本局限在于停留于"单纯知性思维"之中，而"我们在谈到思维时，必须把有限的、单纯知性思维的思维与无限的、理性的思维区别开。直接的、个别地存在的思维规定是有限的规定。但真理却是本身无限的东西，它是不能通过有限东西使自己表示出来和得到意识的。"现存的事物是有限的，思维自身却是既不受个体事物的限制、扬弃这个限制、并超出其局限，具有自身的无限性。

其次，有限的知性思维是不能显示无限的，它是一种非"总体的"把握世界的方式。它是不适合用来表达上帝、自然和精神的丰富内容，也绝不能穷尽这些丰富的内容。当用附加谓词的简单方式予以断定，便会限于矛盾分裂，只是将无限的存在——上帝（真理）或精神做成具有无限多名词的称谓，这样使它成为互不关联的外在的规定。要达到总体的绝对的理性思维，只能在一个动态的体系的思想的规定中才能实现它。"无论怎样，命题的形式，或更确切地说，判断的形式，总是不适合于表示具体东西——真理是具体的——思辨东西；判断由于其形式使然，总是片面的，就此而言也是假的。"希腊思维是自由的，经院哲学则是由教会给定的不自由的。它使精神失去了自身的独立自主性。

第三，知性的独断论使形而上学成为独断论，真与假的判断、有限与无限、个别与普遍（总体）陷于非此即彼的对立。"真正的思辨的东西，恰恰是这样一种东西，这种东西在自身绝没有任何这样的片面性规定，也不能被片面规定所穷尽，而是作为总体包含着许多自身统一的规定，它们在分离开的情况下被独断论视为固定的、真正的东西。""知性形而上学的独断论在于坚持孤立的、片面的思想规定，反之，思辨哲学的唯心论则拥有总体性原则，并表明自己能够超越知性规定的片面性。"这就是辩证法与形而上学的对立。

第四，黑格尔系统考察了"形而上学"的理论体系。第一部分是"本体论"，它是关于本质的抽象规定的学说。它恰恰不是本体论的。因为，它所研究表述的是，"单纯符合于语言用法的分析的正确性和经验的完备性，而不是这样一些规定的自在自为的真理性和必然性。"它没有将思维、精神作为本体，没有关注精神自身规定的矛盾性及其克服这一矛盾精神的具体总体性。第二部分是理性心理学或灵魂学，它们将灵魂看做"物"的方式是错误的，或者将"灵魂的精神"与肉体连接起来，都没有真正认识灵魂或精神真正的本质。"旧形而上学是曾经把精神的没有过程的内在性与精神的外在性分离开的。精神主要应该在它的具体现实性中，在它的能动力量中加以考察，具体地说，就是应该认识到精神的表现取决于精神的内在性。"第三部分是宇宙论，"探讨世界的偶然性、必然性、永恒性、在空间与时间中被限定的存在、世界变化的形式规律以及人的自由与恶的起源。"它以自然界、精神的外在表现、精神的表象——整个以特定存在、有限事物的总和为对象。它要发现的是所谓的"普遍宇宙学规律"，而不是作为具体整体的规律。关于自由与必然，认为自然是必然的，精神是自由的。"不包含必然性的自由和没有自由的必然性是一些抽象、因而不真实的规定。自由在本质上是具体的、永远在自身得到规定的，因而同时是必然的。"真正内在的必然性才是自由。第四部分是自然神学或理性神学。曾经作为最高信仰的上帝，现在成了科学的最高课题。神学真正说来不是单纯信仰的问题，而是理性科学的任务。神学研究，"只有前进到用概念进行的思维，神学才获得科学的特点，而进行到这样的思维就是哲学的任务。"用知性思维思考认识上帝，"上帝概念被单纯理解为关于抽象的或最实在的存在者的概念，那么上帝就对我们成了一个单纯的彼岸世界，而我们也无法再谈对上帝的认识；因为凡在没有什么规定性的地方，也就不可能有什么知识。纯粹的光明就是纯粹的黑暗。"关于上帝存在的知性证明与理性证明是不同的，它是可以以理性的方式得到证明的。"上帝必须被视为包含着中介的、在自身得到扬弃的存在者，被视为真正直接的、原始的和以自身为依据的存在者。"经过中介的最后结果就是最终的根据。

黑格尔总结道："这种方法就在于旧形而上学用抽象的、有限的知性规定表达各个理性对象，把抽象的统一性当作原则。但这种知性的无限性，这种纯粹的存在者，本身也不过是一个有限的东西，因为特殊性是从知性无限性中排除出来的，是限制和否定知性无限性的。这种形而上学没有达到具体的统一性，而是坚持着抽象的同一性；但它的优点却在于意识到唯有思想是现存事物的本质。"

37. 第 37—60 节，黑格尔考察批判了"经验主义"和康德"批判哲学"对于客观性的态度或思维方式。首先，黑格尔正确指出了近代哲学的思维特点，一方面不满足于知性思维的抽象性，力求实现思维的"具体内容"；一方面寻求某种"坚固的据点"或根基，由此实现一切知识、使一切知识成为可能。经验主义的思想家就旨在实现这一意图，并进行了不懈探索。它借助于心理学，从人的经验现象中探求哲学真理。它把"属于知觉、感觉和直观的内容提高为普遍的表象、命题和规律等等的形式。"其包含的伟大原则，"凡是真的东西都必定存在于现实世界中，并且必定是在那里为知觉而存在的。"作为现实的"是"与"应当"是相对立，"反思则依靠应当是的原则，趾高气扬，抱着轻蔑的态度，用一个彼岸世界去反对现实世界和当代世界。"经验主义包含着"精神自由"的原则，但是依然局限于有限事物，否定了超感性事物的知识与规定性。它并未彻底跳出形而上学思维的窠臼。

第二，黑格尔承认，应该用"这里、现在和此岸世界去代替空洞的彼岸世界，代替抽象知性的胡思乱想和模糊形象。"精神抓住了这里、现在和此岸世界。为了创造经验，经验主义主要采取了分析的形式，在知觉中人们获得了一种具体的事物的性质。经验主义的分析方式、分解方式，仅仅是精神知性地把握事物的一个方面，它忘记了综合，没有注意综合在精神获取真理中的重要性。这样它所得到的具体的规定反而又成为抽象的规定。精神在认知真理的过程本身是一个分析——综合的辩证过程。经验主义局限于经验、心里感知极其有限规定，因此依然得到的是主观规定而不是客观思想。形而上学思维用片面的知性规定试图把握无限材料，经验主义则是试图用知性把握有限、并局限于有限的存在，因而知性的思维方式是相通的，都是一种片面的主观主义的思维方式；另外他们都将世界——自然界和精神，视为"内容"给定的既定存在。经验主义贯彻到底就会导致"唯物主义"，即有限的质料主义、抽象的物质主义。它取消了精神的自由性。

第三，经验主义贯彻到底，还会导致怀疑主义，对于普遍必然法则的怀疑，即将普遍必然的法则归于心里的主观习惯或联想，使其失去自身客观的依据。黑格尔指出，经验主义有两种成分：质料与形式。"经验主义诚然揭示出许许多多的、也许多得不可胜数的相同的知觉；但普遍性却是某种完全不同于一大堆知觉的东西。同样，经验诚然提供了关于先后相继的变化或彼此并列的对象的许多知觉，但是却没有提供一种必然性联系。因为知觉据说永远构成那种被认为是真理的东西的基础，所以普遍性与必然性就表现为某种没有根据的东西，一种主观的偶然性，一种单纯的习惯。"不仅自然的必然性根据被摧毁，法律和伦理的规定、宗教的内容也失掉了其根据。

40. 第40—60节，黑格尔集中分析康德哲学。黑格尔将经验主义和康德哲学放在一起分析考察，认为二者都没有达到思想的客观性。但是，他对于康德哲学进行了大量的分析考察，肯定了其相对于经验主义的巨大进步。第40—41节是对康德哲学思维方式的一个总体考察。

首先，康德在知识论里，与经验主义具有同一的基础，认为经验是知识的"唯一"基础，但是经验知识只是"现象"的知识。康德的知识论与经验主义相同，将经验知识视为"感性材料"与"知性范畴"的统一、综合。单纯的感性材料或知性规定都不能做成经验知识。作为知性范畴的思维规定并不出自经验，而是属于思维的主动性，它们成为构成知识客观性——普遍必然的基础或根据。但是，"这个批判却没有进入这些思维规

第九章　黑格尔著作导读

定的内容和它们特定彼此之间的特定关系本身，而是按照主观性和客观性的一般对立考察它们的。""批判哲学却把这个对立扩大到这样的程度，以致经验的总体，即那两种联合在一切的成分，都归到了主观性中，除了自在之物以外，没有任何东西依然与主观性相对立。"黑格尔批判康德二元对立的静态思维方式。

第二，黑格尔指出，康德相对于经验主义、形而上学的不自由的思维方式，将认识能力加以考察，尤其是其卓越之处。但是，想要单纯地事前地考察认识形式，是不可能的。因为，考察思维能力及其规定本身就是一种认识活动，一种更为根本的认识活动。因而，"思维形式的活动和对思维形式的批判必须在认识过程中结合在一起。各个思维形式必须自在自为地加以考察；它们既是对象，又是对象本身的活动；它们自己考察自己，必须在它们自身由自己规定自己的界限，揭示自己的缺陷。"辩证的思维方式正是从思维自身考察思维规定自己的活动。自康德以来，人们都想比康德走得更远，其方向不同或者向前、或者向后。

第三，黑格尔还充分肯定了康德"主观"与"客观"的颠倒。日常的客观性通常指的是知觉感性外在的给与性。"康德否认各个思维规定（例如原因与结果）具有这里提到的意义上的客观性，即否认它们是在知觉中被给与的，反之，他认为它们是属于我们思维本身或思维的主动性的，并且在这个意义上是主观的。但是，康德又把所思的东西，具体地说，把普遍必然的东西，称为客观的东西，而把单纯所感的东西称为主观的东西。"黑格尔对于这一颠倒，予以充分肯定。因为思想是真正独立自存的东西。因此，"实际上感官可以知觉的东西是真正不独立存在的和从属的东西，而思想是真正独立存在和原初的东西。在这个意义上康德把合乎思想的东西（普遍必然的东西）称为客观的东西，这是完全有道理的。"

第四，黑格尔还指出，康德是矛盾的，一方面强调思想所与的客观性——普遍必然性，一方面又把它作为"我们的"主观性，在其面前竖起一个巨大的不可逾越的对象——自在之物。在黑格尔看来，思想是自由的，思想所得到的东西不仅是"我们的"也是作为"事物对象之中"自在的东西，因此"自在之物"作为对象并不与思维不可逾越地相对立。"主观"与"客观"作为方便的说法，极易引起混乱。"客观的"有三层意涵："首先是外部现实存在的东西的意义，有别于单纯主观的、意谓的和梦想的东西等等；第二是康德所确认的普遍必然的东西的意义，有别于那种属于我们感觉的偶然的、特殊的和主观的东西；第三是刚才提到的所思的自在东西的意义，它是现实存在的，有别于单纯由我们所思的东西，因而也有别于事实本身或自身有区别的东西。"

42. 在对康德哲学总体考察之后，黑格尔对于康德三大批判分别予以考察，第42—52节，主要考察康德关于"理论能力"的主要思想。

首先，黑格尔指出，康德为何认为知性的范畴能将感性的"在时空之中"的现象统一起来呢？康德认为人具有一种原始的纯粹"统觉"能力，原始的统觉能力的原则是"合目的性"，其中介则是具有连续性的"时间"。黑格尔并没有沿着这一思路分析，而是按照哲学发展史的道路分析，对于费希特的贡献大加分析与赞美。费希特的第一个设定，即是"自我设定自我"。他没有停留于此，因为"自我，即自我意识的统一性，是极其抽象和不完备的"。费希特的哲学功绩，在黑格尔看来，"那就是提醒我们，必须揭示出各个思维规定的必然性，必须从本质上推演出这些思维规定"。但是，"对于论述逻辑的方法，费希特哲学本来应当至少产生一个结果，那就是一般思维规定或普通逻辑素材，即概念、判断和推理的各个种类，不应该再仅仅从观察中得到，因而单纯用经验方法加以把握，而是应该从思维本身推演出来。"费希特抽象出了康德的哲学原则，但是没有将它发挥出来。

其次，黑格尔指出，费希特将康德的原则上升为一种"绝对自我"，自我创制了思维规定并使事物纷乱的现象获得普遍性和必然性，使事物获得统一性。"自我是原始同一的、自相统一的和绝对独自存在的东西。如果我说'自我'，'自我'就是抽象的自相联系，凡是要被设定到这个统一中的东西都受到这个统一体的感化，并且被转化到统一体中。"自我是烘炉、是烈火，仿佛将现实存在粉碎并重新熔铸。黑格尔对康德的"纯粹统觉"的理解，是费希特的也是谢林的。它既是费希特"自我"的思维的能动活动，又是谢林的绝对的自我同一。它不是人们对于统觉的普通理解，

第九章 黑格尔著作导读

而是作为本体的思维的存在及其规定,它就是黑格尔作为精神或思想的绝对。因此,黑格尔说,"把绝对统一性带入多样性中的,并不是自我意识的主观活动,这种统一性是绝对,是真理本身。"这里的真理就是作为思维或精神的"真相",也是通过思维规定实现出来的内容。

第三,黑格尔还区分了康德的"先验"与"超验"的不同,先验是知性的主观的思维的规定,它将现象整合为统一的形式,使现象获得普遍必然性;超验是指超越知性规定的东西,它是自相同一的、在自身无限的自我意识之中的思维规定。前者是有限材料的统一,后者是自我意识无限的同一。经验知识的知性"范畴"、理性的"理念"二者是不同的,前者是主观的在对象之中的思维规定,后者属于思维自身。他批评康德的"主观唯心论","范畴"是"属于思维本身,但绝不能由此得出结论说,范畴只是我们的东西,而不是对象本身的规定。"通过思维范畴得到规定的有限的存在,其内容是真实的;通过思维理念作为全体无限的规定,其内容也是真实的,它是通过有限的内容表现为具体的全体。因此,"重要的问题完全不在于主观性和客观性的那种区别,而在于内容,这内容既是主观的也是客观的。"我们既不会也"不能在范畴及其总体(逻辑理念)上停止不前,而是必须进展到自然与精神的是在领域,然而这种进展却不可被理解为仿佛给逻辑理念从外面加了一种陌生的内容,而是应该被理解为逻辑理念的固有活动进一步规定与发展其自身为自然和精神。""自然和精神"的一切事物只是思维规定外化、外显出来的存在,逻辑是存在的总体形式,自然和精神的存在不是抽象的存在总体,而是富有内容的被思维规定的具体存在。因而,毫不奇怪,黑格尔逻辑全书将哲学分为:逻辑学,精神哲学和自然哲学。

第五,康德不仅将感性与知性区分,他还将知性与理性(理念)严格划界,将有限的经验的知识的此岸与无限的思辨的理念的彼岸严格划界,将"现象"与"自在之物"划界。黑格尔指出,"自在之物(在这种物中也包括精神、上帝)这个概念,是在抽去对象展示给意识的一切东西,抽去对象的一切感觉规定和一切特定思想的限度内表示对象的。"因此,它是完全空洞、极其抽象作为彼岸世界的"否定"的东西,而不是得到规定的东西。它就像失去血肉丰满的一架骷髅。它"本身仅仅是思维的产物,恰恰是业已前进到纯粹抽象阶段的思维、即空洞的自我的产物,这个空洞的自我是把它自己的这种空洞的同一性作为对象的。"被康德称为不可知的自在之物,一旦得到思维的规定而不是排除（否定）一切思维规定,便完全是可知的。

第六,理性作为认识无条件的以无限为对象的能力,与知性的有条件的以有限为对象的认识能力是不同的。理性的对象是无条件的东西或无限事物,它就是自我原始的同一性,即是抽象的自我或思维。康德将知性与理性划分是有道理的,但是,在二者之间绝对划界却是错误的,陷于知性思维并以这种方式进入理性思维更是错误的。"如果用这种方式把理性单纯视为对知性中有限的、有条件的东西的超越,理性本身实际上就会因而被降低为一种有限的、有条件的东西,因为真正的无限东西并不是有限东西的单纯彼岸,而是把有限东西作为得到扬弃的东西,包含到自身之内。理念也是如此。"黑格尔还指出,知性的对于现象的思维,其根据不在自身之中,而是在"普遍的神圣的理念"之中。黑格尔将自己的哲学称之为"绝对唯心论",它与康德批判哲学所表现出的"主观唯心论"特征不同。

第七,康德认为理性在认识中有一种自然的趋向,不满足于经验的有限的有条件的认识,而是要实现理性的无限的无条件的认识。但是,当知性的范畴运用于理性的对象时,就超越了经验,便产生了二律背反。黑格尔对于康德关于知性的批判,尽管予以肯定,但是他认为,康德的伟大正是在于对于超验的反思与批判。康德考察的第一个无条件的东西是"灵魂",它是:能进行规定的主体;单一的抽象的东西;是自相同一的东西,把能思者"我"与一切"在我之外"的事物相区别。与旧形而上学相区别,旧形而上学将灵魂视为:灵魂是实体;它是简单的实体;它就其存在的不同时间而言,在数量上是同一的;它与空间性对象有关。将经验的知性规定转变为理性对象的规定,但这是不可能的,经验的关于灵魂的规定并不真正是思想的理性的规定。黑格尔指出,康德的批判"使精神的哲学研究摆脱了灵魂实物、摆脱了范畴,因而也摆脱了关于灵魂的简单性、复合性、物质性等等问题"。康德尽管在解决这一问题时,将旧形而上学的错误归之于思想的不充分或有缺陷,对关于理念的思想内容本身没有加以讨论,但是提出这一问题就是一个巨大的功绩。

第八,康德第二个理性对象是"世界",它是属于宇宙论的理性思考的对象。它讨论的是:世界在时空中的有限与无限的矛盾,世界是单纯部分构成的整体、还是不可分割的整体的矛盾,世界是必然的还是自由的矛盾,世界是否有一个作为绝对存在者的原因。这就是康德提出的四个著名的二律背反。当我们用知性的思维规定试图证明理性的对象"世界",相反的证明都是成立的,由此陷于自相反对的矛盾的"超验幻像"。黑格尔指出,康德所发现的"知性规定在理性事物中设定的矛盾是本质的和必然的,这个思想被认为是现代哲学最重要和最深刻的进步之一。"但是,康德不将它认为世界的本质,而仅仅属于能思维的理性,属于精神的本质,即:世界的本质"不等于"精神的本质。黑格尔认为大谬不然。"现在应该指出的主要事实是,不仅在这四个特殊的、从宇宙论得到的对象中有二律背反,而且在一切种类的一切对象中,在一切表象、概念和理念中都有二律背反。"正是矛盾构成黑格尔辩证逻辑的环节。康德哲学关于理性的批判,其积极结果在于:消除了知性形而上学的独断论;其消极结果是:停留于自在之物不可知。但是,"二律背反的真正的、积极的意义在于,一切现实事物都在自身包含着对立的规定,因此认识一个对象,确切地说,把握一个对象,恰恰意味着意识到这个对象是对立规定的具体统一。"

第九,第三个理性对象是"上帝"。黑格尔指出,"上帝必须加以认识,即必然用思维加以规定。"就知性的思维方式而言,要不将上帝这一概念规定为"抽象的自身同一性",只能将它规定为"一切实在总和——即作为实在的存在者"聚集体的"存在",但是它同样是完全抽象的规定。那么,理性要认识上帝,要用思维加以规定,就必须面对这一矛盾,必须寻求中介将"概念抽象的同一性"与作为存在者总体的"存在"统一起来,其统一的实现就是"理性的理想",理性的理想的实现过程就是上帝存在。统一有两种途径或形式:"可以由存在开始,由此过渡到思维的抽象概念,或者相反,可以完成由抽象概念出发而到存在的过度。"第一种途径是上升的前进的认识论方式，后一种途径是倒退的回溯的本体论方式。黑格尔显然肯定的是认识论方式，精神的前进与上升就是上帝的存在，它仿佛宗教创世说所讲的上帝从"无"创造世界到"有"的过程。

第十，黑格尔指出，以"存在"为开端的认识途径，就是从"多到一"、从"抽象到具体"的过程，它是与人类健康的理智相一致的。"存在作为直接的东西就表现为一种在无限多的方面都得到规定的存在，表现为一个充实的世界。"它是通过人的精神、人的思维实现的。"本质、实体对于思维而言，并且仅仅对于思维而言，才是世界的普遍力量和目的规定。所谓的上帝存在证明只应视为对于精神在其自身的发展进程的描述和分析，这精神是能思维的，并且是思维感性事物的。思维升高到感性事物之上，思维超越有限而达到无限，思维打破感性事物序列而完成向超感性事物的飞跃，这一切都是思维活动本身，而且这种过度也仅仅是思维。如果我们不应该完成这样的过度，那就等于说我们不应该思维。"存在的过程是思维充实与升高的过程，它"意味着排除它的个别性和偶然性的形式，而把它理解为一种普遍的、自身必然的、按普遍目的规定自己的和能动的存在，这种存在是不同于那种最初的存在的，就是说，把它理解为上帝"——它是对于抽象的贫乏的上帝观念，即存在者聚集体的存在观念的否定，而是把它实现为一个相互关联的整体。

第十一，黑格尔一再批判形而上学的看待上帝的方式，将上帝 = 存在，仅仅是将上帝或存在看做一个偶然的聚集体，或有目的合乎目的的聚集体。这种"世界观"或存在论是一种单纯的肯定的世界观，将世界"想象为从一个存在的、并且永远存在的东西到另一个同样也存在的东西的推论。"黑格尔认为，知性对于感性就是一种否定，否定了感性纷乱杂多的现象。"思维经验世界在实质上就意味着改变这个世界的经验形式，把它转化为一个普遍东西；思维也同时对那个基础施加否定的活动；知觉到的材料在通过普遍性加以规定时，并不保留其原初的经验形态。"形而上学没有揭示出"精神"从"世界"到"上帝"这一上升过程中，其突出的"否定性"及其过度与中介环节。"这个升高过程既然是过渡和中介，所以同样也是过渡和中介的扬弃，因为那种能够把经过中介的上帝映现出来的东西,即世界,到应该被宣布为虚无的东西"。

第十二,黑格尔指出,上帝是无限的绝对精神,不同于有限的自然实在性。斯宾诺莎的上帝就是无限完满的精神。人们很容易承认有限的世界,否定作为绝对精神的上帝。"世界的实体、世界的必然本质、一种合乎目的地创建与支配世界的原因"还不能被视为上帝的理念,只是它的一些必然环节。因此,"单纯有生命的自然界本身实际上还不是能够把握上帝理念的真正规定的东西;上帝不仅是生命的,上帝是精神。如果思维获得一个出发点,而且想获得最近的出发点,那么,唯有精神的本性才是可供思维绝对的最适宜、最真实的出发点。"人是有生命的,人也是精神的动物。那么上帝就是具有绝对精神的人,人通过绝对精神活动就发现了上帝。人就是上帝的肖像,也可说人即上帝。通过上帝黑格尔彰显了人精神活动的神性。

第十三,黑格尔赞成康德关于上帝存在本体论的证明所做的批判。康德批判了托马斯·阿奎那关于上帝存在的五种证明,并将它归为三个,指出这种证明方式从经验到超验有一个巨大的跳跃。但是,正像黑格尔不赞成将"自在之物"与"现象"划界一样,它也不赞成将"思维"与"存在"相割裂。哲学家承认并知道二者是存在差异的事实。但是,"在谈到上帝的时候,这是一个与一百塔勒尔、任何特殊概念、表象或随便叫什么名称的东西不同类的对象。一切有限事物其实都是、并且仅仅是这样:它的存在不同于它的概念。反之,上帝则显然一定是那种只能'被设想为存在着'的东西,上帝的概念在自身就包含着存在。正是概念与存在的这种统一构成上帝的概念。"因此上帝作为思维的概念与存在是统一的。当然,上帝作为绝对精神的存在,是有待思想将其充实丰富起来的。上帝作为绝对精神的存在过程,就是上帝存在的证明。

第十四,黑格尔总结性地批判康德关于"理论能力的批判","对于思维来说,规定性在思维的顶点就依然是某种外在的东西;思维依然仅仅是完全抽象的思维,而它在这里叫做理性。由此产生的结果就是理性只提供用以简化和系统化经验的形式统一性,理性不是认识真理的官能,而是评判真理的准则,理性不能提供关于无限事物的学说,而是只能提供对于认识的批判。这种批判在其最后的分析里在于保证，思维本身仅仅是没有得到保证规定的统一性和这种没有得到规定的统一性的活动。"因此，理性只是成为空洞的有限的知性。黑格尔对于康德的批判，可谓见仁见智。如果仅仅将纯粹理性批判考察，而不是全面考察三大批判，对于康德的批判注定是不全面的。

53. 第53—54节黑格尔考察、批判康德的实践理性批判。康德的实践理性批判提出了重要的"意志自由"概念以及"自由律"，论述了道德的"绝对命令"普遍的应当原则，并论述了道德的悬设或公设。黑格尔漫画式概括到，"实践理性被康德视为用普遍的方式自己规定自己的意志，即能思维的意志。实践理性必须提供命令式的、客观的自由规律，即应该出现什么事情的规律。"黑格尔批评他与理论理性一样，它是形式主义的，特别是按照知性思维的"质、量、关系、模态"对于善恶的分析。但是他同时肯定了康德的"自由原则"。他分析了康哲学产生的理论背景，就是幸福主义大行其道。康德正是"用实践理性去对抗这种自身缺乏任何坚实据点而为一切任性和情欲大开方便之门的幸福主义，从而说出了一个具有普遍性、对人人都同样具有约束力的意志规定的公设"。在实践理性之中，康德肯定了意志的无限性，"他认为意志具有以普遍的方式、即以思维的方式自己规定自己的能力。这种能力无疑是意志拥有的，并且认识到人只有拥有这种能力，把它应用于自己的行动时才是自由的，这也有很大的重要性。"

55. 第55—60节，黑格尔批判分析了康德的判断力批判。康德的判断力批判是为了沟通、弥合"自然"与"自由"的鸿沟所进行分析论证，从而使其整个批判形成一个贯通的体系。因此，在三大批判中它有着特殊的重要性。判断力作为一种特殊的高级认识能力，其先验的原理就是"合目的性"，在审美判断力中他论述了"形式的合目的性"——它是一种内在的无目的的合目的性，在目的论判断力中则论述了"质料的合目的性"——只是在有机生命体中才具有质料的合目的性，这样自然与自由就在合目的性中统一起来，并且通向一个终极目的"善"——人的道德完善，这个善只有在道德神学中才最终得以可能实现。

首先，黑格尔指出，康德认为"反思判断力"有一个"直观知性的原则"，即合目的性原则。但是黑格尔在这里仅指出了一个方面，即普遍规定特殊的"规定的判断力"，并且将其错误称之为"反思"判断力；判断力还有另一个方面就是"反思的判断力"，它是由特殊反思、发现普遍的能力。但两种判断力的形式或应用都遵循先验的范导性原则：合目的性原则。由此普遍与特殊相互关联起来。这一原则康德是在艺术鉴赏和自然有机体可以体验到的。黑格尔对于康德的批判，处处既有否定与批评也有肯定与赞赏，并且按照自己的哲学观予以评价，而不是按照康德的思路与原则进行。在此他肯定判断力批判的出色之处，在于说出了"理念的思想"，体现了哲学"思辨"的特征。判断力批判"康德在他所设定自然或必然与自由目的的和谐中，在被设想为业已实现的世界的终极目的中，提出了甚至就内容而言也无所不包的理念。"黑格尔批评康德将理念作为"应当"而不是"现实"，即使在最高理念中也使概念与实在分离。

第二，黑格尔指出，康德联接"普遍"与"特殊"的合目的性原则，超出了理论理性与实践理性各自的法则，在理论理性中根本的原则是机械的"因果法则"，实践理性则是出于意志的"自由法则"，合目的性是判断力所遵循的高于二者的"合目的性"法则。在黑格尔看来，这是极为合理的思想。但是，"与真正思想结合的不是认识到这另一种关系是真正的关系，甚至是真理本身。"而是将其局限于"有限的""经验的"现象，仅仅将其归之于主观的方面，一个是作为主体天才的想象，一方面是审美判断"对于自由的直观或表象与合乎规律的知性的协调一致的感受"。从自然及其有机生命而言，康德排除了外在的有限的合目的性，将其视为有生命体的内在规定和活动。黑格尔所责备的是，康德没有将自由作为精神的绝对本质，也是作为精神所追求的绝对理念或理想目标。自由——精神（人）——绝对——目的——上帝——无限——善，从最高的终极的意义上讲是一个统一的东西。在他看来，无论从内容（质料）还是从形式而言，一切都是精神在自身活动中、在概念中所统一的、并不断得到实现的、不断升高的无限的、有目的的绝对理念及其活动。它不仅仅是主体主观的思想的理想的，而且是普遍必然的现实的存在。思维与存在必将在时间之流中实现统一,人能动的精神是它的发动机或永动机。因此,黑格尔指出,理念本是"由理性规定的普遍性、绝对终极目的或善应该在世界中得到实现,具体地说,应该通过一个第三者,即通过设定并实现这个终极目的的力量——上帝——得到实现,而这样一来,在上帝中,在绝对真理中,普遍性与个别性、主观性与客观性的那些对立就得到了解决"。人的精神或精神的人就是这个上帝,上帝从冥冥天国下落到人间,而黑格尔的哲学就是思辨神学。它成为上帝创世说的另一种翻版,一种在知识论、认识论框架下的解释世界的精致神学。

第三,第60节是黑格尔对于康德哲学批判性总结的一节。黑格尔一开始就批评康德"我们的善",并将其作为实践理性的道德规律,而不是作为终极目的或现实存在的善的绝对理念。它没有得到现实的规定,仅仅表达了一种信念,只有主观的确定性,不具有理念的客观性——普遍必然性、终极统一性。它保留了矛盾的对立,而不是克服了矛盾的对立,没有以理念的方式达到最终的统一。他指出,这是由于康德哲学根深蒂固的二元论的知性的思维方式所导致的结果。"它简直没有能力把两个思想——就形式而言,就形式而言只存在两个思想——结合到一起。因此,一方面承认知性只认识现象,另一方面又说认识不能更进一步,这是人类知识的天然的绝对的界限,因而断言这种认识是某种绝对的东西,这实在是极大的不彻底性。"黑格尔指出,这是一种画地为牢的方式,因为天然事物不知到其界限,那个界限是我们自身设定的。人作为有生命的生物具有超出个别性的普遍性,并在其否定性里依然保持其自身,并且在其自身感受到这一矛盾。个体性、个别性的界限与缺陷只是在一个普遍性整体、完善性存在的理念相比较时,才被规定为界限或缺陷。"因此,看不到正是把某种东西描述为有限的或有界限的东西,包含着对于无限的东西的真正在场的证明,看不到只有无界限的东西在此岸包含在意识里,才能有对于界限的知识,就不过是不知不觉罢了。"

第四,黑格尔指出,"素朴的经验主义"在坚持感性知觉及其经验时,依然承认一个超感性的精神的现实世界;反思的、以首尾一贯原为原则的形而上学化的经验主义,拒绝二元论,否认以思维原则而发展的精神世界的独立性；康德哲学的二元论与形而上学的经验论相对立，又继承了素朴经验主义的基本原则。但是康德哲学所坚持的思维独立性的自由原则，彻底摧毁了形而上学经验主义的基础。他唤醒了"绝对内在性的意识"，拒绝听任自然的外在性。"理性独立、即理性绝对自主的原则从这时起就被看作是哲学的普遍原则，也被看作是我们时代的信念之一。"康德哲学否定性的功绩之一，是揭示了知性的有限性，它并未达到真理——思维终极性的无限理念。费希特前进了一步，将自我作为哲学的出发点，并进行范畴演绎，尽管自我并未表现为自由自主的活动。"自我仅仅是它（非我）不断地从障碍解放出来的连续活动，然而并没有得到真正的解放，因为随着障碍不再存在，仅仅以自己的活动为自己的存在的自我本身也就会不再存在。"对于黑格尔这一评价，费希特作为绝对的自我也许很难赞同。

61. 第61—78节是对于"思想对客观性的第三种态度直接知识"的批判。如果说，康德的批判哲学所要达到的是"抽象的普遍性"，而雅柯比则主张思维只能把握"特殊的东西"。黑格尔同样持批判态度。

第一，黑格尔指出，这种思维方式，"思维作为把握特殊东西的活动，仅仅以各个范畴作为其产物和内容。各个范畴像知性坚持的那样，是认识有条件、有依赖和有中介的东西的有限规定、形式。对局限于这类认识的思维来说，并不存在无限、真理；这种思维绝不可能造成任何向无限、真理的过度。"认识的有限与无限依然是黑格尔关注的焦点，这个思维的"认识"不是简单等同于"知识"，而是思维的规定及其所规定的对象，它其实在康德那里被区分为"知识"的对象与"思考"的对象。而黑格尔则一概将它们称之为思维的规定及其对象，思维活动即人类精神可以无限通达这一真理，揭示这一真理。它就是人类通过精神活动所具有的真相——真理。"雅柯比在对自然力量和自然规律的认识中特别注意各门研究自然科学（精确科学）的光辉成就。停留在有限事物的这个基础上，当然无法寻找到无限事物，正像拉朗胡德所说的，他搜遍了整个天宇，但没有寻找到上帝。在这个基础上得到的最后结果，就是作为外在有限事物的不确定的聚集的普遍东西，即物质。"

第二，黑格尔也不无肯定指出，雅柯比主张"精神能认识真理，惟独理性才使人成为人，理性是关于上帝的知识。但因为间接知识只能局限于有限的内容，所以理性是直接知识、信仰。""知识、信仰、思维和直观"是其经常出现的范畴，它们被假定是熟知的，但是其具有随意性，其本性和概念并未得到考察和规定。他将知识和信仰对立起来，将信仰规定为直接的知识，他重演了休谟事实与价值对立的老调，甚至比康德还要退步。黑格尔特别批判的是，将"思维"与"直接知识"、"信仰"的对立，将"思维"与"直观"对立或完全分离的做法。他强调，思维尤其与直观不可分离，当我们说"我相信"时，不仅对于有限事物，确认其真实性，而且它所表达的是"一种自身普遍的内容，而这仅仅是能思维精神的一些对象"——它是有限的，或者是与特殊人格相对的"普遍人格"——它也是有限的，我们还可以通过无限的"理智直观"，它就是对于上帝的直观，无限成为直观的对象、也成为思维的对象。"信仰"一词在传统基督教中，人们出于对救世主的虔诚，它是教会靠"自负和权威做出自己的各种任意的保证"，它是出于教会权威的使人们盲从于主观特有的任意的启示。"这种信仰本身无非是直接知识的枯燥的抽象概念，是一种及其形式的规定，我们无论从信神的心灵和寓于其中的神圣精神方面来看，还是从内容充实的教义方面来看，都不可把这种规定与基督教信仰的丰富精神内容混淆起来，也不可把它看作是这种丰富的内容。"

第三，黑格尔指出，基督教式的信仰仅以"观念"的方式表达了无限、永恒、上帝的真实存在的观念，而没有将它思维地规定出来并成为人们的"理念"。"直接知识的主张与哲学之间的差别惟独在于直接知识把自己与哲学思维对立起来。"黑格尔指出，近代哲学的全部兴趣都是围绕着笛卡尔"我思，所以我在"旋转。它绝不是一个直接的推理，也不是一个三段论推理。它要表达的是：凡思维者都存在或现实存在。它是意识对于自身的简单直观或反思。他要说的是，"我作为思维者与存在的联系，这种联系是绝对第一的东西和本原，是最确实和最明白的东西。"雅柯比在一定意义上重述了笛卡尔的观点，但是却只局限于有限的直接知识。"问题本来在于直接性与中介性的对立的逻辑关系。但那种直接知识的观点却拒绝考察事实的本质或概念，因为这种考察会导致中介性，甚至导致认识。"黑格尔自身"逻辑学的整个第二部分,即本质论,是对直接性与中介性的那种根本的、能设定自身的统一性的论述"。

第四,直接知识中那种被当作明确无误的"事实",是经验基础上长期发展的产物。"我们深知许多真理是经过最复杂的、得到最高中介的考察所达到的结果,而这些真理对于熟习这种知识的人来说是直接呈现在他的意识里的。""在所有这些情况下,知识的直接性不仅不排除知识的中介性,而且两者是这样结合起来的,即直接知识甚至于就是间接知识甚至于就是间接知识的产物和结果。"经验知识是通过先验的知识中介实现出来的。黑格尔的"中介"作为环节,它还具有广义性,上帝、法律、伦理等对于个体而言的直接知识,它是经过"发展、教养与教化"这一中介过程才是直接的。黑格尔一方面承认了经验知识的经验基础,又强调了经验知识的先验要素及其原则系统(逻辑基础),同时也指出了直接知识的通过教化传授作为现实获得的途径。在后面有些文字中,作为中介的理念还具有现代哲学"主体间性"的意义——在第70节中,他特别又论述了通过理想的理念在中介与不断中介中赋予了统一性,使真理实现出来。"天赋观念"所要表达的不是直接知识,它是"潜在的"植根于人心必须通过意识活动实现出来的,或通过教化教养置于人心的东西。它是经过中介的,这样它才是现实的。

第五,康德的知性思维以及直接知识的思维方式,产生了诸多问题。黑格尔指出,首先一点是:不是内容的本性,而是意识的事实被作为真理的标准。"这样,我在我的意识里发现的东西便被拔高为在一切人的意识中都能发现的,并且被冒称为意识自身的本性。"个人的意识是偶然的、特殊的,只有排除意识中特殊的、偶然的东西,才可能有对于内容一致的信念,相信这个内容属于意识的本性,即"用艰辛的反思活动把意识中自在自为的普遍东西单独揭示出来"。大家的普遍同意也不能代替意识自为的反思。其次一点是:"直接知识被假定为真理的标准,造成了另一个结果,即一切迷信和偶像崇拜都被宣布为真理,而且最无道理、最不道德的意志内容也被证明为正确的。"最后一点是:"关于上帝的直接知识只能告诉我们上帝是存在的,而不能告诉我们上帝是什么;因为告诉我们上帝是什么，这会是一种认识，并且会导致间接知识。"这样的上帝是抽象的、超感性的、贫乏的。

第六，黑格尔反复指责"直接的形式的思维"方式，它使真正的内容成为有限的、片面的、抽象的，使上帝这一具有丰富的无限的精神的内容，要么成为主观的有限形式，要么成为抽象的毫无规定的"存在者"。"只有上帝被认为它能够在自身自相中介，它才可以叫做精神。只有这样，上帝才是具体的、活生生的，才是精神；正因为如此，这种把上帝视为精神的知识才在自身中包含着中介性。"精神只有通过自身具有中介性的相互联系，才摆脱了外在性而是真正自在的相互联系的存在，才获得自身的无限丰富性、统一性。与直接知识的思维相反，黑格尔自己的"逻辑学本身和全部哲学则是这样一种认识的事实的范例，这种认识既不是以片面直接性，也不是以片面中介进展的。"

第七，黑格尔还分析比较了直接知识的原则与笛卡尔哲学原则的异同，指责它倒退到笛卡尔素朴的形而上学。其同在于三点：思维与思维者的存在的简单的不可分离性；主张上帝观念与上帝存在的不可分离性；我们具有一种感性的外在事物的感性意识，它是偶然的"映像"。其不同有两点：笛卡尔由不证自明的前提出发，其进展到知识、促进了近代科学的兴起，直接知识借助有限中介的认识，不包含真理，并停留于对上帝的信仰；现代直接知识具有自身的矛盾性，它想要遵循笛卡尔的知识论道路前进，但是却"沉溺于想象与保证的粗野任性，沉溺于道德上的自大和感受上的傲慢，或沉溺于毫无限度的随意独断和形式推理"。这些都与真正的哲学的理性态度不相容。黑格尔总结性指出，"知识内容"与"中介"不是对立的；一切出于"表象"或"思维"的假定，都必须抛弃。怀疑论真正说来就是"对一切不设任何前提"，"真正说来，这种要求是以想要进行纯粹思维的决心，通过自由完成的，而自由就是摆脱一切的东西，把握自己的纯粹的抽象性或思维的简单性。"

79. 在对于客观性思想的三个方面批判之后，黑格尔便进入自己"逻辑学"的规划。第79—83节便是一个原则的阐述。它是一个正一反一合的结构模式，它不是单纯的分析或综合，而是既是分析的又是综合的。

第九章 黑格尔著作导读

首先，黑格尔的逻辑就"形式"而言有三个方面："抽象的或知性的方面，辩证的或否定理性的方面；思辨的或肯定理性的方面"。黑格尔指出，正——反——合并不是逻辑的构成部分，"而是每个逻辑上实在的东西的一些环节，即每个概念或每个真实的东西的一些环节"。按照黑格尔的观点，可对于事物的概念如此解释，每个事物被认识即形成概念，概念都有自己的"内涵"与"外延"，内涵的"是"与外延的"不是"是概念形成的环节，事物的概念只有通过肯定与否定才得以规定，由此事物才得以规定或认识。个别的概念还仅仅是知性的认识。

其次，黑格尔指出，"作为知性的思维停留在各个固定的规定性和它们彼此的差别上；这样一种有局限的抽象东西在作为知性的思维看来是自为地持续存在的和现实存在的"。黑格尔承认了知性思维的现实性、必然性，又指出其分离性、抽象性。"知性的活动一般地在于赋予这种活动的内容以普遍的形式；更确切地说，知性设定的普遍东西是抽象的普遍的东西，它本身是与特殊东西对立起来加以坚持的，因而也就同时又被规定为特殊的东西。"感性——知性——理性，个别——特殊——普遍，具有相互对应性；但真正的认识是从知性开始的，知性一开始便与理性处于矛盾的纠结中。知性具有普遍性但又还没有达到最高的普遍性，因而还就是特殊的。黑格尔将知性方式在理论和实践中的一切表现都予以说明，并肯定了知性思维的功绩。因此，"如果这样来理解，那么，知性就一般表现在客观世界的一切领域，而一个对象要有完满性，主要是需要知性的原则在这个对象中有其存在的权利。"

第三，黑格尔指出，"辩证的环节是这些有限规定固有的自我扬弃，是它们向自己对立面的转化"。辩证法通常被作为"单纯的矛盾假象"，或者被当作"随机应变、反复诡辩的主观方法"以掩盖其内容的空疏，这些是严重的误解。"倒不如说，辩证法就其独特的规定性来说，是知性规定、事物和有限东西固有的、真实的本性。反思最初仅仅是对孤立的规定性的外在超越和关联，从而使这种规定性具有关系，也保持其孤立效应；反之，辩证法则是内在的超越，在这种内在超越中知性规定的片面性和局限性都表现为自己所是的东西，即表现为自己的否定。"在黑格尔看来，"辩证法是现实世界中一切运动、一切生命和一切活动的原则。同样，辩证法也是一切真正科学认识的灵魂"。辩证法其根本是对于片面性和局限性的否定，它扬弃并不断扬弃它从而表现为无限的自否定运动。黑格尔特别强调，辩证法与诡辩论不同，诡辩论是辩证法的反面。辩证法不是新的东西，而是以不同形式不同程度体现在苏格拉底、柏拉图、康德的理论之中。就现实而言，辩证法体现在一切有限的自然事物与精神事物。一切有限事物不论如何坚固持久，都不能持久存在。

第四，黑格尔还对"怀疑论"进行了分析批判。一切怀疑论确信了这一事实：一切有限事物的虚妄不实。简单的"持怀疑态度"者，希望消除怀疑、得到确定的无可怀疑的东西。古代皮罗式的怀疑则是对于知性的固定的东西的不信任，并由此希望获得内心的宁静。笛卡尔与康德的怀疑具有相似性，否定超感官事物的真实性和确定性，将感性存在确定为真实存在。"实际上只有那种有限的、抽象知性思维才必定会害怕怀疑论，而不能抵抗怀疑论，反之，哲学则把怀疑作为一个环节，即作为辩证的环节，包含到自身之内。"因此，辩证的怀疑或否定就不是简单的否定而是"扬弃"，成为哲学的一个环节。

第五，黑格尔指出，"思辨的或肯定性理性的东西把握了各个对立的规定的统一，把握了包含在它们的分解与过渡中的肯定东西"。辩证法作为肯定，其结果就是"确定具体"的内容，并表现为逻辑自身。首先，辩证法肯定的结果，是确定的而不再是空洞抽象的虚无，是得到规定的否定；其次，在否定的肯定过程中，思维的抽象性成为具体的，它不是简单的形式的统一，而是有差别的规定的统一；第三，知性的逻辑包含在思辨逻辑里，从而成为一个具有否定性的演进的逻辑体系。思辨的逻辑或辩证法是"理性"的法则。理性其"特性一般在于它是一种无条件的东西，因而是在自己内部包含着自己的规定性的东西。从这个意义上说，只要人认识上帝，把上帝作为绝对自己规定自己的东西来认识，人就首先是在认识理性的东西。""思辨的东西本身不是别的，而是加以思考的理性东西（即肯定理性的东西）"——它是超出感性的东西，是可转化为客观性的主观的东西，因此它是理念的。因此，它还是主客统一作为总体的东西，"思辨东西按其真正的意义来说，既非暂时地亦非确定地是一种单纯主观的东西，相反地，它显然是这样一种东西，这种东西把知性所坚持的那些对立包含到自身之内，正因为如此，就证明了自身是具体的，是总体。"思辨理性曾被认为是终极无限的神秘的，但是通过精神的规定的不断否定，它就失去了自己神秘的面纱。

第六，黑格尔将自己的逻辑学分为三个部分：存在论是"研究直接性中的思想的学说，即研究自在的概念的学说"；本质论是"研究映现的和中介中的思想的学说，即研究概念的自为存在和映像的学说"；概念论和理念论是"研究返回自身的存在中的和发达的自身存在中的学说，即研究自在自为的概念的学说"。黑格尔指出，这里的划分是单纯"预拟"的，其证明只能从思维进行过的研究中得出；他同时强调，概念才是存在与本质的真理，它是由自身得到中介并相互中介的；自然界和有限精神与上帝不相分离，上帝即是绝对精神。

三、参考资料

1. 汉译国外黑格尔哲学研究经典

［加］查尔斯·泰勒著：《黑格尔》，张国清、朱进东译，译林出版社2002年版。

［苏］阿尔森·古留加著：《黑格尔传》，刘半九译，商务印书馆1978年版。

［美］艾莉森·利·布朗著：《黑格尔》，彭俊平译，中华书局2002年版。

［法］亚历山大·科耶夫著：《黑格尔导读》，姜志辉译，译林出版社2005年版。

［英］罗伯特·皮平著：《黑格尔的观念论：自意识的满足》，陈虎平译，华夏出版社2006年版。

［德］芬克著：《黑格尔〈精神现象学〉的现象学阐释》，贾红雨译，上海书店出版社2011年版。

［德］里夏德·克朗纳著：《论康德与黑格尔》，关子尹译，同济大学

出版社 2004 年版。

马克思：《1844 年经济学哲学手稿》，人民出版社 1986 年版。

［美］马尔库塞著：《理性和革命》，程志民等译，上海世纪出版集团 2007 年版。

［意］洛苏尔多著：《黑格尔与现代人的自由》，丁三东译，吉林出版集团有限责任公司 2008 年版。

［法］阿尔都塞著：《黑格尔的幽灵》，唐正东、吴静译，南京大学出版社 2005 年版。

［英］W·T·斯退士著：《黑格尔哲学》，廖惠和译，中国社会科学出版社出版 1989 年版。

［匈］卢卡奇著：《青年黑格尔》，王玖兴译，商务印书馆出版 1963 年版。

［德］卡尔·洛维特著：《从黑格尔到尼采》，李秋零译，三联书店 2006 年版。

［美］罗克摩尔著：《黑格尔：之前和之后》，柯小刚译，北京大学出版社 2005 年版。

［法］雅克·敦德著：《黑格尔和黑格尔主义》，栾栋译，商务印书馆 1995 年版。

［美］布朗著：《黑格尔》，彭俊平译，中华书局 2002 年版。

［澳］彼得·辛格著：《黑格尔》，张讯译，中国社会科学出版社 1992 年版。

［澳］，查尔斯·泰勒著：《黑格尔与现代社会》，徐文瑞译，吉林出版集团有限责任公司 2009 年版。

［意］B. 克罗齐著：《黑格尔哲学中活的东西和死东西》，王衍孔译，商务印书馆 1959 年版。

［美］沃尔特·考夫曼：《黑格尔：一种新解说》，北京大学出版社 1989 年版。

中国社会科学院哲学研究所西方哲学史研究室 编：《国外黑格尔哲学新论》，中国社会科学出版社 1982 年版。

[德] 克劳斯·杜辛著：《黑格尔与哲学史》，王树人译，社会科学文献出版社1992年版。

[德] 库诺·菲舍尔著：《青年黑格尔的哲学思想》，张世英译，吉林人民出版社1983年版。

[美] 希克斯等：《黑格尔与普世秩序》，邱立波编译，华夏出版社2009年版。

[俄] 奥甫相尼科夫、侯鸿勋、李金山译：《黑格尔哲学》，三联书店1979年版。

2．待译的黑格尔研究经典

《黑格尔的精神现象学》海德格尔；《黑格尔精神现象学的起源和结构》让·伊波利特；《黑格尔〈精神现象学〉的现象学疏解》芬克（张祥龙主编的"经典书写"丛书中已经收录，未来会见到中译）；另外，马克思关于黑格尔的研究著作还包括《德意志意识形态》、《神圣家族》、《黑格尔法哲学批判》、《黑格尔精神现象学摘要："绝对知识"一章》等，还有一些散见于《马恩全集》各处。

海德格尔《关于黑格尔》的研究出了《林中路》中的《黑格尔的经验概念》之外，还有散见于其他著作或文集的部分：（1）《存在与时间》最后一节，三联书店出版；（2）《同一与差异》中的《形而上学的存在—神—逻辑学机制》，见《海德格尔选集》，三联书店出版；（3）《路标》中的《黑格尔与希腊人》，商务印书馆；（4）《一次关于〈时间与存在〉的讨论课的记录》，见《面向思的事情》，商务印书馆；（5）《哲学的终结和思想的任务》，见《海德格尔选集》或《面向思的事情》

《伽达默尔论黑格尔》伽达默尔著，张志伟译，光明日报出版社；《真理与方法》以及上海远东出版社出的《伽达默尔集》中也有关于黑格尔的研究文章；《费尔巴哈哲学著作选集》中也有大量关于黑格尔的论述。

3．国内黑格尔研究著作

张世英著：《黑格尔〈小逻辑〉绎注》，吉林人民出版社出版1982年版。

张世英著：《黑格尔〈逻辑学〉解说》，武汉师范学院出版1981年版。

张世英著:《自我实现的历程》,山东人民出版社 2001 年版。

张世英著:《黑格尔辞典》,吉林人民出版社出版 1991 年版。

杨祖陶著:《康德黑格尔哲学研究》,武汉大学出版社 2001 年版。

杨祖陶著:《德国古典哲学逻辑进程》,武汉大学出版社 2003 年修订版。

高兆明著:《黑格尔〈法哲学原理〉导读》,商务印书馆出版 2010 年版。

邓晓芒著:《思辨的张力》,湖南教育出版社 1992 年版。

邓晓芒著:《黑格尔辩证法讲演录》,北京大学出版社 2005 年版。

王树人著:《思辨哲学新探》,人民出版社 1985 年版。

杨一之著:《康德黑格尔哲学讲稿》,商务印书馆 1996 年版。

邹化政著:《黑格尔哲学统观》,吉林人民出版社 1991 年版。

王天成著:《直觉与逻辑》,长春出版社 2000 年版。

周礼全著:《黑格尔的辩证逻辑》,中国社会科学出版社 2007 年版。

刘哲著:《黑格尔辩证思辨的真无限概念》,北京大学出版社 2009 年版。

蔡美丽著:《黑格尔》,广西师范大学出版社 2004 年版。

赵林著:《黑格尔的宗教哲学》,武汉大学出版社 2005 年版。

薛华著:《黑格尔与艺术难题》,中国法制出版社 2008 年版。

王福生著:《艺术的背后:黑格尔论艺术》,吉林美术出版社 2007 年版。

邱紫华著:《思辨的美学与自由的艺术:黑格尔美学思想引论》,华中师范大学出版社 2006 年版。

吴琼著:《黑格尔哲学思想诠释》,人民出版社 2006 年版。

张澄清著:《西方近代哲学的终结:读黑格尔的精神现象学》,中国社会科学出版社 2005 年版。

郁建兴著:《自由主义批判与自由理论的重建:黑格尔政治哲学及其影响》,学林出版社 2000 年版。

林喆著:《黑格尔的法权哲学》,复旦大学出版社 1999 年版。

卿文光著：《论黑格尔的中国文化观》，社会科学文献出版社 2005 年版。

温纯如著：《黑格尔逻辑学的真理观》，中国社会科学出版社 2008 年版。

刘永富著：《黑格尔哲学解读》，中国社会科学出版社 2001 年版。

柯小刚著：《海德格尔与黑格尔时间思想比较研究》，同济大学出版社 2004 年版。

张慎著：《黑格尔传》，河北人民出版社 1997 年版。

高全喜著：《相互承认的法权：〈精神现象学研究两篇〉》，北京大学出版社 2004 年版。

四、问题思考

1. 黑格尔哲学观的评述与分析。
2. 黑格尔辩证法的"唯心"与"唯物"之辨。
3. 黑格尔的"实体即主体"评析。
4. 黑格尔法哲学评述。

后 记

本书的编写是在张周志教授的倡导、策划、关心与不断督促下完成的。如果没有先生的不断鞭策，也许它只能停留在粗糙的讲稿阶段而驻足不前。它也反映了我们哲学学习的理念，离开原典的哲学学习肯定是肤浅的。

原典的导读、解读本身是一项十分艰苦的工作；导读与解读的方式也是各不相同的。诸多方家、大家将翻译、考证、疏解相结合，诸如陈康先生的《巴门尼德斯篇》堪称经典；有的针对一本经典著作进行解读，如李泽厚先生的《批判哲学的批判》、杨祖陶与邓晓芒合著的《康德〈纯粹理性批判〉指要》、康蒲·斯密的《康德〈纯粹理性批判〉解义》；还有的为哲学家作思想传记，如古留加的《康德传》、戴维·麦克莱伦的《马克思传》等。从现代哲学诠释学（解释学）的观点来看，哲学这门古老的学科总是在不断的解读与诠释中、对话与批判中、作者与读者的"视域融合中"展现出新的思想姿态。因此，哲学作为一门历史性学科，具有鲜明的思想史特征，它是思想的备忘录，作为备忘录的根本则是哲学家所撰写的著作。它不是死的文字而是活的话语，如果要倾听思想者的声音就必须面对文本、以我们自身的方式打开文本、与思想家展开对话、让文本的意义得以呈现。

我们为何要不断重温思想的经典、学习哲学？因为，首先人自身的生存不是像动物一样，主要凭借着本能、遗传或简单的低级的组织方式生存与生活，而是具有愈来愈高级的复杂的按照理性、情感与意志的方式谋划、反思、组织和创造自身的生存与生活，我们具有一定的理念与方式创

后 记

建不同学科分类及其子学科。人类不仅以文字与符号系统将曾经的生存与生活传达给当下的活人，而且通过不断的教化成为当今人类的精神资源，反思当下的生存与生活方式；同时它还以物质的方式——物质工具成为一种物质的力量、并成为人当下生存的力量。因而从生存论意义而言，人自身的历史具有连续性、统一性，我们并不是单纯生活在"当下"，而是生活在历史的"过去"之中。严格地说，只有人有历史、具有鲜明变化的连续性而动物则没有。其次，人生存的矛盾性在于自身的有限性与无限性。从单纯的"存在"而言，人是一个"有限性"的存在，人类的种群或者起源于非洲，或者同时起源于亚洲，仅有二三百万年；人类的文明史则更近，大约仅仅有七千年的历史，以自身的生存方式与动物相区别并创建了自身的文化和文明。人类前溯的历史是有限的，特别是作为物质基础的地球的形成是有限的。展望未来人类历史则是无限的，其无限性在于人自身的有限性，因为人类只能根据当下有限的知识预见未来，即人类自身的存在不断获得持续性。但是，每一代人、每一个人都注定"向死而在"，他都是有死的、有限的。更为吊诡的是我们可以以"某种方式"不朽——思想、功业、财富创造、后代延续等——让名字写入人生存的历史，但是每一代人、每一个人的生命与创造注定是有限的，特别是每一个生命的生存假如要以人的社会性方式生存都必须重新通过"学习与教化"重新来过、难以逃避，每一个都仿佛推石上山的"西西弗斯"。第三，人生存的处境基本处于"生存的冲突"，或者是"生存的突围"之中，即马克思将其归之为阶级斗争的历史。有人将生存的矛盾归之为资源的稀缺性和人类获取财富手段的有限性，有人将其归之为人自身欲望的无限性和个体能力的有限性，有人便得出结论：他人即地狱；有人将之归结为人自身社会的组织方式与制度的缺陷性。因此，人类不断需要"面向思的事情"，反观历史、反思当下；人类不断学习、不断反思，以实现生存的突围、选择创造新生存方式以更好地生活，因此我们作为群体还是个人不断通过思想经典的阅读以回忆、选择与创造。

阅读哲学经典或者选择阅读经典作为职业、或者仅仅作为一种兴趣爱好，都是一项自由、愉快、有趣甚至高尚的"消遣"，在有限的生存境遇中洞窥无限。它使我们穿越历史、在与那些具有典型的时代意义的思想的对话中，与不同姿态的思想者共舞。"自由"作为人类文明以来最可宝贵的价值诉求，我们会体味到它的自主性、它超越"时空"的无边界性、不受限制性，仿佛我们与最高存在者——假如有最高存在者，一同经历着并创造着存在。我们会惊异人所经历的创造的这部历史的戏剧或传奇，在思想的游历中我们没有"见证"但是却"观照"着这部传奇，人的善与恶、苦难与幸福、正义与不义、人的崇高与卑微如此等等。反身当下更令人惊奇的是，人继续书写着这部传奇，人曾经的恶、苦难、不义被人以不同的方式重演，人继续追问着、追求着幸福、正义、崇高、自由等被人所崇尚的价值理念。天国、地上天国成为人类永久向往的神话。有赖于对人类悲剧的命运的洞见，才有西西弗斯的神话形象，才有古希腊伟大的悲剧对于命运的抗争，才有柏拉图的"洞喻"之喻，才有尼采的永恒轮回，才有黑格尔的否定的辩证法与阿多诺"绝对否定"的辩证法。这场悲剧的悲壮之处就在于人以自身的生存永不屈服的创造、抗争与追求，创造新的生存方式并延续自身的存在。从古希腊体育竞技延伸而来的奥林匹克精神，所谓"更高、更快、更强"典型体现了西方文化的精神。从悲剧的另一层含义来看，它意味着苦难和悲悯，即人类生存方式的苦难和从更高存在层面看悲悯的情结。十字架上的耶稣并未为人赎取人的原罪，他恰恰象征了人生存的悲剧性命运。西方的诸多后现代思想者表达的就是这种悲悯的情结，一场经历了现代启蒙之后生存的悲哀。那种对于"永恒""不朽""绝对"的追求与创制，成为新的神话并产生巨大的苦难与灾难。道路在何处呢？那些以思想为自由的人，那些普通感受着痛苦与不幸的人，陷入了莫衷一是的迷茫与困惑。人们重新反思生存与生活的"意义"——那个古老的诫命重新如巨雷在人们耳边响起：认识你自己。To be or not to be, this is a question。因此，重温经典以获取思想的力量、以获得行动的方向，像历史上曾经的关口一样，具有重要性和必要性。

通过经典阅读，使我们具有了某些洞见。但是，形成文字的阅读和诸多大师的解读、导读的深入性、全面性，我们深感惭愧。我们的解读、导读是初步的、肤浅的、疏导整理性的，其目的在于使初入哲学门的人走向

后　记

更为深沉的思考。一是由于选文范围的广泛性，一是由于自身的能力的有限性，一是出于教学的需要。我们竭力避免哲学史的全面性，而是针对特定文本与文字予以整理、疏导、辨析；由此引导初学哲学者走向更为全面、系统、深入的文本阅读。全部文字的文本选择与人物规划由张波副教授负责。第二章的亚里士多德部分、第三章奥古斯丁、托马斯·阿奎那部分由刘剑涛博士完成，其余约占全书90%的文字由张波副教授完成。我们各自对相关文字负责。我们不敢名之为撰写，而是编写，尽管其中的大部分文字出于我们的理解。其文字是肤浅的初步的甚至是有错误的，但是真实的阅读却是辛苦的令精神愉悦的。

最后，我们要真诚感谢冯章先生的理解与支持，以及在编辑工作中付出的辛劳，以使拙作最终得以面向更多的读者。

2012.7.31